카뮈-그르니에 서한집
1932~1960

CORRESPONDANCE
1932-1960
by Albert Camus, Jean Grenier

Copyright ⓒ Editions Gallimard, 1981
All rights reserved.

Korean Translation Copyright ⓒ Chaeksesang, 2012
Korean edition is published by arrangement with Editions Gallimard
through Imprima Korea Agency, Seoul.

이 책의 한국어판 저작권은 Imprima Korea 에이전시를 통해
Editions Gallimard와 독점 계약한 책세상에 있습니다.
저작권법에 의해 한국 내에서 보호를 받는 저작물이므로
무단 전재와 무단 복제를 금합니다.

ALBERT CAMUS – JEAN GRENIER
CORRESPONDANCE
카뮈-그르니에 서한집
1932~1960

알베르 카뮈·장 그르니에 지음 김화영 옮김

책세상

일러두기

* 이 책은 《카뮈-그르니에 서한집 Correspondance, 1932-1960》(Gallimard, 1981)을 우리말로 옮긴 것이다. 해설 〈알베르 카뮈와 장 그르니에—공감과 차이 사이로 난 우정의 길〉은 책세상에서 파트릭 코르노에게 청탁해 수록한 글이다.
* 미주는 원서에 속하는 것이고, 각주는 옮긴이주이다.
* 원문에서 이탤릭체로 강조한 부분은 작은따옴표로 묶었다.
* 책(단행본), 잡지, 신문 등은 《 》로, 논문, 원고, 희곡, 시, 연극 등은 〈 〉로 표시했다.

차례

옮긴이서문 《카뮈-그르니에 서한집》 머리에 부쳐 • 006

책 머리에 마르그리트 도브렌 • 012

카뮈-그르니에 서한집 1932~1960 • 017

주 • 365

부록 I 알베르 카뮈가 장 그르니에에게 보내는 편지의 단편 • 426
부록 II 장 그르니에 • 428

해설 알베르 카뮈와 장 그르니에 — 공감과 차이 사이로 난 우정의 길 파트릭 코르노 • 433

알베르 카뮈 연보 • 447
장 그르니에 연보 • 453

옮긴이 서문

《카뮈-그르니에 서한집》 머리에 부쳐

원래 '알베르 카뮈 전집' 속에 포함시키기로 계획했던 《카뮈-그르니에 서한집》을 전집에서 분리하여 별도로 펴내기로 결정한 것은 '전집' 번역이 거의 다 마무리되어갈 무렵이었다. 그리하여 '전집'이 완간된 뒤에야 시작한 이 책의 번역은 거의 이 년 가까운 시간이 흐르고야 겨우 마무리할 수 있게 되었다. 20세기 중반기의 긴 세월 동안 프랑스 지성계에서 독보적인 위치를 점하며 방대한 저서 목록을 갖춘 두 작가, 철학자가 삼십여 년에 걸쳐 꾸준히 교유하며 주고받은 편지들의 표현과 내용을 두루 이해하고 옮기는 데는 서한문 특유의 직접성, 즉흥성에서 오는 문체의 성격과 그 편지를 쓴 각 장소와 시간적 상황의 특수성 때문에 예상보다 훨씬 많은 어려움이 따랐기 때문이다.

금년 6월, 겨우 번역을 끝내고 많이 지친 상태에서 또 《카뮈-그르니에 서한집》의 해설 원고를 쓰지 않으면 안 되었다. 그때 문득 파리에서 한 프랑스 친구로부터 그와 가까운 지인 중에 장 그르니에 연구로 학위를 받은 파트릭 코르노Patrick Corneau 교수가 있다는 말을 들은 기억이 되살아났다. 즉시 코르노 교수의 이메일 주소를 알아낸 나는 무턱대고 짤막한 인사의 말에 이어 불과 한 달 반 정도의 시간 여유가 있을 뿐이라 어렵겠지만 혹시 내 번역을 위한 '해설'을 써줄 수 있을지 청해보았다. 그는 흔쾌히 내 청을 받아들였고 불과 한 달 남짓한 시간 동안에 깔끔한 원고를 작성하여 메일로 보내왔다. 그것이 이 책의 뒤에 번역하여 붙인 해설 〈알베르 카뮈와 장 그르니에 ― 공감과 차이 사이로 난 우정의 길〉이다.

《카뮈-그르니에 서한집》의 번역 원고를 출판사에 넘기는 즉시 6월 하순, 나는 예정했던 대로 작년에 이어 또다시 프로방스로 떠났다. 장 지오노의 고장 보클뤼즈 지방의 친구 집에서 일주일을 머물렀다. 그곳에서 친구와 함께 바셰르, 바농 같은 "언덕 위에 올라앉은" 중세 마을들을 찾아다니는 중이었는데 지도 속의 인근 마을 '시미안 라 로통드'가 귀에 많이 익었다. 나는 즉시 그 마을을 찾아갔다.《카뮈-그르니에 서한집》에서 그 마을 이름이 처음 등장하는 것은 1956년 7월 25일자 장 그르니에의 편지에서였다. 그는 "내일 목요일 우리는 시미안(바스 잘프)으로 떠나요. 그곳에 사제관을 하나 빌려놓았거든요"라고 카뮈에게 쓰고 있었다. 그사이에 지역명은 바스 잘프에서 알프 드 오트 프로방스로 바뀌었다.

그 마을의 좁은 골목 그늘에 테이블 몇 개를 벌여놓은 카페 '오 플레지르 데지외(눈의 즐거움)'에서 점심식사를 하는 동안 나는 우연하게도 카페의 여주인으로부터 장 그르니에의 아들 알랭 그르니에(이 서한집에 여러 차례 등장하는 인물)가 바로 자신의 이웃이라 잘 아는 처지라는 설명을 들을 수 있었다. "바캉스라 곧 내려온다면서 오랫동안 닫아 놓은 자기 집 덧문을 미리 열어서 통풍을 시켜달라고 부탁하더니 아직도 안 오네요"라고 부인은 혼잣말하듯 말했다. 바로 그 부인을 통해 나는 장 그르니에가 들어 살던 편지 속의 '사제관'의 위치 또한 확인할 수 있었다. 편지 219의 시미안 그림엽서에 그가 '동그라미 표시'를 해서 가리켜 보인 그 사제관이 그 집인 것 같았다. 교회와 사제관은 언덕 위에 올라앉은 마을의 맨 앞줄에 자리잡고 있어서 그 앞으로 펼쳐진 광대한 풍경이 한눈에 내려다보였다. 그르니에는 바로 그 풍경을 눈앞에 두고 카뮈의《적지와 왕국》의 첫 원고를 읽고《섬》의 그 아름다운 '서문'을 써준 카뮈에게 감사의 편지를 썼을 것이다. "당신에게《섬》의 서문을 써달라고 부탁한 것은 정말 뻔뻔스러운 짓이었어요. 하지만 나에 대한 당신의 태도가 아니었다면 난 그럴 생각도 하지 못했을 겁니다. 이런 것이 바로 커다란 우정의 증거가 아닐까 합니다. 이제야 귀한 여름날에 내가 당신에게 생고생을 시키고 있다는 생각이 들어 마음에 걸리는군요."

그 시미안 벌판의 전망은 그곳에서 그리 멀지 않은 루르마랭 마을 안—"루르마랭에서 괜찮은 집을 하나 발견했습니다(저도 선생님의 영역으로 발을 들여놓은 거지요). 곰곰 생각해본 끝에 이 참한 집을 샀습니다"(카뮈의 편지 226), "정말 기뻐요—루르마랭은 시미안에서 40킬로미터밖에 안 되지요. 그런데 그 집이 대체 어디 있어요? 마을 안인가요? 아니면 밖인가요? 당신도 아시다시피 나는 집의 위치를 대단히 중요하게 생각해요"(장 그르니에의 편지 227))—알베르 카뮈의 집 테라스에서 내다보던 들판과 그 끝에 병풍처럼 둘러선 뤼베롱 산맥의 풍경을 떠올리게 했다. 작년 여름, 나는 십여 년 만에 프로방스를 다시 찾게 된 기회에 소설가 로제 그르니에 씨의 소개로 알베르 카뮈의 옛 루르마랭 집에 여전히 살고 있는 그의 딸 카트린 카뮈를 만날 수 있었다. 카트린은 친절하게도 카뮈가 글을 쓰던 방과 찬란한 프로방스 풍경이 내다보이는 테라스로 나를 안내했다. 눈앞으로 탁 터진 들판과 멀리 뤼베롱 산맥이 내다보였다. 이 풍경을 앞에 두고 카뮈는 편지 229에서 이렇게 썼다. "이곳은 며칠 전부터 좋은 날씨가 계속되고 있습니다. 그리고 저 또한 일과 걱정거리뿐이었던 삼 개월을 보낸 후 드디어 평온과 고요를 다소간 되찾게 되었습니다. 제겐 빵만큼이나 고독이 필요했습니다."

카트린의 집무실에 놓인 작은 서가에는 내가 번역한 《최초의 인간》이 꽂혀 있었다. 그녀는 이제 막 새로 나왔다면서 카뮈의 단편소설 《손님》을 가지고 자크 페르낭데즈가 만화로 그린 책에 서명하여 내게 선물로 주었다. 가만히 앉아 있어도 땀이 줄줄 흐르는 무더운 여름날이었다. 이렇게 하여 작년과 금년의 프로방스 여름 여행 중에 카뮈와 그르니에가 이 서한집의 마지막 부분에서 편지를 주고받던 루르마랭과 시미안 마을을 차례로 방문하는 기회를 갖게 되었으니, 번역 내용의 현장감에 더하여 서한문 필자들의 시선이 가서 머물렀던 빛나는 풍경 위에 내 시선을 겹쳐보는 그 감회가 각별하지 않을 수 없었다.

프로방스 체류가 끝나자 나는 자동차로 파리까지 올라가는 동안 프랑스 문학기행을 겸하여 쉬엄쉬엄 여러 지방을 방문하여 머물렀다. 그중에 이 서한집에 포함된 편지들의 한 발신지인 샹봉 쉬르 리뇽 근처의 농가 '르 파늘리에'를 어렵사리 찾아간 것도 귀한 인상의 하나다. 그 집은 프랑스 중부 고원지대의 궁벽한 시골에 위치하고 있어서 꼬불꼬불 산길을 한없이 돌고 돌아가야 했다. 프랑스가 독일군에게 점령당해 있던 시절인 1942년 8월 알제리의 오랑에서 바다를 건너 고도가 높은 '르 파늘리에, 마제 생 부아 근처, 오트 루아르'로 요양차 찾아온 카뮈는 장 그르니에게 "아마도 두 달쯤 더 머무를 것 같습니다. 경치는 아름답지만 약간 뻣뻣합니다. 그러나 이곳은 휴식하기에 좋은 조건을 갖추었습니다"라고 썼다. 그는 결국 두 달이 아니라 일 년이 넘도록 그 궁벽한 르 파늘리에에 머물지 않으면 안 되었다.

이듬해 5월 19일 그는 전쟁 중 "먹을 것이 아무것도 없다"는 스승 장 그르니에게 '식품 소포' 꾸러미에 자신이 숲속에 들어가서 직접 따온 "몸에 해롭지 않은 그물 버섯" 가루를 넣어 보내며 이렇게 쓴다. "그 가루는 소스를 만드는 데 사용하면 최고입니다. 요리에 맛을 내려면 티스푼 하나면 충분합니다. 그만하면 상당히 많은 양의 말린 버섯에 해당되니까요. 그 모든 것이 양호한 상태로 배달되었으면 합니다." 과연 '르 파늘리에' 농가는 고사리가 우거지고 울창한 전나무 숲에 둘러싸인 외진 곳이었다. 물자가 귀하던 전쟁 중에도 그 숲에는 버섯이 많이 돋아났던 것 같다. 지난날 젊은 카뮈가 병마에 시달리는 몸을 의탁한 채 《페스트》를 집필했고 또 한편으로 은밀히 레지스탕스와 접선하던, 브뤼크베르제 신부가 "항독 저항운동의 둥지"라고 말했던 그 준엄한 회색 농가는 칠십 년이 지난 오늘날 파란 덧문에 초여름의 눈부신 햇빛을 받으며 사람 그림자 하나 없는 숲 한가운데 호젓하게 서 있었다.

7월 초순, 파리에 도착한 나는 20구의 유서 깊은 페르 라셰즈 묘지 근처, 강베타 광장이 환히 내려다보이는 파트릭 코르노 교수의 정갈한 거실로 초대받아 카뮈에 관해서, 장 그르니에에 대하여 많은 이야기를 나눌 수 있었다. 코르노 교수는 그가 편집하여 펴낸 장 그르니에의 《사랑과 관심—예술에 관한 글 1944~1971》(렌 대학 출판부, 2008)을 서명하여 내게 선물로 주었다. 서울에 돌아온 뒤 그는 서한집 번역을 하는데 그 의미가 불확실한 여러 대목에 대하여 자신의 의견을 이메일로 알려주는 수고도 아끼지 않았다. 이번 번역에서 몇몇 오류를 줄이는 데는 그의 친절한 도움이 있었다.

번역에 있어서 역자는 편지 특유의 물리적 조건을 그대로 재생하도록 노력했다. 가령 보통의 경우 마침표나 쉼표를 찍어야 할 곳에도 '—'를 빈번히 사용하는 카뮈와 그르니에의 표기 방식을 고치지 않고 그대로 따랐다. 아마도 단 한 사람만의 독자를 상대로 하는 편지의 특유의 사적 상황에 기대어 글쓴이가 자신의 생각의 망설임, 침묵, 반성 등의 심리적 흐름을 이렇게 표현하고 있는 것이라고 보았기 때문이다.

또 카뮈와 그르니에가 원래 스승과 제자로서 만나 편지를 주고받기 시작한 것이므로 서로 간의 호칭 번역에서 다소 난점이 없지 않았다. 카뮈가 그르니에에게 보낸 편지의 서두에서 "Cher ami(친애하는 친구에게)"라고 부를 때는 "선생님께"로, 그르니에의 편지의 서두에서 "Cher ami"라고 부를 때는 "친애하는 카뮈"로 옮겼음을 밝혀둔다.

2012년 10월
김화영

책 머리에

알제 그랑 리세(중고등학교)의 철학교사였던 장 그르니에는 1930년 10월 신 학년도 초에 자신이 맡은 반 학생들 가운데서 알베르 카뮈라는 학생을 주목하게 된다. 장 그르니에는 서른두 살, 알베르 카뮈는 머지않아 열일곱 살이 되려는 때였다.

장 그르니에는 1932년 8월에 철학교수 자격(아그레제)을 획득했지만, 그 전에 이미 아비뇽에서 첫 교직 경험을 하고 난 후 1923~24학년도에 알제에서 교사 생활을 한 적이 있었다. 그후 그는 나폴리의 프랑스 학원Institut français에서 이 년간 교사로 재직했다. 파리에서 태어나 유년기와 청소년기 동안 줄곧 브르타뉴 지방에서 성장한 그가 프로방스, 알제, 나폴리…… 지중해의 빛과 풍경을 발견하게 되니, 그것은 곧 일종의 계시와도 같은 것이었다. "나는 이 풍경들이 세상의 그 무엇보다 더 좋았다. 이 풍경들 속에서 사람들은 자신이 몇 배로 불어난 삶을 살고 있음을 느낀다. 여기서는 모든 것이 인간을 열광시킨다. 이 풍경들 속에서는 열기, 빛, 가없이 펼쳐진 파노라마로 인하여 그저 숨을 쉬는 간단한 행위조차도 감미로워지는 것이다."(《X의 내면 회고록》) 그는 1927년에 N.R.F. 출판사에 들어가 몇 달간 일한다. 그는 이미 파리 문단 사람들과 교유했고 여러 잡지들과 《N.R.F.》지에 글과 논문들을 발표했다. 1928년 그는 네덜란드, 독일, 체코슬로바키아, 폴란드, 터키, 그리스 등지로 여행한다. 그리고 나서 그는 다시 대학교수 생활을 시작한다. 가족과 함께 알제에 도착했을 때 그는 루르마랭 성 소재 로랑 비베르 재단의 연구생 자격으로 프로방스에서 여름 한 철을 보내고 난 참이었다.

 알베르 카뮈는 장학생으로 알제 그랑 리세 6학년*에 입학하여 이 학교에서 계속 중등교육을 이수했다. 그렇지만 1930년 말에 발병한 결핵이 심각한 상태에 이르게 되자 학업을 중단하고 휴식을 취하지 않으면 안 되었다. 그가 아프다는 소식을 듣자 장 그르니에는 서민들의 '가난한 동네'인 벨쿠르로 제자를 만나러 간다. 1931년 10월, 병세가 호전된 듯하자 카뮈는 철학반으로 돌아와 장 그르니에와 다시 만난다. 이들 두 사람 사이의 서신 왕래는 끊임없이 계속되었다.

 그들이 주고받은 편지는 235통에 이른다. 카뮈가 112통, 그르니에가 123통의 편지를 써 보냈다.

 장 그르니에는 카뮈에게서 받은 편지들을 모두 간직해두었다. "이드라에서 나는 당신이 내게 보낸 첫 편지부터 모든 편지들을 다시 찾아냈습니다. 물론 내가 사람들에게서 받은 모든 편지를 다 버리지 않고 간직

---

* 우리나라 중학교 1학년에 해당.

한 것은 아닙니다." 1947년 9월에 보낸 편지에서 그르니에는 이렇게 말한다. 알베르 카뮈가 죽기 전에 이미 그는 이 편지들을 정리하여 타자시켜두었다.

알베르 카뮈 쪽은 사정이 전혀 달랐다. 1939년 10월 30일 장차 자신의 아내가 될 프랑신 포르에게 보낸 미발표 편지에서 그는 이렇게 쓰고 있다. "나는 편지들이 가득 들어 있는 박스 두 개를 비우고 거기 쌓여 있던 편지들을 모조리 불살라버리는 일로 오후를 다 보내고 난 참이오. 그것은 마치 어떤 분노와도 같은 것이었소. 나는 어느 것 하나 빼놓지 않고 다 태웠소—나에게 가장 소중했던 이들—나의 자랑이었던 이들—내 마음을 따뜻하게 감싸주던 이들—그르니에, 외르공, 클로드, 잔, 마르그리트, 크리스티안, 모든 남자들, 모든 여자들. 모든 것이 다 타버렸소. 내 가슴속에서 과거의 오 년이 비워져버렸소." 카뮈 부인은 이날 이후에 카뮈가 그르니에로부터 받은 편지들을 한데 모아두었지만 모든 편지들을 빠짐없이 다 찾아냈다고 분명하게 단언하지는 못한다.

이리하여 우리는 1932년 5월 25일부터 1940년 5월까지는 알베르 카뮈가 보낸 편지들만을 읽게 될 뿐 유감스럽게도 그에 대한 장 그르니에의 답장들은 짐작으로 추측해볼 수밖에 없는 것이다. 그러나 없어진 편지들의 빈자리로 인하여 훗날 제자인 카뮈가 편지에서 이렇게 못 박아 한 말이 더욱 돋보인다. "……저는 지난 여러 해 동안 끊임없이 선생님은 어떻게 생각하실까 하는 것을 염두에 두고 살아왔습니다."

(다시 찾아낸) 장 그르니에의 첫 편지는 1940년 8월 29일자로 된 것이다. 그리고 1944년 11월에 보낸 장 그르니에의 편지에서 우리는 다

음과 같은 말을 읽을 수 있다. "지금 막 당신의 작품《오해》를 받았어요. 정말 고마워요. '기탄없는' 소감을 말해달라고 했군요. 나 역시 당신에게 그렇게 말하고 싶어요—우리는 1930년에 처음으로 대화를 나누기 시작했는데 그 대화는 아직도 끝나지 않았어요. 그리고 나는 여전히—불과 몇 페이지밖에 안 된다 하더라도—내가 당신에게 빚지고 있는 바를 글로 써보겠다는 계획을 가지고 있답니다."

이 대화는 1960년 1월 4일 알베르 카뮈의 갑작스러운 죽음으로 인하여 끊어져버렸다. 카뮈가 장 그르니에에게 보낸 마지막 편지는 1959년 12월 28일자, 장 그르니에의 답장은 1960년 1월 1일자로 되어 있다.

마르그리트 도브렌

이 책을 펴낼 수 있도록 꾸준하고 미소 어린 인내심으로 도움을 아끼지 않았던 프랑신 카뮈—지금은 고인이 되신—와 마리 그르니에의 우정에 심심한 감사의 뜻을 표한다.

M. D.

1. 알베르 카뮈가 장 그르니에에게

〔알제〕 랑그도크 가 3번지[1]
32. 5. 20.

　　선생님의 견해를 저에게 유익한 가르침으로 삼겠습니다. 사실 저 역시 깊이 생각해본 결과 선생님과 마찬가지의 몇몇 결론들에 이르게 되었습니다. 그 결론들을 몇 페이지의 글로 한데 모아 적어두었는데 선생님이 돌아오시면 보여드리고 싶습니다. 처음으로 써본 작품[2]이기에 저는 거기에 그저 시금석 정도의 중요성을 부여할 뿐입니다. 이 작품의 내용이 그리 신통한 것이 못 되고 남에게 영향받은 것이 뻔해 보이긴 하지만 그것은 저 자신을 다소간 표현하는 것이기도 하므로 저는 무엇보다 그 부분을 선생님이 읽어주셨으면 하고 바라는 것이지요. 선생님께서 읽어보시고 소감을 말씀해주신다면 그에 따라 저는 제가 정했던 목표[3], 현재 저의 처지를 잊어버린 채 추구하고자 노력하려던 목표를 그대로 간직하든가 포기하든가 할 생각입니다[4].

지드에 대한 저의 흥미는 그의 《일기》를 읽으면서 배가되었습니다. 거기서 지드의 인간적인 면이 보이지 않습니까. 저는 여전히 그를 다른 그 어떤 작가보다도 좋아합니다. 그와 정반대되는 효과인지 콕토는 정말 싫습니다.

막스 자콥이 최근에 보내준 편지[5]는 기발하면서도 환멸에 찬 분위기입니다. 제가 "괴물(예술)에게 덤벼드는 기사"라는군요. 그분 자신이 힘든 삶을 살아오셨습니다. 가난하고 고독하며 아무런 권력도 아무런 연고도 없으니까요.

농담으로 해본 말입니다. 하지만 그는 때때로 감동적입니다. 살아서 걸어다니는 상투적 표현이라고도 할 수 있지요. 어디 웃어봐라, 어릿광대여, 하는 식이지요.

선생님의 급성 장염도 지난번 자동차사고 때처럼 별것 아니었겠거니 하고 믿고 싶습니다.

바칼로레아(대학입학 자격시험)가 그토록 까다로운 것인 줄 몰랐습니다. 정말 유감입니다. 선생님을 기다리며,

A. 카뮈

추신. 플라톤이 제 철학시험 준비에 도움이 됩니다.

2. 알베르 카뮈가 장 그르니에에게

[알제] 랑그도크 가 3번지
1932년 8월 25일

저의 행동이 저의 생각과 멀리 떨어져 있는 만큼이나 저의 삶 또한 자연과 멀리 떨어져 있습니다.

지금 제가 거처하는 곳은 랑그도크 가 3번지인데, 담으로 둘러싸여 있는 탓에 감미롭지 못한 정원에서, 저는 감미로운 여름을 음미하고 있습니다.

여기서 무엇을 하고 지내는지 말씀드릴까요? 이 몇 달간의 휴가는 제게 큰 안도감과 커다란 지적 소득을 가져다줄 것 같습니다. 하기야 저는 선생님이 아시는 그대로 여전히 '기다림' 속에 잠겨 있는 꼴이지만요.[1]

사실 그 혼란스러운 시기는 필요한 것이었다고 생각되고, 또 제가 그 시기를 제게 유리한 쪽으로 변화시키기를 바라게 된 데에는 선생님의 역할이 컸습니다.

막스 자콥의 책을 받았습니다.[2] 우리는 서로 편지를 주고받는 사이가 되었는데 이 편지 교환은 제게 매우 유익한 것입니다. 자콥의 편지들과 책들 사이에는 놀라울 만큼 큰 차이점이 있습니다. 적어도 저의 쪽에서는 그에 대하여 깊은 호감을 갖게 되었습니다. 아닌 게 아니라 저는 불안정하고 당황스러운 시기에 그의 책을 받았으므로 제가 자콥에게 보낸 편지에는 당연히 그 무질서한 심경의 일단이 비쳐 있었습니다. 그의 답장은 제게 큰 위안이 되었습니다. 그는 과연 그러한 경우에 선생님이 제게 해주셨을 바로 그런 말을 해주었습니다.

저의 못된 버릇을 버리지 못한 채 제 이야기만 길게 늘어놓은 것 같습니다. 하지만 단언컨대 저는 겸양의 목욕과 겸손의 샤워를 하려고 애를 썼습니다. 그 효험을 확실하게 보장할 수는 없지만요.

선생님께서 그리도 활기찬 바캉스를 보내고 계시다니 다행입니다. 15세기 당시의 모습에 비추어 짐작해보건대 시스트롱[3]은 흥미롭고 쾌적한 곳일 것 같습니다. 여러 장의 엽서를 보내주셔서 감사합니다. 스탕달의 초상이 무척 마음에 들었습니다.

저는 또한 프루스트가 대단히 위대한 작가라고 선생님께 솔직히 말씀드릴 수 있게 되어서 기쁩니다. 얼마나 대단한 생명력입니까! 그는 진정한 창조자입니다. 그리고 전체를 관통하는 그 힘과 디테일에 있어서의 세밀함 사이의 대조가 너무나도 마음에 들지 않으십니까. 사실 그의 책을 덮을 때는 다소 씁쓸한 느낌을 가질 때가 있습니다. 우리가 느꼈던 너무나 많은 것들을 그 속에서 발견했기 때문에 끝에 가서는 "모든 할 말을 이미 다 해버렸구나. 새삼스럽게 다시 말할 필요가 없게 되었어" 하는 생각이 드는 겁니다.

선생님이 주신 도움과 충고들에 대하여 감사의 말씀을 드리고 싶습니다(선생님 눈앞에서는 할 수가 없는 것이지요). 감사의 마음으로 우정을 보내면서 선생님이 돌아오실 날을 손꼽아 기다립니다.

A. 카뮈

추신. 저희 집안 어른들께서 선생님께 깊은 감사의 말씀을 드리고 싶어하십니다.

3. 알베르 카뮈가 장 그르니에에게

〔알제, 1933년〕

선생님의 저서[1]를 다 읽자마자 아래의 메모를 적었습니다. 이것을 선생님께 보여드릴 생각은 아니었지만 제가 그 책을 읽고 느낀 바를 어떻게 말씀드려야 할지 알 수가 없기에, 차라리 두서없지만 솔직하고 꾸미지 않은 제 글이 직접 말로 표현하기에는 너무나도 진실했던 감동을 보다 더 잘 전달할 수 있겠다는 생각을 하게 되었습니다. 다만 제 마음을 너무 터놓고 드러낸 것이나 아닐지 두렵습니다.

알베르 카뮈

물결치는 대로 떠도는—그래서 한곳에 붙박이고 싶어하는 섬들. 이 책 전체가 어떤 통일성 속에 안주하기보다는 통일성을 '지향'하고 있으니까 하는 말이다.

내가 깨달은 것이 너무나 많다. 너무나 아름다운 것이기에 되찾을 수가 없는 광경 앞에서 흘리는 무력감의 눈물. 기이한 것은 그것이 어떤 친구—혹은 다른 사람이라는 사실이다.

가장 자신만만한 페이지들이 나를 가장 아프게 하는 페이지들이다("나는 언어냈다", "고귀하고 당당한 결정"의 발견). 그래서 나는, 인생을 향해서 "얻어내고야 말겠다"라고 말하고 나면 언젠가 "나는 얻어냈다"라고 말하게 되는 한순간이 온다, 그렇지만 또다른 획득을, 또다른 행운의 섬을 바라는 한순간이 또 온다는 생각을 하는 것이었다. 그래서 승리는 결정적일 수가 없는 것이다. "자신이 작업장의 감독이거든 나는 노동자다, 라고 하라"—이 얼마나 옳은 말인가. 미지에 대한 호기심 속에, 아니 근거 없는 신비에 대한 사랑 속에 담긴 연약함.

그리고 이 책은 얼마나 절망적인가. 하나의 무無. 의지해볼 곳이나 자신을 속여볼 수 있는 구석이 하나도 없다. "신앙도, 연민도, 사랑도 없는", 아니 심지어 긍지도 없는—위대한 도약을 위한 준비. 고통 또한 없는 : 고통을 무용하게 만드는 명명백백한 사실, 난처하고 폭력적이지만 자연스러운 사실 : 인간과 죽음—그리고 그것과 더불어 아이러니—그러나 죽음이 빈정거리고 있다는 것은 아는 인간.

케르겔렌 군도는 '행운의 섬들'을 동경한다. 부활의 섬과 괴물 같은 우상을 잊어버리기 위해.

이건 또한 너무나 부당한 것이기도 하다. 뭔가 다른 것이 있을 것이다. 비록 저런 장식, 저런 에피소드 같은 것이라도 말이다. 신앙, 연민, 사랑. 나는 늘 거울 속에서 거울 뒤에 입힌 주석 칠을 찾아내게 될 것이라고, 그리고 하늘에서 빛을 찾아내게 될 것이라고 생각하고 싶지 않다. 자신이 사랑할 대상을 언제까지고 찾고 있어야 할 운명이라면 그건 너무 가혹한 것 같다. '관심을 딴 데로 돌리는 것'이—1천분의 일 초 동안만이라도—불가능하니 말이다. 나도 물론 "그렇다"라고, 있는 힘을 다하여, 말하고 싶다. 그렇거든 '반드시' 그 긍정이 결정적인 것이어야 한다—언제나 응할 준비가 된 대기 상태에 있지 말고 순간의 밀도에서 자양분을 얻을 것. 그러나 그래놓고 그다음에 왜 행운의 섬들을 찾는단 말인가. 그리고 왜 그 밖의 것은 그 아무도 쳐다보지 않는단 말인가.

4. 알베르 카뮈가 장 그르니에에게

〔알제, 1933년〕

한 가지 '믿음'에 자신을 바치기 위하여 모든 것을 다 포기한 다음에는 어떻게 해야 하는 것일까요? 그 믿음이 나를 으깨버리고 나를 ─ 벌거벗은 것처럼 ─ 혼자 버려두는데.

제가 느끼는 것은 반항도 아니고 절망도 아니고 그저 무관심입니다.

어쩌면 이건 결국 너무 고통스럽기 때문일 테지요 ─ 사실 저는 더이상 아무것도 모르겠습니다 ─ 오직 선생님의 우정밖에는 ─ 그 또한.

A.C.

5. 알베르 카뮈가 장 그르니에에게

〔알제〕 미슐레 가 117-2번지
33년 7월 13일

이 편지를 선생님께서 받으실 수 있을지 모르겠습니다. 그러나 제가 좋아하고 옆에 계신 것만으로도 저를 숱한 낙담들로부터 구해주시는 분이기에 저는 그분께 이 글을 씁니다.

어떤 미묘한 문제[1]에 대한 의견 차이가 생겨서 저의 이모부는 저보고 나가라고 합니다. 저는 외톨이가 되어 갈피를 잡을 수가 없습니다. 그래서 저는 선생님의 글월을 받아 읽고 싶고 선생님의 우정을 알고 싶습니다. 과연 학사학위 과정을 계속할 수 있을지 모르겠습니다. 저에게 보다 심각한 일은, 여행을 할 수 없을 것 같다는 점입니다—저의 병이 절대로 완치되지 않는다는 확신을 덧붙여 말씀드린다면 선생님은 제가 선생님의 글월을 얼마나 고대하고 있는지 이해하실 것입니다.

제가 한 가지 믿음[2]을 선택한 이상 그 믿음을 손상할 가능성이 있는 그 어떤 양보도 거부하고, 제가 한 가지 목표[3]를 정한 이상 그 목표의 추구에 완전히 몰두하는 것이 옳지 않겠습니까. 이 깊은 진실을 가르쳐주셨고 그것을 가르쳐줌으로써 그토록 많은 것을 주신 선생님이시니 저의 말을 부정하지는 못하실 것입니다. 지난번 뵈었을 때 선생님은 저에 대한 우정을 말씀해주셨습니다. 그런데 제가 침묵을 지키고 있었으니 그것이 선생님에게는 분명 우스꽝스럽고 난처하게 느껴졌을 것입니다—그것은 소심함의 표시일 뿐이었습니다—그러나 선생님은 벌써 그 침묵이 제가 말로 할 수 있는 것보다 더 나은 것임을 알고 계셨습니다. 이처럼 솔직하게 말씀드리는 것을 용서해주십시오. 선생님의 답장을 기다립니다.

알베르 카뮈

추신. 위에 적은 주소로 편지해주십시오. 저를 거두어준 제 형[4]의 주소입니다.

6. 알베르 카뮈가 장 그르니에에게

〔알제, 1933년〕

선생님이 오해하신 것입니다. 저는 선생님께 저희 이모부님과 저 사이에서 한쪽 편을 들어달라고 부탁할 생각은 꿈에도 하지 않았습니다. 선생님이 저의 이모부님에 대하여 품고 계신 호감의 이유를 너무나도 잘 알고 또한 그걸 인정하고 있기에 선생님을 곤란하게 만들 뿐만 아니라 선생님께 충격적으로 느껴질 일을 제가 부탁드릴 리가 없는 것입니다.

제가 갈피를 잡지 못하고 있는 것은 사실입니다. 그래서 선생님께 편지를 드린 것이고요. 선생님을 너무나도 믿기 때문에 다른 누구에게도 쓰지 않은 편지를 선생님께 쓴 것입니다. 오! 자신의 이상[1]이 얼마나 확고한 것인지 분명히 알기 전에 남을 괴롭게 하는 식으로 해서는 안 된다는 것을 저도 잘 압니다. 그러나 저는 그저 복종했을 뿐 스스로 결심할 것은 없었습니다. 이 문제에 있어서 저의 역할은 순전히 수동적인 것이었으니까요. 저의 이상이 과연 확고한 것인가 하는 문제로 말하자면, 아시다시피 제가 확고하다고 믿기로 결심했으니 그건 확고한 것이 아니겠습니까.

그러나 선생님께 말씀드릴 수 있는 이 모든 이유들에도 불구하고 선생님의 편지를 읽고 나니 괴로운 느낌이 지워지지 않습니다. 아마도 제가 설명을 제대로 하지 못했던 것 같습니다. 그러나 저는 오로지 선생님의 존재를 필요로 했을 뿐입니다.

제게 결점이 많다는 것—저의 자존심이 대부분의 경우 속 빈 허영이라는 것—그리고 거창한 것들에 대한 저의 욕구가 자질구레한 것들을 너무 손쉽게 성취한 데서 오는 것임을 저도 잘 알고 있고—그래서 저 자신을 명철하게 판단해보는 것입니다. 이건 선생님이 가르쳐주신 것입니다. 그러나 이 모든 것에 있어서 저는 아무것도 후회하지 않습니다. 왜냐하면 저의 마음과 감정에 따라 행동한 것이니까요. 그리고 지금 이 순간 저의 유일한 힘이 되어주는 것은 바로 우스꽝스러울 만큼 감정적인 이 작은 이유인 것입니다. 현 상황이 이러한 만큼 저로서는 어쩔 수가 없습니다.[2] 그러니 제가 어떻게 남들에게 고통을 안겨줄 수 있겠습니까. 어쩌면 반대로 남들이 저에게 고통을 안겨준 것이 아닌가 하는 의문이 들었습니다.

지금 제겐 정말이지 꼭 한 가지 야심이 있을 뿐입니다. 인간이 되고 싶다는 것이지요. 가능한 한 가장 단순하게 말입니다. 물론 이것도 역시 오만이겠지요. 그러나 저는 지금 너무나 지쳐 있고 너무나 헐벗은 상태라서 이 오만이 제게는 유일한 보호장치인 것 같습니다. 삶에 대하여 아무것도 요구해서는 안 된다는 것을 깨달았습니다. 따지려고 들기 전에 받아들여야 한다는 것을요. 한사코 자기 자신에게 충실하고자 하는 것보다 그것이 더 낫습니다. 특히 저처럼 자신을 별로 잘 알지 못하는 경우는 특히 그렇습니다.

이렇게 모든 것을 다 말씀드리고 나니 이제는 제가 가졌던 그 괴로운 느낌이 가신 것 같습니다. 앞서 말씀드렸듯이 저를 정당화해주는 것, 그것은 바로 저의 믿음에 따라 행동했다는 것입니다—그것이 너무나도 틀림없는 진실이기에 저는 저의 믿음을 믿습니다.

그러나 선생님의 혹독한 비판을 받게 되면 제 마음이 매우 아프리라는 것 또한 틀림없는 사실입니다. 부탁드리고 싶은 것은, 제발 제가 아직 미숙한 젊은이라는 점을 고려하여 저를 판단해주시고 저에 대한 우정을 간직해주십사 하는 것입니다. 그 우정이 제게는 너무나도 많은 것을 의미합니다.

A. C.

7. 알베르 카뮈가 장 그르니에에게

빌라 프레 코타주
R. N° 12—이드라 공원[1] (1934년)

제 담당 책임자가 제게 주어야 할 돈을 가지고 잠적했습니다. 당장에 무일푼이 된 저는 도청에 취직했습니다.[2] 하루에 일곱 시간씩 한 달 반을 일하고 났더니 제 상태가 악화되고 말았습니다. 그 대가는 두 달간의 안정입니다. 다른 한 개의 폐마저 손상되었으므로 절대 휴식이 필요하다는 것입니다.

지금 저는 일종의 감옥살이를 하고 있기에 선생님께는 적절치 않아 보일 수도 있는 이 모든 이야기를 편지로 말씀드릴 생각입니다. 그러나 저는 선생님께 제 삶에 일어나고 있는 일들을 알려드려야 마땅하지 않겠습니까.

병자의 생활이란 곧 성관城館에서의 생활이라는 것을 선생님은 너무나도 잘 알고 계시지요. 그래서 무료한 긴긴 날들이 제게는 가장 중요하게 여겨집니다. 그리고 또한 저는 마침내 저 자신만을 위한 일을 할 수 있게 되었습니다. 그러니 제가 계획한 일에 큰 진전이 있기를 바라는 것입니다.

보시다시피 병이 났다고 해서 제가 여러 가지 계획을 세우지 못할 것은 없습니다. 그러나 좀 진지하게 자문해보면 그런 모든 것이 다 부질없어 보이리라는 것 또한 잘 알고 있습니다. 이런 생각에 더욱 깊숙이 빠져들게 만드는 것은 이드라 공원의 가슴 뭉클한 저녁들입니다. 저는 이보다 더 '패배적'인 풍경, 이보다 더 부정적인 풍경을 본 적이 없습니다.

그렇지만 저는 속으로 생각합니다. 제가 귀를 기울여야 할 것은 이 목소리나 제 깊은 천성의 목소리가 아니라, 오히려 삶은 항상 그 삶을 사랑하는 사람들, 삶과 마주하여 배반하지 않는 사람들을 돕는 것이라고 말해주는 그 목소리라고 말입니다.

그러나 이것 역시 그저 젊은 사람의 생각들이겠지요. 저는 이것이 저의 최근 생각이며 저의 현재 상태에 도움이 되는 쪽으로 떠오르는 생각들이라고 봅니다. 따지고 보면 이런 모든 것에도 불구하고 여전히 우리의 삶은 비참하고 오직 비프스테이크만이 중요하며 아름다움도 그 자체로만으로는 충분하지 않으니 어쩌겠습니까.

선생님께 이 모든 이야기를 두서없이 늘어놓았습니다. 그렇지만 저는 너무나도 선생님과 이야기를 나누고 싶고, 부질없는 이야기를 하면서 산책하고 싶은 마음뿐입니다. 꼭 답장을 해주시지 않아도 좋으니 자주 선생님께 편지 드리는 것을 허락해주십시오—이곳에서의 하루는 너무나 길고 너무나 따분합니다.

샤토브리앙 추모 작품집을 받았습니다. 유익한 경고로 여기겠습니다. 베즐레³의 경구는 따르지 않도록 노력하겠습니다. 지금 선생님은 시스트롱에 계실 것 같은데 저의 편지가 그곳에 잘 전달되기를 바랍니다. 또 곧 편지 올리겠습니다. 선생님께 언제나 감사하는 마음 변함없다는 것을 믿어주십시오.

알베르 카뮈

8. 알베르 카뮈가 장 그르니에에게

(이드라 공원, 1934년) 8월 17일

선생님이 옆에 계시다고 느낄 수 있는 것이 제게는 언제나 커다란 구원입니다. 그래서 선생님의 편지와 선생님의 저서들에 대하여 감사드리는 것입니다.

제가 너무 깊은 실망과 비관에 빠져 있다고 생각하지는 않으셨으면 좋겠습니다. 한 인간이 삶에 대하여 품고 있는 판단은 너무나 복합적인 것이어서 비관이나 낙관 같은 한 가지 범주로 못 박을 수 있는 것은 아니라고 생각합니다. 저는 그저 살고 느끼는 것으로 만족한 채, 명백한 사실을 확인할 뿐 어떤 판단을 내려야 할지는 알 수가 없습니다.

그리고 또 우정이—몇 권 안 되는 책들이—몇 점의 그림들이—두

세 악절의 음악이—사랑이 있습니다.

　게다가 몸도 좀 좋아진 것 같습니다. 좀더 정확한 것을 알기 위하여 담당 의사 선생님이 돌아오시기를 기다리고 있습니다. 하루 생활을 이야기해보라고 하셨지요. 깊이 생각해보니 하루하루가 텅 비고 단조롭기만 하다는 것을 깨달을 수 있습니다. 아침에 상당히 늦게 일어나 간이침대에서 점심식사 시간까지 공부를 좀 하고(과학이나 철학) 오후 동안에는 독서를 하며 쉽니다. 글을 써보려고 노력하는 것은 그때입니다. 밤 새워 일하는 것은 아닙니다. 보시다시피 신명나는 건 하나도 없습니다. 그렇기는 해도 장 드 메종쇨[1]과 루이 베니스티[2]를 아주 자주 만나곤 합니다. 아주 젊고 아주 친한 사람들의 모임이 어떤 것인지 선생님도 잘 아시지요. 장차 쓰게 될 작품에 대한 속내 이야기—희망과 생각과 판단들에 대한 의견 교환—그렇지만 그것도 악수나 진정 어린 눈길에 비하면 별것 아니지요. 또 때로는 들판에 나가 오랫동안 산책하기도 합니다.

　중요한 것은 제가 한 가지 목표, 하나의 작품[3]을 정했다는 사실입니다(그 첫째 파트를 끝냈으므로 곧 타자하여 선생님께 보내드리겠습니다). 이런 결심들에 비추어볼 때, 제가 크게 실의에 빠진 것 같지는 않다는 것을 인정하시겠지요. 사실 젊은 사람은 완전히 포기하지는 못하는 법입니다. 모든 무기력이 다 합쳐진다 해도 그가 마음속에 간직하고 있는 재기의 힘을 앗아가지는 못합니다. 저는 제 자신이 내면에 품고 있는 활력을 너무나 오랫동안 알아차리지 못하고 있었습니다. 선생님은 의외라고 여기실지 모르겠습니다만 냉정하게 말씀드리건대 저는 저항력, 정력, 의지력을 갖추고 있다고 느낍니다. 그리고 또 거기에 더하여, 너무나도 아름다운 아침들이 있고 너무나도 귀중한 친구들이 있는 것입니다. 그러므로 너무 걱정하지 마십시오. 저의 건강 상태는 솔직히 말씀드려서 아직 만족스럽지 못합니다. 그러나 제게는 낫겠다는 의지가 있습니다.

제게 베풀어주신 도움에 다시 한번 감사드리고 싶습니다. 선생님께 쓸모 있는 존재도 되지 못하고 아무런 도움도 드리지 못한 채, 선생님이 느껴주셨으면 싶은 우정을 오직 열띤 말로밖에 표현하지 못하는 것을 늘 죄송스럽게 여기고 있습니다.

A. C.

사모님께도 저희가 얼마나 큰 호감을 느끼고 있는지를 알아주십사고 전해주십시오.

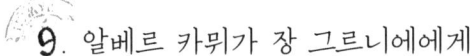

9. 알베르 카뮈가 장 그르니에에게

〔이드라 공원, 1935년 7월〕 31일

요 며칠간 저는 화물선을 타고 튀니스로 갑니다. 거기서 수스, 스팍스, 가베스, 그리고 튀니지 남부(품 타타우인 그리고 두이라드)로— 가는 길에 케루앙, 케르케나 제도, 엘젬과 제르바 섬에 들르게 됩니다. 이건 제가 지금 행복한지 어떤지를 말씀드리려고 하는 말입니다. 저는 칠월 한 달을 공연히 게으름만 피우며 영 신통치 않게 보냈습니다. 그러나 이번 여행을 고대하면서부터 훨씬 나아졌습니다. 제가 쓰고 있는 〈가난한 동네〉는 많은 진척이 있었습니다. 그렇지만 아직은 아무것도 보내드리지 않겠습니다—아직은 아무것도 최종적으로 완성된 것이 없기 때문입니다. 선생님께 너무 많은 것을 요구한다고 하시겠지만, 부디 가베스의 국유치우편으로 편지를 보내주셨으면 좋겠습니다. 제 삶의 중요한 것이면 무엇이나 다 그렇듯이 이번 여행도 선생님과 다소 관련이 있는 것 같기 때문에 그러는 것입니다. 그 자신의 표현처럼 "너무나도 푸르러 검게 보이는 하늘을 보고 올리브를 먹어보기 위하여" 그리스로 떠났다는 블룸필드를 생각하며 선생님이 카프리로 떠났었다는 것을 저는 알고 있습니다.

여행에서 돌아오면, 그리고 어쩌면 여행 중에라도 선생님께 편지 올리겠습니다. 점점 더 관심이 커지는 제 학위[1]에 대하여 그때 선생님께 말씀드리겠습니다. 사모님께 우정과 존경의 인사를 전해주시고 저의 변함없는 마음을 믿어주시기 바라며.

알베르 카뮈

25일경에 돌아올 예정입니다—18일경에는 가베스에 있어요.

10. 알베르 카뮈가 장 그르니에에게

(이드라 공원, 1935년) 8월 4일 일요일

선생님이 아직까지 가베스로 제게 편지를 보내지 않으셨다면 그렇게 하시지 않았으면 합니다. 저는 지난 금요일에 화물선을 타고 떠나긴 했습니다만 겨우 부지Bougie라는 곳에 도착하자마자 혈뇨血尿 증세가 보이는 바람에 의사의 검진을 받아야 했습니다. 의사는 저의 경우 별것 아닌 것 같은 작은 증상도 결핵과 관련된 것일 수 있으니 최대한 빨리 집으로 돌아가라고 권했습니다. 아직 비뇨기과 전문의의 진찰을 받지는 않았지만 계속 알려드리겠습니다. 실망스러운 마음 금할 수 없군요. 몸의 건강을 되찾기 위해서 일 년 동안 어지간히도 노력했는데 또 불확실한 상황이 되었습니다. 하기야, 어쩌면 아무것도 아닐 수도 있지요. 저는 부지까지 해안을 따라 신명나게 올라왔습니다. 사실 금년 중으로 다시 해보고 싶은 여행입니다. 좀더 좋아지면 언젠가 말입니다. 이번 여름에 무엇을 할지 아직은 아무것도 모르겠습니다. 당장은 의사의 소견에 달렸습니다. 선생님께서 제게 편지를 주시면 기쁘겠습니다만. 얼음처럼 싸늘해진 가슴으로 이 무료함을 지우기 위해서, 그리고 선생님도 잘 아시는 이드라 공원의 이런 저녁시간에서 도망치기 위해서라도, 다시 일을 시작하려고 합니다. 그렇지만 이 작은 환멸을 잊어버리는 데는 선생님이 보내주시는 편지들이 도움이 될 것 같습니다. 작은 환멸이라고 말씀드린 것은 제가 맛보고 있는 이런 어린애 같은 슬픔을 선생님께 과장되게 표현하는 것이나 아닐까 하는 염려 때문입니다. 사실 이처럼 떠나는 것에서 제가 얼마나 큰 기쁨을 맛보는지 선생님은 잘 알고 계실 것입니다.

선생님께서 그곳에서 계속 정상적으로 체류하시기를, 사모님께서도 한때의 피곤을 털고 곧 회복하게 되시기를 빕니다. 사모님께 저희의 우정과 존경의 뜻을 전해주시고 부디 변함없는 제 마음을 믿어주시기를 바라며.

알베르 카뮈

11. 알베르 카뮈가 장 그르니에에게

클로[1]의 주소
성 아우구스티누스 가 19번지

[티파사, 1935년] 8월 21일

우선 안심하셔도 된다고 말씀드리고 싶습니다. 엑스레이를 찍고 분석해본 결과 제 문제와 관련된 모든 불안이 해소되었습니다. 단순한 혈액순환 장애에 불과했던 것입니다. 그러니 저로서는 안심이지만 제가 하려던 모험에 대하여 약간 유감이 남습니다.

제게 프랑스에 대하여 언급해주신 것은 대단히 현명한 생각이신 것 같습니다. 그러나 그건 불가능합니다. 수업을 하나 맡는 바람에 9월에는 그걸 그만둘 수가 없거든요. 기껏해야 한 열흘 정도(1) 짬이 나는 것이 고작입니다. 그 짧은 휴가를 발레아르 군도에 가는 데 쓰기로 했습니다.

〈첨부 주석〉² 감사합니다. 〈베르그송에 관한 주석〉은 《카이에》지에서 이미 읽은 바 있습니다. 그러나 데카르트에 대한 주석은 읽지 못한 터였지요. 보내주신 자료를 얼마나 기쁘고 감사한 마음으로 받았는지 이루 다 말씀드릴 수가 없습니다.

공산당에 입당하라고 충고하신 선생님의 뜻을 잘 알겠습니다. 발레아르 군도에서 돌아온 다음 그렇게 하겠습니다. 솔직히 말씀드려서 모든 점에서 저는 그들에게 끌리고 있으므로 그 경험을 해보기로 결심한 것입니다. 공산주의를 대할 때 제 마음에 걸리는 장애요소들은 직접 체험해보는 편이 나을 것 같습니다. 그러면 공산주의의 여러 가지 구상들을 더 잘 알게 될 것이고, 그 몇몇 논거들에 어떤 중요성을 부여해야 할 것인지 더 잘 깨달을 수 있을 테지요. 저는 그 점에 대하여 많이 생각해보았습니다. 지금까지는 제가 보기에, 공산주의의 과도한 면들은 몇 가지 오해에 근거하는 것으로 그런 것은 별 문제없이 제거할 수 있을 것으로 생각됩니다. 그건 또한 공산주의가 때로 공산주의자들과는 다르기 때문이기도 합니다. 오랫동안 저를 멈칫하게 했던 것, 또 많은 사람들을 멈칫하게 했던 것은 공산주의에 결여된 종교적 감각입니다. 마르크스주의자들에게 발견할 수 있는 것은 인간이 스스로 자족할 수 있는 어떤 모럴을 수립하겠다는 포부입니다. 거기에서는 에두아르 에리오식 휴머니즘, 즉 '세속적이고 필수적인 것'의 냄새가 너무 강하게 풍깁니다. 그러나 우리는 공산주의를 하나의 준비로, 보다 더 정신적인 활동들에 토대를 마련해줄 어떤 준비 혹은 어떤 고행으로 이해할 수도 있겠지요. 요컨대 사이비 이상주의에서, 가식적인 낙관론에서 벗어나 인간이 그의 영원성의 감각을 되찾을 수 있는 상황을 마련하겠다는 어떤 의지로 말입니다. 이것이 정통적이라는 것은 아닙니다. 그렇지만 제가 시도해보려는 경험(당당한)에 있어서 저는 삶과 인간 사이에다가《자본론》이라는 두툼한 책 한 권을 끼워넣는 짓은 어떤 일이 있어도 거부할 것입니다. 무슨 독트린이든 독트린은 진화할 수 있는 것이고 또 그래야 마땅합니다. 그것만으로도 저는 이 사상에 진심으로 찬동할 수 있습니다. 저를 제 근원으로, 제 어린 시절 친구들에게로, 저의 감성을 형성시켜준 그 모든 것들로 되돌아가게 해주는 이 사상에 말입니다.

그 밖에 심사숙고해볼 만한 가치가 있는 다른 여러 가지들(진보라는 환상과 연관된 가짜 합리주의, 오직 노동자 계급만의 행복과 승리라고 하는 최후의 목표 쪽으로 해석되고 있는 계급투쟁과 역사적 유물론)이 있습니다.

제가 느끼기에 흔히 공산주의로 인도하는 것은 사상보다 삶인 것 같습니다. 선생님은 어떻게 생각하시는지 말씀해주십시오. 선생님은 저의 의혹들과 저의 희망들이 무엇인지 잘 알고 계십니다. 제게는 인간들을 괴롭히는 불행과 고통이 줄어들기를 바라는 강한 열망이 있습니다.

어떤 경우든 늘 명철한 의식을 유지할 것이며 절대 맹목적이 되어 넘어가는 일은 없도록 하겠다고 약속드립니다. 어느 면 선생님의 사상과 모범이 저에게 도움이 될 것입니다.

알베르 카뮈

---

(1) 9월 초에 말입니다.

저는 지금 삼사 일간 티파사에 와 지내면서 이 글을 씁니다. 폐허로 가득한 이 시골에서 오직 하는 일이라곤 게으름을 피우고 할 일 없이 어슬렁거리는 것뿐입니다. 모든 것이 푸른색 노란색입니다.³ 너무나도 자주 사람을 압도하는 이 찬란함이 여러 달 동안 제가 잊어버리고 지냈던 내면의 침묵을 어느 정도 회복시켜줍니다. 제가 급히 이런 말을 덧붙이는 것은 오늘 제가 맛보는 기쁨을 조금이나마 선생님께 전해드리기 위함입니다.

12. 알베르 카뮈가 장 그르니에에게

(이드라, 1935년) 9월 1일

제가 그동안 써보려고 노력한 것의 첫 부분을 동봉합니다. 그 시작 부분은 선생님도 알고 계시는 것입니다.¹ 그렇긴 하지만 선생님께서 글 전체의 내용을 어느 정도 짐작을 하실 수 있도록 보내드리는 것입니다.

선생님 생각은 어떤지, 계속 쓸 만한 가치가 있다고 보시는지 말씀해주십시오. 지금 저는 좀 자신이 없습니다.

선생님이 돌아오시기 전에 좀더 긴 편지를 드리도록 하겠습니다. 그때는 더 지각 있는 글을 쓸 수 있게 되기를 바라고 있습니다. 저의 변함 없는 우정을 믿어주시기 바라며.

A. C.

13. 알베르 카뮈가 장 그르니에에게

(1935년 9월 11일)

지난 두 주일 동안 저는 많은 것을 보았습니다. 뭐가 뭔지 모를 정도로 어리둥절합니다. 그 모든 것들이 분명해지기를 기다리고 있습니다. 저에게 강한 인상을 주고 감동을 준 것이 무엇인지를 말씀드리고 싶지만 그럴 수가 없습니다.

다만 머지않아 다시 만나뵙기를 바랄 뿐입니다.

A. C.

(발레아르 군도의 그림엽서)

14. 알베르 카뮈가 장 그르니에에게

(알제, 1936년 첫 학기) 월요일

금주 중에 선생님을 뵙고 싶습니다. 이드라로 찾아가도 될까요, 그리고 간다면 어느 날이 좋을까요? 좀더 일찍 이 글을 올리는 것은 혹시라도 선생님을 불편하게 해드리는 것이나 아닐까 걱정되어서이고, 또 선생님께서 미리 제게 몇 자 적어 보내시거나 전화를 주신다면(84-12) 선생님을 만나뵙는 것이 더 확실해질 수 있을 것 같아서입니다. 왜냐하면 저는 이제 더이상 이드라에 살지 않게 될 테니까요. 지금으로서는 다만 이 모든 것이 제 마음속에서 어떤 자리를 차지하고 있었는지를 알고 있을 뿐입니다.

저는 콜로넬 드리앙 가 10번지, 7 메르베유[1]에 살고 있습니다. 그렇지만 이제부터는 선생님을 더 자주 뵙게 되기를 바라고 있습니다. 두서없는 이 글을 용서하십시오. 지금 모든 것이 잘 돌아가지 않고 있습니다.[2] 그래서 저는 선생님을 꼭 만나뵙지 않으면 안 될 처지입니다. 그런데 뭐라고 말씀을 드려야 할지 알 수가 없습니다.

언제나 선생님을 존경하는,

A. 카뮈

15. 알베르 카뮈가 장 그르니에에게

잘츠부르크, 36년 7월 26일

선생님의 편지를 잘츠부르크에서 받았습니다만 여기서 선생님께 편지를 보내는 것은 망설여졌습니다. 선생님이 지금 시스트롱이 아니라 파리에 계신 것을 알고 있었으니까요. 이제 선생님의 파리 주소를 알게 되었지만 오늘이 벌써 26일이니 더 나아진 게 없습니다. 선생님의 편지가 14일자였으니 말입니다.

저의 일로 염려해주셔서 감사합니다. 그 문제와 관련해서라면 선생님께 알려드릴 소식은 아무것도 없습니다. 혹시 몰라서, 빈자리(철학 담당)가 하나 있다는 오랑의 페늘롱 학원[1]에 편지를 썼습니다. 말을 들어보니 일은 고되고 보수는 별로 좋지 않은 자리라고 합니다. 하지만 따지고 보면 저는 그 자리에 대해서 크게 신경을 쓰지 않는 편입니다.

저는 서둘러 여행을 떠났습니다. 수중에 가진 것을 생각해보면 상당한 모험을 한 셈이지요.[2] 그렇지만 신중하지 못했던 결정의 덕을 보긴 했습니다. 오스트리아에서 얼마나 깊은 인상을 받았는지는 나중에 말씀드리도록 하겠습니다. 저는 내일 체코슬로바키아(프라하)로 떠날 생각입니다. 그리고 거기서 드레스덴과 마그데부르크를 거쳐 베를린으로 가려고 합니다. 그다음은 모르겠습니다. 어쨌든 이제 서부 오스트리아를 보았으니 빈을 거쳐서 돌아갈 예정입니다.

이곳의 매우 신선한 공기에도 불구하고 저의 건강은 여전히 불안정한 상태입니다. 당연히 어디 산골짜기에 가 처박혀서 두 달쯤 쉬었어야 마땅합니다. 그러나 기회가 생기고 보니 놓치고 싶지 않았습니다. 그래서 저는 잘츠부르크로 와서 그런 모든 것과 그 밖의 많은 일들[3]을 다 잊어버리고 지냅니다. 여기서는 문명이 한자리에 모아놓은 가장 귀중한 모든 것들(아름다운 여자, 공원, 그리고 예술 작품 들)이 우리를 우리 자신들로부터 보호해줍니다.

저는 제가 몹시 좋아했던 〈루르마랭의 예지〉[4]에 대해서 선생님께 말씀드리고 싶습니다. 이제 선생님이 생각하고 계신 것이 어떤 것인지 더 잘 알겠습니다. 제게 어렵게 보였던 것은, 선생님의 '입장'이 마르크스주의와 마찬가지로 어떤 선택을 전제로 한다는 점입니다. 물론 저 역시 선생님과 마찬가지로 공산주의에 대하여 생각하지 않을 수 없습니다. 그러나 저로서 생각하기가 두려워지는 것은 우리가 생각을 하고 있는 동안에 여러 가지 일들이 일어나버린다는 점입니다. 확실한 것 한 가지는, 우리가 숙명론적인 방식으로 생각할 수 있다는 점이지요—마음이 모질다는 의미가 아닌 어떤 무심함 말입니다. 저는 너무나 자주 이런 쪽으로 쏠리곤 해서 매우 걱정입니다. 하지만 이렇게 되면 지성의 뉘앙스 같은 것도 그다지 중요하지 않아집니다. 제가 웃어넘기지 않고 이해할 수 있는 한 가지 태도가 있다면 그것은, 정확하게 말해서, 공산주의와 사회적 문제에 대하여 전적으로 회의적인 한편 광적인 공산주의적 행동으로 나서는 것입니다. 정말이지 이건 그저 문학적으로 표현해본 말이 아닙니다. 왜냐하면 그 정도까지는 아니지만 그런 영향력에 대한 회의를 안고 살아가는 당원들을 제가 직접 보거나 그들이 하는 말을 들을 수 있었으니 말입니다. 〈루르마랭의 예지〉가 왜 이 모든 이야기로 이어지게 되었는지 저도 잘 모르겠습니다. 저는 마르세유에서 리옹을 향해 프로방스 지방을 거슬러 올라가는 동안 그 생각을 했던 것입니다. 아마도 순전히 지적인 면에서 생기는 갈등에 어떤 한 고장이 어떤 영향을 끼치는지를 더 잘 이해할 수 있었기 때문인 것 같습니다. 이 문제를 너무 어설프게 표현한 것을 용서해주십시오. 그렇지만 이 문제들이 제 마음을 헝클어놓고 있는 것은 사실입니다. 다만 선생님의 경험과 저의 경험 사이에는 너무나 큰 차이가 있어서, 다른 경우라면 아주 자연스럽게 말했을 것들도 저로서는 표현하는 데 늘 그렇게도 큰 어려움을 느끼는 것입니다(저는 구술시험을 치를 때면 늘 선생님이 하와이 섬처럼 멀리 떨어진 어딘가에 가 계셨으면 하는 마음이었습니다).

지금쯤 선생님의 학위논문[5]이 다 끝나고 선생님께 좋은 결과가 있도록 대학 당국에서 경쟁과 방어 시스템 같은 건 좀 잊어버리고 있었으면 좋겠습니다. 클로가 선생님을 만나고 난 뒤에 제게 보낸 편지를 받았습니다. 그의 가장 친한 친구의 죽음에 대한 얘기를 하고 있는 이상한 편지였습니다. 혹시 제가 아는 사람일까요? 선생님께서 제게 편지를 보내신다면 프라하의 국유치우편으로 보내주십시오. 편지가 이어서 전달되도록 해놓겠습니다만 주소가 새롭게 바뀌면 알려드리겠습니다. 사모님께도 제가 존경어린 마음으로 기억하고 있다고 전해주십시오. 언제나 변함없는,

A. 카뮈

 16. 알베르 카뮈가 장 그르니에에게

올로모츠, 1936년 8월 22일

저는 이미 잘츠부르크에서 파리로 선생님께 편지를 보냈습니다만 시스트롱으로 가도록 알려주신 그 주소로 배달되도록 했습니다. 선생님의 두 번째 편지는 일주일 늦게야 체코슬로바키아에서 받았습니다. 저의 기쁘고 감사한 마음을 어떻게 표현해야 할지 모르겠습니다. 그 과정에서 선생님께서 들이신 그 모든 수고와 시간들에 대하여 감사드립니다. 그러나 저는 벌써 선생님께 많은 은혜를 입었으면서도—제가 느끼는 바를 제대로 표현할 수가 없습니다.

저는 좀 급작스럽게, 상당한 모험임을 알면서 유럽으로 떠났습니다.

어떤 선택을 하든 당시 제가 처해 있던 형편보다는 그래도 낫다는 생각이 들어서였습니다. 뒤늦게 돌이켜보니 그다지 변한 게 없군요.

저는 철학교사를 필요로 한다는 오랑의 페늘롱 학원으로 편지를 보냈습니다(그 점에 대해서는 여행 중의 첫 번째 편지에서 이미 말씀드렸지요). 아직 답은 받지 못했습니다. 저는 또한 마티외 선생님[1]을 통해서 대학도서관의 보조 사서가 알제를 떠나게 되어 그 자리를 학생이 맡을 수 있을 거라는 사실을 알게 되었습니다. 그러나 그 점은 나중에 돌아가서 알아보기로 하겠습니다. 그리고 끝으로 프레맹빌[2]이 제게 이야기한 바 있는 신문사 건도 있습니다만, 거기에 대해선 별로 희망도 믿음도 갖고 있지 않습니다. 그것이 전부입니다. 돌아가면 선생님이 충고하신 것을 지역 당국에 알아보도록 하겠습니다. 크게 바라는 것이 없고 아주 작은 것으로도 만족하는 터이므로 저는 빠른 시일 안에 뭔가 찾아낼 수 있다는 희망을 가지고 있습니다. 저로서는 교육계에 진출할 길이 막혀 있으므로[3] 뭔가 개인적인 작업을 할 시간을 가지면 좋을 것 같습니다(그러니까 전문 분야나 철학 쪽 말입니다). 저는 거기에 맛을 들였습니다. 그리고 그것은 제게 대학 쪽의 일과 연관을 갖는 한 방식이 될 것입니다.

저는 별로 쓴 것도, 읽은 것도 없지만 많이 느끼고 (그리고 보고) 또 경험했습니다. 요즈음 내내 선생님 생각을 많이 했습니다. 더이상 뭐라고 말씀 드리겠습니까? 삶과 사람들이 역겹게만 느껴질 때가 많습니다. 그렇지만 이제는 그 점에 대하여 놀라지 않습니다. 그리고 따지고 보면 그건 생각만큼 중요한 일이 아닙니다.

선생님께서 제게 편지를 주시려면 9월 1일까지는 빈, 10일까지는 제노바의 국유치우편으로, 10일 이후에는 알제로 보내시면 됩니다. 물론 편지를 주신다면 저야 기쁘지요. 그렇지만 시간이 없으시면 안 쓰셔도 됩니다. 잘 이해합니다. 선생님께서 저를 위하여 해주신 수고에 다시 한 번 감사드리며 변함없고 존경에 넘치는 사랑을 보냅니다.

알베르 카뮈

17. 알베르 카뮈가 장 그르니에에게

〔알제〕 미슐레 가 238번지, 〔1937년〕

목요일

저의 이 보잘것없는 에세이집을 선생님께 헌정하고자 하는데 허락해주시겠습니까?[1] 이 책의 결점들을 저는 잘 알고 있습니다만 책을 출판하는 것이 필요하다고 믿기에 내놓게 되었습니다. 사실 선생님께서 거절하신다 해도 저는 충분히 이해할 수 있습니다.

언제나 선생님의 제자인,

A. 카뮈

18. 알베르 카뮈가 장 그르니에에게

(1938년 6월) 18일 토요일

우선 감사드립니다. 선생님의 목소리는 오늘 제가 유익하게 귀 기울여 들을 수 있는 유일한 목소리입니다. 선생님이 제게 하시는 말씀을 들으면 언제나 몇 시간 동안 반발심이 생깁니다. 그러나 그 때문에 저는 어쩔 수 없이 깊이 생각을 하고 결국은 이해하게 됩니다. 그러고 나면 오직 선생님에 대한 감사의 마음과 우정을 느낄 뿐입니다.

오늘 선생님이 제게 하신 말씀은 아주 지당하신 말씀입니다. 이 책을 쓰는 것이 제게는 아주 힘든 일이었습니다. 사무실에서 퇴근한 뒤에 매일같이 몇 시간씩 쓴 글입니다. 이 글을 끝맺을 때까지 저는 단 한 줄도 남에게 보여주지 않았습니다. 이 글과 거리를 둘 수 있게 된 지금은 깊이 생각해보지 않아도 제가 그 글 속에 푹 빠져서 맹목적이 되어 있었다는 것, 많은 부분에서 꼭 해야 할 말보다는 하면 기분 좋은 말이 앞섰다는 것을 깨달을 수 있습니다. 저를 위해서나, 지금 제가 아주 중요하게 생각하는 이 주제를 위해서나 다 유감스러운 일이지만 할 수 없지요.

그렇지만 어떤 부분들은 선생님의 마음에 들었다니 기쁩니다. 그리고 진전된 구석도 있었다니 또한 기쁩니다. 하긴 솔직히 말씀드려서, 이 실패가 제게 아무렇지 않게 느껴지는 것은 아닙니다. 지금 제가 영위하고 있는 생활에 대하여 스스로 만족하고 있지 않다는 건 구태여 말씀드릴 필요도 없겠지요. 그렇기 때문에 저는 이 소설에 많은 중요성을 부여

했던 것입니다. 아마 제가 잘못 생각한 것인지도 모르지요. 그러나 선생님의 편지를 읽고 나서 저는 좀 어리둥절했습니다. 지금은 좀 나아졌습니다만. 다만 다시 일을 시작하기 전에 선생님께서 어떻게 생각하시는지 궁금한 것이 하나 있습니다. 그걸 대놓고 바로 말할 수 있는 분은 선생님뿐이기 때문입니다. 선생님께서는 솔직히 제가 계속해서 글을 쓰는 게 옳다고 생각하십니까? 저는 아주 불안한 심정으로 그 질문을 스스로에게 던집니다. 제게 중요한 것은 글 쓰는 일을 직업으로 삼거나 거기서 어떤 이득을 얻는 쪽이 아니라는 건 선생님도 잘 이해하실 것입니다. 저의 삶에 순수한 것은 별로 많지 않습니다. 글쓰기는 바로 그러한 것들 중 하나입니다. 그러나 동시에 저는 시원찮은 지식인이나 보잘 것 없는 작가가 되는 것보다는 착한 부르주아가 되는 것이 낫다[2]는 것을 알 만큼은 경험을 쌓았습니다. 그게 더 점잖지요. 그래도 어쨌든 저는 알고 싶습니다. 선생님은 제가 생각하는 사람이 될 수 있을 거라고 말씀하십니다. 그렇지만 저는 그다지 확신이 서지 않습니다. 사상에 있어서 제게 매력적으로 느껴지는 것은 언제나 신랄하고 손쉬운 쪽, 그러면서도—이게 역설입니다만—유연한 쪽입니다. 그건 지적인 정직성을 제대로 나타내주는 지표가 못 됩니다. 또 선생님은 제가 연극에서 거의 뜻을 실현했다고 말씀하십니다. 거기에 대해서는 할 말이 많을 것 같군요. 그러나 선생님도 아시다시피 제겐 길이 없습니다—저는 직업적인 배우가 되고 싶지만—이곳에서는 어쩔 수가 없습니다. 파리로 갈 수도 없습니다. 거기 가봐야 가능성은 별로 없으니까요. 선생님의 생각을 솔직하게 말씀해주십시오. 그러면 제가 문제를 해결하는 데 도움이 될 것입니다.

　사실 이런 식으로 터놓고 선생님께 말씀드리기가 좀 거북합니다. 그러나 지금까지 이 년 동안 저는 어느 누구에게도 마음을 터놓지 못했습니다. 그 전 몇 해 동안 저는 선생님을 가끔 만나 뵐 수 있었고 그때는 매번 뭔가를 매듭짓는 기회가 되었습니다. 그 뒤부터는 선생님을 만나지 못했습니다(선생님을 원망하는 것은 아닙니다. 왜냐하면 제 탓이었으니까요). 선생님이 떠나시기 전에 만나고 싶었습니다만 제가 편지를 올리는 것을 너무 미루다보니 선생님은 벌써 오랑으로 가셨고,³ 또 금방 그곳을 떠나시려고 하십니다. 그렇지만 선생님과 이야기를 나누었으면 좋겠습니다. 선생님이 지난번 극장⁴에서 제게 말씀하신 것 가운데 한 가지에 대하여 깊이 생각해보았습니다. 신을 믿지도 않고 사랑도 모르고 오직 지성뿐인 이반이 제게는 어울린다는 말씀 말입니다. 기이한 일이긴 합니다만 선생님의 편지를 읽거나 선생님의 말씀을 들을 때면, 언제나 저로서는 도저히 받아들일 수 없는 저 자신의 오직 한 가지 이미지를 떠올리게 됩니다. 삶의 여러 가지 유혹들에 시달리면서도 삶 앞에서 뒷걸음을 치는 사내의 이미지 말입니다. 그렇긴 해도 그 이미지는 틀린 것이 아닙니다(저는 그 점이라면 제대로 판단을 내릴 수 있으니까요). 그러나 그 이미지는 제가 영위하고 있는 삶과는 일치하지 않습니다. 병을 앓기 전에 저는 운동을 많이 했고 육체적인 면에서 치열하게 생활했습니다. 그러다가 병 때문에 발이 묶여버렸습니다. 그러나 차츰차츰 흐름을 거슬러 올라갈 수 있게 되어 지금은 저 무절제한 육체적 생활로 되돌아와서 나름대로의 유혹과 만족을 동시에 맛보는 참입니다. 그렇다고 무리를 하는 것은 아니니 안심하십시오. 안이한 생활에 젖지 않고 정신을 차려 일을 하려면 대개는 억지로 노력해서 의지를 가다듬어야 할 때가 많습니다. 그렇긴 해도 선생님이 하신 말씀은 옳습니다. 저의 내면에는 어딘가 위축되고 경계를 늦추지 못하는 면이 있어서 그게 모든 것을 망쳐놓는 겁니다. 이런 모순을 선생님이라면 어떻게 설명하시겠습니까? (사실 제가 흔히 저 자신의 몸을 제어하지 못한다든가 저의 육체적인 생활에 대한 정확한 내면적 해석을 찾아내지 못하는 원인은 바로 거기에 있는 것입니다. 아마도 그 때문에 선생님은 〈티파사에서의 결혼〉에 억지로 꾸민 것 같은 면이 있다고 보시는 것 같습니다.)

그런데 제 편지가 자꾸만 길어지는 것 같군요. 그러다보니 선생님이 행복에 대하여 제게 말씀하신 것을 읽으면서 제 머리에 떠오른 것에 대해서는 아무것도 말씀드리지 못했습니다. 제가 이야기한 행복이 사실은 행복이 아니라는 것을, 결국 아무도 그런 행복은 원치 않는다는 것을 저도 잘 압니다. 그러나 저는 행복이 가능하다는 생각은 하지만 그 행복의 순간적인 면을 너무나도 잘 알고 있습니다. 그 무슨 한심한 역설인지는 모르지만, 행복은 우리의 긍지를 높여주는 초월이 되기는커녕 한낱 무기력에 불과한데 우리는 그 사실을 '뒤늦게야' 의식합니다. 저는 그 글을 쓰면서, 의식적인 깨달음이 선행되지 않고는 지속 가능한 행복은 없다는 것—그런데 그 의식화 혹은 명철함은 필연적으로 주당 사십팔 시간 노동과 관련이 있다는 것을 생각했습니다. 그래서 저는 그런 명철함의 획득을 특히 강조하기에 이른 것입니다. 제 생각이 과연 옳았는지는 알 수가 없습니다. 저는 행복이 저 밑에 있거나 아니면 저 너머에 있다는 것을 믿어 의심치 않습니다. 그러나 저는 그것을 묘사할 생각은 하지 못했습니다. 그것은 저와 무관한 어떤 경험인 것입니다. 그리고 어떤 사람들은 행복에 대한 열망, 의지, 향수가 너무나 지나쳐서 끝내 행복에 이르지 못합니다. 그들에게는 항상 쓰라림과 열정의 뒷맛이 남지요. 그리고 그것이 그들이 바랄 수 있는 최선입니다. 행복해지기 위하여 자신을 잊는다고요? 그럴 수도 있겠지요. 그렇지만 나의 존재가 나에게 몇 년 전과 마찬가지로 중요하게 여겨진다고 생각하세요? 제 나이 스물다섯 살이고 나이치고는 상당한 경험을 했으며(무엇보다 다양한 경험들이었지요) 저 자신의 결점을 뚜렷이 의식하고 있다고 생각합니다. 저의 세계는—제게 그런 것이 있다면 말입니다—모질고 에누리 없는 세계입니다. 그것은 저의 성격과 제 삶의 상황들로 이루어진 것입니다. 사정이 그렇다보니 제가 저 자신에 대하여 환상을 가지기란 어렵지요(연극에서 모든 색깔들이 빛을 발하게 하고 모든 그늘진 부분을 없애고자 할 때 "있는 대로 다 환하게" 불을 켜듯이 말입니다). 그러니 제 속에 있는 것치고 정말로 행복에 어울릴 만한 것은 별로 없다는 것을 저는 잘 압니다. 선생님이 저의 허장성세를 지적하셨는데 옳은 말씀입니다. 그 점은 분명 저의 가장 취약한 일면입니다.

한마디만 덧붙이고자 합니다. 선생님께서 제게 작년 일에 대하여 말씀해주셔서 감사합니다. 저는 파리의 문화원에 갔었습니다. 선생님 말씀이 옳았습니다. 그 점에 있어서 솔직히 저는 작년에 헛된 기대를 가졌었습니다. 그러나 제일 힘들었던 것은 남들이 선생님의 생각이라고 말했던 선생님의 반대와 판단(아마도 왜곡된)이었습니다. 저는 선생님을 원망하지 않았습니다. 선생님이 저의 진정한 가치를 존중하지 않는다고 생각하지 않았습니다. 그 어느 누구 앞에서라도 저는 그런 즉각적인 반응을 보였을 것입니다. 그러나 선생님께는 다릅니다. 저는 다만 좀 마음이 아팠습니다. 며칠 전에 선생님의 책[5]을 읽고 좀 부끄러웠습니다. 용기는 저희 쪽의 것이 아니라 선생님의 것이었습니다. 단 한 가지 저로서 변명할 것이 있다면 저는 제가 태어나 자란 세계의 사람들, 저로서는 결코 버릴 수 없는 그 사람들에게서 떨어질 수가 없다는 점입니다. 공산주의가 부당하게도 그들의 대의를 자신의 것으로 가로챘습니다만. 만약 제게 어떤 의무가 있다면 그것은 저의 세계의 사람들에게 제가 가진 최상의 것을 주는 일, 다시 말해서 그들을 거짓으로부터 지켜주는 일임을 이제는 깨달을 수 있습니다. 그러나 아직 때가 오지 않았습니다. 모든 일들이 뒤죽박죽인 상태이기 때문입니다.

    다시 한번 감사드립니다. 선생님에 대한 저의 사랑은 변함이 없습니다. 그 사랑이 작년에는 좀 슬픈 것이었지요. 그뿐입니다. 그러나 다시 선생님의 우정을 느낄 수 있어서 기쁩니다. 편지가 끝없이 길어진 것을 용서해주시고, 저의 변함없는 애정과 모든 감사의 마음을 믿어주십시오.

알베르 카뮈
미슐레 가 117-2번지
7월 1일부터는, 드 로리앙탈 대로 29번지[6]

19. 알베르 카뮈가 장 그르니에에게

〔알제, 1938년 7월〕 금요일

떠나시기 전에 선생님을 뵙기를 바라기에는 선생님의 편지를 너무 늦게 받았군요. 그러나 아주 떠나시는 것을 보면¹ 선생님이 그러기를 원하시는 것이겠고 그것은 보다 나은 삶을 위해서일 거라고 생각합니다. 그래서 저는 굳이 하직 인사를 드리고자 했고, 또 그렇게 하는 것이 너무 우스꽝스런 것이 아니라면 파리에서 선생님의 모든 일이 잘되어 가기를 빌어드리고자 했습니다. 다만 선생님께서는 제가 (그리고 저와 더불어 많은 다른 사람들이) 이제 무엇을 잃게 되는지 잘 알고 있다는 것을 믿으셔도 좋습니다. 저희는 선생님을 잊지 않겠습니다.

편지 보내주셔서 감사합니다, 선생님. 그 편지는 제게 몇 가지 나아갈 길을 보여줍니다. 최선을 다하여 그 길을 좇도록 노력하겠습니다. 다만 저는 그렇게 함으로써 선생님이 저를 위하여 해주신, 그리고 지금도 해주고 계신 것에 언젠가는 어울리는 인물이 되기를 바랄 뿐입니다. 선생님이 허락해주신다면, 그리고 제게 주소를 알려주신다면, 그때까지 계속하여 편지를 드리도록 하겠습니다. 부디 사모님께도 작별 인사를 전해주시고, 선생님, 항상 변함없이 감사하는 저의 우정을 믿어주시기를 바랍니다.

카뮈

20. 알베르 카뮈가 장 그르니에에게

〔알제, 1938년 말〕 월요일

오랫동안 선생님을 뵙지도, 선생님께 편지를 쓰지도 않았기에 뭐라고 서두를 꺼내야 할지 잘 모르겠습니다. 그렇지만 제가 아마도 샤를로[1] 출판사에서 내게 될 이 에세이들[2]에 대한 선생님의 생각을 좀 말씀해주시면 좋겠습니다. 선생님은 그 에세이들 중 겨우 한 편만을 읽어보셨습니다. 그런데 아무도 그 글들에 어느 정도 가치가 있는 것인지 제게 솔직하게 말해주지 않을 것입니다.

저는 《알제 레퓌블리캥》지에서[3] 신문기자 일을 하고 있습니다—하찮은 잡보 기사나 르포 같은 것—그리고 몇 가지 문예 기사를 쓰는 것이 제 일입니다. 이 직업이 얼마나 실망스러운 것인지는 선생님이 저보다 더 잘 아실 것입니다. 그렇지만 거기서도 뭔가 얻을 것이 있습니다—어떤 자유의 느낌 같은 것 말입니다—저는 구속받는 것이 없습니다. 제가 하는 것은 무엇이나 다 살아 숨 쉬는 것 같은 느낌을 줍니다. 거기서도 어떤 만족감 같은 것을 얻을 수 있습니다—저질의 만족감이긴 하지만 어쩌겠습니까.

저는 대학교수 자격시험에 응시하는 데 필요한 신체검사에 결국 부적격 판정을 받았습니다. 총독부의 해당 위원회가 저의 케이스에 대하여 장시간 숙의 끝에 판정을 내렸습니다. 결과는 부정적이었습니다.[4] 그 때문에 저는 《알제 레퓌블리캥》의 편집기자 자리를 받아들인 것입니다.

선생님과의 관계를 어떻게 하면 다시 회복할 수 있을지 잘 모르겠습니다.[5] 나이를 먹으면 먹을수록(이건 그저 하나의 표현방식입니다만) 저는 더욱 더 혼자라는 것을 느낍니다. 그러나 혹시 선생님이 답장을 주신다면 제 마음이 좀더 편해질 것 같습니다. 앞당겨 감사 드립니다.

카뮈

21. 알베르 카뮈가 장 그르니에에게

리바주
지중해 문화에 관한 잡지
편집 및 영업, 샤라스 가 2-2번지, 알제
C. P. '진정한 부' 서점. 알제, 83-84

〔알제, 1939년〕 2월 2일

너무 오랫동안 소식 드리지 못했습니다. 어떤 날엔 선생님께 편지를 써야겠다는 생각을 하면서도 딱히 마음을 정하지 못하곤 했습니다.

카탈루냐 지식인들을 위한 선생님의 호소문을 받았습니다. 보셨는지는 모르겠습니다만, 저는 짤막한 메모를 달아서 그것을 즉시 《알제 레퓌블리캥》에 넘겼습니다.[1] 그리고 제 주위에 있는 몇몇 친구들에게도 모금에 참가해달라고 부탁했습니다. 그들은 틀림없이 호응해줄 것으로 압니다. 그러나 불행에 처한 카탈루냐 사람들에겐 별 도움이 되지 않을 것입니다.

선생님께서는 《결혼》에 대하여 여러 가지 옳은 말씀을 해주셨습니다. 언제나 제게 통찰력 넘치는 도움을 주심에 감사드립니다. 그렇지만 《결혼》은 출판될 것입니다. 지금 저는 그 에세이에 과장된 면이 있다는 것을 잘 느끼고 있습니다. 그렇지만 이 에세이들은 이런 장르로는 마지막으로 내놓는 것입니다. 이런 쪽의 글은 더이상 쓰지 않을 생각입니다. 특히 저는 결론을 내리려고 하지 않겠습니다. 허락도 받지 않고 피렌체에 관한 글을 선생님에게 헌정했습니다.[2] 선생님이 좋아하시는 것들에 관한 글이기에 그랬습니다. 혹시 언짢으신지요?

지금 제겐 여러 가지 계획들이 있습니다. '부조리'에 관한 에세이를 쓰고 있습니다.[3] 그 문제에 대한 논문을 쓰는 것은 포기했습니다. 그건 그저 개인적인 작업이 될 것입니다. 그렇지만 일단 자료들을 다 검토하고 나면 선생님께도 그 문제에 대하여 말씀드리고 자문을 구할까 합니다. 그 에세이에 그 문제에 대한 예시가 될 수 있다고 마음속으로 생각하고 있는 몇 가지 연구들을 추가할 생각입니다. 카프카에 대한 연구를 거의 다 끝냈으니 아마도 선생님께 보내드릴 수 있을 것 같습니다.

거기에다가 저는 이제 시작 단계인 새로운 소설을 연관시켜봅니다.[4] 그리고 또 오래전부터 칼리굴라 황제에 대하여 쓰기 시작한 희곡을 금년 중에 끝낼 계획입니다.[5] 이만하면 많은 일거리죠. 하지만 신문사 일 외에 남는 시간이 많고 제게는 글 쓰는 것 외에 다른 욕심이 없습니다.

그렇습니다, 저는 매일같이 파도바니의 집 앞을 지나다닙니다.[6] 그렇지만 마음이 게으르다보니 여러 달 동안 그곳에 들려보질 못했습니다.

지금 선생님의 《네모난 원 *Cercles carrés*》[7]을 읽고 있는데 선생님이 하시는 말씀이 옳다는 게 오히려 유감스럽게 느껴집니다. 저는 국내외 정치에 대해서 점점 더 이해를 할 수 없어졌습니다. 우리 자신은 속수무책인 채로 그 모든 일들이 결국은 파멸로 끝나고 말 것 같다는 느낌을 받습니다. 제 나이 또래의 사람들은 운이 없군요. 변함없는 우정을 보내며.

카뮈

22. 알베르 카뮈가 장 그르니에에게

카프르 출판사[1]
알테락 가 2번지
알제

(1939년) 7월 19일

선생님의 편지, 진심으로 감사드립니다. 《결혼》의 몇몇 페이지가 선생님의 마음에 들었다니 기쁩니다. 그 나머지 것들에 대해서는 별로 기대하지 않습니다. 그것은 이 년 전에 쓴 것으로 매듭을 지을 필요가 있다고 생각했습니다. 지금은 전혀 다른 작업을 하고 있는데 보다 통일성이 있는 것이라고 봅니다.

연극에 대해서는 선생님 말씀이 옳습니다. 대화는 동작에 도움이 되는 것이어야 합니다. 그렇기 때문에 지로두의 연극이 졸작이라는 것이지요. 지적인 것의 변주는 행동을 추진하는 힘과는 무관한 것입니다. 그런데 프랑스에서는 이걸 이해하지 못하고 있는 것 같아요. 우리는 아주 멋진 무대시설을 가지고 있습니다. 유럽에서 최고라고 할 수 있는 몇몇 무대들이 있지요. 그런데 우리에게는 작품이 없습니다. 우리에게 있는 작품들은 무대에 오르지 못했고요. 제게 시간이 있다면 연극에 대해서 말씀드리고 싶습니다(가령 셰익스피어에 있어서의 오락성 짙은 주제들에 대해서 말입니다). 그러나 지금 저는 칼리굴라에 대한 희곡 작품을 마무리하는 중입니다. 연극으로는 처음 써본 것입니다. 아주 다른 테크닉입니다. 즉 단순한 아이디어들—아니 단 한 가지의 단순한 아이디어, 언제나 똑같은 아이디어, 놀라운 상황들, 아주 간단한 대조들, 매우 거칠지만 관객의 마음을 사로잡는 기교, 그리고 가능할 경우 이야기 속의 짧고 긴 행동들, 이를테면 숨을 몰아쉬게 만드는 행동 같은 것들 말입니다.

　엘 오크비 사건[2]은 매우 흥미로웠습니다. 족장의 친구들과 적들은 대부분 정치적 동기에 따라 행동했습니다. 그러나 그 자신은 별로 힘들이지 않고도 항상 그것을 초월하는 입장을 유지했습니다. 과연 '그를 알아두는 것'이 바람직하겠지요. 그러나 그건 불가능한 것 같습니다. 엘 오크비는 두세 번 저에게 어떤 호감을 드러내 보인 바 있습니다. 그러나 그런 의중을 나타낼 때도, 보통의 경우라면 제가 그를 '만날' 가능성이 있는 그런 기회였지만, 그는 저와는 아무 상관이 없다는 식으로 행동했습니다. 선생님은《알제 레퓌블리캥》에 실린 기사를 읽어보셨는지요(제가 시스트롱으로 선생님께 보내드리도록 했습니다만)? 자신을 위해서 마련한 만찬석상에서 그가 희생과 정신의 자유에 대하여 한 그 멋진 말을 말입니다.

이곳에서는 시골 생활이 계속되고 있습니다. 저는 선생님께《코플라》[3]와 장 이티에[4]의 책을 보내드린 바 있습니다. 알제의 비평계는 그 첫 권에 대하여 제가 오래전부터 읽어온 것 중에서 가장 어리석은 평을 했습니다. 그렇지만 매우 아름다운 책입니다. 8월 말에는 한 달간의 휴가를 얻게 되어 아마도 두세 명의 친구들과 함께 그리스로 여행을 떠날 것 같습니다. 포격을 받아 완전히 다 망가지기 전에 그런 것들은 어서 찾아가서 보아야지요.

선생님은 무엇인가 준비하고 계신 것이 있습니까? 요즘 저는 선생님의 글을 몇 페이지 읽고 싶은 마음 간절합니다.《쿰 아파루에리트 *Cum apparuerit*》[5]를 다시 읽고 아주 만족스러웠습니다. 바캉스를 맞아 어느 날엔가 잠시 여유가 있으시면 제게 편지를 보내주십시오. 이곳 생활은 수월하지만 무미건조합니다. 저는 해수욕, 제 개인적인 작업, 그리고 신문사 일로 시간을 나누어 쓰고 있습니다. 이 모든 것에 아쉬운 것은 인간적인 관계입니다.

부디 사모님께 저의 안부 말씀을 전해주십시오. 선생님, 저의 변함없는 마음을 믿어주십시오.

알베르 카뮈

23. 알베르 카뮈가 장 그르니에에게

〔알제, 1939년 8월〕 수요일

《코플라》가 흥미로우셨다니 다행입니다. 그것은 제가 몹시 좋아하는 책입니다. 라셀 베스팔로프의 책[1]을 보내주셔서 감사드립니다. 거기서 저는 제가 〈부조리〉[2]에서 다루기로 마음먹은 주제들을 다시 만납니다. 그러나 그것은 무엇보다도 '감각적' 철학입니다. 그렇지만 제겐 (끝내) 그 글을 쓴 방식이 별로 마음에 들지 않았어요. 문장이 지나치게 화려하다고 느껴지기 때문입니다. 생각 속에서 '행간'을, 탐구 속에서 휴식을 느낄 수가 없는 겁니다. 저는 또한 이 문제들에 있어서 가장 중요한 기준점은 부조리와 비합리라는 두 단어의 의미를 세심하게 한정하는 일이라고 생각합니다. 그 두 가지는 전혀 동일한 것이 아닙니다. 겉보기와 달리 니체는 키르케고르와 일치하는 점이 별로 없습니다. 그러나 이런 것은 디테일에 불과합니다. 저는 이 일련의 주석들을 정신없이 읽어내려갔습니다. 라셀 베스팔로프는 어떤 사람인가요? (저는 주석을 달기 시작했습니다만 계속하지 못했습니다. 다시 계속하게 되면 선생님께 보내드리겠습니다.)

선생님께《산타크루즈》[3]를 보내드리라고 샤를로에게 부탁해두었습니다(저는 여전히 그를 간혹 만납니다—그의 건은 별로 중요한 일이 아닙니다, 그리고 어찌되었건 저로서는 이렇다 저렇다 판단을 내리고 싶지 않습니다). 저는 아직《하늘의 무게》[4]를 읽어보지 못했지만 그 교정지를 받아보았으면 좋겠습니다.

열흘 뒤에 그리스로 떠나려고 합니다.[5] 오랑에 가서 수영을 하고 산책을 하고 웃어대면서 기막히게 즐거운 사흘을 보내고 막 돌아온 참입니다. 거칠지만 풍요로운 그 도시에는 제 친구들이 많이 있어서 좋습니다. 《칼리굴라》를 많이 썼습니다(다 끝냈지요). 그러고 나서 제가 좋아하는 도시에서 지내다보니 매인 데 없는 자유로움을 만끽할 수 있었습니다. 그건 드물고 귀중한 감정입니다.

출발 전까지 어머니의 집인 리옹 가 93번지에 머물 예정이오니, 27일 이전에 편지를 주시려거든 그리로 보내주십시오. 그리스에 가서 편지를 드리겠습니다. 다음 겨울까지 선생님을 다시 뵙는 일이 불가능하다고 생각하지 않습니다. 사모님께 꼭 안부 전해주십시오. 언제나 변함없는 마음으로.

A. 카뮈

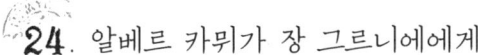

24. 알베르 카뮈가 장 그르니에에게

(파리, 1940년 3월) 화요일

그사이에 선생님께서 편찮으셨다는 것과 이제 막 방브의 임지로 발령을 받고 돌아오셨다는 소식을 들었습니다. 사정이 그러하다면 선생님을 다시 뵙고 싶습니다. 저는 파리로 와서 자리를 잡고 《파리 수아르》 신문사에서 조판작업을 담당하고 있습니다.[1] 가능하다면 아침 열한시 반경에 신문사로 전화를 주시면 좋을 것 같은데요. 아니면, 루브르 가

37번지의 《파리 수아르》 신문사나 라비냥 가 16번지에 있는 저희 집으로 간단히 적어 기별해주시면 될 것 같습니다. 지금은 완전히 회복되셨기를 빌며, 빠른 시일 안에 선생님을 다시 뵙게 되기를 바랍니다.

　변함없는,

알베르 카뮈

25. 알베르 카뮈가 장 그르니에에게

〔파리, 1940년 봄〕토요일

　선생님의 소식을 듣게 되어 반갑습니다. 파리에 계시지 않다니 실망이긴 하지만요. 선생님 건강이 완전히 회복되어 이곳에서 다시 뵐 수 있기를 간절히 바랍니다.

　지난 9월 이후 많은 일들이 일어났습니다. 그래서 어디서 선생님과 헤어졌었는지도 잘 기억나지 않습니다. 다른 모든 사람들과 마찬가지로 물론 저 역시 살아가기가 어려웠고 이 전쟁을 받아들여야 한다는 것이 가슴 찢어질 듯 괴로웠습니다. 그러나 이런 말들은 별 의미가 없습니다. 지난 몇 달 동안의 일을 간단히 요약하자면 이렇습니다. 저는 9월 3일 입대하려고 했습니다. 제가 '뜻을 같이해서'가 아니라 이 일에 있어서 병을 방패막이로 삼아 피하고 싶지 않아서, 그리고 또한 영문도 모른 채 전선으로 떠나는 저 불쌍한 모든 사람들과 연대감을 느껴서입니다. 그런데 저의 신체검사를 담당한 병역면제 위원회는 저를 부적격으로 판정하고 면제시켜버렸습니다. 그후 저와 같은 등급 판정을 받은 다른 면제자들과 함께 또다른 위원회에 불려갔지만 저는 거기서도 또다시 면제 판정을 받았습니다. 그 무렵에《알제 레퓌블리캥》지는《수아르 레퓌블리캥》이라는 석간으로 바뀌었습니다.[1] 그리고 어쩌다보니 저는 동원되지 않은 몇 안 되는 편집기자들 중 하나가 되었습니다. 신문의 편집장 임무가 저에게 맡겨지면서 모든 책임을 제가 도맡게 되었습니다. 그래서 제가 옳다고 믿는 바에 따라 신문을 만들었습니다. 다시 말해서 저는 그 신문을 제작할 때 검열에 맞서서 사상의 자유를, 선동에 맞서서 증오 없는 전쟁(필요할 경우 협상을 통한 평화)을 옹호했습니다.

  짐작건대 제가 그 방향으로 좀 많이 밀고나갔던 모양입니다. 하루도 빼지 않고 싸우고 또 싸웠더니 1월에는 신문이 그만 폐간을 맞았으니 말입니다.[2] 저는 오랑으로 가서 교사 노릇을 좀 하다가 3월에 저의 친구 피아[3]가《파리 수아르》신문사에 편집부 직원 자리를 하나 얻어주었습니다. 저는 여기서 조판 작업만 담당하고 기사는 한 줄도 쓰지 않습니다. 저로서는 더 바랄 것이 없는 일이지요. 지금 당장은 이곳에 있는 겁니다. 이 도시는 쓸쓸하고 이곳 생활은 어렵고 무미건조합니다. 그러나 적어도 이 생활은 자신의 작업을 하고자 하는 사람들에게는 도움이 됩니다. 제가 바로 그 경우에 해당됩니다.

  제가 생각하는 바를 선생님께 제대로 말씀드리기가 어렵군요. 그러나 적어도 나날이 심해지고 있는 이 광란 속에서 제가 진실이라고 믿었던 모든 것을 붙잡고 있기로 결심했습니다. 무엇보다 우선, 작업을 하는 것입니다. 우리 힘으로는 어쩔 수가 없는 너무나 많은 가치들이 죽어가고 있는 지금, 최소한 우리에게 책임이 있는 가치들만이라도 저버리지 말아야 할 것 같습니다. 이런 태도가 얼마나 큰 보람을 가져다줄 것인지에 대해서 환상은 갖고 있지 않습니다. 그러나 적어도 이것이 제 천성의 일부이므로 저는 거기에 매달립니다.

저는 벌써 오래전부터 어떤 작품을 시작해보고 싶었습니다. 여러 해에 걸쳐, 여러 가지 다양한 형식들로 형상화하고자 하는 작품입니다. 그러기 위해서 저는 저 자신과 제 재능에 대한 확신이 생기기를 기다렸습니다. 오늘 바로 그 확신 자체는 못 될지 모르지만, 옳건 그르건 간에 그 때가 가까워졌음을 느낍니다. 그래서 열심히 작업을 했고 이미 많은 진전을 보았습니다(희곡 한 편은 끝냈고, 소설 한 편은 사분의 삼가량 썼습니다. 에세이는 반쯤 썼고요—이 세 가지가 다 같은 주제입니다[4]). 그 이상으로 멀리 내다보지는 않고 있습니다. 그리고 사실 누군들 미래에 대하여 확신을 가질 수 있겠습니까? 또 소집을 당해서 어쩌면 입대할 수도 있겠지요. 그 점은 아무래도 좋습니다. 전혀 상관없습니다. 이 문제와 관련해서 마음이 아픈 것은 제가 죽게 될지도 모른다는 사실이 아니라 증오가 연출하는 광경입니다. 그래서 제가 비록 민간인 신분이라 할지라도 그것이 아픔으로 느껴지는 것은 마찬가지입니다.

이상이 저 자신에 관하여 선생님께 말씀드릴 수 있는 전부입니다. 이렇게 오랜 시간이 지난 뒤에도 여전히 선생님께 이처럼 솔직히 털어놓고 말씀드릴 수 있다는 것이 놀랍습니다. 그러나 선생님에 대한 저의 마음은 언제나 변함이 없었습니다. 그래서 선생님과 이렇게 편지로 다시 만나는 것이 기쁘기만 합니다. 괜찮으시다면 선생님 자신에 대한 이야기를 좀 해주셨으면 합니다. 지금 저에게 중요한 것은 바로 그것입니다.

어쩌면 장 발[5]을 만나러 갈지도 모르겠습니다. 그렇지만 혹시나 기회가 생기지나 않을까 하는 마음에서 누군가를 귀찮게 하는 건 마음이 편치 않습니다. 선생님이 보시기에 그런 경우가 아니라고 한다면 기꺼이 찾아가보겠습니다. 이곳에서 저는 말로와 몇몇 중요한 인사들을 만나보았습니다. 그러나 또한 가짜 재치꾼들도 많이 만났습니다. 참, 몽테를랑이 《결혼》을 읽고 제게 편지를 보내준 덕분에 제가 크게 용기를 얻었다는 말씀을 드렸던가요?

저는 선생님의 편지를, 그리고 어쩌면 선생님이 찾아오시기를 기다리고 있습니다. 그리고 선생님의 건강이 완전히 회복되기를 간절히 바랍니다. 곧 다시 뵙게 되기를, 그리고 부디 제 변함없는 마음을 믿어주시기를 바랍니다.

A. 카뮈
라비냥 가 16번지, 파리(18구)
혹은, 파리 수아르, 루브르 가 37번지(2구)

26. 알베르 카뮈가 장 그르니에에게

〔파리, 1940년 5월〕 토요일

편지가 늦어졌습니다. 여러 가지 사건들의 여파로 신문사 일이 분주해지는 바람에 저 역시 짬을 내기가 어려웠습니다. 선생님의 편지 반가 웠습니다.¹ 선생님의 건강이 나아지셨다니 얼마나 기쁜지 모르겠습니다. 선생님 말씀이 맞습니다. 과연 파리에 와 지내다보면 세상을 보는 관점이 개선됩니다. 하지만 그건 두 가지 의미에서 그렇다고 말씀드려야겠습니다. 왜냐하면, 지방에서 매력적으로 느껴지던 것들이 여기 와서 보면 그 본래의 진정한 모습을 되찾게 되는데, 그 진정한 모습이 항상 호감이 가는 것이라고는 할 수 없으니 말입니다. 저는 이 도시를 안 좋아한다고는 말씀드릴 수 없습니다. 어떤 면에 있어서 이 도시는 제게 혐오감을 자아내기도 합니다(너무 강한 의미로 하는 말은 아닙니다). 그러나 다른 면에서 이 도시는 제게 도움이 됩니다. 그렇지만 싫증이 나면, 그리고 여기서 할 일을 다 했다는 생각이 들면, 이곳을 떠나겠습니다. 이곳은 다시 찾아와볼 필요가 있는 도시이긴 하지만 아주 눌러앉을 곳은 못 된다고 봅니다.

현재 생활은 그리 재미있지 않습니다. 왜 그런지는 선생님도 짐작하시겠지요. 잠재적인 위협, 흥분과 불안이 깃든 생활. 꼬집어 말할 수는 없지만 어딘가 비인간적인 데가 있는 어떤 사건이 태동하고 있다는 것을 느낍니다. 겉으로는 침착한 체하며 거리를 두고 바라보려고 애쓰지만 여간 힘이 드는 게 아닙니다. 선생님이 자주성에 대하여 제게 말씀해주신 것을 생각해보았습니다. "자기 자신에 대하여 엄격한 태도를 유지한다는 조건으로." 네, 그렇습니다. 지금 여기서만큼 그 말씀을 절실하게 느낀 적이 없습니다.

저는 작업을 계속하고 있습니다. 이걸 다 끝내고 나면 지금 원하는 것처럼 행동의 자유를 맛볼 수 있겠지요. 선생님께서 읽는 걸 너무 힘들어하시지만 않는다면, 그리고 지금도 여전히 읽어주실 의향이 있으시다면, 물론 제가 쓴 글을 보내드릴 수 있습니다(그걸 읽고 싶어하시는 게 왜 실례되는 일이겠습니까—제가 이 글을 보여드릴 수 있는 분은 오직 선생님뿐인걸요). 비록 그 글이 신통치 않은 것이라 할지라도(하지만 저는 제가 하는 것에 대하여 믿음을 가지고 있습니다), 보시면 아시겠지만, 그것은 제게 해방감을 맛보게 해줍니다. 왜냐하면 그 글 속에 제가 생각하는 것과 지금 제가 알고 있는 것을 요약해놓았으니까요.

선생님이 생각하시는 것과는 달리 말로는 입대하지 않았습니다. 그는 9월에 입대하려고 시도해보았지만 예비역 판정을 받았습니다. 병역 면제를 관장하는 일반 심사위원회가 7후 7를 예비역에 넣어버렸습니다—일이 재미있게 되어가느라고 말입니다. 그렇지만 그는 유격대에 가담해서 활동할 수 있을 거라고 굳게 믿고 있었습니다. 그후 어떻게 되었는지는 잘 모르겠습니다.

베니스티는 오베르뉴로 동원되었습니다. 제겐 친구가 아무도 없습니다. 이런 분위기 속에서 어떻게 새로운 친구를 사귀겠습니까? 전쟁은, 적어도 후방에서는, 친구를 만드는 데 도움이 되지 않습니다. 아마도 전쟁은 끝없이 계속될 것 같습니다. 과연 그렇게 되어가고 있고요. 하지만 지금 당장 전쟁은 우리에겐 너무 급속히 진행되고 있어서 우리는 속수무책으로 짓밟힐 것 같습니다. 따지고 보면 이런 문제들은 상대적인 중요성밖엔 없습니다. 물론이죠.

선생님의 소식을 듣고 싶습니다. 무엇보다 건강이 완전히 회복되었는지 말씀해주십시오. 선생님은 예편되었습니까, 아니면 군인들의 아주 그럴듯한 표현처럼 여전히 '재활용 가능한' 상태입니까?《N.R.F.》를 보니 선생님께서 지중해에 관한 책을 내셨더군요.[2] 저는 그런 '비시사적인' 것에는 좋은 면이 있다고 생각합니다. 저도 그 책을 읽어보고 싶군요. 선생님의 편지에 대하여 다시 한번 감사드립니다. 언제나 변함없는 선생님의 친구,

알베르 카뮈

라비냥 가 16번지, 파리 18구

27. 장 그르니에가 알베르 카뮈에게

[1940년] 8월 29일

친애하는 카뮈,

당신이 마르세유에 가 있어서 혹시 이 엽서가 손에 닿을 경우 내게 소식을 주면 기쁘겠습니다.

나의 깊은 우정을 믿어주시기 바라며.

장 그르니에

얼마 전부터 나는 다음 주소에 와 있소. 레 카퓌생, 시스트롱, 바스 잘프

[마르세유 소재《파리 수아르》편집부의 알베르 카뮈 앞으로 보낸 그림엽서]

28. 알베르 카뮈가 장 그르니에에게

'모니퇴르' 전교
블라탱 가 57번지
클레르몽페랑, (1940년) 9월 3일

이제 막 선생님의 엽서를 받았습니다. 선생님께 드릴 소식이 별로 없습니다. 다른 모든 사람들과 마찬가지로 저 역시 피난과 동시에 탈출의 길에 올랐습니다—두 번씩이나, 그러니까 파리에서 클레르몽으로, 클레르몽에서 보르도로 말입니다. 결코 잊을 수 없는 일들이긴 합니다만 별로 입에 올리고 싶지 않습니다.

저는 다시 클레르몽(마르세유가 아니라—PS¹의 소재지는 세 군데입니다)에 와 있습니다. 15일에는 리옹으로—아마도 오랫동안—옮겨가 자리를 잡을 것입니다. 제가 하고자 하는 일은 아무것도 가능한 게 없으므로 저도 리옹으로 가는 거지요. 그러나 어떻게 해야 제가 좋아하는 고장에서 살면서 조용한 시간을 얻을 수 있는 것인지 알 수가 없습니다.

선생님께 폐가 되지 않는다면 제가 리옹에서 쉴 수 있는 첫 번째 날을 이용하여 시스트롱으로 가볼까 합니다. 선생님을 뵙고 싶기도 하고 지금 제가 몸담고 있는 이 세계에서 좀 벗어나고 싶어서요. 그곳을 비우시게 된다면 미리 알려주십시오. 어쨌든 간에 이곳 주소로 편지를 보내시면 됩니다. 우편물이 리옹으로 전달될 테니까요.

선생님 건강이 완전히 회복되었는지, 혹시 어떤 희망이 보이시는지 알려주십시오. 시스트롱에 계시다는 것을 알게 되어 기뻤습니다. 그리

고 제게 편지를 주셔서 감사합니다. 곧 다시 편지 올리겠습니다. 언제나 변함없는,

A. 카뮈

〔《파리 수아르》지의 두서頭書가 찍힌 종이에 쓴 편지〕

29. 장 그르니에가 알베르 카뮈에게

〔1940년〕 9월 7일

당신을 이곳에서 다시 만나게 된다면 정말 기쁠 것 같습니다.

그러나 리옹으로 옮겨가게 된다면 그곳의 주소를 알려주시오─그리로 편지를 쓰리다.

그래요, 여긴 모두 무사하오.

당신의,

J. G.

〔시스트롱의 그림엽서〕

30. 알베르 카뮈가 장 그르니에에게

(1940년) 9월 27일

리옹으로 온 지 며칠 되었습니다. 저희는 아직 쉬는 날이 없습니다 (지난 두 달 동안 하루도 쉬지 못했습니다). 그렇지만 곧 휴가가 있겠지요. 그러면 형편 보아서 선생님을 뵈러 가겠습니다.

여기는 비가 많이 옵니다. 행복의 조짐이라곤 하나도 보이지 않습니다. 하지만 그런 것은 물론 필요치 않습니다. 어쨌건 저는 프랑스를 떠날 방법을 찾고 있습니다. 꼭 찾아내야 됩니다. 이제 더이상 선생님의 근황은 아는 게 없군요. 편지를 보내주시면 좋겠습니다.

말로는 포로가 되었고[1] 니장[2]은 행방불명이라는 소식입니다. 선생님도 알제에서 만나보신 적이 있는 저의 학우 베랄[3]이 죽었다는 소식을 들었습니다. 반면에 몽테를랑은 많은 글을 쓰고 있는데, 그가 기고하는 글들이 과연 시의적절한 것인지는 잘 알 수가 없습니다. 그 나름대로 이유가 있겠지만 저는 그 이유가 뭔지 알고 싶습니다.

제게 편지를 보내주시거든 선생님께서 하고 계신 일이 어떤 것인지 알려주십시오. 제가 시스트롱으로 찾아가 뵙는 것이 선생님께 폐가 되지 않기를 진심으로 바랍니다. 저야 선생님을 다시 만나뵈면 매우 기쁘겠지요. 지금 제가 살고 있는 세상은 우정을 누릴 기회를 주지 않습니다. 에누리해서 말해도 그렇습니다. 어쩌면 곧 다시 뵙게 되겠네요. 저의 변함없는 우정을 믿어주시기를 빕니다.

A. 카뮈
파리 수아르
리베르테 산책로 65번지, 리옹

31. 장 그르니에가 알베르 카뮈에게

레 카퓌생
시스트롱

〔1940년〕 10월 2일

당신을 만나면 정말 반갑겠군요. 어제야 겨우 당신의 편지를 받았어요. 베랄의 사망 소식에 얼마나 가슴이 아팠는지. 너무나도 기억이 생생해요. 활기와 열정이 넘치는 사람이었지요. 몽테를랑은 니스에 있어요. 그가 쓴 글은 아무것도 읽어보지 못했어요. 말로는 욘Yonne에서 체포되었다고 들었습니다.

이곳으로 올 때 원고를 가지고 오세요. 리옹에서 아침 여섯시에 출발해서 시스트롱에 저녁 여섯시경에 도착하는 기차가 있어요. 오래 걸려요. 그르노블에 여러 시간 동안 정차해야 하니까요. 토요일, 일요일을 제외하고 매일 그르노블에서 시스트롱으로 오는 버스가 있어요. 니스까지 가는 버스죠. 그 버스는 아침 일곱시에 출발해서 열한시경에 여기에 도착하니까 그러자면 그르노블에서 자야 해요.

도착하는 날을 미리 알려주고 될 수 있으면 어떤 교통편을 이용하는

지도 알려줘요.

나는 휴가가 끝나면 10월 말경에 파리로 돌아갈 생각입니다.

작년에 아르헨티나로 가면 어떻겠느냐는 제안이 있었지만 몇 가지 이유 때문에 거절했어요. 푸아리에는 브라질에 가 있답니다.

—그럼 시스트롱으로 오도록 해봐요. 그럴 수만 있다면 정말 반갑겠어요.

부탁 하나 해도 될까요? 리옹의 쿠르 비통 55번지에 가면 철학에 심취한 대 기업가 카를리앙 씨가 《르 방 Le Van》이란 잡지를 펴내는 집이 있어요. 거기 가서 장 기통[1]의 〈푸제 씨의 초상〉이 실린 잡지들을 좀 구해줬으면 좋겠어요. 모두 다섯 권이 나왔을 텐데, 나는 그중 4호만 가지고 있어요. 5호가 나왔는지는 잘 모르겠지만 어쨌든 첫 세 권은 나왔어요.* 아주 훌륭한 책입니다. 오는 동안에 읽어보세요—르낭이나 루아지 같은 인물이 되었을 사람이오.

당신의 친구,

장 그르니에

* 내가 알기로 첫 세 권 합쳐서 모두 13프랑이었던 것 같아요. (편지에는 여백에 기록된 표현)

샤를로가 이제 막 내게 자기네 출판사의 도서목록을 보내왔소!

—마르탱가 4번지에 살고 있는 앙리 랑보[2]의 소식도 알았으면 좋겠어요.

—리옹에서 《가제트 드 로잔》과 《주르날 드 주네브》지를 받을 수 있나요?

32. 장 그르니에가 알베르 카뮈에게

(시스트롱) 40년 10월 21일

유감이오…… 당신이 이곳으로 올 수 있었더라면 우리는 진지하게 얘기를 나눌 수 있었을 터인데. 일이 여의치 못하면 내가 리옹에 도착하는 때를 미리 알려주리다―아마도 19시 17분 (페라슈 역에) 도착하여 20시 49분에 출발할 것 같소. 역 구내나 근처 어디에서 같이 식사를 합시다. 이 달 말경에 시간을 낼 수 있다면 시스트롱으로 내게 연락해 주시오.

내가 알기로는 리옹은 많이 먹고 마시는 사람들에게나 적합한 도시 같은데. 당신의 건강을 위해서는 파리나 마르세유가 더 나을 것 같소 (그러나 마르세유에는 미스트랄 바람이 불지요).

리옹의 미술관은 구경할 가치가 있어요. 크라나크, 클루에, 클로드 코르네유의 초상화들은 오랫동안 감상할 3대 걸작이지요. 일층의 지하실 비슷한 방에 들어서면 옛날 콜롱브 식 비너스상을 볼 수 있는데, 그게 진품인지는 잘 모르겠소만 그 머리만은 흥미롭소. 이층에 있는 시몽 부에의 사랑의 여신과 프시케는 역광 때문에 인기를 타지요.

내가 보기에 가장 흥미로운 것은 아무래도 〈인형극장〉 공연일 것 같아요. 일급의 공연으로 리옹이 아니면 볼 수 없는 것이지요. 벌써 구경해보았는지도 모르겠군요? 어쨌든 놓치지 말고 꼭 보도록 해요.

내 부탁에 신경써줘서 고마워요. 너무 수고스러운 일이 아니었으면 좋겠어요. 《가제트 드 로잔》과 《주르날 드 주네브》는 그래요, 그저 몇

부만 구해주면 고맙겠어요.

건강에 유의하시기 바랍니다.

당신의, J.G.

앙리 랑보는 글을 그다지 많이 쓰지 않지요. 나는 아직 그를 그리 잘 알지 못합니다만 높이 평가하고 있습니다.

33. 장 그르니에가 알베르 카뮈에게

(1940년) 10월 26일 토요일

고마워요―스위스 신문들도 흥미롭고 푸제 씨의 최신 별책別冊은 더할 수 없을 만큼 흥미로워요. 나는 그 책들을 모두 다 읽어볼 생각입니다.

기차가 연착하는 일이 자주 있는데, 그렇지만 않다면 나는 11월 3일 일요일 19시 17분에 리옹에 도착할 것 같아요(다시 출발하는 시각은 20시 49분). 만약에 기차가 연착한다면 리옹에서 하룻밤 자고 다음 날 기차를 탈까 해요.

시간이 되면 역의 플랫폼으로 마중을 좀 나왔으면 좋겠어요. 만약 기차가 연착하면 역 구내식당에 가 있도록 하고요. 가능할까요?

당신을 다시 만나면 정말 반갑겠어요.

장 그르니에

레 카퓌생, 시스트롱, B.A.

〔엽서. 1940년 소인〕

34. 알베르 카뮈가 장 그르니에에게

오랑,〔1941년〕1월 30일

폴랑이 피아에게 보낸 편지를 통해서 간접적으로나마 선생님이 파리를 떠날 수 있었다는 것, 그리고 지금은 몽펠리에에 계시다는 것을 알게 되었습니다.[1] 그 소식을 들으니 기쁘군요. 제가 방브로 선생님께 '가족 엽서'를 보냈지만 답이 없어서 좀 불안했습니다. 지금쯤 선생님의 건강이 회복되셨으리라 생각합니다.

보시다시피 저는 지금 알제리에서 선생님께 편지를 쓰고 있습니다.[2] 《파리 수아르》가 세 번씩이나 감원을 단행하는 바람에 저는 지금 이렇다 할 미래의 기약도 없이 또다시 이곳으로 오게 된 것입니다. 한 달 정도는 버틸 수 있을 것 같습니다. 그것만 해도 대단한 일이지요.

오늘 편지를 드리는 것은 우리가 파스칼 피아와 함께 착상해낸 어떤 잡지[3]에 선생님도 가능한 한 협력해주십사고 부탁드리고자 하는 뜻도 있습니다. 폴랑[4]이 이 일에 관심을 가지고 파리에서 원고를 모으고 있습니다. 이미 그뢰튀장[5], 발[6], 랭부르[7], 크노, 폴랑 자신, 말로, 그리고 여러 외국 작가들이 참가하기로 했고, 다른 많은 작가들(몽테를랑, 지드, 발레리 등등……)의 회답을 기다리는 중입니다. 여기 동봉하는 텍스트를 읽어보시면 우리가 뜻하는 바가 어떤 것인지 알 수 있을 것입니다. 선생님께서는 어쩌면 과욕이라고 여기실지도 모르겠습니다. 그렇지만 우리에게는 기회와 물질적인 수단이 있습니다. 더군다나 이것은 《N.R.F.》를 대신하려 든다는 지적도 있었습니다만 그건 아니고, 단지 그 잡지가 이제는 할 수 없게 된 것들 중 한 가지를 해보겠다는 것뿐입니다. 지금 당장은 리옹에서(아르세 산책로 1번지, 파스칼 피아를 대표로 하여) 잡지를 내려고 합니다. 우리는 이 잡지의 생명이 자유를 회복한 파리에서도 계속되기를 바라고 있습니다. 우리가 선생님의 협력을 기대해도 좋을지 말씀해주세요. 그러면 선생님께서 원하시는 자세한 내용을 모두 설명해드리겠습니다.

가까운 장래에 제가 쓴 원고들을(물론 하나씩 하나씩) 선생님께 보내드릴 수 있게 되기를 바랍니다. 그러나 우선 저는 선생님의 건강이 어떠신지 알고 싶고 좋은 소식을 듣고 싶은 마음에 애가 탑니다.

이곳은 무미건조한 고요함의 연속이지만 바다와 태양이 있습니다. 지난 일 년 동안 그런 것이 얼마나 큰 혜택인지를 까맣게 잊고 지냈습니다. 가까운 장래에 선생님의 편지를 받게 되기를 바라면서 언제나 변함없는,

알베르 카뮈
아르지우 가 67번지, 오랑

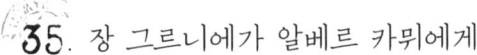 35. 장 그르니에가 알베르 카뮈에게

1941년 2월 6일

오랑에서 건강하게 지내고 있다니 기뻐요. 당신들의 아이디어는 괜찮은 것 같아요. 부디 《프로메테》가 빛을 보게 되기를 바랍니다.

그 잡지에 협력하는 것은 가능하지만 아직은 내가 무엇을 쓸 수 있을지 잘 모르겠군요. 어쨌든 내 생각을 해줘서 고마워요.

파리에서 가진 경험은 대단히 흥미로웠어요. 그래서 거기서 지난 한 달을 보낸 것이 조금도 후회되지 않아요.

이곳은 춥기만 할 뿐 별다른 흥미가 없는 도시랍니다. 바다도 없고 햇빛도 없고……

우정을 보내며.

장 그르니에

〔장 그르니에가 몽펠리에에서 보낸 이 엽서는 그의 생일날에 쓴 것이다〕

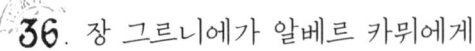 36. 장 그르니에가 알베르 카뮈에게

시스트롱의 레 카퓌생

친애하는 카뮈,

《프로메테》에 기고하는 몇 페이지 글을 동봉합니다. 마음에 들었으면 좋겠습니다만.

나는 몽펠리에로 돌아갑니다. 그렇지만 편지는 여전히 이곳으로 보내줘요. 당신의 소식을 듣고 싶어요.

지금도 여전히 오랑에 머물고 있다면 엘고지¹에게 내 안부를 전해줬으면 좋겠어요. 환대해준 것에 늘 감사하는 마음으로 그를 기억하고 있어요.

언제나 변함없는 친구임을 믿어주세요.

장 그르니에

1941년 3월 11일

37. 장 그르니에가 알베르 카뮈에게

레 카퓌생
시스트롱 (B. A.)

41년 3월 30일

내 글이 당신의 마음에 든다니 다행이요. 당신의 희곡과 소설을 읽어보고 싶은 마음뿐이어서 관심을 가지고 기다리고 있소.

내 건강은 회복되었고 시스트롱에서 보름 동안 휴식을 취하고 나니 불면증도 사라졌소. 지금은 몽펠리에로 돌아왔소. 부활절 방학은 카르팡트라 근처에서 보낼 생각이오(편지는 여전히 시스트롱으로 보내주시오). 그러고 나서는 몽펠리에로 돌아와서 여자 고등학교에서의 올해를 마치

려 하오. 태양과 바다가 어느 때보다도 그립소.

당신은 알제에 있으니 어쩌면 내 부탁을 한 가지 들어줄 수 있을지도 모르겠소—다름이 아니라 '대추야자'와 말린 '무화과'를 한 백 프랑 어치가량 직접 혹은 누군가를 시켜서 내게 보내줄 수 있을는지요.

여기서 대추야자는 킬로그램당 24프랑, 무화과는 적어도 12프랑은 하는데 무화과는 더군다나 구할 수도 없소.

만약 알제에서 대추야자와 무화과가 송료를 감당할 만큼 충분히 싼 가격이라면 그것들을 좀 부쳐 받고 싶소—이곳의 식량 사정이 좋지 않다는 것은 당신도 알 것이오—그리고 내게는 아이들이 있어요![1]

그러니까 이 문제에 대해서는 항공우편으로 답을 보내주시오. 사정이 여의치 않다면 내가 즉시 당신에게 돈을 부치도록 할 터이니까요.

이런 부탁을 해서 미안하오. 변함없는 마음을 보내며.

장 그르니에

원고를 보낼 때는 등기우편으로 해주시오.

나는 이곳에서 가브리엘 마르셀[2]을 다시 만났어요. 그에게 당신의 희곡을 읽게 해도 좋을까요?

38. 장 그르니에가 알베르 카뮈에게

언제나 내게는

시스트롱으로 편지를 보내시오.

페른[1], 1941년 4월 19일

당신의 원고를 읽었소. 《이방인》은 대단한 성공이요—카프카의 영향이 내 마음에 좀 걸리긴 하지만 특히 제2부가 좋소. 감옥 장면의 페이지들은(1) 결코 잊을 수 없소. 제1부는 흥미롭지만—부차적인 인물들의 등장은 적절하오(개를 끌고 다니는 남자, 창고업자, 특히 아주 감동적인 마리)—어느 면 통일성의 부족, 너무 짧은 문장들, 시작 부분에서 가령 "기분이 좋았다……" 같은 식의 상투적 방식으로 흐르는 스타일로 인하여 주의력이 흩어지는 느낌이요. 그러나 대개 인상은 강렬하오.

카프카와 공통된 생각—세계의 부조리, 반항의 무용함—그러나 당신의 경우에는 당신의 인물이 "인정머리가 없다"고 비난하는 사람들에 맞서서 이를 변호하려 드는 기색이 엿보입니다. 《칼리굴라》는 같은 생각을 쌍안경의 다른 쪽을 통해서 또 다르게 형상화한 작품입니다. 나는 습관이 안 되어서 그런지 글로 읽은 내용을 무대 위에서 벌어지는 장면으로 바꾸어 머릿속에 그려보기가 힘들기 때문에 그 작품에 대하여 뭐라고 말해야 할지 모르겠소. 처음보다 끝부분에 가서 훨씬 더 큰 운동감과 생명력을 느꼈소. 제대로 잘 말할 재간은 없지만 극장에서 보면 아주 훌륭할 것 같아요.

제1막의 쥘 라포르그 식의 낭만적 칼리굴라—사랑의 실망—황혼—

여자들의 젖가슴(이건 당신의 두 가지 원고에서 다 같이 발견되는 프로이트적 강박관념 같소)은 별로 마음에 들지 않았어요. 좀 가식적이고 억지라는 느낌이 들지 않소? 하기야 연극에서는 달라질 수도 있겠지요.

괴물 같은 칼리굴라의 경우 멋진 긴 대사들이 눈에 띄었소. 햄릿 같은 칼리굴라의 경우도 그렇고. 당신의 칼리굴라는 복합적이고 어쩌면 모순된 인물 같소. 당신의 극에서처럼 운동감이 있고 보면 그게 약점이기보다는 장점이 아닐까 하는 생각도 들어요.

세계의 무심함…… 그 점에 대하여 내가 쓴 20여 페이지의 글이 있는데 그걸 당신에게 보내서 의견을 물어볼걸 그랬네요—아니, 절대에 대한 관념과 '무심함'의 감정에 대하여 쓴 별로 길지도 않은 원고 전체[2]를 보냈더라면 좋았을 것을.

—왜냐하면 무심함의 감정이 어쩌면 절대의 존재를 우리에게 알려주는 것일 테니까. 그렇지 않다고 한다면 무엇이 이 세상에 가치 있는 것은 아무것도 없다는 사실을 우리에게 알려주겠어요? '평가 불가' 이외에는 아무것도 없죠. (이건 설교가 아니요.)

두 편의 원고를 보내준 것에 대하여 진심으로 감사하오. 그 원고들은 지금까지 당신이 해온 것에 비하여 '결정적으로' 발전했음을 보여주는 것이오. 당신이 처음으로 썼던 어떤 글들에 대한 내 평가가 좀 가혹한 편이었다는 것을 당신도 알고 있겠지요. 당신의 극은 탁월했어요—연출도 연기도 다.

깊은 우정을 보내며.

장 그르니에

(1) 속이 빈 나무 등걸 속에서 내다본 꽃 같은 하늘.

39. 장 그르니에가 알베르 카뮈에게

4월 28일 월요일

22일자 편지¹ 고맙게 잘 받았소. 알제의 친구들이 내게 식량을 좀 보내주었다오. 얼마간의 소고기 통조림 뿐이지만. 그러나 그것마저 이제는 금지되었소.

그러니까 이제는 더이상 나 대추야자는 필요가 없게 되었소.

가브리엘 마르셀은 병이 나서 리옹에 머물고 있소(쿠르 드 라 리베르테 3번지, 쇼앙 부인 댁). 그래서 당신의 원고들은 그냥 당신에게 돌려보내기로 했소. 가스통 갈리마르가 매달 며칠씩 자유 지역으로 와서 지내지요—칸의 카방디슈 호텔에 말이오. 당신은 원고를 그에게 보내도 될 것 같소—특히《이방인》을 말이오. 나는 그와 편지를 주고받는 사이요. 어쨌든 칸으로 편지를 보내면 그의 손에 닿을 것이오. 내가 언제나 좋은 기억을 지니고 있는 터인 아코 씨 부부께 안부 전해주시오.

당신의 J.G.

리옹에서 발간되는《라르발레트》지²에는 장 발의 아름다운 시편들이 실려 있소.

[몽펠리에에서 보낸 엽서. 문장 중간에 비어 있는 부분은 엽서의 상태가 좋지 않아 판독이 불가능하다]

40. 알베르 카뮈가 장 그르니에에게

[오랑, 1941년] 5월 5일

선생님의 편지 대단히 감사합니다. 《이방인》을 좋게 보아주셨다니 기쁩니다. 그렇지만 제가 선생님께 보내드린 것 전체로 놓고 볼 때 아주 흡족하게 생각하시지 않는다는 것을 이해할 것 같습니다. 그 말씀을 들으니 좀 자신이 없어지네요. 그러나 저는 지금까지 해온 것은 조금도 주저하지 않고 밀고 나갈 생각입니다. 저는 선생님이 막 읽어보신 것과 아직 써야 할 것들을 쓸 수 있게 되기를 기다려온 지 벌써 오래입니다. 이삼 년 전에야 비로소 쓰면 될 것 같다는 생각을 하게 되었습니다. 신통치 못해도, 제 기대에 미치지 못해도 이제 이건 저의 것임을 알기에 그것으로 평가받아 마땅하다는 것입니다. 어느 면에서 바로 그렇기 때문에 저는 선생님이 지적하신 점들 가운데 적어도 한 가지에 대해서만큼은 한 말씀 드렸으면 합니다. 카프카의 영향에 관한 문제 말입니다. 저는 《이방인》을 쓰기 전에 그 문제에 대하여 생각해보았습니다. 저는 이 심판의 주제를 택하는 것이 과연 잘하는 일인지 스스로 질문해보았습니다. 제 머릿속에서 그 주제는 카프카와 거리가 먼 것이었지만 겉보기에는 그렇지가 않았습니다. 그렇지만 그것은 제가 겪어보아서 잘 아는 경험, 또 강렬하게 느꼈던 어떤 경험이었습니다(아시다시피 저는 기자로서 중죄재판소를 드나들면서 많은 재판들을, 그중에 몇은 대단히 중대한 재판들을 취재했습니다). 그걸 포기해버리고 그 대신 제대로 겪어보지도 못한 무엇인가를 지어낼 수는 없었습니다. 그래서 저는 동일한 주제를 가지고 모험을 해보기로 한 것입니다. 그렇지만 그것 자체의 영향과 관련하여 판단해보건대,《이방인》의 인물들이나 에피소드들은 너무나 개인적인 것으로 그려져 있고 너무나도 일상적인 모습을 갖추고 있어서 카프카의 여러 가지 상징들과 유사해 보일 위험은 없다고 봅니다. 하지만 그 문제에 대한 저의 판단이 잘못된 것일 수도 있지요.

물론《칼리굴라》[1]는 무엇보다도 무대에 올리기 위한 작품입니다. 저는 연극에 대하여 많이 생각해보았습니다. 연극은 움직임(전에 제가 가끔 저질렀던 바와 같은 무질서가 아니라)과 매우 단순한, 거의 '연재소설'에서 볼 수 있는 바와 같은 탄력을 필요로 한다고 생각합니다. 제가 저의 칼리굴라에게 다분히 상투적인 반항의 모티프들을 부여한 것은 바로 그 때문입니다. 아마 선생님께서는 그 점이 마음에 걸리는지도 모르지요.(1) 그러나 그건 다만 (감히 이렇게 말씀드려도 될지 모르겠습니다만) 표현이 잘못되었다는 증거겠지요.

저는 계속 작업을 이어갈 생각입니다. 부조리에 관한 저의 원고[2]는 아직 타자로 옮기지 못했습니다. 한 달 안에는 다 끝내지 못할 것 같습니다. 그동안에 저는 절대에 관한 선생님의 에세이를 읽어보고 싶습니다. 그러나 그걸로 선생님을 귀찮게 해드리는 것은 아닐지요. 대추야자와 무화과 건으로 선생님께 편지를 드렸습니다. 알제에서 할 일을 아무것도 찾지 못했기에 다시 오랑으로 돌아와 있습니다. 이곳에서 구할 수 있는 것이 있으면 말씀해주세요. 보내드리겠습니다.

다시 한번 선생님의 편지에 감사드립니다. 그렇습니다, 선생님께서는 언제나 제가 하는 작업에 대하여 엄격하셨습니다. 저는 한 번도 그와 다르게 해주시기를 바란 적이 없습니다. 선생님은 저를 도와주셨습니다. 다른 많은 사람들에 대해서는 그렇게 말할 수가 없습니다. 이번에는 선생님의 의견을 듣고 나니 마음이 좀 답답해집니다. 제가 지금 하고 있는 일에 많은 기대를 걸었거든요. 그것 말고 대체 무엇에 제가 기대를 걸 수 있겠습니까?

깊은 우정을 보내며. 선생님의 변함없는,

알베르 카뮈

아르지우 가 67번지

(1) 제1막의 경우.

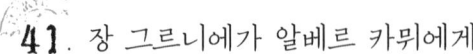

41. 장 그르니에가 알베르 카뮈에게

레 카퓌생
시스트롱 (B.A.)   1941년 5월 11일

편지를 받고 난처했습니다. 당신이 보내온 두 편의 원고가 대단히 훌륭했다고 편지를 써보낸 줄 알았는데—그 반대로 받아들였다니! 그렇

다면 내가 제대로 표현을 못 한 것이지요.《이방인》은 탁월한 작품입니다, 지금도 그 생각에는 변함이 없어요. 그 작품은 깊고 개성적인 무엇인가를 표현하고 있어요. 나는 뉘앙스를 곁들여서 소감을 말했던 거예요. 당연하지요, 그렇게 하지 않으면 그건 아무런 가치가 없는 것이 될 테니 말이오. 어쩌면 내 머리에 떠오른 사소한 유보적 생각을 너무 강조한 것이 잘못일지도 모르지요. 카프카와의 유사점과 관련해서는, 단순히 심판이라는 주제 때문에만 그런 생각을 하게 된 것이 아니었어요. 당신이 그린 인물의 익명적이고 추상적인 태도 또한 그렇지요. 사실, 나는 그것이 당신이 가진 독창성들 중 하나에 해당하는 것이라고 생각하지만, 카프카가 그 익명성을 극단적으로 밀고 갔으므로 독자는 그런 생각을 하지 않을 수 없다는 것이지요. 당신은〈상선 테나시테〉[1]에 나오는 이민자들 중 한 사람을 너무나도 잘 형상화하고 있으므로 그것 '또한' 당신이 가진 개인적 일면이라고 보지 않을 수 없는 것이오.

　당신이 당신 작품의 등장인물들을 극도로 개인화된 존재들로 보는 것은 조금도 이상할 것이 없어요. 왜냐하면 당신은 개인화된 모습으로 그들을 알게 되었던 것이니까요. 그러나 당신은 당신이 알게 된 그 모습 그대로가 아니라 알베르 카뮈를 통해서 재창조된 모습으로, 다시 말해서 자기들이 이해하지 못하는 어떤 역의 대사를 읊어대는 배우의 모습으로, 즉 마야[2]가 상상해낸 각본에 의하여 절망의 끝까지 내몰린 배우의 모습으로 그들을 묘사하고 있는 것입니다. 그것은 당신이 카가유[3]를 묘사했다고 했을 때보다도 훨씬 더 흥미롭고 훨씬 더 개성적입니다!

　《칼리굴라》의 경우, 나는 그 작품을 무대에 올린 모습으로 보고 싶소.

그 작품은 움직임으로 가득 차 있어요, 당신 말이 맞아요—단 한 가지 마음에 들지 않는 게 있다면 그것은 그 인물의 로렌자초 같은 일면(특히 처음에)이오—그러나 그 작품은 비장하오.

그러니 갈리마르에게 편지를 쓰고—원고를 보내도록 하시오. 참, 마르셀 아를랑[4]이 당신 얘기를 내게 했다는 말을 내가 했던가요?

이 편지가 한갓 오해에 불과했던 것을 씻어주길 바라오.

당신의 친구,

장 그르니에

그리고 《프로메테》지는 어떻게 되었나요?

내가 보기에 전쟁 후에 나온 걸로는 《퐁텐》[5]이 훨씬 나은 것 같아요(내가 거기에 원고를 보냈기 때문이 아니오). 《아프리카 문학》은 아직 제대로 자리가 잡히지 않은 것 같은데, 아닌가요? 나는 오랑에서 J. 푸알베 르 젠과 알고 지냈소. 그가 번역한 시를 쓴 호르헤 카레라 안드라데라는 사람은 누군가요? 일본엔가 모로코엔가 살고 있는 에콰토르인인가요?

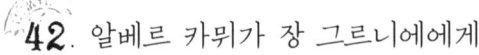

42. 알베르 카뮈가 장 그르니에에게

〔오랑, 1941년 5월~6월〕 일요일

사실상 제가 선생님의 편지 내용을 잘못 이해한 것 같습니다. 그러나 저 역시 제 편지에서 표현을 제대로 한 것인지 자신이 없군요. 딱한 일이긴 합니다만 그건 그다지 중요하지 않습니다. 선생님의 비판들이 제게 상처가 된 것은 아니니까요. 다만 그 비판들이 유용하고 요긴하게 쓰일 수 있다고 생각했습니다. 다만 그 비판들이 충분할 만큼 생생하게 느껴지지 않는다는—선생님께서 분명하게 말씀해주시지 않았다는—인상을 받았고, 그래서 제가 느낀 불확실함을 선생님의 탓으로 돌린 것 같습니다. 제 생각이 어설펐던 것이지요. 이런 오해가 생긴 것에 대하여 용서를 빕니다. 파스칼 피아가 그 원고들을 갈리마르에게 보낼 것입니다. 그걸 보낼 때 저의 세 번째 원고[1]도 동봉할 생각입니다. 선생님께도 보내긴 하겠지만 그걸 읽으실 시간이 있으실지 모르겠군요. 그런 다음에 저는 그 원고들에는 더이상 신경을 쓰지 않겠습니다.

 그렇습니다,《퐁텐》지는 전후에 나온 탁월한 잡지입니다. 어쨌거나 그 잡지에서 사람들은 용기 있는 말을 하고 있습니다. 요즘에는 찾아보기 어려운 귀한 글들이지요. 그 용기 있는 글들 속에서 선생님이 개인에 관하여 말씀하신 글[2]을 읽어볼 수 있었으면 좋겠어요. 모든 것이 개인에서 시작하고 개인으로 귀착한다는 선생님의 말씀이 맞습니다. 그러나 개인들이 증언하기를 포기한다면, 또 만에 하나 투쟁하기를 (투쟁의 방법이야 수없이 많지요) 포기한다면, 그 개인이란 것은 사라져버리고 말 가치입니다.

 《아프리카 문학》은 제가 보기에 유감스러운 타입의 출판물인 것 같습니다. 사실 저는 그런 운동들에 대하여(그리고 푸알베 르 겐에 대해서) 선생님께 제대로 알려드릴 처지가 못 됩니다. 그들 중 그 누구와도 어울려본 적이 없으니까요. 저는 이곳에서 외톨이로 지냅니다. 수영을 하고 자전거를 타는 것이 유일한 낙입니다. 보시다시피 저는 최소한의 것들로 만족하고 지냅니다.

《프로메테》는 두 달째 허가가 나기를 기다리고 있습니다. 도무지 허가가 나지 않고 있어서 말입니다. 따지고 보면 허가가 날 까닭이 없지요. 하지만 모든 것이 준비되었고, 많은 사람들, 거의 모든 N.R.F. 작가들이 호응하고 있고 자잘한 기술적 문제들도 해결되었습니다. 잡지의 이름만 바뀌었습니다. 어떤 의학 잡지가 십 년째 그 제목을 보유하고 있어서 그때부터 그 제목은 그 잡지의 것으로 할당되어 있다는군요. 아무튼 기다려볼 일이지요.

저는 1월에 기베르[3]가 내는 《튀니지 프랑스 문학》지에 일부분이 검열에 걸려 삭제당한 채로 글 한 편을 발표했습니다. 그후에도 그에게 다른 글 한 편을 보냈는데 그건 아예 삭제당했습니다. 그렇긴 하지만 그 잡지의 문학 면은 아주 흥미로울 때가 많은 편입니다. 선생님께서 그에게 몇 주일간의 편의를 보아달라고 요청하신다면 그는 기꺼이 그렇게 해드릴 것입니다. 무엇에든 열성적인 사람이니까요(A. 기베르, 나폴리가 46번지, 튀니스).

곧 다시 뵙기를 바랍니다. 약간의 오해가 있었던 점 용서해주십시오. 언제나 변함없는,

A. 카뮈

아를랑에 대해서는 선생님께서 제게 아무 말씀도 하신 적이 없습니다. 그렇지만 저는 그분을 만난 기억이 없군요. 유감입니다. 그분이 쓴 글들 가운데서

어떤 것은 제게도 아주 친근하게 느껴지니 말입니다.

43. 장 그르니에가 알베르 카뮈에게

몽펠리에, 41년 6월 25일

당신의 원고를 잘 받았지만 시험 때라 도무지 짬이 나지 않소. 얼른 훑어보았을 뿐이지만 벌써부터 아주 만족스럽다는 느낌이오. 만약 내 머릿속에 떠오르는 방향으로 끝까지 계속 밀고 나갔다고 했을 때 바로 나 자신이 했을 법한 말들을 당신이 하고 있소.

나중에 편지를 쓰리다—어쨌든 고맙소.

장 그르니에

지금 주소는 마르셀 드 세르 가 14번지, 몽펠리에입니다.
7월 4일부터는 시스트롱으로 편지를 보내는 편이 더 좋겠어요.

〔그림엽서〕

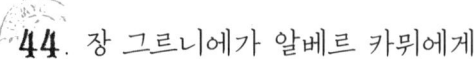 44. 장 그르니에가 알베르 카뮈에게

레 카퓌생
시스트롱 B. A.
41년 7월 9일

나는 이제 몽펠리에를 떠나려고 하오—당신의 에세이 원고는 아직 내 손에 있소. 다시 한번 더 읽고 싶어서 말이오. 정말이지 탁월한 일급의 작품이오. 당신이 전에 쓴 것과는 비교도 되지 않을 정도요. 그중 몇 페이지는 더할 수 없을 만큼 분명하고 '강건한 결의'가 느껴집니다. 게다가 소설과 희곡 작품이 그 내용을 구체적으로 예시하고 있소.[1] 그렇소, 정말로 탁월한 글이요. 다음에 좀더 길게, 더 낫게 편지로 쓰겠소.

그 글을 내게 '보라고 맡겨준' 것에 감사하오.

당신의,

J. G.

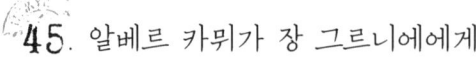 45. 알베르 카뮈가 장 그르니에에게

(오랑, 1941년) 7월 28일

선생님의 글월 받고 너무나도 기뻤습니다. 선생님께 받은 칭찬이고 보니 제게는 귀중한 것이라 용기가 솟아납니다. 저는 아직 할 일이 많습니다. 그리고 환상 같은 건 품고 있지 않습니다. 그러나 그 글들을 쓸 시간과 동시에 의지를 가지기 위해서 저는 여러 가지 어려운 상황들을 이겨내야 했습니다. 제가 가장 만족스럽게 생각하는 것은 아마도 그 점인지도 모릅니다. 그리고 아시다시피 선생님께 인정을 받는 것이야말로 제가 바랄 수 있는 최상의 것입니다.

아울러, 어떤 다른 면에서의 제 계획들을 말씀드리고 싶습니다. 파스칼 피아가 장 폴랑과 말로에게 《이방인》에 대한 이야기를 한 바 있습니다. 말로는 《칼리굴라》와 《이방인》을 읽고 나서 마음에 들었다면서, 적어도 소설만큼은 갈리마르에게 추천하는 일을 맡겠다고 했답니다. 폴랑이 피아에게 보낸 편지에 의하면 《이방인》은 내기로 했다는 소식입니다. 그러자 피아는 폴랑에게 저의 다른 두 가지 원고에 대해서도 갈리마르의 의중을 떠보라고 주문했습니다. 한 달 반 전에 있었던 일입니다. 그런데 그 이후로 원고들과 관련된 소식을 전혀 듣지 못했습니다. 제게 그런 소식을 전해주는 것은 파스칼 피아였는데 그에게서 아무런 소식이 없으니 정말 답답합니다. 그의 편지가 갑자기 뚝 끊겨서 말입니다.

제가 말씀드린 사람들 가운데 선생님께서 알고 계시는, 아니 적어도 연락이 닿는 사람이 있다면 혹시 어떻게 된 일인지 좀 알아봐주시겠습니까? 어쨌든, 선생님께서는 제가 《시지프 신화》의 원고 역시 갈리마르에게 제출해보는 것이 좋겠다고 생각하시는지요?

이런 것까지 여쭙게 되어 송구스럽습니다. 그러나 이곳 오랑에서 혼자 고립되어 지내는 기분이 어떤 것일지 선생님은 잘 상상하지 못하실 것입니다. 이곳은 황갈색의 타는 듯 뜨거운 미로입니다. 오랑 사람들은 골목길을 돌 때마다 자신들의 미노타우로스와 마주칩니다. 그건 다름이 아니라 권태입니다.[1] 그 권태는 과도하다 못해 끝내 열광적이 될 지경입니다. 그러나 가끔은 문명이 아쉽습니다. 그런데 이 사막에는 오아시스가 없습니다.

천만다행으로 바닷가 모래사장이 있고 태양이 있습니다. 저는 이제 막 인적이 없는 모래언덕 위에 텐트를 치고 일주일을 지냈습니다. 바닷가에 찾아오는 아침은 세상 첫날의 아침과도 같았습니다.[2] 그리고 짐승처럼 지내는 이런 생활에는 근원적인 행복의 그 무엇이 깃들어 있습니다. 물론 이런 것이 영원히 계속될 수는 없겠지요.

저에게 편지를 보내주십시오. 선생님께서 제게 쏟아주시는 한결같은 관심에 다시 한번 감사드립니다. 저의 감사하는 마음과 변함없는 우정을 믿어주십시오.

A. 카뮈

아르지우 가 67번지, 오랑

46. 장 그르니에가 알베르 카뮈에게

[시스트롱] 41년 7월 31일

당신의 에세이는 그 진실된 어조로 인하여 훌륭하고 감동적입니다. 여기 동봉하는 이 몇 가지 지적들은 원래 당신에게 보내려고 적은 것은 아니었지만—그래도 보내기로 합니다. 당신의 글을 아주 주의 깊게 읽어보았어요. 그 글은 시사하는 바가 대단히 크고 그중 몇 페이지는 매우 강렬합니다.

가브리엘 마르셀(코레즈 지방의 리게라크 마을 인근의 샤토 드 푀크)과 마르셀 아를랑(센 에 마른 지방의 퐁티에리 마을 인근의 브랭빌)*에게 그 글을《칼리굴라》,《이방인》과 함께 읽혀보면 좋을 것 같소. 아주 일관성이 있는 삼부작이니까. 내가 그 친구들에게 당신 이야기와 당신의 글에 대한 이야기를 해두었어요. 당신이 원한다면 내가《시지프 신화》를 G. 마르셀에게 보내는 일을 맡아 해도 좋고요—그게 아니고 혹시 그 원고를 당신에게 돌려보내는 편이 더 낫다고 생각한다면 내게 말해주시오—당신의 세 가지 글들은 상호보완적이고 하나의 전체를 이루는 것이니 말입니다.

처음으로 당신의 감성과 지성이 그 글 속에 분명하고 결정적인 방식으로 표현되어 있더군요.

제1부에 가장 토론할 문제가 많은 것 같아요. 제1부는 '증명'이라기보다는 '선택'이라는 점, 그리고 당신 적수들이 용기 부족으로 인하여 비약과 도피의 길을 택한다고 비난함으로써 그들을 너무 쉽게 내쳐버린다는 점에서 그렇소. 그리고 다른 한편 당신은 아주 매혹적인 위험을 기꺼이 무릅쓸 각오를 하고 있는데, 그건 바로 딜레탕티즘이라는 위험이오—당신은 그렇지만 인간의 삶에 대한 비극적 센스를 통해서 그 위험을 벗어나고 있소.

알캉 출판사에서 나오기로 되어 있는 나의 소책자 한 권[1]을—내가 그걸 받게 된다면 말이지만!—당신에게 보내도록 하겠소. 나는 그 책에서 당신의 것과 유사한 주제를, 그러나 당신이 다루는 것을 반대쪽으로 뒤집어서—무無가 아니라 절대를(하지만 따지고 보면 서로 닮았죠)—다루고 있소. 당신이 쓴 것은 정말이지 대단히 훌륭하오. 그래서 나는 여간 만족스러운 게 아니오.

당신의 소식을 전해주시오.

J. G.

* 당신의 원고와 관련하여 피아를 통하면 나보다 훨씬 더 쉽게 마르셀 아를랑과 접촉할 수 있을 것 같소. 〔본래의 텍스트 여백에 쓴 말〕

오랑에서는 무엇을 하며 지내나요? 지금도 여전히 수영을 할 수 있을 것으로 생각되는데, 그러기를 바랍니다.

앙달루즈 해변[2]은 기막히게 아름답지요(야생의 모습 그대로라서).

제1부

4쪽—철학이란 그것인가요? 그렇소, 내게도 그렇소. 그렇지만 나는 데카르트 같은 사람들의 위대함은 쇼펜하우어에서부터 하이데거에 이르는 실존주의자들이 그토록 강력하게 제기했던 문제를 의도적으로 무시하고 '체험'에 대해서는 전혀 신경을 쓰지 않은 채 오직 '증명 가능한 것'만을 찾는 데 있는 것이 아닐까 하는 생각을 점점 더 많이 하게 되오. 그러나 결국 한쪽이 다른 한쪽을 배제하는 것은 아니오. 철학자가 없는 철학은 없으니 철학과 종교(구원의 탐구) 사이의 경계선은 불확실하오. 내게 철학이란 본래 고통의 문제에 대한 어떤 해결책의 탐구였소.

8쪽―바셰 같은 다다이스트들, 크르벨 같은 초현실주의자들, 그리고 많은 다른 이들의 자살은 매우 시사적이지요. 브르통은 그 점에 대하여 이야기했고, 내가 보기에 자기가 영향을 행사할 만한 동료들에게 그쪽으로 많은 영향을 끼쳤다고 봐요. 초현실주의자들은 1924년에 집단 자살을 계획한 적이 있어요. 브르통을 읽어보시오.

내가 발표한 르키에의 몇몇 편지들[3]을 당신에게 보내주겠소.

10쪽―사실 삶이 부조리하다는 것이 필연적으로 자살로 이어지는 것은 아니지요. 그 생각은 심지어 '행복'으로 이어질 가능성도 있소. 불교 신자들의 경우를 보시오.

18, 20쪽 이하―아주 아름다운 페이지들이오. 당신의 생각을 이해할 수 있고 나도 당신이 느끼는 바를 느끼지요―절대에 대한 욕구, 통일성에 대한 필요―그러나 특히 당신은 "열정적으로 살고 싶다"고 하지요. 그게 바로 당신의 목적인 거죠. 당신의 변증법은 불충분하고 당신 자신의 감정적 힘과 대조를 보입니다. 아리스토텔레스는 당신이 인용하는 페이지에서 절대적인 회의주의자들과 절대적인 독단론자들을 논박하면서, 몇 가지는 진이고 몇 가지는 위라고 결론 내리지요―그러니까 그는 당신이 그의 말이라고 주장하는 내용과 반대되는 말을 하는 겁니다.

34쪽―실존주의자들에 대한 분석과 비판에는 나도 동감이요. 비약은 그들에게는 위쪽으로의 도피요 승화입니다. 구원으로 위장한 자살이 분명하오. 종교는 항상 이런 사상가들에 대하여 경계심을 갖지요.

49쪽―"부조리는 바로 그 자체의 한계들을 확인하는 명철한 이성이다." 너무 안이한 정의.

53쪽—만약 내가 고양이라면 ＿＿＿＿＿＿＿＿＿＿

54쪽—당신이 말하는 자명한 사실들이 다른 사람들의 눈에 보이는 자명한 사실들보다 당신에게 더 자명한 것으로 간주되어서는 안 됩니다. 마치 당신은 논리적 추론을 할 필요가 없다는 것을 증명하기 위하여 계속 논리적 추론방식을 동원하고…… 이렇게 되풀이하고 있는 것만 같소. "확실하지 않은 것은 아무것도 끌어들이지 말 것"—당신은 데카르트적 방법론이 아무 소용 없는 곳에 그 방법론을 적용하고 있소.

57쪽—의식과 반항.

62쪽—양量—매우 흥미로운 개념—그러나 물론 어떤 '사실'로 어떤 '가치'를 대신할 수는 없소.

부조리한 인간.

부조리한 세계, 우정, 일편단심, 명예 등등이 그 나름의 가치를 간직할 수 있다고 가정해봅시다. 유혹자, 정복자, 배우는 어떤 부조리한 세계를 지배하는 것이 아니라 그 세계의 모습을 반영하는 것입니다. 비니의 태도는 칼리굴라의 태도와 서로 반대되는 것일 수 있지요.

이 제2부는 아주 훌륭합니다.

———

부조리한 창조.

102쪽—세계가 명백한 것이라면 작품은 존재하지 않을 것이다(그렇지만 세계가 불분명한 것이라면 그때 역시 작품은 존재하지 않을 것이다. 어쨌든 작품은 세계에 빛을 던져준다). 당신의 말은 반만 맞아요. 묘사가 예술에 충분조건이었던 적은 한 번도 없었어요. 그 어떤 예술보다도 비합리의 예술에는 더군다나. 104쪽이 더 수긍하기 쉽소─콘라드를 추가할 것.

─당신이 카프카에 대하여 쓴 대목은 깊이가 있고 영감에 차 있소.《시지프의 신화》역시 마찬가지요.

47. 장 그르니에가 알베르 카뮈에게

〔1941년〕 8월 8일

당신의 원고 건으로 폴랑에게 편지를 써 보냈어요. 말로는 지중해변으로 내려가 있어서 지금은 당신에게 도움을 줄 수가 없는 것 같군요. 당신을 위해 모든 일이 잘되기를 바랄 뿐입니다─그러나 나는 당신이 이미 갈리마르 쪽과 접촉했다는 것은 모르고 있었지요─잘한 일입니다.

오랑에는 엘고지밖에 아는 사람이 없었어요─그러나 당신은 아는 사람들이 많을 것으로 생각해요. 그리고 바닷가 모래사장이 그토록 아름다우니!

당신이 부탁한 일을 했다는 말을 하려고 간단히 몇 자 적었어요.

당신의 친구,

J.G.

혹시 장 기통이 쓴《푸제 씨》에 대하여 평론[1]을 한 편 써줄 수 있을까요? 책으로 출판된 지 얼마 되지 않았어요. 내가 그 책을《퐁텐》을 포함한 몇몇 잡지사들로 보내라고 해두었어요.

[시스트롱의 그림엽서]

48. 알베르 카뮈가 장 그르니에에게

[오랑, 1941년] 8월 18일

우리의 편지가 서로 엇갈린 것 같습니다. 그러나 선생님이 보내주신 엽서는 잘 받았습니다. 여러 가지 지적 감사합니다. 그 지적들은 모두 적절한 것이어서 제게 도움이 될 것입니다. 열정을 다하여 산다고 하셨던가요? 그렇습니다, 그것이야말로 저를 추동하는 힘입니다. 그러나 그것은 곧 자신의 생각이나 자신의 삶을 통제한다는 것을 뜻합니다. 그것은 인간이 자신에게 제시할 수 있는 하나의 목표입니다(솔직히 말해서 자기 스스로에게 제시 '해야 하는' 목표지요). 그러나 그것은 하나의 목표, 하나의 극단적인 경우일 뿐입니다. 니체는 거기서 광기를 만납니다.

물론 명예, 일편단심 같은 것도 부조리한 세계에서는 나름대로의 의미를 가집니다. 심지어 저는 그런 것들이 대표적인 부조리의 덕목들, 인간적인 덕목들이라고 말하고 싶습니다. 그런 감정들 속에는 어떤 고독이 깃들어 있습니다. 몽테를랑은 일본식 명예가 무신론자의 명예라고 말했는데 옳은 말입니다. 티르소 데 몰리나의 돈 후안은 자신의 약속을 지키겠느냐고 묻는 기사분단장에게 이렇게 대답합니다. "저는 기사이기 '때문에' 명예를 지키는 것입니다." 여기서 신적인 질서를 촉발하는 것은 인간적인 질서입니다.

그러나 저는 아직 훨씬 더 많이 탐구해야 한다는 것을 절감하기에 많은 할 말들을 유보했습니다. 저는 아직 훨씬 더 많이 공부해야 하고 깊이 생각해야 합니다. 어쨌든 많은 관심을 기울여주셔서 감사합니다. 저에게 큰 도움이 되었습니다.

그리고 폴랑에게 편지를 써주신 것에 대해서도 감사드립니다. 저는 여전히 피아와 제 원고에 대해서 아무런 소식도 듣지 못하고 있습니다. 선생님이 저에게 갈리마르 쪽으로 연락을 취해보라고 충고하신 바로 그때 피아가 제게 물어왔습니다. 자기가 갈리마르를 소개해주기를 바라느냐고 말입니다. 그래서 저는 그에게 모든 것을 위임했고, 그리하여 제가 개입하지 않은 채 모든 것이 진행되었습니다. 이제 와서 제가 직접 끼어들기는 어려워졌습니다.

마찬가지 이유로 마르셀 아를랑을 접촉할 수도 없게 되었습니다. 선생님 생각에 가브리엘 마르셀이 제가 쓴 글에 관심을 가질 것 같다고 보시는지요? 그럴 경우, 혹시 선생님께서 그에게 《시지프 신화》를 좀 보내주실 수 있겠습니까? 그러면 저는 다른 두 작품의 원고를 그에게 보내도록 하겠습니다. 번거로우시겠지만 그 문제에 대하여 미리 알려주시면 제가 가진 원고들을 동시에 보내겠습니다.

《푸제 씨》에 대한 평론을 쓰는 거야 기꺼이 하지요. 그러나 구해둔 책들을 리옹에 그대로 둔 채 이곳으로 왔네요. 피아가 그것들을 맡아 가지고 있으니 그 역시 저로서는 어쩔 수가 없어요. 이곳에서는 어떤 서점에서도 기통의 책을 찾을 수가 없습니다. 그리고 저는 그 어떤 잡지사와도(심지어 《퐁텐》과도) 안면이 없습니다. 저는 《튀니지 프랑세즈》에 두 번 글을 발표한 적이 있긴 합니다만[1] 그 정도 가지고는 기통의 독자층을 넓히는 데는 별 도움이 되지 못하겠지요. 그렇지만 선생님께서 그의 책을 제게 보내도록 연락해두신다면(책값은 나중에 제가 지불하지요) 간단한 서평을 써서 선생님께 보내드리겠습니다. 그리고 선생님께서 그 원고를 나중에 필요한 데 주시면 되지 않을까 합니다. 그리고 알캉 출판사에서 나온 선생님의 책과 저로서는 한 번도 읽어본 적이 없는 르키에의 편지들을 받아 읽고 싶은 마음 간절하다는 말씀 또한 드리고 싶습니다.

그 모든 좋은 말씀들에 다시 한번 감사드리며. 언제나 변함없는 선생님의 친구,

A. 카뮈

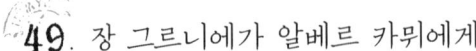
49. 장 그르니에가 알베르 카뮈에게

레 카퓌생, 시스트롱, B. A, (1941년) 9월 13일

폴랑에게서 엽서를 받았는데 당신에게서 원고를 받지 못했다고 하오. 《시지프 신화》는 내가 그에게 보내도록 노력해보겠소. 우선 당장은 그러지 못하고 있소만.

혹시 내가 가지고 있는 원고가 (당장) 필요하다면 알려주시오.

가장 좋은 방법은 아를랑이나 폴랑에게 그 세 가지 원고를 다 함께 보내는 것이오.

우정을 보내며,

장 그르니에

그 책과 관련하여 기통의 아버지에게 당신 이름을 알려놓았소.

50. 알베르 카뮈가 장 그르니에에게

[오랑, 1941년] 9월 23일

선생님의 엽서 잘 받았습니다. 많은 수고를 해주셔서 감사합니다. 저는 그 원고 이야기를 그다지 잘 이해하지 못하겠습니다. 한 달 전에 드디어 피아가 제게 편지를 보내면서, 폴랑에게 보내야겠으니 제 원고들의 복본 3부를 부쳐달라고 했습니다. 그때 저는 폴랑이 원고를 읽어보지도 못했다면서 어떻게 출판을 응낙할 수 있었는지 잘 이해할 수 없었습니다. 게다가 그후 피아로부터 아무런 소식도 듣지 못했습니다. 그렇지만 제 생각에 선생님이 시지프를 파리로 보내는 것은 불필요한 일 같습니다. 아마도 피아가 가지고 있던 원고들이 결국은 그곳에 도달할 것입니다. 선생님 생각에 여전히 가브리엘 마르셀이 제 에세이에 관심을 가질 수 있다고 보신다면 오히려 선생님이 그분에게 원고를 부쳐주시는 쪽이 좋겠습니다. 그러나 그 이야기는 이 정도로 그쳤으면 합니다. 다만 이 모든 번거로운 일들과 관련하여 죄송스러운 마음뿐입니다.

《르키에의 편지들》을 받았습니다. 정말이지 기이한 글입니다. 그토록 심한 절망의 진정한 동기를 헤아리기가 어렵습니다. 정직함의 동기는 또 무엇일까요? 그 사랑 이야기는 기이합니다—또 언제나 그렇듯, 두 배우가 서로 다른 나라 말을 하고 있습니다. 그토록 정성을 들인 대상이, 그 문체에도 불구하고, 어이없을 정도로 진부하다는 생각을 지울 수 없군요. 제 생각이 틀릴지도 모릅니다만, 그 편지들을 읽으면서 받게 되는 인상이 있다면 그건 예외적인 운명들에는 언제나 보잘 것 없는 일면이 있다는 것입니다. 어쨌든 책을 보내주셔서 감사합니다. 많은 흥미를 느꼈습니다.

'절대'에 대하여 쓰신 선생님의 책은 나왔습니까?[1] 샤를로가 편지를 보내면서 선생님의 〈지중해의 풍경들〉이 갈리마르에서 나올 거라고 하더군요.[2] 저는 샤를로 출판사의 '연극과 시 총서'의 기획 책임을 맡고 있는데 그 첫 권이 이제 막 나왔습니다. 로르카의 《집시의 로만체로》입니다. 한 부 선생님께 보내드리라고 말해두었습니다. 아직 그 총서를 통해서 소개할 아름다운 글들이 몇 편 더 있습니다. 선생님께서 아는 분들 가운데 그 총서에 관심을 가진 시인이나 극작가 친구들이 계시면 제게 소개해주셔도 좋습니다. 훌륭한 저자 집단(로르카, 브로키에[3], 이탈리아의 극작가들 등)이 될 수 있을 것입니다.

다시 한번 폴랑 건에 대하여 감사드립니다. 선생님께서 몽펠리에로 떠난다 해도 저는 계속해서 시스트롱으로 편지를 보내도 좋을지 말씀해주십시오. 그때까지 부디 저의 언제나 변함없는 마음을 믿어주십시오.

A. C.

51. 알베르 카뮈가 장 그르니에에게

(1942년) 2월 21일

제 엽서가 잘 전해질지 어떨지 알지도 못한 채 무턱대고 편지를 씁니다. 선생님께서 보내주신 《선택》을 받고도 답을 하지 못했습니다. 병이 재발하여 심각한 상태입니다. 꼭 십 년 전처럼 말입니다. 현재 치료를 받고 있습니다(또 인공기흉요법 등등). 아무것도 하지 말고 쉬라고만 하는군요. 그러나 먹고살기 위해서 무엇을 해야 할지 모르겠습니다.

《선택》을 읽었습니다. 그리고 다시 또 읽었습니다. 저의 에세이와 공통점이 있을 수 있다고 하신 것은 정말 고마운 말씀입니다. 제가 쓴 것은 이제 보면 아무리 보아도 거칠게만 느껴집니다. 선생님은 이제 막 중요한 책을 한 권 쓰신 겁니다. 그리고 제 생각에 그 책은 오늘날 사상적인 문학서들 가운데서 독보적이라고 여겨집니다. 저의 표현이 너무나 형편없습니다. 마치 인기 작가에게 하듯이 말입니다. 그렇지만 여기서 저의 감탄 어린 마음을 어떻게 시시콜콜 말씀드릴 수 있겠습니까?

이 엽서를 받으시게 되면 제게 편지해주십시오. 저는 지금 여기서 점점 더 모든 것으로부터 멀리 떨어져 지내고 있습니다. 병과 오랑을 합하면 두 개의 사막이 됩니다.

선생님의 변함없는 친구,

알베르 카뮈

〔오랑의 그림엽서〕

52. 장 그르니에가 알베르 카뮈에게

42년 3월 2일

친애하는 카뮈,

당신은 그리스 사람들이 이야기했던 눈에 보이지 않는 관념의 하늘 속으로 숨어버린 것인가요?

《안과 겉》과 관련하여 파리로부터 매우 좋은 소식을 들었소. 갈리마르의 편집자이며 나의 오랜 친구인 브리스 파랭[1]이 그 책을 매우 좋아합니다. 그는 《이방인》도 읽었는데 《칼리굴라》나 〈부조리〉[2]는 알지 못하는 것 같아요.

그리고 참, 가브리엘 마르셀이 그 원고에 대한 편지를 당신에게 보냈던가요? 그의 생각은 어떻던가요?

나는 여전히 릴로 떠나기 위하여[3] 여기서 통행증을 신청해놓고 기다리면서 미정인 상태로 있소.

당신의 친구,

J.G.

〔시스트롱의 그림엽서〕

53. 알베르 카뮈가 장 그르니에에게

〔오랑, 1942년〕3월 7일

며칠 전에 릴로 선생님께 편지를 드렸습니다. 저는 관념의 하늘에 가 있었던 게 아닙니다—그게 아니라 하늘이 너무나도 더러워졌었지요. 사실 저의 병이 매우 심각한 상태에 이르렀습니다—지병이 고스란히 재발한 것이죠. 지금까지 멀쩡했던 쪽의 폐에 인공기흉치료를 받았습니다. 지금은 좀 나아져서 외출도 하지만 당연히 그런 모든 일 때문에 생활에 어려움이 한두 가지가 아니었습니다.

《선택》을 읽었습니다—그리고 또 한 번 읽었습니다. 침대를 지킬 수밖에 없었던 삼 주일 동안 그 책을 읽으면서 많은 생각을 했습니다. 선생님은 제가 언급해보려고 했었던 개념들을 다룬다고 말씀하셨더랬지요. 어쩌면 그럴지도 모릅니다. 그러나 제가 다룬 것은 선생님의 작품에 비하면 구제할 수 없을 만큼 조잡합니다. 이 책은 대단히 중요한 저작입니다. 특히 우리 시대에는 말입니다. 전쟁 후 그와 같은 의미와 그런 역량을 갖춘 철학적인 저작은 없었습니다. 이런 우스운 인기 순위 따지기가 아닌 다른 뭔가를 말씀드리려고 했습니다만 병석에 눕기 전에 제가 적어둔 노트를 요약할 형편이 못 되는군요. 그 책에 대한 제 경탄에 대하여 좀더 일찍 편지를 드릴 수가 없었습니다. 그러나 선생님은 제 마음을 이해해주실 것으로 믿습니다. 잡지들에서 선생님에 대하여 뭔가를 썼던가요? 여기서는 전혀 새로운 것을 읽을 수가 없습니다.

가브리엘 마르셀이 제게 쓴 편지 말씀입니까? 성이 잔뜩 난, 단호한 편지였죠. 저의 에세이[1]를 반쯤 읽고 나서 그분은 어떻게 자신이 그런 입장에 찬성할 것이라고 생각할 수 있었느냐고, 그런 것을 읽으라고 보낸 목적이 대체 무엇이냐고 다그치면서 저의 에세이가 드러내 보이는 정신적 태도를 대단히 가혹하게 평했습니다. 그리고 저의 관점은 여러 가지 성급한 독서와 경험 부족의 결과인 것 같으니 그런 점들을 고치기 바란다는 말로 편지를 끝맺었습니다. 제가 조금도 과장하여 말씀드리는 것이 아니오니 믿으셔도 좋습니다. 몇 년 전만 같아도 이런 식의 편지에 크게 당황해했을 것입니다. 그 편지는 저로 하여금 많은 생각을 하게 만들었습니다. 저는 답장을 했고 이어 답장을 받았는데, 그 편지에서 그분은 아주 정중한 어조로 제가 그 에세이에서 다룬 주제에 대하여 길게 토론을 해보면 어떻겠느냐고 물었습니다. 유감스럽게도 저는 그때 병석에 누워 있는 처지여서 그저 고맙다는 인사만 하고 말았습니다.

이 이야기를 자세하게 말씀드린 것은 이것이 아주 기이한 사건이었기 때문입니다. G. M.이 보인 반응은 그분 같은 수준의 수많은 사람들로서는 능히 보일 법한 반응이라고 생각합니다. 그리고 그것은 제 에세이의 한계를 잘 말해주는 것입니다.

브리스 파랭과 관련하여 해주신 선생님의 말씀 감사합니다. 《이방인》은 이 달 혹은 다음 달에 나오기로 되어 있다고 갈리마르가 제게 편지로 알려왔습니다. 그는 저의 에세이[2]도 받아주겠지만 한 챕터(카프카에 대한)는 검열을 통과할 수 없어 뺄 수밖에 없다고 했습니다³. 불행하게도 저는 제 일에 매달리고 있을 형편이 못 되는지라 일은 그 상태 그대로 방치되어 있습니다. 저는 그걸 두고 군소리할 자격이 없습니다. 운과 친구들의 도움이 있어서 다행입니다. 피아와 말로가 모든 일을 다 해주었답니다.

사실 이 모든 이야기는 선생님의 질문들에 답을 드리기 위한 것입니다. 이 점에 있어서 선생님께 입은 은혜 또한 잊지 않고 있습니다. 저는 지금 세상에서 가장 무심한 도시에서 아무 일도 못한 채 빈둥거리고 지냅니다. 건강이 나아지면 여기서 떠날 생각입니다. 너무 바쁘지 않으시다면 제게 편지를 보내주십시오. 여기서 하루는 대단히 길어요. 선생님께서는 대학으로 발령받으신 것에 만족하실 줄 압니다. 어쨌든 선생님께서 받은 느낌이 어떤 것이건 간에 저는 선생님의 느낌을 함께합니다. 언제나 변함없는,

A. 카뮈

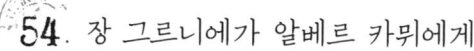

54. 장 그르니에가 알베르 카뮈에게

시스트롱, 42년 3월 10일

친애하는 카뮈,

당신의 병이 또 재발할 줄은 정말 몰랐소. 그럴 줄 짐작이라도 했다면 훨씬 더 일찍 편지를 보내고 소식을 물었을 것이오. 각별히 조심하기

바라오. 나는 그저께 통행증을 받았으므로 다음 주에 떠날 생각이오. 지난 10월에는 알제와 릴을 두고 이것저것 많이 재어보았소. 그럴 수밖에 없었지요. 결국 나는 미지의 세계 쪽을 택하기로 했소. 내 마음은 익숙하게 알고 있는 세계 쪽으로 기울지만.

가브리엘 마르셀은 감정적인 반응을 보인 것 같소. 잘못된 일이지요—그렇지만 당신은 그와 교류하면서 많은 것을 얻을 것이오. 나는 이제 곧 장 발을 만나게 될 터인데, 그가 나에게 편지를 보내면서 당신의 《부조리》[1]를 대단히 좋게 읽고 있다고 말했소. 말로도 이제 막 니스에서 만났는데 그는 《이방인》이 특히 좋다면서 내 생각과 마찬가지로 《칼리굴라》는 낭만적인 면이 약점이라고 했소.

결국 그쪽 일은 모두 다 잘되어가고 있소.《안과 겉》을 헌정해준 것에 대해 깊이 감사하오. 앞으로 어떤 계획이 있는지 알려주시오. 나는 7월에 남프랑스로 되돌아왔으면 하는 바람이지만 확실한 것은 아니오.

《선택》은 제3부가 맘에 들지 않아서 다시 손을 볼 생각이오. 제2부는 대충 마무리된 것 같소.

편지 보내주길 바라오. 당신의,

J.G.

《프로메테》가 나오지 못하게 되었으므로 내가 당신에게 보냈던 글[2]은《퐁텐》에 실으라고 주었소. 괜찮겠지요?

〔엽서〕

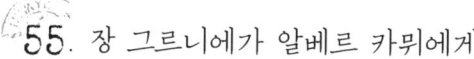

55. 장 그르니에가 알베르 카뮈에게

파리, (1942년) 7월 13일 월요일

친애하는 카뮈, 이제 막 마르셀 아를랑을 주간지 《코메디아》 사에서 만나고 왔소. 그가 글을 써주어서 기뻐요.[1]

지금 N.R.F.에서 당신에게 이 편지를 쓰고 있는데, 여기서는 모두들 당신의 작품에 많은 관심을 보이고 있소. 오는 겨울에 파리로 올 수 있겠소? 오라고 권하고 싶은 마음 반, 말리고 싶은 마음 반이오—(길게 부연 설명은 하지 않겠소.) 릴에서 지내는 생활에 대해서도 그렇고……

나는 모레 남프랑스로 다시 내려가오. 그럴 수 있어서 다행이오. 편지 주시오.

당신의,

장 그르니에

수요일, 파리의 리옹 역 구내식당이오—

40년 11월 우리가 잠시 만났던 일 기억하오?

나는 석 달 전 이곳에서 파스칼 피아와 장 발을 만났소.

56. 알베르 카뮈가 장 그르니에에게

〔아인 엘 튀르크, 1942년〕 7월 25일

선생님의 편지를 받아서 기뻤습니다. 네, 리옹 역 구내식당, 잘 기억하고 있습니다. 그리고 배우 노엘 노엘을 닮았던 식당 보이도요. 치료를 위해서 이번 여름에 프랑스로 갈 수 있게 되기를 기대했습니다. 그랬더라면 그때 선생님을 뵈었을 텐데요. 그러나 벌써 두 달 전에 응급환자 증명서를 제출하고 신청한 통행증이 아직도 나오지 않아 계속 기다리는 중입니다. 벌써 한여름인데 과연 제가 떠날 수 있을지 알 수가 없습니다. 이번 겨울에는 제발 파리로 갈 수 있었으면 합니다. 그렇지만 모든 것이 저의 건강과 그곳에서 일거리를 찾을 수 있을지 여부에 달렸습니다.

N.R.F.에서 알아보고 전해주신 모든 소식에 감사드립니다. 폴랑과 갈리마르에게 깊은 감사의 정을 느낍니다. 저는 마르셀 아를랑의 글이나 점령 지역에서 발표된 서평은 아무것도 읽어보지 못했습니다. 반면에 점령 지역 바깥쪽에서 발표된 두세 편은 읽어보았는데 저를 상당히 혹평해놓았더군요— 적어도 윤리적인 면에서는 말입니다.

선생님의 신간들에 대한 광고를 보았습니다. 곧 서점에 나올 건가요? 선생님은 릴에서의 체류와 선생님의 건강에 대해서는 한 마디도 하지 않으셨더군요. 저는 기통의 책에 대하여 짤막한 글을 한 편 썼습니다. 그 글을 선생님께 보내드릴 수 있으니 좋으신 대로 처리해주셨으면 합니다. 어쨌든 아주 아름다운 책입니다. 또한 '플라톤의 로고스'에 대한 파랭의 책¹도 많은 관심을 가지고 읽었습니다. 뛰어난 책이더군요. 안 그렇습니까?

저는 지금 오랑의 작은 바닷가 모래사장에서 이 편지를 씁니다. 여기서 휴식을 취할까 합니다.² 프랑스로 가지 못하게 된다면 틀렘센에서 겨울을 날 생각입니다. 겉봉에 적힌 주소로 편지를 보내주십시오. 언제나 변함없는 저의 마음을 믿어주십시오.

알베르 카뮈

57. 장 그르니에가 알베르 카뮈에게

시스트롱, (1942년) 8월 19일

여전히 아인 엘 튀르크에 있소? 상당히 부르주아적인 해변 휴양지지요. 모래사장에는 목조 탈의장들이 딸린 식당이 하나 있고요. 서쪽 편 바닷가가 더 아름답고 해변을 쭉 따라가면 앙달루즈에 이르게 되지요. 나는 언제나 앙달루즈¹를 몹시 좋아했답니다.

아라공의 《단장의 아픔》을 읽어보았나요? 패전에서 느낀 바를 쓴 아름다운 페이지들입니다.

마르셀 아를랑의 서평이 실린 《코메디아》지 한 부가 배달될 거요. 갈리마르가 당신을 "띄운다"고 하니 잘된 일이요. 잡지가 지금까지 유보적인 태도를 취하고 있었으니 말이오. 왜냐고? 바람의 방향이 바뀌고 있으니 유리한 기회가 오기를 기다리는 게 현명해요. A. 루소²는 모든 책을 애국심이나 윤리, 종교 같은 시각에서만 보고 판단해요. 그가 하는 말이 틀린 것은 아니지만, 요컨대 그의 판단 기준이 내가 보기엔 너무나 편협하다 이겁니다. 《배덕자》나 그 밖의 숱한 책들의 서평을 그에게 쓰라고 했으면 뭐라고 썼겠소? 따지고 보면 《이방인》의 시니시즘의 근저에는 절망과 열정이 혼합되어 있는데 그는 그것을 알아볼 줄 몰랐던 겁니다.

기통에 대하여 쓴 당신의 글을 내게 보내주시오. 파랭은 언어에 대한 그의 대단한 학위 논문[3]을 책으로 낼 겁니다—대단히 흥미로운 저작이요—루이 기유[4]와 마르크 베르나르[5]는 어린 시절의 추억을 책으로 써냈는데 아주 성공적이오. 마치 소낙비 온 뒤에 버섯이 돋아나듯 도처에서 좋은 책들이 쏟아져나오는 게 보입니다. 릴 대학의 내 동료 캉디야크는 《니콜라 드 퀴스의 작품들》을 발표하고 블랑자는 분석적인 소설을[6], 바슐라르는 철학을 실마리로 삼아 매우 재미있게 쓴, 물과 불에 대한 책들을 내놓고 있소[7].

릴에 있는 내 동료 한 사람은 두 개의 인공 기흉을 달고도 매우 건강해서 매주 릴과 파리를 왕복하고 있소. 그는 아주 정상적인 생활을 하지요. 지금 당신은 최대한 조심하기만 하면 될 것 같아요. 지금 당장은 갈리마르 출판사에 자리가 없지만 이번 겨울이 되면 생길 수도 있어요.

릴에서의 생활이 어떤지는 말하지 않겠소. 할 말이 너무 많다보니 뭘 말할지 몰라 그저 너무 적게 말하는 것뿐이오. 그러나 생각보다는 더 잘 견뎌냈어요. 이 년 전과 심지어 작년까지만 해도 까닭 모를 우울증에 걸려 일도 할 수 없고 쉬지도 못했는데 말이오. 내가 처해 있던 형편은 오히려 더 좋은 것이었는데도 요즘 사람들이 에둘러 말하는 소위 '사건들'이 사건들이라 내겐 마음 고생이 되었던 것 같소. 올해 파리와 릴의 정신적 분위기는 대단히 힘든 편이라고(심지어 건강한 사람에게까지도) 해야 할 것 같소.

당신은 어떻게 지내는지 말해주시오. 당신의,

J.G.

장 발은 미국으로 떠날 수 있었소. 라셸 베스팔로프도.

58. 알베르 카뮈가 장 그르니에에게

르 파늘리에[1]
마제 생 부아 근처, 오트 루아르

〔1942년〕 8월 31일

오랑에서 보낸 제 편지를 받으셨는지요? 선생님의 소식이 궁금합니다. 저는 요양 차 이곳으로 와 있는데 아마도 두 달쯤 더 머무를 것 같습니다.[2] 경치는 아름답지만 약간 뻣뻣합니다. 그러나 이곳은 휴식하기에 좋은 조건을 갖추었습니다.

어떻게 지내십니까? 11월에 릴로 돌아가시나요? 아마도 그럴 것 같군요, 그래서 만약 제가 이곳에 계속 눌러 있게 된다면 리옹쯤에서 만날 약속을 정해도 될 것 같아요. 저는 또 치료 때문에 십이 일에 한 번씩 생테티엔으로 갑니다. 혹시 리옹으로 지나가실 기회가 생기신다면 제게 연락주세요. 서로 시간을 맞출 수도 있으니까요.

선생님을 뵌 지 벌써 이 년이 가까워오네요. 그때가 40년 겨울이었지요. 너무 수고스럽지 않으시다면 제게 편지해주십시오. 그리고 언제나 변함없는 친구임을 믿어주시길 빌며.

A. 카뮈

〔엽서〕

59. 장 그르니에가 알베르 카뮈에게

〔시스트롱, 1942년〕 9월 3일

드디어 당신이 프랑스로 왔다니 정말 기쁩니다. 당신에게 오랑으로 편지를 썼는데 아마도 내 편지가 당신을 따라왔을지도 모르겠군요. 그리고 당신은 내가 오랑으로 보내겠다고 했던 《코메디아》 한 부도 받았겠지요.

나는 10월 26일 마르세유에서 파리로 가는 기차 '콩부아 호'를 타기로 되어 있어요. 리옹에서 잠시 내리도록 해보겠어요. 당신을 만나면 기쁘겠어요. 같이 고기단자(땅콩이 든)를 시켜 먹기로 해요. 나는 여기서 아주 재미있는 책 한 권을 빌려 보았지요. 당신에게도 읽어보라고 강력 추천하고 싶어요. 포르투갈 사람 에사 데 케이로스[1]가 쓴 《성유물聖遺

物》(클레르몽페랑의 소를로 출판사에서 나왔어요)이라는 책입니다. 혹시 당신의 책 한 페이지를 손으로 써서(초고 같은 것도 좋고요) 좀 보내줄 수 있을까요? 꼭 받고 싶어서 그럽니다. 편히 휴식을 취하고 먹을 것을 주거든 잘 먹도록 하시오. 여긴 먹을 것이 시원치 않소. 나는 무좀 치료를 하느라 여념이 없소. 지방질 섭취가 부족하면 생기는 질환이라고 합니다.

    당신의,

J.G.

60. 알베르 카뮈가 장 그르니에에게

〔르 파늘리에, 1942년〕 9월 6일

    이제 막 선생님의 편지를 받았습니다. 제 손에 닿기까지 멀리 돌아온 편지였습니다. 갑자기 오랑을 떠나 알제로 갔지만 거기서는 일주일밖에 머물지 않았습니다. 저는 바닷가에 있는 어떤 농가에서 기분 좋은 두 주일을 보냈습니다.[1] 팔콩 곶으로 나가는 길가에 있는 거대한 모래언덕 저 위, 아인 엘 튀르크 좀 지나서 있는 곳이었지요. 그러나 의사들이 제게 처방하는 기후는 제가 좋아하는 그런 것이 아닙니다.

    《N.R.F.》지가 저에 대하여 '유보적'인 입장인 줄 몰랐습니다. 그러나 저는 드리외 라 로셸이 《이방인》을 잡지에 신겠다는 것을 거절한 적이 있긴 합니다—아마도 그것 때문이 아닐까 합니다. 천만다행으로 저는 그쪽의 이런저런 기류에 대하여 아무것도 모르고 있습니다. 그렇지 않았다면 아마도 그런 쓸데없는 문제들 때문에 머리가 잔뜩 무거워졌을지도 모릅니다.

루이 기유의 대단히 아름다운 그 책을 읽었습니다. 어쩌면 다른 사람들보다 제가 그 어조에 더 많은 감동을 받은 것인지도 모릅니다. 저 역시 그게 무엇을 의미하는 것인지 알고 있습니다. 중년에 이르러서도 인간은 자신의 가난했던 어린 시절만큼 아름다운 주제를 찾아내지는 못한다는 걸 너무나도 잘 알고 있으니까요!《꿈속의 빵》에 대한 자유 지역에서의 서평은 어처구니없는 것이었습니다. 마치 다른 사람들의 가난이 그들에겐 거북하게 느껴진다는 듯이 말입니다. 제일 좋은 방법은 그것에 대하여 아무 말도 하지 않거나 아니면 신문기사처럼 말하는 것이겠지요. 하지만!

파랭의 논문은 저도 읽어보았으면 좋겠습니다. 그의《플라톤 철학의 로고스에 대한 시론》을 많은 관심을 가지고 읽었습니다. 몇몇 대목은 매우 아름답고 반드시 필요한 것임을 느낄 수 있었습니다.[2] 제가 보기에 폴랑도 (다른 면에서이긴 하지만)《타르브의 꽃》에서 그와 유사한 문제에 관심을 보이고 있는 것 같습니다. 그것은 대단한 재검토 작업입니다.

기통에 대한 저의 단평은 전해받으면 선생님께 보내드리겠습니다. 다름이 아니라 그 글을 깜빡 잊고 오랑에 두고 왔기에 이제 막 보내달라고 연락을 한 참입니다. 선생님이 릴의 분위기를 잘 견디어내셨다니 다행입니다. 사실 별로 기분 좋은 게 아니었을 것 같다는 생각 드는군요. 저는 자료 수집을 위하여 잠시 파리에 다녀왔으면 합니다. 그러나 통행증을 신청할 그럴듯한 이유를 댈 수가 없군요. 선생님은 언제 다시 떠나십니까? 우리가 서로 만나는 방법을 찾아보면 어떨까요? 제 건강은 좀 나아진 것 같습니다. 아마도 휴식이 보탬이 되었던 모양입니다. 선생님의 편지를 또 받을 수 있으면 기쁘겠습니다. 편지 주셔서 감사합니다. 부디 저의 변함없는 마음을 믿어주시기를 바라며,

알베르 카뮈

장 발이 출발했다는 소식을 들었습니다. 라셸 베스팔로프 또한 떠났다니 다행입니다. 하지만 그분들이 어서 빨리 돌아오기를 빌어야겠지요.

르 파늘리에
마제 생 부아 근처, 오트 루아르

61. 알베르 카뮈가 장 그르니에에게

르 파늘리에
마제 생 부아 근처, 오트 루아르

〔1942년〕 9월 10일

선생님의 엽서 잘 받았습니다. 장 기통에 대한 저의 짧은 글을 동봉합니다. 정확하게 말씀드려서 제게는 이 짧은 글 이외에는 달리 기고할 만한 원고가 없습니다. 이것은 두 번째 버전입니다만 좀 고친 것이기도

합니다. 이 글이 과연 쓸 만한 것인지 모르겠습니다. 현재 쓰고 있는 원고도 있긴 합니다만 그 첫 버전의 원고를 선생님께 보내려면 그중 몇 페이지는 다시 베껴야 합니다.[1] 원하신다면 그렇게 하겠습니다.

《르 피가로》지에서 선생님이 현재 문학 창작에 몰두하고 계시다는 기사를 읽었습니다. 선생님의 정확한 목표가 무엇일까 하고 생각해보았습니다. 순수한 객관성일까요, 아니면 이념적인 목적들일까요? 어쨌든 그것은 유익한 것이 될 수 있겠지요. 가끔 저는 세상에는 제가 알지는 못하지만 제게 많은 고생을 면하게 해줄 어떤 직업이 있을 거라는 느낌을 가지곤 합니다.

이제 막 구약성서의 〈아가雅歌〉에 대하여 퐁주[2]와 기통이 달아놓은 주석을 읽었습니다. 그런데 좀 실망했다고 하지 않을 수 없습니다. 물론 기발하고 지적인 장점이 없지는 않지요. 그러나 텍스트가 워낙 지나치게 주목받는 것이다보니 뉘앙스를 고려하지 않은 채 편견만 내세운 대목들을 너무나 자주 마주치게 됩니다. 가톨릭 사상이 제겐 언제나 달고도 쓴 것이라는 느낌을 줍니다. 그 사상은 제게 매혹적이면서도 껄끄럽게 느껴집니다. 아마도 제게 가장 근본적인 것이 결여된 탓일 겁니다.

10월 말에 선생님을 뵐 수 있기를 바랍니다. 그때가 아마 제가 이곳에 머무를 수 있는 마지막 시점일 것 같아서요. 이곳에서 겨울을 날 생각이었습니다만, 난방 문제가 복잡하고 비용도 많이 든다는군요. 아마 봄까지는 알제리로 돌아가 있게 될 것 같습니다. 어쨌든 쉬 만나뵙게 되기를 바랍니다. 변함없는 제 마음을 믿어주십시오.

A. 카뮈

62. 장 그르니에가 알베르 카뮈에게

〔시스트롱〕 42/9/19

《푸제 씨의 초상》[1]에 대한 당신의 글은 최고입니다. 정말이지 완벽해요. 그 글을 《레 카이에 뒤 쉬드》에 보낼까요? 거기서는 분명 그 글을 싣고 싶어할 겁니다. 당신의 답을 기다리겠어요—아니지요, 《N.R.F.》쪽의 입장은 절대로 유보적인 것이 아니에요. 내 말은, '예전에' 폴랑이 당신의 초기 에세이들을 별로 좋아하지 않은 적이 있다는 뜻이었어요—그것도 몇 년 전 얘기지만요—직접 손으로 쓴 원고를 보내줘서 고마워요. 하지만 첫 번째 버전이었으면 더 좋았을 것 같아요—언제건 가능할 때 그냥 자연스럽게 써서 인쇄소에 보내는 수고手稿가 있거든 한 장 보내줘요. 나는 무엇보다도 기법에 관심이 있지만 어떤 이념적인 목표도 살짝 눈여겨보지요—〈아가〉의 주석은 르낭의 그것과 유사해요 (시가 아닌 연극 쪽). 동양 문학에서는 모든 게 상징적이라는 점, 그런데 우리는 항상 문자 그대로의 의미에 매달리다가 이해를 그르친다는 점을 잊으면 안 돼요. 마찬가지로 동양 사람들은 기독교가 상징적인 것이라고 생각함으로써 그 반대의 오류를 범하지요—《꿈속의 빵》은 과연 매우 아름다운 책입니다. 《이방인》 역시 그렇소. 벨쿠르[2]에 있는 당신의 집을 찾아갔던 때가 생각나오. 아마도 십 년은 지난 일 같군요. 당신의 눈에는 내가 '사회'를 대표한다고 보였겠지만 당신은 내게 결코 '이방인'이 아니었어요. 당신의,

J.G.

지금은 무슨 작업을 하고 있소? 소설 아니면 에세이?

63. 알베르 카뮈가 장 그르니에에게

〔르 파늘리에, 1942년〕 9월 22일

저의 원고가 선생님 마음에 들었다니 기쁩니다. 네, 그걸《레 카이에 뒤 쉬드》에 보내주십시오. 저도 그 잡지 생각은 했지만 우선 제가 쓴 것을 선생님께 보여드리고 싶었습니다.《아가의 해석》을 읽고 제가 충격을 받은 것은 그 가설 때문이 아닙니다. 사실 그 가설은 얼마든지 수긍할 수 있는 것이었지요. 충격적인 것은 디테일들—특히 윤리적 해석—이었습니다. 아주 솔직하게 말씀드린다면, 확신에 찬 어조가 그 분야에 있어서는 제게 충격적으로 느껴졌다고 해야겠지요.

선생님이 부탁하신 것은 빠른 시일 안에 보내드리도록 노력하겠습니다. 저는 지금 페스트에 관한 일종의 소설을 쓰고 있습니다. 그리고 《시지프 신화》의 어떤 부분들을 발전시켜서 에세이'를 한 편 쓰려고 노트를 하고 있습니다. 소설은 현재 상당 부분들을 써나가고 있는데 나중에 다시 손을 보려고 합니다. 한 챕터를 완성하고 나면 변모해간 과정을 보여주는 한두 페이지를 선생님께 보내드리겠습니다.

이곳의 가을은 대단히 아름답습니다. 날씨가 좋은 날이면 제겐 이 고장이 무미건조해 보였습니다. 그러나 여기서 겨울을 나지 못할 것 같습니다. 어쩌면 알제리로 돌아갈 것 같지만 아직은 모르겠습니다.

네, 선생님께서 벨쿠르로 찾아오셨던 때를 기억하고 있습니다. 지금도 모든 일 하나하나가 다 기억납니다. 아마, 일반적으로 말하자면, 선생님은 '사회'를 대표하고 있었지요. 그러나 선생님이 제게 오셨으니 그날부터 저는 제가 생각했던 만큼 그렇게 한심한 것은 아니라는 걸 느꼈습니다.

어쨌든 선생님의 우정 어린 관심 감사합니다. 저의 변함없는 마음을 믿어주십시오.

알베르 카뮈

발라르²가 저의 글을 싣게 되면 잡지를 제게 보내주도록 그에게 일러주셨으면 합니다(그 글이 실리게 될 호 말입니다).

64. 장 그르니에가 알베르 카뮈에게

〔시스트롱〕 42-10-12

리옹에 내려서 잠시 지체하는 것은 불가능할 것 같군요—10월 26일 52호 열차에 연결된 객차들은 정오경에 리옹 역을 통과하겠지만 기차 시간표에 예고된 대로 잠깐 정차하는 것으로 그칠 겁니다. 당신을 다시 만나고 싶었는데 유감입니다. 당신은 혹시 프랑스에 그대로 머물 예정인가요?

푸제에 관한 글을 《레 카이에 뒤 쉬드》에 보냈더니 그쪽에서 아주 만족스러워했소. 《이방인》에 대한 내 글[1]도 함께 보냈어요. 발라르는 마르세유를 지나는 길에 만나보려고 해요. 나에게 당신의 수고手稿를 한 장(여러 장이면 더 좋고) 보내달라고 한 부탁 잊지 마시오.

지금 페스트에 대하여 쓰고 있는 글이 혹시 다큐멘터리는 아니겠지요? 내가 아는 사람 가운데 페스트에 대하여 역사적 의학적 견지에서 많은 것을 알고 있는 이가 하나 있긴 하지만 당신에게 흥미 있을 것 같지는 않군요.

나는 19일 이곳을 떠날 예정입니다.

언제나 우정 어린 마음으로.

J. G.

마르크 베르나르[2]가 쓴 《어린아이들처럼》이라는 작품 읽어봤어요?

〔엽서〕

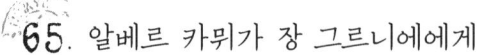

65. 알베르 카뮈가 장 그르니에에게

〔르 파늘리에, 1942년〕 10월 15일

리옹에서 잠시 만나뵐 수 있다는 생각에 기뻐하고 있었는데 선생님이 하시는 말씀을 듣고 실망했습니다. 그러나 지금은 모든 것이 너무도 어려운 때이니 체념해야지요.

11월 말에 알제리로 돌아가려고 합니다. 이곳의 겨울이 제게 너무 추울 것 같아서요. 그러니 우리는 한참 동안 서로 만날 가능성이 없다는 뜻이 됩니다. 통행증만 받을 수 있다면 기꺼이 며칠 파리로 가보고 싶지만 내세울 만한 뾰족한 명분이 없군요. 제 느낌으로는 갈리마르도 저를 도와줄 수 있을 것 같지 않습니다.

저는 알제에 가서 자리를 잡을 생각입니다. 좀더 공기가 좋은 부자레아[1]에 작은 빌라를 하나 구해놓은 것 같습니다. 선생님도 잘 아실 겁니다. 바다 가로 테를 두르듯 엉덩이를 내밀고 있는 바윗덩어리 산등성이 말입니다. 그 사이 골짜기에는 체인식 양수기들 주위에 나무가 우거진 농가들이 있지요.

《이방인》에 대하여 선생님이 써주신 글[2], 어떻게 감사드려야 할지 모르겠습니다. 그 글을 읽는 것이 제겐 더할 수 없는 기쁨이 될 것입니다. 부디 발라르에게 부탁하여 제게 잡지 한 부를 보내도록 해주십시오. 여기서는 아무것도 구할 수가 없습니다. 문명의 세계와 저를 연결해주는 것은 우편배달부가 찾아오는 시간뿐입니다.

제가 페스트에 대하여 쓰고 있는 것은 물론 다큐멘터리가 아닙니다. 하지만 저는 역사적 의학적인 면에서 제법 본격적인 자료를 수집했습니다. 왜냐하면 그 속에서 여러 가지 '구실'들을 발견할 수 있으니까요. 혹시 선생님이 아시는 그분이 그런 관점에서 제게 도움이 된다면 다리를 좀 놓아주셨으면 합니다. 그러나 그 때문에 선생님이나 그분에게 조금이라도 폐가 되어서는 안 되겠지요.

선생님이 부탁하신 것은 시스트롱으로 보내겠습니다. 그러나 시간이 좀 걸릴 겁니다. 한 달 안에는 받으실 수 있으리라고 봅니다만, 그렇지 못하다면 릴에서 제게 기별해주십시오. 이게 전부입니다. 부디 편안히 지내시고 겨울을 무사히 넘기시길 빕니다. 모든 은혜에 감사드립니다. 저의 변함없는 마음을 믿어주십시오.

알베르 카뮈

66. 장 그르니에가 알베르 카뮈에게

시스트롱—1942년 10월 18일

친애하는 카뮈,

아비뇽의 티에 가 49번지에 거주하는 실뱅 가니에르가 페스트에 대한 매우 기이한 출판물들을 삽화를 곁들여 펴냈어요. 그 사람이 그걸 내게 주었는데 페른[1]에 두고 왔어요. 그에게 그 출판물들을 보내달라고 하세요.

《이방인》에 대한 가장 훌륭한 서평은 헬[2]이 쓴 것이죠(왜 하필 이름이 헬일까요?). 안 그래요?

당신에 관한 글이 실린 호의 잡지들을 당신에게 보내주라고 발라르에게 부탁해두겠어요. 그러나 부자레아의 당신 주소가 필요할 테니까 주소를 알려주도록 하세요.

물론, 잘 기억하고 있어요—사실 내가 알제를 떠난 뒤에야 비로소 그 알제가 어느 때보다 더 생생하게 생각나요. 1924년, 뱅자맹 콩스탕의 집이 있었던 그 하늘 위에 떠 있는 것 같은 동네[3]—그리고 내가 비르트라리아에 있는, 훗날 리샤르 마게의 아내가 될 그 여성[4]의 아버지 집에 살고 있을 무렵 아침이면 발아래로 멋진 인조 진주 목걸이처럼 뻗어 있는 바벨우에드 거리를 내려다보며 걸어내려오던 비탈길. 젠틀맨스 바, 조제프, 마타레스와 그의 친구들, 너희는 튀는 데가 없어서 오히려 더 특이하다는 게 마음에 들었었지! 당신이 알제에 대하여 말한 것은 모두가 그런 것을 제대로 보고 한 것입니다.

내가 알제를 떠나게 된 것은 바로 아침 여덟시면 어김없이 울리던 그 북소리(둥둥당당) 때문이었소. 나는 끝내 거기에 길이 들 수가 없었소. 내 직업에 완전히 몰두하던가 아니면 완전히 초연한 태도를 취하는 식으로 내 삶의 두 부분을 뚜렷한 칸막이로 구분했어야 하는 건데 그 둘 중 어느 하나도 하지 못했어요. '자유'—얼마나 멋진 말인가요! 그런데 오로지 '권위'라는 것을 받아들여야 비로소 그걸 얻을 수 있다니 얼마나 따분한 일입니까. 아무리 별것 아니라 하더라도 권위로 지배해야 한다는 것은 얼마나 괴로운 일입니까. 지금은 그 괴로움에서 많이 벗어났지만 말입니다.

일요일까지 나는 마르세유에 있을 예정입니다(마르세유 교외인 생마르셀 쪽, 라 미라벨 거리의 세레 씨 집에). 월요일인 26일 저녁에 떠나니까 편지는 릴 문과대학으로 보내면 됩니다.

데르망겜[5](알고 지낼 필요가 있는 사람입니다)이 바코니에 출판사에서 이제 막 펴낸 《무슬림 성인들의 생애》를 읽어보니 좋았어요. 특히 끝부분, 신에 미친 사람들인 말라마티스들에 대한 부분이 재미있었어요.

나는 작년에 노자의 책들(비제 신부의 번역)을 읽었어요. 도가道家의 세계는 대단한 것입니다.《선택》의 후편—'무위無爲'—을 쓸 때는 거기서 영감을 얻을 수 있을 것 같아요.[6] 또한 나는 한 힌두교도—물론 '현자'지요—와 서신을 주고받고 있어요. 몽펠리에서 알게 된 사람인데 스와미 시델헤스와라난다라고 합니다.

이 동방사상은 유럽의 깊고 비극적인 허무주의와는 얼마나 거리가 먼 것인지! 당신은 그걸 밀도 있게 표현하고 있어요(당신과 비슷한 쪽은 오직 오마르 하이얌뿐이지요). 그의 말을 문자 그대로의 의미로 받아들인다면—피츠제럴드가 그랬듯이 "고독 속에서 낭비하는 한순간"이랄까요!

당신의,

J. G.

마르크 베르나르의《어린아이들처럼》은 아주 좋아요—그 책을 읽어보세요. 기유의 그것과는 아주 다른 소리를 내고 있어요. 로마의 포도 위에 떨어져 울리는 은화 같은 태양은 브르타뉴 식의 몽상과는 전혀 다른 것. 나는 그 두 가지가 다 좋아요—아니, 오직 한쪽만을 좋아하지만 나는 다른 한쪽에 속하는 사람이지요.

남프랑스에 있는 대다수의 봉헌성당들은 페스트가 휩쓸고 간 뒤에 세워진 것입니다(루크레티우스 식의 신앙이지요). 소텔과 가니에르를 참조할 것.

 **67. 장 그르니에가 알베르 카뮈에게**

〔퐁트네 오 로즈〕 42/11/23

파리로 오겠소?

당신의 새로운 계획은 무엇인지 알려주시오. 나는 릴에서 매주 목요일과 금요일을 보내려고 합니다.

그저께자 《코메디아》에 내가 《시지프 신화》에 대하여 쓴 글이 실렸소.[1]

막스 자콥이 《이방인》을 몹시 좋아한다면서 당신의 생년월일을 알고 싶다고 합니다(운세를 알아보려고). 그는 언제나 그렇듯 생 브누아 쉬르 루아르에 살고 있소.

당신의,

장 그르니에

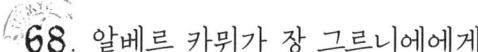 **68. 알베르 카뮈가 장 그르니에에게**

〔1942년〕 11월 30일

저는 아무런 계획도 세워둔 것이 없습니다. 여기서 최대한 오래 견디면서 요양하는 것이 현명하지 않을까 합니다. 그러나 아마도 파리에 갈 일이 있을지도 모릅니다. 적어도 거기 가서 일자리를 구할 수만 있다면 말입니다. 어쨌든 저의 사정이 어렵습니다. 그리고 또한 제 아내의 소식

을 듣지 못하고 있으니 그게 가장 큰 걱정거리입니다.¹

《코메디아》지에 대한 말씀 감사합니다. 혹시 그 서평을 제게 좀 보내주도록 말씀해두실 수 있을는지요.《레 카이에 뒤 쉬드》가 제게 선생님의 글을—그리고 저의 것도—1월호에 싣겠다고 알려왔습니다. 더이상 새로운 소식은 없습니다.

여기는 춥습니다. 눈, 서리, 아직 여러 달을 기다려야 해를 보게 될 것 같습니다. 부자레아 쪽에서도 아직 아무런 소식이 없습니다. 곧 연락이 오겠지요. 저의 감사하는 마음과 변함없는 우정을 믿어주시기를.

알베르 카뮈

저는 1913년 11월 7일생입니다. 그러나 태어난 시간은 모릅니다. 운세를 보는 데는 그게 대단히 중요하다고 하는데 말입니다. 막스 자콥에게 편지를 써도 될까요? 그의 주소가 어떻게 되지요?

〔르 파늘리에의 그림엽서〕

69. 장 그르니에가 알베르 카뮈에게

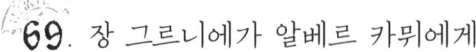
〔퐁트네 오 로즈〕 42년 12월 9일

당신의 주소를《코메디아》에 알려주었소. 11월 21일자를 당신에게 보내라고 그곳으로 다시 편지를 쓰겠어요.《레 카이에 뒤 쉬드》는 1월

호라 해도 너무 늦게 싣는 것은 아니지요—시골이니까! 막스 자콥에게는 주소를 생 브누아 쉬르 루아르(루아레)라고만 써서 편지하시오, 그걸로 충분하오. 당신의 지금 형편과 관련해서는 가스통 갈리마르가—매월—긴급한 조치를 해두었어요—그걸로 충분치 못하면 내게 그냥 말만 해주면 돼요. 당신이 파리에 올 때에는 자닌 갈[1] 부인이 난방이 되어 있는 호텔을 찾아두는 일을 맡아줄 테지만 매주 호텔을 옮겨야 해요! 당신 부인에 대하여 걱정하는 심정 잘 이해하지만 불안해하는 것은 분명 지나친 것 같소.

당신의,

J.G.

70. 알베르 카뮈가 장 그르니에에게

(1943년 1월 5일) 화요일 열시

막 파리에 도착했습니다. 저는 아비아틱 호텔—보지라르 가 106번지—에 들어 있습니다. 어디서 언제 선생님을 뵐 수 있을지 말씀해주십시오.

선생님의,

알베르 카뮈

(속달우편 엽서)

71. 장 그르니에가 알베르 카뮈에게

(1943년) 1월 10일 월요일

친애하는 카뮈,

어제 아침부터 열이 있어서 자리에 누워 있습니다—의사의 말로는 주말까지 이렇게 지내야 한다는군요. 여기 보내는
《아벨 혹은 삐딱한 시선》
은 제목도 과장되고 문체도 별로 볼 것이 없는, 잘난 체하는 자서전이고 《여름의 끝》은 많은 단점들(시골 사람들에 대한 별로 공감가지 않는 서술, 단조롭고 토막난 문장들, 더러 앞뒤가 맞지 않는 행동)에도 불구하고 내가 보기에는 출판할 가치가 있어 보입니다. 수상작[1]으로는 내 생각에 그보다 훨씬 나은 작품이 있는 것 같아요. 나는 가장 낫다고 보이는 두세 가지 원고들을 열심히 읽어볼 생각입니다. 금주 말이 되면 필시 열이 없어지거나 거의 다 내릴 것 같으니(현재 39도요) 적어도 원고 한 편쯤은 읽을 수 있을 겁니다. 그러나 결정은 당신이 하도록 해요.

내 우정을 믿어주시고 모든 사람들에게 안부 전해주시오.

장 그르니에
레미 로랑 가 17번지
퐁트네 오 로즈(센)

72. 알베르 카뮈가 장 그르니에에게

(1943년) 2월 3일

약속드렸던 책들을 선생님께 우송했습니다. 그 책들을 모으는 데 좀 어려움이 있었습니다. 이렇게 늦어진 까닭을 그렇게 이해해주시기 바랍니다. 그 선택이 좀더 다양하지 못하다는 게 저도 유감스럽습니다. 그러나 오늘날엔 정신적인 양식이 좀 천편일률적이지요. 뉴스에 나왔던 달리기 선수들 말마따나 다음번에는 더 잘할 수 있기를 바랍니다.

막스 자콥이 제게 운세를 점친 결과를 보내왔습니다.[1] 제가 루터, 그 자비에 드 메스트르, 파라켈수스, 클로비스 위그 같은 위인들 사이에 끼여 있다는 겁니다. 저는 폭탄 제조 아니면 철학 중에서 양자택일해야 하는 운명이라네요. 어느 쪽도 딱히 작정이 서지 않으니 참혹한 일입니다.

이곳은 고행, 침묵, 고독만이 감도는 수도원 같은 생활의 계속입니다. 이곳에 적응하다보니 제게 진정한 소명감이 있다는 것을 발견합니다(불행하게도 세속적인 소명이지만). 파리에서 선생님을 뵙게 되어 얼마나 기뻤었는지 충분히 다 말씀드리지 못했습니다(막스 자콥의 진단인즉 "분위기에 맞지 않는 말"이라는군요)—그러나 저는 좀 부질없는 소란으로 가득한 파리의 분위기에 다소 어리둥절했습니다. 그야말로 소음과 분노였어요. 그렇긴 해도 인간적인 따뜻함도 조금 발견하게 되어 좋았습니다. 제가 늘 변함없는 기억을 간직하고 있다는 것을 사모님께도 전해주십시오.

A. C.

파랭과 좀더 가까이 알고 지내지 못한 것이 유감입니다. 그를 다시 만났으면 좋겠습니다. 그러나 두 주일의 여정은 너무 짧습니다.

〔르 파늘리에의 그림엽서〕

73. 알베르 카뮈가 장 그르니에에게

〔1943년〕 2월 4일

어제 보낸 엽서에서 중요한 한 가지를 깜빡 잊었습니다. 책을 쌌던 포장 '전부'(종이, 헝겊, 끈)를 보관하고 계시다가 드라공 가 26번지(플로르 카페 건너편 건물) 폴 외틀리 씨 댁에 전해주시면 좋겠는데 번거로우실까요? 그냥 수위실에 맡기시기만 하면 전부 제게 전달될 것입니다.

수고를 끼쳐드려 죄송합니다. 어디나 다 그렇겠지만 여기엔 부족한 것들이 많습니다.

번거로운 일 미리 감사의 말씀 드립니다. 언제나 변함없는,

A.C.

〔르 파늘리에의 그림엽서〕

74. 장 그르니에가 알베르 카뮈에게

〔퐁트네 오 로즈〕 43년 2월 10일

친애하는 카뮈,

당신이 보내준 책들(어제 받았소)이 매우 훌륭합니다. 특히 《드 푸르소냐크 씨》를 기꺼이 재독해볼 생각이오. 요즘은 가벼운 작품들보다는 묵직한 작품들이 훨씬 마음에 드니까요. 책을 쌌던 포장재들은 외틀리 씨의 집에 가져다두겠소. 내가 당신에게 직접 보낼까 했는데―대단히 고마웠소. 깊이 감사드리오. 송료를 포함하여 모두 얼마를 당신에게 지불하면 되는지 알려주시오.

당신은 남프랑스 쪽으로 갈 생각인가요? 내 글[1]은 사르트르의 글[2]과 함께 이달 같은 호에 실릴 겁니다. 당신의,

J. G.

막스 자콥에게 안부를 전해줘요. 그는 변함없이 젊다는 걸 알겠소.

75. 알베르 카뮈가 장 그르니에에게

〔1943년〕 2월 17일

처음 보낸 소포에 대해서는 신경쓰실 것 없습니다. 그냥 받아주십시오. 저로서는 그렇게 할 수 있어서 기쁠 뿐입니다. 나중에 또 보내드릴

일이 있다면 그때는 제게 식량을 약간 보내주시면 좋겠습니다. 제 쪽에서도 할 수 있는 한 최선을 다하겠습니다. 이 주일 전에 《페스트》의 한 챕터에 해당하는 두 가지 버전의 원고를 칸으로 보냈다는 말씀을 드렸던가요? 선생님께서도 그 원고를 받아보시게 되기를 바랍니다.

저는 아마도 남프랑스 쪽으로는 가지 못할 것 같습니다. 그쪽으로 가면 먹을 것을(언제나 먹는 것 타령이군요!) 아무것도 구하지 못하니 그리로 가는 것은 신중하지 못한 처사라고 하는군요.

그렇지만 정말이지 구름 낀 하늘과 눈 덮인 길들이 이젠 지긋지긋합니다. 햇빛과 따뜻한 열기가 이토록 그리워본 적은 한 번도 없었습니다. 그야말로 귀양살이입니다.[1]

그럼 이만 줄이겠습니다. 변함없는,

A.C.

〔르 파늘리에의 그림엽서〕

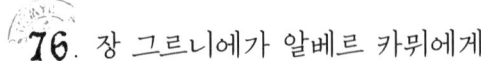

76. 장 그르니에가 알베르 카뮈에게

레미 로랑 가 17번지
퐁트네 오 로즈(센)

43년 3월 2일

친구여,

이런 호사스런 선물을 받으니 정말 몸 둘 바를 모르겠소. 긴말하지 말고 얼마를 갚으면 되는지 말해주시오. 아니면, 내가 당신을 위해서 파리에서 무슨 심부름을 해주면 좋을지 말해주시오. 당신이 필요로 하는 것을 말이오. 배급전표 말고 내가 보낼 수 있는 것(유감스럽게도 식량은 없소!)으로.

당신이 거기서 따분해한다는 것 잘 알겠어요. 그러나 부활절 때면 아마 파리로 다시 오게 되지 않을까요? 남프랑스 쪽으로 가는 건 아마도 당신에게 최선의 길이 아닌 것 같아요. 따뜻한 기후를 대신하자면 좀 고도가 높은 곳이 좋을 것 같으니 말입니다.

파리(그리고 릴)의 날씨는 더할 나위 없이 좋아요. 햇빛까지 보이네요! 그러면서도 파리 북역에서 기차를 탈 때면 나는 몇 번씩이나 어떻든 여기 와서 살고 있는 것이 과연 내 자의에 의한 것인가 하는 의문을 품게 되오. 정말 믿기지가 않으니 말이오.

사회가 하늘과 우리 자신 사이에 칸막이를 치고 있다는 건 맞는 말입니다. 그러다보니 우리는 우리 자신을 위해서가 아니라 대리로 살고 있는 것이오.

참,《알 할라즈의 수난》의 저자이자 푸코[1]의 친구인 마시뇽[2]을 만나 인사를 나누었어요. 대단히 복잡하고 매력적인 인물이더군요.

갈R. Gall.[3]에게 내가 부탁했던 당신의 자필 원고를 보내주기로 했다니 고마워요. 아직 받지는 못했지만. 그것에 대해서는 나중에 다시 말하리다.

답장 바라오. 당신을 잊지 않고 있소.

J. G.

77. 알베르 카뮈가 장 그르니에에게

〔르 파늘리에, 1943년〕 3월 9일

아닙니다. 제게 아무것도 보내시지 않아도 됩니다. 별것도 아니었고, 또 그렇게 하는 것이 제게도 기쁜 일이라는 걸 선생님도 잘 아시지 않습니까. 앞으로는 전혀 개의치 말아주시면 좋겠습니다. 항상 좋은 읽을거리를 찾고 계시니 제게도 그 양식을 조금 보내주셨으면 합니다. 저도 그걸 마음의 양식으로 삼고 싶습니다.

사람들 말이, 파리로 가는 건 제게 별로 권하고 싶지 않다고 하네요. 사실, 여기서 지내는 게 따분하다고 할 수는 없습니다. 이런 예기치 않았던 여가를 이용하여 일을 하지 않는다면 저는 정말 쓸모없는 인간이라고 해야겠지요. 단지 여기서는 마음이 편치 않고 언제나 햇빛과 자유에 대한 그리움이 남아 있을 뿐입니다. 그리고 이곳의 괴이한 봄이라니…… 일주일 전만 해도 눈이 왔는데 오늘은 날이 맑고 앵초가 돋아났습니다.

제가 불안한 심정으로 지켜보고 있는 사건들도 있습니다. 누군가 우리에게 바이로이트 스타일의 황혼을 준비하고 있다는 느낌이 듭니다. 그러나 불행하게도 우리는 오페라극장의 객석에서 구경을 하고 있는 것이 아니라 무대에서 단역을 맡게 될 것 같습니다. 이제 저는 조국이 무엇인지 알겠습니다. 그러나 많은 고통을 겪고 나서야 그걸 알아차리게 되었지요. 별로 자랑스러운 일이 못 됩니다.

《레 카이에 뒤 쉬드》를 받았습니다. 사르트르의 글은 '분해' 작업의 한 표본이라고 할 만합니다. 물론 모든 창작에는 작가가 예상하지 못했던 본능적인 요소가 있습니다. 지성은 거기에서 중요한 자리를 차지하지 않습니다. 그러나 비평에서는 그게 게임의 규칙이 됩니다. 다행한 일이지요. 그는 제가 무엇을 하려고 했는지에 대해서 몇 번씩이나 저에게 밝혀주고 있으니까요. 저는 그가 한 비평이 대부분 제대로 맞추었다는 것을 인정합니다. 그렇지만 그 어조가 왜 그리 신랄한 걸까요?

선생님의 서평, 감사하는 마음으로 다시 읽었습니다. 거기서 우정의 맛을 느낄 수 있었으니까요. 파리에서 선생님께 말씀드리고 싶었던 것이 바로 그것입니다. 저는 선생님의 두 가지 단평에 대하여 너무나 서투른 표현밖에 하지 못했습니다. 사실 그 말을 하다보면 자연히 저 자신에 대하여 말하게 되니까요. 그렇지만 저는 선생님께서 말씀하신 것에 대하여 깊이 생각해보았습니다. 특히, 선생님이 부조리에 '대항하는' 뜻에서 쓰신 글이 제 마음속에 각성시켜주는 바가 전혀 없다는 생각은 하지 마십시오. 저는 부조리의 사상이 (심지어 미학적인 면에서도) 어떤 막다른 길에 봉착하게 된다는 사실을 잘 알고 있습니다. 과연 우리는 막다른 길에서 살 수 있는가, 바로 이것이 문제입니다. 어쨌든 그것은 진실이 그 진실을 발견하게 된 사람에게 용납될 수 없는 것일 수도 있다는 사실을 보여줍니다.

제가 어떤 '실질적인' 딜레탕티즘(선생님은 《시지프 신화》에 그런 위험성이 있음을 분명히 지적하셨지요)에 빠져들지 않도록 항상 막아주는 것이 있다면, 그것은 저의 타고난 출신 환경입니다. 어쨌든 부조리에 '먹혀버리지' 않도록 하는 유일한 길은 그 부조리에서 이점을 얻어내려고 하지 않는 태도입니다. 그것을 외면해버리는 편이 낫습니다. 그리고 깊이 생각해보고 나서 망설임 끝에 드리는 말씀입니다만, 저는 가끔 제가 내린 결론들 중 한 가지는 어떤 종류의 포기(뉴먼이 기막히게 표현했듯이 "이 세상의 어떤 것들을 포기하는 바로 그 순간에 그것을 찬미하라")라는 걸 인정하게 됩니다. 하기야 포기라는 말은 좀 지나치고 가난이라는 말이 더 나을지도 모르겠습니다. 그러나 이 모든 것의 표현이 온통 서투르기만 하네요.

저는 열심히 일하고 있습니다. 그러나 만족스럽게 이루어놓은 것은 하나도 없습니다. 지금은 니체에 대한 앙들러의 저작을 읽고 있습니다. 도무지 읽을 엄두가 나지 않아 시작을 못 하고 있었더랬지요. 대단한 박학다식입니다! 저희 집에서 소식이 왔습니다. 그러나 신중하게 전해온 것이었습니다. 한편, 오디지오[1]의 말에 따르면 부뤼아[2]가 그곳에서 문학상을 받았다고 합니다. 역사는 요동치지만 자질구레한 삶은 계속되고 있습니다.

선생님의 친구,

A.C.

78. 장 그르니에가 알베르 카뮈에게

릴 대학교
문과대학
〔직인〕

릴, 1943/3/31
오귀스트 앙젤리에 가 9번지

친애하는 카뮈,

당신 생각을 않고 지낸 것은 아니오. 그저 몹시 바빴을 뿐입니다. 너무나. 대단히 어려운 강의 준비를 해야 했고 각양각색의 사람들을 만나야 했던 것 등등 때문에—

사르트르의 글은 아주 훌륭한 것이었소. 당신은 섭섭해하는 것 같지만 나는 그 글에서 그런 신랄한 어조는 발견하지 못했어요. 물론 그가 당신을 좀 자기 식으로 해석하고 있는 건 사실입니다—그거야 자연스러운 일이지요! 내가 쓴 글도 그저 순수한 '소감'을 적은 것일 뿐입니다.

〈부조리〉[1]에 대해서는 나중에 편지하리다. 우리 두 사람은 서로 그다지 다르지 않답니다.

당신의 책 《시지프》를 열렬히 좋아했던 여학생 하나가 지난주에 갑자기 죽었소. 그녀는 속임수를 쓰고 싶지 않다면 도저히 감당할 수 없는 '불합리'의 사상을 자연 발생적인 방식으로 살아가고 있었지요.

당신이 내게 인용해 보인 뉴먼의 말은 명언이요.

내게 보내준, 몇 페이지의 손으로 쓴 원고 대단히 고마워요. 내게는 대단히 값진 것입니다.

곧 당신에게 얼마 안 되는 돈이지만 보내려고 합니다―고맙게도 당신이 내게 그렇게 제안을 해주었으니 말입니다. 나는 무엇보다도 편지로 쓰는 게 더 낫다는 생각이요―우리는 서로 입 밖에 내어 말할 줄을 모르니 말입니다(둘 다 망설이기만 하다보니 그런 것 같아요).

당신의,

J.G.

혹시 뭔가 필요한 것 중에 파리에서 구해줄 만한 것이 있나요? 무슨 책이라든가? 마리 비통²의 편지를 받았소.

79. 알베르 카뮈가 장 그르니에에게

(1943년) 4월 15일

선생님의 편지 잘 받았습니다. 그리고 어제는 우편환도 잘 받았습니다. 같은 날 아침에 선생님께 조그만 소포를 보내고 난 참이었습니다. 선생님께 보내는 것은 그다지 큰 도움이 되지 못할 겁니다. 그러나 계절이 안 좋을 뿐만 아니라, 이 지역에 이제 막 회복기의 군인들을 맞아들였는데 젊은이들이다보니 여간 먹성이 좋은 것이 아닙니다. 그렇긴 하지만 다음번에 보내드릴 때는 사정이 좀 나아지지 않을까 싶습니다. 말씀은 감사합니다만 제가 파리에서 특별히 필요로 하는 것은 아무것도 없습니다. 갈리마르 사람들이 제게 책들을 보내줍니다.

말씀드릴 게 아무것도 없군요—특별한 것은요. 선생님이 말씀하신 여학생에 대하여 많이 생각해보았습니다. 젊어서 죽는 것은 참을 수 없을 만큼 딱한 일입니다. 그러나 어쩌겠습니까!

때로 친구가 옆에 있었으면 하고 바랄 때가 있습니다. 그래서 선생님을 자주 생각합니다. 이 고장에서 지내는 것이 힘에 겹습니다. 다시 바닷가 모래사장을 뛰어다닐 수 있을 때가 되면 저는 너무 늙어 있겠지요. 보시다시피 프랑스 사람이란 이처럼 고질적으로 경박합니다. 자기 나라가 불행에 빠져 허덕일 때 해변에서 뛰어다닐 생각이나 하고 있으니까요. 그러나 이건 계절 탓입니다.

10월이 되면 제가 선생님을 만난 지 십삼 년이 됩니다.¹ 그러니 이렇게 적어도 되겠지요.

선생님의 오래된 친구,

A. 카뮈

80. 장 그르니에가 알베르 카뮈에게

〔퐁트네 오 로즈〕 43년 부활절

"과연 인간은 막다른 길에 처해서도 살 수가 있는가?" 이것이 바로 당신이 제기하는 질문입니다. 물론 살 수 없지요. 그러나 당신은 이렇게 암시해요—당신의 사상에 그 특유의 악센트와 고귀함을 부여하는 것은 바로 그 암시입니다—다른 사람들이야 대로로, 이미 나 있는 길들로 돌아다니든 말든, "그 막다른 길에서 살 수 있을 만큼 충분한 용기가 있다면 혹시 또 모를 일"이라고 말입니다. 부조리는 진실입니다. 비록 그 진실이란 것이 인간이 참아낼 수 없는 것이라 할지라도, 진실을 삶보다 높은 곳에 두고 생각하는 인간에게 그 진실을 참아낼 수 없다는 사실은 대수로운 일이 아닙니다.

나는 당신의 내면에 있는 그런 떳떳한 자긍심을 높이 평가합니다. 그 자긍심 때문에 가끔 당신은 마치 당신만이 타협을 결코 받아들이지 않는 유일한 사람이라도 된다는 듯 본의 아니게 공격적이 되지요. 어쨌든 그 자긍심은 지극히 고귀한 감정에서 나오는 것입니다.

그러나 당신은 언제나 '이해 가능한 것'이나 '마음에 드는 것' 같은 '비非부조리'란 순전히 인간이 지어낸 허구에 지나지 않는다는 듯이, 세상에 질서가 존재한다는 것을 전제로 하는 믿음에 동조하는 것이 마치 직무 유기, 자기 위안, 궁여지책, 즉 오직 진실만을 받아들이고자 하는 사람에게는 합당하지 않은 그 어떤 것이라는 듯이 추론하는 것입니다.

그런데 그것은 결코 확실한 것이 아닙니다. 인식이 언제나 그런 모습으로 나타나는 것은 아닙니다. 인식이 우리를 막다른 길로 인도한다면 다른 길로 가서 편안하게 지내려고 하기보다는 거기서—그 막다른 길에서—살려고 노력하는 편이 더 낫겠지요. 그러나 인식이 우리를 막다른 길로 인도한다는 게 과연 확실한가요?

우리가 한심한 추론들로 만족한다면 그럴지도 모르지요. 그러나 그 추론들이란 정말이지 결코 우리에게 흡족한 것이라고 할 수 없어요. 추론들은 고통과 죽음이라는 명명백백한 현실들로 인하여 금방 구멍이 뻥뻥 뚫려버립니다. 다만 '내가 볼 때'(당신이 볼 때가 아니라) 그 현실들은 우리를 다른 세상으로 인도해줍니다. 이 세상에서 우롱당한 가치들이 그 본래의 의미를 되찾게 되는 세상으로 말입니다. 나의 경우, 그것은 어떤 문자 그대로의 감정에서 생겨나는 게 아닙니다. 내게는 그런 종교적인 감정을 '천성적으로' 느끼기에 적합한 소질이 없습니다. 그 감정은 내 천성을 거슬러 내 천성에 추가된 것입니다. 그래요, 타고난 천성이 그래서가 아니라, 어떤 대문자의 '존재'—그 존재는 겉모습이 아닙니다—를 직접 목도함으로써 그렇게 된 것입니다. 내가 그 '존재'를 이미 직감했다고 할 수는 없을지 모르지만, 겉모습이 존재한다는 것을 나로서는 알 수 없다는 생각에 의해서 존재를 목도함이 확인되는 겁니다. 이 모든 건 내가 당신에게 이미 다 말했던 것입니다.

분명 당신의 글을 읽은 사람들이 다 그렇겠지만, 어쨌든 나는 당신 자신의 생각을 충실하게 따르겠다는 그 확고한 태도와 그런 태도를 실천에 옮기며 살겠다는 그런 의지에 깊은 감명을 받았습니다. 나는 때로 그 생각 자체 속에, 그 생각의 가장 깊은 근저에 당신의 삶을 정당화하고자 하는 욕망이 도사리고 있는 것은 아닌가 하는 의문을 갖곤 합니다. 진실을 사랑하라—그러나 그 이상으로 삶을 사랑하라—그러나 천만다행으로 당신은 내게 말했지요. 부조리를 이용하려 들면 안 된다고, 그런 부조리의 세계관이 그 세계관을 가진 사람에게 줄 수 있는 이점들을 이용하려 들어서는 안 된다고 말입니다.

당신의 작품 속에서는—당신의 삶에서보다 훨씬 더—'속아 넘어가지' 않겠다는 어떤 강렬한 욕망, 헛된 환상의 제물이 되는 것에 대한 엄청난 두려움 같은 것이 느껴집니다. '당신이 말하는 그대로의' 유일한 '진실'이란, 결국 인간은 모든 것을 다 빼앗긴 채 아무것도 가지지 못한다는 것입니다. 어쩌면 그것은 끔찍한 현실일 것입니다. 그러나 그 현실을 부정하는 또다른 것이 있습니다. 가령 스피노자가 말하는 저 영혼과 사랑의 영원함 말입니다. 그런데 스피노자는 단지 '위로하기 위하여' 그 말을 하는 것이 아닙니다.

어떤 이상을 위하여 사는 것은 부조리한 것이 아닙니다. 그 까닭은 바로 세계가 부조리하기 때문이고, 그리고 그 세계를 위하여, 그 세계 때문에 사는 것이 부조리하기 때문입니다.

반드시 당신의 견해와 일치하는 것이 아닐지도 모르는 생각들을 장황하게 늘어놓다가 그만 편지가 길어졌네요. 우리는 항상 어둠 속에서 더듬거리며 서로에게 다가가고 있습니다. 그러나 당신은 한 번도 나와는 무관한 존재가 아니었습니다. 당신의 생각도, 당신의 고독도. 유감스럽게도 많은 다른 사람들이 그렇듯 나는 이기적이었고 몰이해했습니다. 인간들이 서로 갈라지는 것은 그들이 그들 자신의 한계에 또다른 한계들을 덧보태기 때문이고, 자기 속에 웅크린 채 편협해져서 남이 뚫고 들어올 자리를 남겨놓지 않기 때문입니다. 허영에 찬 자기만족으로 보여서도 안 되겠지만, 우리는 자연스레 자신을 내맡겨놓을 줄 알아야 하는데 말입니다.

d'E de C(예전의 M. V.) 부인[1]이 대단한 관심을 가지고 당신 이야기를 했소. 파리의 기후가 그녀에게는 잘 맞는 것 같았습니다. 미셸 갈리

마르의 말을 들으니 당신이 지금 체코슬로바키아의 비극적인 이야기를 가지고 작품을 쓰고 있는데² 5월 말쯤에는 이곳으로 올 거라더군요. 듣던 중 반가운 소식입니다.

　나는 G. 바타유의 책―감동적인―에 대하여 다시 생각해보고 있어요―그런데 요즘 혹시 어떤 절망의 애호 취미 같은 게 유행하고 있는 건 아닐까요?

　나는 《저녁의 방문객들》을 대단히 좋게 읽었고 《말벌》도 괜찮은 작품이라고 여기지만 《르노와 아르미드》는 그리 좋게 보지 않았습니다.

　편지가 끝없이 길어졌지만 이건 그저 내가 당신에 대하여 느끼는 우정―그리고 당신이 내게 편지로 보여준 믿음에 대한 감사의 표시라고만 생각하고 읽어주기 바랍니다.

　갈리마르가 당신에게 조르주 바타유의 《내적 경험》을 보냈던가요? 안 받았으면 보내달라고 하세요.

　추신. 미셸 갈리마르가 당신에게 그 책을 보냈다고 하는군요.

　주앙도의 《새로운 동거생활 연대기》는 아주 귀중하고 재능이 넘치는 책입니다.

　그리고 이제 막 《수고양이 무르의 인생관》³도 나왔고 키르케고르의 책도 한 권(《농 농》)⁴ 나왔습니다. 메르퀴르 출판사가 이제 막 R. 드 구르몽의 《신비의 라틴어》의 신판을 내놓았습니다. 꼭 읽어야 할 책이지요.

장 그르니에

81. 알베르 카뮈가 장 그르니에에게

〔르 파늘리에, 1943년〕 4월 16일

바로 오늘 새로 소포를 하나 부쳤습니다. 별일 없으면 내주 초에 도착할 것입니다. 도착한 소포의 상태가 어떠했는지 제게 알려주십시오. 너무 번거로운 일이 아니라면 포장용지를 (즉시) 제게 반송해주십시오. 가능하면 그걸 다시 사용했으면 싶어서요.

새로운 소식은 아무것도 없습니다만 날씨는 기가 막히게 좋습니다. 변함없는 마음으로.

A. C.

82. 알베르 카뮈가 장 그르니에 부인에게

〔1943년〕 5월 1일

사모님,

첫 번째 소포가 그런 상태로 배달되었다니 정말 유감입니다. 다른 소포보다 며칠 먼저, 그것도 마찬가지 속달로 발송한 것이었습니다. 그러나 "속달 소포가 대체 뭔가요" 하고 철도국 직원들이 말하는 거예요. 하긴 그사이에 저는 식초를 먹인 리넨 천을 사용하는 귀한 방법을 터득한 덕분에 두 번째 소포는 아무 탈 없이 배달될 수 있었습니다.

소포를 받고 기뻐하셨다니—그리고 섭생에 도움이 되었다니 다행입니다. 그리고 폴 레오토의 어린 식구[1]를 위해서도 기쁘게 생각해야죠. 네, 포장은 제게 반송해주십시오. 나중에 또 쓸 수 있을 겁니다. 그리고 조금도 염려하지 마십시오. 사모님 구좌에 아직도 잔액이 남아 있습니다.

저는 아마도 5월 말경에 파리로 갈 것 같습니다. 그때까지도 계속 그곳에 머물고 계시기를 바랍니다. 저의 존경하는 마음과 호의를 믿어주시기 바라며.

알베르 카뮈

83. 알베르 카뮈가 장 그르니에에게

〔1943년〕 5월 19일

어제 식품 소포를 하나 보냈습니다. 그 속에는 먹는 방법을 제가 일부러 말씀드릴 필요가 없는 식료품―그리고 염소젖 치즈가 들어 있습니다. 가는 동안에 좀 굳었을지도 모르겠습니다. 그럴 경우, 전문가들의 말로는 잠깐 동안 찬물에 담가두면 된다고 합니다. 그리고 갈색 가루가 든 통이 하나 있을 것입니다. 그건 버섯 가루입니다. 제가 직접 따서 준비한 것입니다. 몸에 해롭지 않은 그물 버섯입니다. 그 가루는 소스를 만드는 데 사용하면 최고입니다. 요리에 맛을 내려면 티스푼 하나면 충분합니다. 그만하면 상당히 많은 양의 말린 버섯에 해당되니까요. 그 모든 것이 양호한 상태로 배달되었으면 합니다.

오늘은 이것이 말씀드리고자 했던 전부입니다. 저에게 큰 감동과 생각할 시간을 많이 갖게 했던 선생님의 편지¹에는 나중에 답장 드리겠습니다. 이제 막 다녀온 여행 내내 그 편지를 지니고 다녔습니다. 선생님께 드릴 말씀이 많을 것 같습니다. 그러나 그게 항상 쉬운 일은 아닙니다. 어쨌든 선생님은 생각하시는 것 이상으로 많은 도움을 주셨습니다. 아마도 선생님께 은혜 입은 바를 상상할 수 있는 것은 오직 저뿐일 것입니다.

　선생님의 친구,

알베르 카뮈

84. 알베르 카뮈가 장 그르니에에게

〔르 파늘리에, 1943년〕 5월 28일

　선생님의 편지를 읽고 큰 감명을 받았습니다. 편지의 우정에 찬 어조에 제가 얼마나 큰 감동을 느꼈는지 제대로 표현할 길이 없습니다. 벌써 오래전부터 선생님께서 마음으로 생각하시는 바를 제게 말씀해주실 때면 저는 제대로 된 대답은 찾지 못한 채 혼란만 가득해지곤 합니다. 왜냐하면 저는 선생님이 상상하시는 것보다 훨씬 더 선생님이 말씀하시는 것에 근접해 있기 때문입니다. 단지 저는 비슷한 야망을 가지고 있으면서 다른 길로 들어선 것입니다. 그러나 그것은 제 능력이 허락하는 유일한 길입니다. 제가 쓴 글이 때로 논쟁적인 어조를 띠는 것은 사실입니다. 따지고 보면 능력이 부족해서 그런 것인데 그 때문에 제가 선생님과 반대되는, 그리고 다른 사람들과 반대되는 생각을 한다는 느낌을 줄 수도 있는 것입니다. 그러나 사실 저는 선생님이 말씀하시는 형태의 생각들에 대해서는 존중하는 마음뿐입니다. 아니, 그뿐이 아닙니다, 저는 언제나 그 영원한 순간들을 고정시키려고 노력하는 사람들과 마주 대하고 있으면 우리가 서로 연결되어 있다는 느낌을 받습니다. 어쨌든 제가 저 스스로를 완전히 눈 먼 영혼의 소유자로 느낀다고 여기지는 말아주십시오. 저 역시 아주 드문 순간들이긴 하지만 저 '영혼과 사랑의 영원함'이 밀물처럼 넘쳐드는 경험을 했습니다. 그러나 제 경우 문제는 다른 데 있습니다. 어쩌면 저의 목마른 갈구가 저의 인내력보다 더 큰 것인지도 모릅니다. 그러니 스스로의 길을 따라갈 밖에요.

저의 사고방식 속에 정당화하고자 하는 욕구가 깔려 있다는 점은 부인할 수 없습니다. 이런 속박에서 벗어날 수 있는 사람은 그리 많지 않겠지요! 그리고 저도 제가 말하는 그런 혼란스런 삶을 경험했던 것이 사실입니다. 비록 제가 그 삶에 어떤 정당성을 부여하고자 했다 해도 그런 삶을 영위한 것을 후회하지는 않습니다. 그런 삶을 통해서 저는 저 자신과 다른 사람들을 더 잘 이해하는 것을 배웠습니다. 저는 이제 더이상 그들에 대하여 판단을 내리고자 하는 유혹을 느끼지 않습니다. 단지 이제는 그런 삶만으로 충분하지 않다는 것을, 거기서 한발 더 나아가려면 스스로에게 어떤 규율을 부여해야 한다는 것을 알게 되었을 뿐입니다. 그건 힘든 일입니다. 모든 것을 무시해버린 채 사람들, 아름다움, 자유로운 삶에 자기를 맡기고만 싶은 마음을 이겨내기란 그리도 어려운 것입니다. 저에게 경각심을 일깨워준 것은 바로 그렇게 빠져들기 쉬운 유혹, 그리고 거기서 얻어낼 수 있는 저급한 자만심 바로 그것이었습니다. 적어도 효율성 때문에라도 거기에 맞서 저항하지 않으면 안 됩니다. 그렇습니다, 저는 점점 더 그런 것에서 고개를 돌려야 한다고 생각하게 됩니다.

더군다나 저는 제 에세이가 모든 것을 요약하고 있다고 생각하지 않습니다. 제가 보기에 사람들은 무의미 철학의 논리적 귀결들을 다 밝히지 않고 어둠 속에 묻어두고—그 귀결들을 이용은 하면서도—있는 것 같았습니다. 저는 그러한 일관성을 유지하려고 노력했습니다. 그러나 아마 그 누구도 그런 태도가 모순이라는 것을 저보다 더 느끼지는 못할 것입니다. 사실 그런 태도는 곧 모든 가치 판단을 제거하는 것을 의미하는데, 그것은 불가능한 일입니다. 왜냐하면 우리가 살아가는 동안에 하는 모든 행동은 곧 가치 판단이니까요. 모든 것이 허락되어 있으니 무슨 짓이든 다 해도 됩니다. 물론입니다. 그러나 제가 어떤 행동들은 하지 않으리라는 것, 제가 어떤 말, 어떤 변함없는 마음(사실 그것이 반드시 사람들이 흔히들 지키고 존중하는 말, 변함없는 마음은 아닙니다만)은 부인하지 않으리라는 것을, 그리고 특히 어떤 비겁한 짓을 저지를 경우 반드시 후회하리라는 것을 저는 압니다. 부조리의 신화는 존재하지만 부조리의 사상은 존재하지 않습니다.

그렇다면 당신은 지금 어디에 와 있는가, 어디로 가는가 하고 선생님은 물으시겠지요? 제가 스스로에게 던지는 질문이 바로 그것입니다. 그러나 이런 종류의 일들에서 저는 어떤 복종을, 인내를 믿습니다. 제대로 표현할 수가 없네요. 언젠가, 간혹 제가 사랑이나 우정에서 맛보게 되는 것을 이 세상의 삶에서 맛보게 되는 날이 오면 많은 것들이 달라질 것입니다. 그러자면 자기 방임이 필요합니다. 물론이죠. 그러나 의식적으로 자기 방임을 하려 들면 그건 불가능해집니다. 그러나 선의와 의지를 다하면 생각한 것보다 더 많은 것을 얻을 수 있다고 믿습니다. 그러다 보면 아마도 저는 고통과 사랑을 이어주고 진실로 괴로움을 보상해주는 그 균형을 결국은 얻어낼 수 있을지도 모릅니다. 태양에서나 어둠에서나 마찬가지로 무언가를 얻어내는 것, 그 어느 쪽도 부정하지 않는 지혜, 그것이 바로 제가 바라는 것입니다. 그러나 저는 아직 멀었습니다, 그건 분명합니다. 그러나 어쩌면 이건 인내의 문제일지도 모릅니다. 그러나 인내는 시간을 전제로 합니다. 모든 것이 여기서 시작됩니다. 이만하면 적어도 제가 어느 면에서 선생님과 만나게 될 수 있는지 알아차리실 겁니다.

  이 모든 이야기를 온통 두서없이, 그러나 제 능력이 닿는 만큼 말씀드렸습니다. 그러나 제게 답장은 주시지 않아도 됩니다. 이 편지를 보내고 나서 얼마 안 있어 파리에 도착할 것이니까요. 사실 선생님께가 아니라면 다른 누구에게 이런 이야기를 하겠습니까. 선생님 스스로 말씀하시듯이 선생님은 한 번도 저에 대하여 몰이해한 모습을 보인 적이 없으셨습니다. 오히려 선생님은 제가 아주 어렸을 적에 제게 얼마나 큰 영향을 주셨는지 모르고 계시는 것 같습니다. 마음으로는 그러고 싶으면서도 선생님 앞으로 다가서지 못했던 것은 저입니다. 이유는 간단합니다. 저는 마땅한 말을 찾을 수가 없었던 것입니다. 나이 차이가 있었습니다. 그리고 저의 것에 비긴다면 선생님이 갖추신 경험은 현기증이 날 정도로 깊고 높은 것 같아 보였던 것입니다. 그러나 저로서는 제가 선생님에 대하여 품고 있는 그 귀한 우정만으로 충분했습니다. 여러 해 동안 저는 늘 선생님을 증인으로 삼아왔습니다. 그것이 저로서는 선생님께 변함없는 마음을 가지는 한 방식이었고, 지금도 그렇습니다.

　이처럼 편지가 너무 길어진 것을 용서하십시오. 선생님을 다시 뵐 생각을 하니 기쁩니다만 어쩌면 이번에 뵙고 나면 오랫동안 뵙지 못할 것 같습니다. 어쨌건 간에 저에 대한 우정을 간직해주십시오. 이제 선생님은 그 우정이 제게 얼마나 귀중한 것인지를 아셨을 것입니다. 저도 언젠가 제가 우러러보는 어떤 이상 속에서 꼭 선생님만큼의 높이에 이를 수 있게 되기를 바랍니다. 아마도 저의 능력을 넘어서는 일이겠지요. 그러나 그에 앞서 거기에 어울리는 자격을 갖추려고 노력은 할 수 있습니다.

　선생님의 친구,

알베르 카뮈

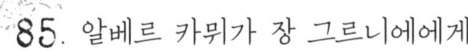

85. 알베르 카뮈가 장 그르니에에게

(1943년) 6월 2일 수요일
열두시

　어제 저녁에 파리에 도착했습니다—선생님을 뵙고 싶습니다. 저는 지난번과 마찬가지로 보지라르 가 105번지의 호텔(아비아틱)에 있습니다. 전화번호는 리트레 국 03-92번입니다. 언제쯤 시간이 나실지, 어디서 뵈면 좋을지 알려주십시오. 사모님과 함께 여기서 식사를 하면 어떨까요?

    선생님의 친구,

A. C.

전화는 아침 열시경에 해주시는 것이 더 확실할 것 같습니다. 감사합니다.

86. 장 그르니에가 알베르 카뮈에게

〔퐁트네 오 로즈〕 43년 7월 8일

    나는 내일 시스트롱으로 떠납니다.
    J. Gall.(자닌 갈리마르) 부인이 내게 당신의 소식을 전해주었어요.
    아모르 파티Amor Fati(운명을 받아들이라)라고 해야 할까요? 아니면 이건 자위하는 방식일까요?
    〈파리 떼〉[1]의 실패. 게다가 희곡의 필자는 '해고당하는' 거죠……[2] 그 작품에 대한 평문들(나의 것을 포함해서)도 발표 금지랍니다.
    이 편지에 무엇을 더 보태겠습니까? 당신 소식을 전해주시오. 그게 내겐 중요하오.
    당신의,

J. G.

소식[3]은 듣고 있어요?

그리고 당신의 희곡[4]은요?

87. 알베르 카뮈가 장 그르니에에게

르 파늘리에, (1943년) 7월 17일

　네, 저는 여전히 이곳에 머물고 있습니다. 다른 사람들보다 저에겐 일이 좀더 어렵군요. 그러나 저는 아무것도 포기하지 않습니다. 때를 기다릴 겁니다.

　《코메디아》건에 대한 소식 듣고 있습니다. 저는 또한 '옹호'에 가담하겠다고 했습니다.[1] 그러나 《코메디아》 쪽에서는 우선 퓌르날의 어리석은 평문부터 제외시켰어야 마땅합니다. 사르트르를 위해서도 일이 너무 커지지 않기를 바랍니다. 겉보기엔 어떨지 모르지만 저는 작품에 있어서나 인간적인 면에 있어서나 별로 공통된 점을 느끼지는 못하고 있습니다. 그러나 그에 대하여 반대 입장을 취하는 사람들을 보고 있자니 그의 편을 들지 않을 수 없습니다.

　저의 희곡은 다 썼지만 다시 손을 봐야 합니다. 지금 당장은 《칼리굴라》를 다시 손질하고 있습니다. 그다음에 《오해》(이게 제 희곡의 제목입니다)를 다시 살펴볼 생각입니다. 이건 잃어버리고는 다시 찾지 못하는 낙원의 이야기입니다—앞에서 했던 작업보다는 더 인간적이지만 더 긍정적인 것은 못되는 작품이지요. 그 작품을 다시 손보기 전에 시간이 있으시다면 선생님께서 한번 읽어보시고 의견을 말씀해주시면 좋겠습니다.

지금 이곳에는 사람이 많아졌습니다. 저는 적적한 때가 더 좋습니다. 그렇지만 다른 사람들도 휴식은 취하고 요양은 해야지요. 아무 소식도 못 듣고 있습니다. 그저 상상력과 기억 연습밖에 할 것이 없습니다.

편지를 보내주십시오. 선생님은 무엇을 하고 계신지 말씀해주세요. 여행이 힘들지만 않다면 시스트롱으로 가서 선생님을 뵐 수 있을 텐데요. 그러나 선생님에 대한 마음은 변함이 없습니다.

A.C.

88. 장 그르니에가 알베르 카뮈에게

〔시스트롱, 1943년〕 7월 21일

당신의 편지를 받아서 대단히 기뻤어요. 어머니의 건강 때문에 언제 렌으로 떠나야 할지 모르는 상태만 아니라면 당신의 희곡을 당장이라도 받아 읽고 싶어요.

나는 여간 불안한 게 아닙니다.

―――

이곳은 먹을 것이 아무것도 없어요. 정말 아무것도!

―――

《검은 피》[1]와 《벽》[2]을 다시 읽었어요. 유황 연기에 싸인 것처럼 어슴푸레한 인간들의 모습. 희망이라기보다는 절망의 밑바닥에서 올라오는 반항.

———

내가 여름 내내 이곳에 머물 것이 확실하다면 당신 보고 오라고 하겠지만—당신이 머물 방을 하나 마련할 수도 있을 테니—그러나 당신에게 줄 먹을 것이 하나도 없어요. 우리는 하루 종일 감자만 먹고 지내요(그것도 우리 집에 마당이 있어서 가능한 일이지요).

당신의 큰 계획은 무엇이죠? 그래요, 다른 사람들은 성공해요. 그것도 직접적인 길을 통해서요. 참고 기다려보세요(남들에게 말하기야 쉽지요—참고 기다리시오!)

당신의 오랜 친구,

장 그르니에

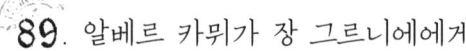

89. 알베르 카뮈가 장 그르니에에게

〔르 파늘리에, 1943년〕 7월 29일

선생님이 주신 좋지 않은 소식에 무슨 말씀을 드려야 할지 모르겠습니다. 잘못 전해진 진단이기를 바랍니다. 저는 선생님의 어머님을 잘 모릅니다(알제에서 두 번 뵌 적이 있지요). 그러나 그분은 선생님의 어머님이십니다.

저의 희곡[1]에 대해서는 걱정하시지 마십시오. 준비가 다 되자면 아직 멀었습니다. 그러나 틀림없이 선생님께 보여드리겠습니다.

그리고 제가 시스트롱으로 갈 수 있을 것 같지는 않습니다. 어쨌든 간다 해도 저는 호텔에 묵는 편을 택했을 것입니다. 호텔이 있다면 말이지만요. 그러나 사실 제가 그런 긴 여행을 할 가능성은 전혀 없습니다.

《검은 피》와《벽》에 대한 말씀, 옳습니다. 삭제당한 작품들이죠. 그러나 다른 면이 있다는 것을 저는 압니다―인간의 빛나는 일면 말입니다.

선생님을 위하여 식량을 좀 구해보도록 하겠습니다. 어렵지요, 관광객들이 값이야 어떻든 좋다며 다 가져가버리니까요. 다음 편지에서는 선생님의 어머님 건강이 회복되었다는 소식이 있기를 바랍니다.

선생님의 친구,

A.C.

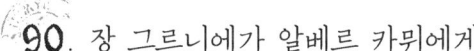

90. 장 그르니에가 알베르 카뮈에게

43년 8월 26일

친애하는 카뮈,

가족과 함께 파리로 왔다가 나 혼자서 렌에 가서 어머니가 수술 받는 것을 지켜보고 여기로 돌아와 열흘을 지내고 나서 9월 초에 다시 떠나려고 합니다.

수술은 잘 끝났어요.

가능하다면 파리와 렌 중간쯤 되는 어느 시골에 우리 네 식구가 9월을 보낼 만한 장소를 찾고 있지만 아직은 찾지 못했어요. 당신은 어떻게 지내는지, 르 파늘리에에 사람들이 북적거리는 철은 지났는지 알려 주시오. '플레이아드 상'[1] 심사 때문에라도 우리가 만날 수 있게 되니 기쁘오.

당신의,

장 그르니에

당신 가족들 소식은 들었나요?
사르트르의 《존재와 무》를 받았어요.
투르게네프를 다시 읽었지요.

〔퐁트네 오 로즈의 그림엽서〕

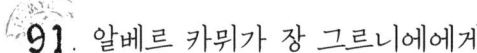. 알베르 카뮈가 장 그르니에에게

생 막시맹[1], 〔1943년〕 9월 5일 일요일

선생님,

선생님의 어머님에 대한 소식 들으니 기쁩니다. 쾌차하시기를 빕니다. 며칠간 머물 예정으로 생 막시맹 수도원에 와서 이 편지를 씁니다. 드디어 제가 좋아하는 햇빛을 다시 찾았습니다―단 한 가지 제게 없어서는 안 되는 것이 햇빛입니다. 저는 르 파늘리에에 북적대는 사람들을 피해 왔습니다. 그곳에는 목사들과 여 집사들이 너무 많았습니다. 여기

와서 저는 일도 하고 산책도 합니다. 이 며칠은 너무 짧게 지나겠지요.

그렇습니다, 우리는 이제 10만 프랑을 상으로 주게 됩니다.[2] 아이러니죠―우리 어머니가 아신다면 그 소식에 눈이 뚱그래지실 겁니다. 최근에 포르투갈 쪽[3]을 통해서 어머니 소식과 아내의 소식을 들었습니다. 형은 입대했다고 합니다.

선생님께서는 결국 바캉스를 가질 수 있었는지 궁금합니다. 곧 다시 뵙게 되겠네요―저의 계획들이 구체화된다면 또 모를 일이지만요. 선생님에 대한 변함없는 마음과 함께.

카뮈

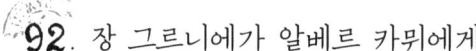
[생 막시맹의 그림엽서]

92. 장 그르니에가 알베르 카뮈에게

(1943년) 9월 13일

친애하는 카뮈,

어머니께서 이곳으로 돌아와 지금은 퐁트네에 있는 요양소에 머물고 계십니다.

당신이 프로방스에 가 있다니 얼마나 기쁜지 몰라요―그것도 생트 봄 바로 발밑에 있는 곳이라니. 그 산에도 올라가보았겠지요.

부뤼크베르제 신부님께도 안부를 전해주세요.

가족들의 소식을 들었다지요—정말 다행입니다. 언제 기베르에게 편지할 것인지 알려줘요. 그에게 전할 용무가 있을 것 같으니 말입니다. 그리고 당신의 여행 계획에 대해서도 알려주시고.

당신의,

J.G.

〔퐁트네 오 로즈의 그림엽서〕

93. 알베르 카뮈가 장 그르니에에게

〔르 파늘리에, 1943년〕 9월 20일

선생님,

제 희곡의 원고를 무턱대고 선생님께 동봉합니다. 읽어보시겠느냐고 여쭈어보지도 않고 보내드려서 죄송합니다. 사실은 읽어주시는 수고를 부탁드리려는 것입니다. 10월 초에 두 편의 희곡(이 원고와 《칼리굴라》의 새 버전)을 갈리마르로 보냈으면 합니다. 그러나 선생님의 평을 듣고 지적해주신 점들을 다시 고치기 전에는 보내고 싶지 않습니다. 선생님의 의견과 가능하면 고쳐야 할 부분을 말씀해주실 수 있겠습니까? 시간이 없으시다면 그렇게 하지 않으셔도 괜찮습니다. 제게 다른 원고 한 부가 있으니 그걸 손질해서 직접 출판사로 보내면 됩니다.

저는 현대의 비극 작품을 하나 만들어본다고 《오해》를 쓰게 되었습니다. 우리에게는 우리 나름의 고유한 비극성이 있습니다. 그러나 저는 거기에 대한 비극 작품을 쓰는 게 아닙니다. 대개 사람들은 고대의 비극에서 그 틀과 전설들(딱하게도 아트레우스 집안의)을 빌려다 씁니다—그 까닭은 '양복저고리를 입은 비극'을 만드는 것은 대단히 어렵기 때문입니다. 저는 그걸 해보려는 것인데, 거기에는 너무 큰 위험이 따르므로—특히 어조와 관련해서—지나쳐도 안 되고 모자라서도 안 되는, 우스꽝스럽지 않은 거리 유지—선생님의 의견이 필요합니다. 그러나 과연 성공할 수 있을지 확신을 가질 수 없습니다.

다시 한번 용서를 빕니다. 하지만 여러 번의 여행으로 어수선하게 지냈고, 또 선생님의 의견을 듣지 않고 그냥 넘길 수가 없었습니다. 선생님의 어머니께서 쾌차하셨기를, 그리고 선생님과 가족들이 편히 쉬셨기를 바랍니다. 언제나 변함없는 마음으로 선생님을 생각합니다.

A. 카뮈

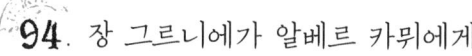

94. 장 그르니에가 알베르 카뮈에게

43/9/25

어제 저녁에 이미 《오해》를 읽기 시작했는데 대단히 아름답고 표현이 강렬하다는 느낌을 받았습니다.

여기 기베르에게 보내는 편지를 동봉합니다. 북쪽 지역에서는 이 편지를 보낼 수가 없어서요. 편지의 요지를 그에게 좀 전해줄 수 있을까요?

전쟁이 막바지에 이르고 있어요. 적어도 우리와 직접 관계 있는 수준에 있어서는—많은 사람들이 하는 말이 그래요.

여기는 먹을 게 아무것도 없어요—이 주일 전부터 고기가 떨어졌습니다.

며칠 뒤에 다시 편지 하리다. 당신 소식은 마리 비통을 통해서 들었어요.

아마 곧 다시 만나게 되겠지요?

당신의,

J.G.

〔이 우편엽서 이면에는 '시스트롱 성안의 시립극장'이라는 제목 밑에 "당신도 잘 알고 있는"이라고 손으로 쓴 말과 함께 국립 오데옹 극장의 마들렌 뒤레 부인의 초상이 있다〕

95. 장 그르니에가 알베르 카뮈에게

〔퐁트네 오 로즈〕, 1943년 10월 6일

친애하는 카뮈,

거의 하루 종일 어머니 곁에 붙어 있는 바람에 답장이 늦었어요. 즉시 당신의 희곡을 다 읽었습니다.

내가 보기에 최고 수준이고 첫 번 버전으로 읽은 《칼리굴라》보다 훨씬 낫습니다. 당신은 자신의 톤을 찾은 겁니다.《오해》는《이방인》과 마찬가지 의미에서 정말 알베르 카뮈의 것입니다. 주제는 아주 거대한 것이고 당신은 그 주제를 그것에 걸맞게, 그리고 동시에 절제하여 다루었어요. 그 절제가 바로 당신의 힘입니다.

가장 성공적인 인물은 마르타입니다. 왜냐하면 그녀는 당신을 닮았고 당신을 거의 완전하게 표현하고 있으니까요. 극은 그 인물을 중심으로 작동하고 있고 그 인물에 의하여 의미를 얻고 있소. 내가 '거의'라고 한 것은 얀 또한 중요하고, 마르타가 마라라면 마리아는 비올렌인데 얀은 마리아의 영향을 받고 있기 때문이지요. 그리하여 적절하게도 극 속에는 갈등과 동요가 있는 것입니다.

악센트는 찌르는 듯 비통합니다 특별히 내 마음에 들었던 대목과 페이지에는 여백에 연필로 표시를 해놓았어요. 그러니 작품 전체기 내 마음에 들어요. 그렇긴 하지만 그 자체로서는 나무랄 데가 없어도 어쩐지 너무 웅변조이거나, 극의 장면 자체보다는 오히려 책을 읽고 힌트를 얻은 것 같은 상징이 내포된 문장들에는 연필로 밑줄을 그어두었어요. 그럼에도 불구하고 입센이나 그 뒤의 다른 작가들이 그랬듯이 생각이 깊은 인물들을 극중에 등장시키지 말아야 할 이유는 없다고 생각해요. 그리고 심지어 하인 겸 제우스 같은 인물이 등장하는 극의 마지막 장면도 큰 효과를 거둘 수 있어요.

그 작품을 읽을 수 있어서 기뻐요. 나를 위해서, 그리고 당신을 위해서 기쁘다고 자신 있게 말할 수 있어요. 당신이 파리에 올 것인지 알고 싶소. 나로서는 그럴 수 있기를 바라지만, 물론 그 때문에 건강에 부담이 되어서는 안 되겠지요. 아르망 기베르에게 보내는 쪽지를 당신에게 보냈어요. 그쪽으로부터[1] 혹시 다른 소식을 들었는지요? 일이 진척되어가고 있습니다.

당신의,

J. G.

96. 알베르 카뮈가 장 그르니에에게

(르 파늘리에, 1943년) 10월 7일

선생님,

선생님의 지난번 편지와 동시에 생 막시맹으로 보내셨던 쪽지를 받았습니다. 제 손에 전해지는 데 거의 한 달이 걸린 셈입니다. 그러나 때가 좋지 않았기 때문이죠. 선생님의 편지는 즉시 기베르에게 보냈습니다. 선생님께 보내는 답장을 제게 보내라고 말해두었습니다. 그렇게 하면 선생님은 아마도 직접 답장을 받으실 것입니다. 또 한 가지. 뱅자맹 퐁단[1]이 제게 이런 편지를 보냈습니다. "혹시 그르니에 선생과 서신 교환이 있다면 내가 그를 만나고 싶어한다고 전해주시오." 이제 전달을 한 셈이네요(그의 주소는 아시지요? 파리 5구 롤랭 가 6번지).

선생님이 계획하고 계신 일에 제가 협력을 할 수 있다면야 더없이 좋은 일이지요. 그렇지만 저는 저 자신이 전혀 '실존적인' 존재로 느껴지질 않는군요. 어쩌면 선생님께서 한데 묶어보겠다고 생각하시는 글들은 저마다 개인적인 것이면서도 결국은 서로 공통점을 가지게 되는(?) 글들이 아닐까 합니다. 그럴 경우…… 반대로 실존의 측면에 대한 작업이나 분석일 경우라면, 그건 딴 문제지요. 현재 제가 하고 있는 작업의 한 파트를 마무리할 수는 있을 것 같습니다. 그것은 반항에 대한 어떤 분석이 될 것입니다. 그러니 선생님의 정확한 의도가 어떤 것인지를 알려주세요. 그리고 각 연구의 예정된 포맷이 있는지도 말씀해주세요(어쨌든 초과해서는 안 될 분량의 한계가 있을 테니까요)—그리고 이건 순전히 궁금해서 드리는 말씀인데요, 이 작품집에 어떤 사람들이 참가하나요? 저는 선생님과 함께, 그리고 선생님을 위해서 뭔가를 할 수 있다면 언제나 좋습니다.

생트 봄에 갔다왔습니다. 프로방스에 가 있으니 행복했습니다. 브뤼크베르제 신부와 선생님 이야기를 했습니다. 제가 보기에 전쟁은 끝나지 않았습니다. 어쨌든 우리는 아직 가장 어려운 고비를 다 넘기지 못한 상태입니다. 그러나 우리가 용기를 가진다면 거기서 헤어날 수 있을 것입니다.

언제나 변함없는,

A. C.

저의 여행 말씀입니까? 제가 치료를 받고 있는 중이라 저에게는 그게 다른 사람의 경우보다 더 어렵습니다. 여행을 한다 해도 일정한 조건이 충족되어야 가능합니다. 지금까지는 그 조건을 충족시킬 수가 없었습니다. 그 점에서도 저는 저의 병이 하자는 대로 해야 합니다. 그러나 그게 가장 어려운 일인 것 같습니다.

선생님의 어머님께서 쾌차하시기만 빕니다.

97. 알베르 카뮈가 장 그르니에에게

〔르 파늘리에, 1943년〕 10월 11일

선생님,

그저께 기베르와 퐁단을 위하여 선생님께 편지를 드렸지요. 오늘은 저의 희곡이 선생님 마음에 들었다니 기쁩니다. 원고의 여백에 표시해주신 지적들에 대하여 깊이 감사드립니다. 그 모든 문장들은 바로잡을 필요가 있는 것들이었으므로 다 고쳤습니다.

이 원고를 이제 《칼리굴라》와 함께 갈리마르에 넘길 생각입니다. 《칼리굴라》는 덜 좋은 작품이라는 것을 저도 알고 있었습니다. 그게 바로 38년*에 구상하고 집필한 희곡과 오 년 뒤에 쓴 희곡의 차이가 아닐까 합니다. 그러나 저는 저의 텍스트를 주된 테마로 집중시키고자 했습니다. 더군다나 두 가지 테크닉이 서로 정반대되는 것이니 그 점이 책에 균형감을 부여할 것입니다. 제가 파리에 가면—아마도 곧—최신 버전의 《칼리굴라》를 선생님께 드리겠습니다.

저는 《오해》의 마지막 장면을 대단히 중요하게 생각합니다. 그러나 그걸 선생님께서는 그저 그렇게만 보았다는 인상을 받습니다. 선생님의 생각을 솔직히 말씀해주세요. 선생님의 말씀은 언제나 많은 생각할 거리를 만들어줍니다.

저희 가족들로부터는 아무런 소식이 없습니다. 기베르가 하는 말로는 그쪽에서 통신이 막혀버린 것 같다는군요. 그런가 하면 저는 10월 말에 르 파늘리에를 떠나야 합니다. 파리로 가거나 아니면 브리앙송의 요양소로 갈 것 같습니다. 브리앙송 쪽으로 가는 것은 현명한 선택이지만 파리로 가는 것은 필요한 선택이 될 것 같습니다.

선생님의 편지와 도움 감사합니다. 아마 곧 뵙게 될 것 같습니다. 미리부터 마음이 기뻐집니다. 선생님의 친구,

A. C.

선생님의 어머니께서 이제는 쾌차하셨기를 바랍니다.

*《칼리굴라》에 집필 연도를 표시할 생각입니다. 그러나 그것은 무엇보다도 실제 사건과 비교되는 것을 피하기 위함입니다.[1] 〔원래 편지에는 이 말이 여백에 기록되어 있다〕

98. 알베르 카뮈가 장 그르니에에게

〔파리, 1944년〕 5월 26일 수요일

선생님,

이제 막 선생님의 어머니께서 별세했다는 소식을 들었습니다.[1] 선생

님께 달리 뭐라고 드릴 말씀이 생각나지 않습니다. 그러나 저희 어머니와 제가 어머니에게 가지는 모든 애착을 생각해보면 선생님께서 어떤 심정일지를 상상할 수 있습니다. 저는 다만 이 말씀만 드리고자 합니다. 저의 변함없는 마음을 믿어주시길 바랄 뿐입니다. 애정 어린 마음으로 선생님의 손을 잡고 싶습니다.

A. 카뮈

99. 장 그르니에가 알베르 카뮈에게

〔소, 1944년 11월〕 화요일

친애하는 카뮈,

말로의 부인이 사망했다는 소식[1]에 너무나 가슴이 아팠소. 나는 오래 전에 그들 두 사람을 함께 만난 적이 있어요. 그에게 이번 일은 돌이킬 수 없는 아픔입니다.

만약 말로가 두 아이 중 하나를 파리에 두어야 한다면 한동안만이라도 내가 맡을 수 있지 않을까요? 그렇지만 짐작건대 양식 문제 때문에 그는 아이들을 코레즈에 남겨놓고 싶어할 테지요.

《콩바》지 예술 비평 난의 내 글 옆에 실으면 좋을 것 같은 한 가지 소개말이 있어요.[2] 나는 그 소개말이 광고 냄새를 풍길 것 같아서 내 글 속에 끼워넣지 않았어요. 뒷면에 쓴 편지를 보세요.

지금 막 당신의 작품 《오해》[3]를 받았어요. 정말 고마워요. "기탄없는" 소감을 말해달라고 했군요. 나 역시 당신에게 그렇게 말하고 싶어요—우리는 1930년에 처음으로 대화를 나누기 시작했는데 그 대화는 아직도 끝나지 않았어요. 그리고 나는 여전히—불과 몇 페이지밖에 안 된다 하더라도—내가 당신에게 빚지고 있는 바를 글로 써보겠다는 계획을 가지고 있답니다.

J. G.

100. 장 그르니에가 알베르 카뮈에게

소, 45. 2. 22

친애하는 카뮈,

당신이 샹포르의 초상[1]을 충실하게 그린 것인지 어떤지 나는 잘 모릅니다(그는 자기 말을 번복하는 글을 쓴 적이 있는 것으로 압니다). 그러나 당신은 그 인물과 관련하여 당신 특유의 극도로 단호하고 때로는 거친 언어로 반항, 절망, 증오의 감정들을 표현했어요. 필시 심술궂은 말 이상인 말, 사교계 살롱의 말 속에 담겨 있는 강렬한 맛을 당신이 특별히 돋보이게 하지 않았더라면, 당신 자신의 그 신랄한 표현에 눌려서 샹포르의 쓰라린 심사가 좀 무미건조하게 느껴졌을 것입니다.

그리고 당신이 19세기 사상의 반신론적 주제—바이런, 레르몽토프, 키릴로프의 도스토옙스키, 니체 등—를 상기시키는 대목에서는, 아마도 샹포르에 대해서라기보다는 당신 자신에 대해서 핵심을 찌르고 있는 것 같아 보입니다.

사탄의 긍지는(9쪽 끝부분) 인간적인 것의 요구가 아니라 신적인 것이 되려는 의지라고 보아야겠지요. 그것은 뒤집어놓은 종교입니다. 이렇게 되면 우리는 당신이 열망하는 고전주의로부터, 어쨌든 '우선 불가피한 것의 편'부터 들고 보는 것(1)이었던 휴머니즘으로부터 거리가 멀어져버리는 겁니다.

그러나 당신은 벌써 인간적인 것 쪽으로 ('암묵적 동조'의 태도로, '투명성'을 다하여) 돌아섭니다. 나는 당신이 거기서 무엇을 이끌어낼 것인지 큰 흥미를 가지고 지켜보겠습니다.

부디 실망하게 되지 않기를 바랍니다. 당신이 실망하지 않으려면 요구 조건이 아주 적어야 합니다. 당신이 신에 대해서(즉, 어느 의미에서는 '자연Nature'에 대해서) 요구하는 것보다 훨씬 덜 까다로워야 합니다. 내가 제대로 이해했다면, 당신 생각에 우리 인간의 잘못과 과오는 바로 그 인간 조건의 결과일 뿐이지 그런 요소들 중 하나는 아니므로 인간 조건에서 초래되는 모든 불행은 신의 탓이라니 하는 말입니다.

그러나 우리와 같은 사슬에 묶인 동류同類들 쪽으로 되돌아올 경우 우리는 저 끔찍한 불한당들과 대면하게 됩니다. 우리가 그 불한당들을 실제 모습과 다르게 상상하자면 가히 영웅적인 환상의 몫이 필요할 것입니다. 그 불한당들은 바로 그들 속에 있는 인간적인 면을 망각하지 않고는 결코 그들의 머리 위로 솟아오를 수가 없습니다. 시지프는 논리적인 존재가 아니라 신화적 존재니까요.

《칼리굴라》는 멋진 공연물이 될 것입니다. 나는 그 작품을 다시 읽으면서 훌륭한 작품이라는 것을 알게 되었습니다(좀 지나치게 감상적인 칼리굴라의 몇몇 장광설들은 제외한다면).

나의 애정 어린 마음을 당신 부부에게 전하며.

J.G.

(1) 비관주의와 용기와의 관계에 대한 언급 중에 당신은 그 점을 잘 표현했어요.

추신. '인간적인 것'에 대한 글을 내게 되돌려 보내달라고 전해주세요. 그 글은 내가 지금 지니고 있는 글에 이어붙여야 하는 것이고, 그렇게 전체가 되어야 어떤 잡지에 싣기에 적당할 것 같아 보입니다. 브라크에 대한 글 〈연대기가 없어지지 않고 남아 있다면〉[2]을 당신에게 보내겠어요.

101. 장 그르니에가 알베르 카뮈에게

시스트롱(B.A.), 45년 8월 24일

친애하는 카뮈,

쌍둥이 아기들의 출산 소식을 우리에게 미리 알려주시겠지요?[1]

라 발레 오 루[2]는 아주 아름다운 곳이죠. 하지만 사람들이 너무 북적대지 않던가요?

브뤼크 신부가 열흘 전에 나를 베르나노스 가족에게 소개해주었어요. 그 가족들은 이제 막 와서 시스트롱에서 7킬로미터 떨어진 어떤 소유지에 자리를 잡았지요. 그래서 그후 그분들을 카페나 우리 집에서 여러 번 만났어요. 우리가 유산 상속 후 많은 가구나 물건들을 정리하고 있던 참이라 그분들도 집안 살림살이들을 사갔어요. 베르나노스는 지드 말마따나 열광적으로 호의적인 사람입니다.《콩바》에 발표한 그의 글들은 뛰어나요. 어제 그는 내게 자기는 일종의 "중재역"이라고 하더군요. 처음 본 인상으로는 그렇게 보이지 않았지만요. 그러나 오로지 진실을 드러내고 곪은 데를 짜내버림으로써만 인간 서로 간에 화해할 수 있는 기회를 이끌어낼 수 있다고 아주 시원하게 설명해주더군요.

브뤼크 신부는 오늘 자기네 수도원으로 돌아갔어요. 교리문답을 영화로 만들고 싶다는군요. 언제나 활달한 분이죠.

당신 아버지의 무덤[3]이 생 브리외에 있는 우리 가족묘지에서 불과 몇 미터밖에 안 떨어져 있는, 14년 전사자 묘역에 있다는 말을 내가 당신에게 했던가요? 그 무덤은 다른 모든 무덤들과 마찬가지로 '프랑스 추모회'에서 아주 잘 관리하고 있어요.

당신이 이번 전쟁을 모면할 수 있어서 다행이에요. 하기야 당신 자신은 그 전쟁을 피해가지 않으려고 노력했지만 말입니다.

우리에게 이해할 수 없고 가증스럽게 보이는 것은 바로 '과거의' 전쟁들이에요. 그러나 '현재의' 전쟁들은 필연적인 것으로, 심지어 '정의로운' 것으로까지 보여요. 그렇지만 지금 나는 독일과 싸우는 39~44년 전쟁이 십 년 뒤에도 여전히 프랑스 사람들에게 세상에서 가장 정당한 전쟁이라고 여겨지지 않을 거라고는 생각할 수 없어요. 하지만 1918년 이후 사태의 급변 또한 놀라운 것이지요.

　반항. 당신은 진실, 정의, 선의 등 추상적인 가치들에 대한 반항을 말하고 싶은가요? 니체가 그랬듯이? 내 생각은, 그 반대예요. 하지만 가치들은 인간을 서로 이어주는 것이죠. 인간이 가치를 창조할 때마다 새로운 끈이 만들어집니다. 루크레티우스가 맞서서 반항했던 신들은 적어도 변덕스럽기라도 했지요. 제반 가치들과 관련해서는 그 어떤 연민도, 그 어떤 '인간적인 면'도 기대할 수가 없어요. 이건 청교도주의와 과시적 미덕만이 지배하는 세계입니다. 어쩌면 인간은 자유를 누리라고 태어난 것이 아닌지도 모르지요.

　애정 어린 기원을 보내며.

장 그르니에

102. 알베르 카뮈가 장 그르니에에게

nrf

〔파리, 1945년〕

　선생님,

　여기 〈반항〉[1]을 보내드립니다. 분명히 말씀드리지만 이 원고를 읽지 않으셔도 좋고 제게 어디어디를 수정하라고 말씀해주셔도 좋습니다. 저는 선생님께서 원하는 대로 할 준비가 되어 있습니다.

　제가 원하는 것보다 선생님을 만나뵐 기회가 훨씬 적군요. 그러나 선생님께서는 바쁘고 저는 거의 제 마음대로 몸을 움직일 수도 없는 처지인걸요. 그렇다 해도 저를 아주 잊어버리지는 말아주십시오. 저의 변함없는 마음을 믿어주시기를.

A. C.

103. 알베르 카뮈가 장 그르니에에게

nrf

〔파리, 1945년 마지막 4반기〕 수요일

선생님,

선생님을 만나뵐 기회를 놓쳐서 섭섭합니다. 떠나시기 전에 좀 긴 시간 동안 선생님을 만나뵙고 싶은 마음입니다. 다음 월요일에 사모님과 함께 부지발에 오셔서 식사나 함께 하시면 어떨지요? 그 기회에 저희 집 아이들을 선생님께 보여드릴 텐데요.

가능하시다면 전화를 주십시오. 그러면 시간을 허비하지 않고 오시는 방법을 알려드리겠습니다. 저는 내일 저녁까지는 N.R.F.에 있고 금요일부터는 부지발(전화 317번)에 있을 겁니다.

꼭 와주시기 바랍니다. 선생님이 떠나시고 나면 파리에 뭔가가 빠진 것을 느끼게 될 것 같습니다. 그렇지만 선생님께서는 그걸 알기나 하시는지 모르겠군요. 선생님의 친구,

알베르 카뮈

104. 장 그르니에가 알베르 카뮈에게

〔소〕45년 12월 3일

친애하는 카뮈,

나는 오늘 저녁에 떠납니다.¹ 미안하지만 부탁이 있어요. 너무 번거롭게 하는 것이 아니기를 바랍니다.

다름이 아니라 '대금은 내가 지불하는 것으로 하고' 《희망》(가능하면 하드커버로, 만약 그 책이 페이퍼백이면 하드커버로 다른 책을 '한 권 더', 가령 클로델의 책 같은 것), 그리고 《시지프 신화》, 혹은 그 책이 없으면 《이방인》을 오르페브르 강변로 42번지 자크맹 박사 앞으로 보내도록 해달라는 부탁입니다.

그리고 베르사유의 에타 제네로 가 33번지의 쿨롱²에게 편지를 써서 그 사람이 N.R.F. 출판사에서 책을 쉽게 구입할 수 있도록 당신이 좀 편의를 봐주겠다고 말해줘요. 그 사람은 책을 사고 싶어하지만 구할 수가 없답니다. 당신에게 문의해보라고 그에게 일러두긴 했어요. 하지만 사람이 아주 내성적이라 당신 쪽에서 먼저 말을 해주지 않으면 아무것도 청하지 못할 겁니다.

그리고 또 가끔씩 뭔가 내 책을 사고 싶어하는 사람이 있을 경우, 당신에게 연락해보면 도움을 받을 수 있을 거라고 말하는 일이 있을 거예요. 당신은 내 사정을 이해할 겁니다. 내가 책을 낸 총서³는 당시 어떤 서점에도 배본이 되지 못한 바람에, 전쟁 전에는 오직 기를 쓰고 찾아다닌 사람들만이 내 책들을 구할 수가 있었답니다(알제에서는 호기심 많은 한두 서점들만 그 책들을 주문하곤 했거든요). 그 결과 내 책들은 늘 거의 구할 수 없는 것이 되어버렸고, 그러다보니 아주 적은 부수를 찍었는데도 절대로 절판되는 일이 없는 거예요⋯⋯ 어쩌다 일이 이렇게 되었는지 까닭을 모르겠어요. 출판사도 여기에 관심을 가지지 않아요. 그러나 이건 따지고 보면 출판사가 해야 할 일이지요. 이상하게도, 기어코 그 책을 사야겠다는 생각을 가진 사람은 나한테 그 사정을 말하는 겁니다. 이렇게 되면 내가 그 책을 사서 그에게 선물로 주게 되죠. 그에게 차마 책값을 내라고 할 수야 없는 일이지요. 하기야 출판사 쪽에서도 언제나 내게 아주 친절하게 해주었고 미셸은 아주 좋게 대해줬어요.

   카트린과 장이 늘 건강하기를 빌어요.

   당신이 톨스토이의 《크로이처 소나타》의 마지막 부분에 대하여 반박한 것은 잘 한 일입니다. 나도 열여덟 살 때 그 작품을 읽고 매우 깊은 인상을 받았지요.[4]

   부디 부인에게 다시 만나게 되어 몹시 반가웠다는 말을 잊지 말고 전해주시오. 그리고 나의 변함없는 우정을 믿어주시오.

장 그르니에

105. 장 그르니에가 알베르 카뮈에게

리알토 팬션
알렉산더 대왕로 20번지
알렉산드리아

46/2/3

친애하는 카뮈,

자크맹 박사에게 책을 보내느라 수고가 많았어요. 고마워요. 오늘은 또 다음과 같은 책들을 아래 주소로 좀 보내줄 수 있을지 부탁하려고 합니다.

1. 내가 갈리마르에서 펴낸 책 세 권[1]
2. 뷔데 출판사에서 나온 내 학위논문, 전화 Lit 70-55[2]
3. 브랭 출판사에서 나온 소논문, 전화 Ode 03-47[3]
4. 《선택》, 알캉 출판사, 전화 Dan 48-64[4]

위의 출판사들에 전화를 걸어서 책을 갈리마르 출판사로 보내달라고 요청하면 갈리마르에서 소포로 부쳐줄 것이고, 또 각각의 출판사는 나를 잘 알고 있으므로 책값을 장부상의 내 구좌에 기록하라고 부탁만 하면 됩니다. 이런 모든 일을 하게 만드니 미안합니다. 급한 일은 아닙니다. 대학에서 그 책들을 요구하는데, 나는 그런 책들을 가지고 올 생각을 하지 못했어요. 내 잘못이에요. 왜냐하면 여기서는 책이라곤 아무것도 구할 수가 없고, 또 이르슈가 내게 오는 모든 홍보용 서적[5]들을 당연히 이쪽으로 부쳐주겠거니 생각했기 때문입니다. 보낸 책들은 잘 도착하고 있습니다.

그것 말고는 식량이고 옷이고 뭐든지 넘칠 만큼 풍족해요. 풍요를 주체할 수가 없을 정도죠. 프랑스에서 이쪽으로 와보니 숨이 막힐 듯이 모든 것을 향유할 수 있어 기쁘기 짝이 없지만, 한편 이걸 프랑스에 소포로 부쳐줄 수가 없다는 게 마음 한구석에 걸립니다.

나는 에티앙블[6]과 같은 아파트에 살고 있어요. 그와 친하게 지내는 방법을 알아낸 뒤부터(나는 전에 그를 잠깐 보았을 뿐입니다) 나는 그의 성격과 지성을 아주 높이 평가하는 터입니다. 그의 성격의 가장 큰 특징은 감동하는 능력입니다. 그 때문에 그는 예민해지고 초조해지고 신경질적이 되는가 하면, 또 큰 감정을 느끼는 힘을 발휘합니다. 이름의 명예('혼라!')라는 것을 잠시 잊을 때면 그는 아주 호감이 가는 사람으로 변해요. 나와 같이 있을 때는 그 '혼라'를 싹 잊어버리지요. 카스티야식 천재 특유의 영예로운 약점을 말입니다. 늘 멕시코 모자를 쓰고 다니니 별로 까다로운 사람 같아 보이지 않아요. 그리고 내 생각엔 많은 재능을 갖춘 인물 같아요.

지드, 에르바르, 르베스크 등이 와서 강연(이곳 사람들이 좋아하는 행사지요)을 하게 되어 있어요. 또 나도 그들을 다시 만나니 좋고요. 당신도 부인과 함께 이곳에 와서 강연을 하면 좋지 않을까요? 부인께서는 육아를 위해서 음악을 포기하셨나요? 나는 강연회와 연주회를 주선하는 사람들이 누군지 잘 모르지만, 파리에서라면 그게 가능할 것 같은데요.

댁의 아이들은 잘 지내고 있겠지요. 알랭은 고등학교에 들어갔습니다. 아직 건강을 완전히 회복한 것은 아니라 헤파트롤과 트레포닐 같은 약을 먹여야 할 것 같은데 프랑스에서만 구할 수 있다는군요. 이집트에서는 환약, 정제 같은 미국 약품만 가지고 치료를 해요.

　편지가 길어져서 미안합니다. 부인께 안부 전해주시고 그분의 어머니께도 인사 잊지 말아주세요.

장 그르니에

　세바스티앙 보탱 가[7]의 일에 바쁜 중에도 당신의 소설과 에세이에는 진척이 있겠지요?

106. 알베르 카뮈가 장 그르니에에게

nrf

〔파리〕 2월 20일

선생님,

　소식 접하고 반가웠습니다. 기유가 가까이 있으니 선생님의 한 부분이 이곳에 남아 계신 것이기도 합니다. 선생님이 떠나신 뒤 저는 기유를 여러 번 장시간 동안 만났습니다. 그와는 선생님에 대하여 제가 느끼는 그대로 이야기를 나눌 수가 있습니다. 우리가 좋아하는 햇빛을 다시 찾은 선생님이 부럽습니다. 동시에 선생님을 위해서 아주 잘된 일입니다.

　이곳이나 다른 출판사에서 내신 저서들을 지금쯤 이미 받으셨거나 곧 받으시게 될 것입니다(책이 그곳까지 가는 데 얼마나 걸리는지 저는 잘 모르겠지만요). 홍보용 서적과 관련하여 이르슈가 통보를 받았다더군요. 만약에 필요할 경우 제가 개입할 수 있도록 그 책들이 도착하면 알려주십시오. 의약품의 경우는 좀더 어렵습니다. 그렇지만 내일 그 약을 갖다주겠다는 약속을 받아놓았습니다. 받는 즉시 선생님께 부쳐드리겠습니다.*

그곳이 살기 편하다고 해서 마음의 부담을 느끼실 필요는 없습니다. 제 느낌으로는 우리가 기대를 걸 수 있는 것은 행복한 사람들, 행복해지고 싶은 욕망을 가진 사람들뿐인 것 같습니다. 유럽은 그 심장을 갉아먹는 무수한 물질적 걱정으로 죽을 지경입니다. 저는 이곳 우리에게 주어진 어리석고 겁에 질린 삶에 대한 구역질 때문에 병이 날 것 같습니다. 저는 아이들을 추위로부터 지키랴, 우리가 먹을 것을 구하랴, 부조리한 행정당국과 싸우랴, 겨울철의 반을 허비했습니다. 그리고 나머지 반은 어리석게도 이제는 더이상 누릴 수 없게 된 여가, 다른 고장, 다른 삶의 조건들을 그려보는 데 허비했습니다. 사람은 분노에 찬 상태에서 일을 할 수가 없습니다. 그런데 저는 많은 프랑스 사람들과 다름없이 엄청나게 피곤한 동시에 부질없이 분노에 차 있습니다. 이런 말씀을 드리는 것은 달리 무슨 말씀을 드려야 할지 알 수가 없기 때문입니다. 그리고 물론 이런 것도 어떻게든 해결이 되겠지요. 이 모든 게 다 제가 지난 삼 년 동안 단 하루도 편히 쉬어본 적이 없기 때문인 것 같습니다.

적어도 그 덕분에 많은 것들에 대하여 깊이 생각해보게 되었습니다. 저는 반항에 대한 에세이를 쓰는 기회를 이용하여, 우리가 현재 경험하고 있는 역사와 권력 의지에 대한 이런 식의 숭배가 미친 짓인 동시에 이론적 오류라는 것을 말하고자 합니다. 그것은 니체(그의 헤겔적인 면)를 비판해보는 기회입니다. 전통적인 시각에서가 아니라 우리 시대의 시각에서 말입니다. 아마도 향수 때문인 것 같습니다만, 저는 이렇게 하여 점점 더 인간의 몫 중에서 역사에 속하지 않는 일면으로 다가가게 됩니다. 우리가 역사 속에서 살아가는 것이 사실이라 해도 저는 우리가 역사 밖에서 죽게 된다는 것을 잘 알고 있습니다. '두 가지' 진실이 있다는 점을 고려할 필요가 있습니다. 고대 그리스인들과 기독교도들은 그 점을 잘 이해했습니다.

이건 다른 이야기입니다만, 조아니데스[1](저는 그를 만나 알게 된 것을 기쁘게 생각합니다)와 저는 지중해적 인간에 대한 어떤 특집호를 하나 만들까 하는 생각입니다. 책임지고 그 일에 매달려야 할 입장인 저는 지중해적 인간이야말로 러시아적 인간형과 대서양적 인간형, 이 양자 간에 택일을 강요당하고 있는 터인 우리가 그 두 가지 인간형에 대항하여 내세울 수 있는 유일한 인간형이라는 사실을 증명해 보이고 싶습니다. 선생님과 에티앙블에 기대를 걸어도 좋을까요? 그리고 선생님은 저와 같은 생각이신지요?

그 밖에 무슨 말씀을 드리면 좋을까요? 아내와 아이들도 다 잘 있습니다. 부지발의 집을 비워달라고 해서 우리는 세기에 가에 세들기로 한 아파트가 비기를 기다리는 동안 갈리마르 출판사 건물의 꼭대기 층에 임시로 들어 있습니다.

그 밖에, 파리는 선생님이 알고 계신 그대로입니다. 봄이 잠깐 모습을 보이는 것 같아 모두들 안도하고 있습니다. 실존주의의 열기는 1, 2도 정도 내렸습니다. 두 군데 극장이 로르카를 상연하고 있고, 다른 한 군데에서는 발레 인클란을 무대에 올리고 있습니다. 사람들이 스페인을 발견하는 기회입니다만 이것은 냉혈의 스페인이더군요.

  시간을 내실 수 있으시면 편지 주십시오. 저도 선생님이 계신 이집트에 가보고 싶어요. 그렇지요, 강연이라는 게 있긴 하지요. 그러나 제가 별로 좋아하지 않는 일거리예요. 사모님과 아이들에게 안부 전해주십시오. 그리고 저의 변함없는 마음을 믿어주시기를.

알베르 카뮈

* 이미 부쳤습니다. (편지의 여백에 적어놓은 말)

  아코 이모부께서 세상을 떠났습니다. 항상 말씀하시던 뜻대로 갑작스럽게 돌아가셨습니다. 제게는 어느 정도 아버지 같다는 느낌을 주는 유일한 분이었습니다.

  에티앙블에게, 제가 될랭으로부터 답장이 오면 그분께 편지를 쓰겠다고 좀 전해주시겠습니까?

107. 장 그르니에가 알베르 카뮈에게

고르스트 가 29번지, 버클리
알렉산드리아(이집트)

46/12/12

어떻게 지내시는지요?

또다시 당신의 이집트 초청 문제가 논의되고 있어요. 강연을 주관하고 있는 포르 씨가 당신한테 강력하게 부탁을 좀 해달라고 내게 청하는군요. 작년에 당신을 금년의 초청 인사로 정해놓은 바 있어서 나는 당신이 오면 집에 유숙하도록 할 생각이었어요. 그런데 에티앙블을 통해 들으니 당신은 스위스에서 겨울을 날 계획이라는군요.

정말로 여기까지 오지 않는 것이 더 낫다고 판단한다면 일부러 내게 회답을 보낼 것은 없어요. 사실 나는 당신을 귀찮게 하지나 않을까 하는 생각에서 편지도 보내지 않았던 겁니다. 만약 그런 게 아니라면 내게 알려주시오. 그렇게만 된다면 아주 기쁠 것입니다. 그 덕에 당신과 당신의 부인을 다시 만나게 될 것이고, 또 그건 당신의 건강이 좋아졌다는 확인이 될 테지요.

당신의,

J.G.

108. 알베르 카뮈가 장 그르니에에게

12월 21일

선생님,

선생님께 편지를 드린다고 하면서도 드리지 못하고 지낸 지 벌써 여러 달째입니다. 선생님도 잘 알고 계실, 그러나 저로서는 그다지 자랑스럽지 못한 무기력 때문입니다. 그렇지만 선생님에 대한 저의 마음은 변함이 없습니다. 아니, 제 주변에서 너무나 자주 벌어지고 있는 일들을 보고 있노라면, 오히려 저는 선생님이 어떤 분인지를 전보다 더 잘 깨닫게 됩니다.

아메리카 여행[1]에서 돌아온 이후 사실 저의 쪽에서는 일들이 그다지 순조롭게 되어가고 있다고 할 수 없습니다. 페스트에 관한 저의 책을 끝내는 데 말할 수 없는 어려움을 겪었습니다. 일단 끝을 내기는 했지만 그 책과 저 자신에 대한 회의가 가득합니다. 저의 초기 작품들에 대한 과장된 호응(선생님도 아시다시피 저 자신 그 점에 대하여 아무런 환상도 가지고 있지 않습니다)에도 불구하고 말입니다. 물론 이른바 명성이라는 것을 누리게 된 것을 후회스럽게 여기지는 않습니다. 스무 살 때는 그런 것을 동경하지요. 이상할 게 없는 일입니다. 그러나 그 뒤에 그 명성이 찾아오지 않으면 그 때문에 악몽을 꿀 위험이 있습니다. 그러나 지금 저는 그 명성 때문에 만족감보다는 당혹감을 느끼는 편입니다. 저는 더 배우고 해야 할 것이 아직 많이 남아 있다는 것을 너무나 잘 알고 있습니다. 결국 저는 만사가 제자리를 찾도록 하기 위하여 그《페스트》[2]

를 발표하기로 마음먹었습니다. 제게 중요한 것은 당연히 그 책 자체에 대한 선생님의 의견을 듣는 일이었을 것입니다. 그러나 그 원고를 그렇게 먼 곳으로 보낼 수가 없었습니다. 처음으로 선생님이 미리 보지 못하신 채 저의 책이 출판되려고 합니다. 그런데 선생님의 동의를 받지 못한다면 저는 아무런 가치도 없습니다.

지금 저를 괴롭히는 눈앞의 문제[3]도 있습니다. 같은 믿음을 가진 어떤 파에 들어가지 않으면 사람들이 가만 두지를 않습니다. 어떻게 만사를 망쳐놓는 거짓을 고발하지 않은 채 멀찍이 물러서서 보고만 있을 수 있겠습니까? 모두가 다 겁을 먹고 입을 다문 채 가만 엎드려 있습니다. 최근에 저는 말을 하려고 했습니다(저는 에티앙블이 요구하기에 그 글들을 보냈습니다). 저와 같은 생각을 가진 사람들이 입을 다물고 있습니다. 다른 사람들의 경우, 선생님도 그들의 응답이 옳다는 것을 짐작하고 계십니다(선생님과 《정통성에 관한 논고》를 생각하며 드리는 말씀입니다).

그렇다면 저 자신은 확신이 있느냐고요? 만약 영원한 가치라는 것이 존재하지 않는다고 한다면 공산주의가 옳으며, 그렇다면 아무것도 허용되는 것이 없으므로 그 어떤 대가를 치루더라도 인간 사회를 건설하지 않으면 안 됩니다. 만약 공산주의가 틀린 것이라면 복음서와 기독교를 따르지 않으면 안 됩니다. 이 딜레마가 오늘날처럼 충격적이고 집요한 모습으로 제시된 적은 한 번도 없었습니다. 사정이 이러하고 보니 저처럼 불가능한 종합을 꿈꾸고, 폭력과 거짓을 거부하면서도 그와 반대되는 것 또한 정당화할 수 없는 사람들, 그러면서도 큰 소리로 비명을 내지르지 않을 수 없는 사람들은 미칠 지경이 되는 것입니다.

이런 것이 바로 제가 몇 달 전부터 이리 굴리고 저리 굴리는 생각입니다. 이렇게든 저렇게든 저는 선생님께 말씀을 드리지 않을 수 없습니다. 선생님께서 어떤 대답을 주실지 상상해봅니다. 그러나 선생님은 제 마음을 잘 알고 계십니다.

다음번에 편지 드릴 때는 지금 제가 맡고 있는 총서에 포함된《익명의 연대기》에 선생님도 참여해주십사고 부탁을 드리고자 합니다. 기유가 이 아이디어에 대하여 선생님께 말씀을 드렸을 텐데요. 어떻게 생각하시는지요?

프랑신과 아이들은 알제리로 떠나고 저는 이곳에서 혼자 지내고 있습니다. 1월에는 산에 가서 한 달을 지내야 하는데 그 생각을 하면 벌써부터 지겨워집니다. 이집트에 가는 문제요? 나중에 언젠가 갈 수 있을지도 모르죠. 그렇지만 대중들 앞에 나서서 무슨 말을 하지요? 단 한 가지 관심 있는 게[4] 있지만 그것도 확신이 서질 않아요.

선생님과 가족들 모두 복 많이 받으시기를 빕니다. 선생님을 기쁘게 해드리기 위해서 제가 여기서 할 수 있는 것이 무엇일까요?

선생님의 친구,

알베르 카뮈

109. 장 그르니에가 알베르 카뮈에게

고르스트 가 29번지
버클리―알렉산드리아

47. 1. 7

친애하는 카뮈,

미셸 G.[1]에게서 이미 편지를 받았답니다. 편지로 당신 문제에 대하여 나를 안심시켜주면서 자기 이야기도 했어요. 이제 그에게 곧 답장을 쓸 생각입니다. 그 사람은 정말로 '속속들이 많은 장점'을 지닌 사람이더군요.

당신에게 이처럼 즉각 답을 쓰는 것은 스위스에 가서 지내고 나서, 그러니까 2월이나 3월에 꼭 이집트에 와달라는 압력을 넣기 위해서입니다. 아직은 날씨가 덥지 않아요. 비행기로는 짧은 여행이지요. 그리고 배로 온다면 편안하게 휴식하며 하는 여행이 될 터이고(나는 그 둘 중 어느 편이 당신에게 더 좋을지 잘 모르겠지만). 원하신다면 대중 앞에 나서서 딱 두 번만 강연을 하면 돼요. 알렉산드리아에서 한 번, 카이로에서 한 번. 가령 《독일 친구에게 보내는 편지》[2]에서 밝혔던 생각들, 여러 국민들 간의 관계에 대한 생각을 발전시키거나 '실존'이 '이성'을 대신할 수는 없으므로 우리를 '이성'에서 벗어나게 해주지는 못한다는 이야기를 할 수도 있을 거요. 아니면 《콩바》의 경험을 이야기하면서 폭력이 배제된 박애에 대하여 말할 수도 있겠지요. 어쨌든 그렇게 하면 당신의 강연을 듣는 청중보다도 당신의 작품을 읽는 일반 독자들에게 유익할 것입니다. 그들은 나중에 그걸 깨닫게 될 테니까요. 그리고 어쨌든 뭔가 말을 하는 것이 좋으니까요—그래요, 강요받은 것도 아니면서 미리부터 지레 짐작하고 침묵을 지키는 것을 당신은 못마땅하게 생각했는데, 옳아요!

익명의 연대기를 쓴다는 아이디어는 아주 훌륭해요. 혹 무슨 일반적인 주제가 있으면 말해주세요. 나도 반드시 거기에 참가할 생각이니까요.

당신의 책[3]이 나오기를 기다리고 있어요.

당신의 '명성'은 전혀 부당하게 얻은 것이 아니에요. 그것이 지금 당신에게 언짢게 느껴진다고 해도 말이오. 과거의 당신에겐 그게 필요했으니까요. 그리고 아주 드문 일이지만, 당신은 충분한 자격이 있어서 그 명성을 얻은 겁니다.

아주 가까운 시일 안에 또다른 편지를 쓰겠어요.

오랑의 당신 가족들이 잘 지내고 있기를 바라며.

당신의 친구,

장 그르니에

내가 필요한 게 무엇인지 물었지요. 혹시 보내줄 수 있다면 외포릴을 한 병 혹은 한 상자(정제일 경우) 보내주었으면 해요. 레바논에서 걸린 피부병(구균성) 때문에 그러는데 여기는 그 약이 없어요.

장차 프랑스를 대표하여 뒤아멜, 가르송, 아블린 등이 강연 연사로 이집트를 방문하게 되어 있다는 사실을 생각해보시오.

물론 지금 나는 '공식적인 당국'의 동의하에 이 편지를 쓰는 것입니다—그리고 이집트는 와서 구경할 만한 곳이라는 점 '또한' 생각해주기 바라오.

110. 알베르 카뮈가 장 그르니에에게

브리앙송, (1947년) 2월 4일

선생님,

물론 저도 이집트에 가고 싶은 마음 간절해요. 그러나 의사는 저보고 한 달 동안 이곳에 와서 요양하라면서 금년 일 년은 꼼짝도 하지 않고 있는 게 좋을 거라고 충고했습니다. 건강이 나빠져서가 아닙니다. 하지만 사 년 전부터 받아오던 인공기흉요법 치료를 더이상 계속할 수가 없게 되어 중단한 것입니다. 따라서 폐가 일종의 자동보호장치의 도움을 받지 못하기 때문에, 이른바 치유 가능성을 확실하게 하기 위해서는 한층 더한 주의를 필요로 하는 전환기에 접어들었다고 하겠습니다(이건 제 말이 아니라 스카나렐이 하는 말입니다). 그러니까 저는 저 자신을 좀더 절제하는 것이 현명하다는 생각입니다. 오랫동안 휴식을 취할 방도도 열의도 없었으므로 사실상 한 번도 쉬지 못했습니다. 이제 대충 그럴 만한 방도가 생겼기에 그쪽으로 열의를 내보려고 노력 중입니다. 그러니 혹시 그 강연은 연말쯤으로 미루면 좋지 않을까요?

제가 이곳으로 온 지 삼 주째입니다. 완전한 고독입니다. 무엇보다도 잠을 자고 일을 했더니 놀라울 정도로 안색이 좋아졌습니다. 주말에 파리로 돌아갑니다. 여전히 빛을 쪼이지 못한 채로 말입니다. 11월에는 일주일 동안 아비뇽에서 루르마랭까지 이리저리 헤매고 다니면서 그 지역에 대해 깊은 인상을 받았다는 말씀을 드렸던가요(그 기회에 보스코[1]를 만났지요—선생님을 잘 안다고 그러더군요—존경할 만하지만 좀 빡빡한 사람이더군요).

익명의 연대기는 따로 정해진 주제가 없습니다. 거기서 필자는 이름과 그 이름에 따르는 구속감 때문에 하지 못할 수도 있는 말을 다 할 수 있습니다. 첫 번째 〈노트〉에서는 익명성이 완전하게 지켜진다고 할 수는 없을 겁니다. 제가 글을 쓴 필자가 누군지 알 테니까요. 그러나 그다음부터는 필자의 서명 없이 원고를 제게 보내면 될 것입니다. 처음에는 제 말을 믿고 모든 걸 시작합니다. 이제 곧 여자들에 대한 글 한 편과 겸손에 대한 또다른 한 편의 글이 들어올 것 같아요.

반항에 관한 저의 에세이에 진척이 있었습니다. 이제 곧 선생님의 도움이 필요할 것 같아요. 이 문제와 관련하여 선생님께 편지를 드리겠습니다. 글을 써나가면 써나갈수록 그리스인들이 이룩해놓은, 언제나 진실하고 새로운 것들이 얼마나 많은가에 놀라지 않을 수 없습니다(이와 관련하여, 다소간 쉽게 접할 수 있는 판본으로 에피쿠로스의 단장들을 모은 책이 있는지요?).

저는 약속하신 선생님의 편지를 기다리고 있습니다. 선생님의 가족들 모두 평안하시기를 빕니다. 저희 집 아이들은 이제 걷기 시작했지만 아직 말은 못 합니다. 아들아이는 나이만 한 살을 먹었고, 딸아이는 머리로 한 살을 먹었다고 할 수 있습니다. 이 아이들 때문에 저는 늘 조심스럽습니다.

　선생님의 친구,

　　　　　　　　　　　　　　　　　　　알베르 카뮈

선생님의 편지를 받았습니다만 이곳 브리앙송에서는 외포릴을 구할 수가 없습니다. 하지만 파리로 편지를 써서 그걸 구해서 선생님께 항공편으로 보내라고 말해두었습니다. 곧 받으실 것입니다.

111. 장 그르니에가 알베르 카뮈에게

고르스트 가 29번지
버클리—알렉산드리아

　　　　　　　　　　　　　　　　　　　47년 2월 12일

친애하는 카뮈,

　물론 이집트 여행의 기쁨을 맛보기에 앞서 당신의 건강부터 챙겨야지요. 하지만 여행을 할 형편이 되거든 즉시 오세요. 내 계약 기간은 47년 12월까지 입니다. 나는 첫째 당국에서 계약을 연장해줄 것인지, 둘째 내가 계약 연장 신청을 할 것인지 알 수가 없어요. 바로 전날까지도 나는 다음 날 무엇을 할지 모르니까요. 이곳에 초청받은 외국인들은 이 년 이상 머무는 것이 보통이지요. 어쨌든 이번 여름에는 프랑스로 돌아갈 생각입니다. 당신 부인과 아이들도 당신과 함께 그곳에 있을 테지요. 당신이 12월에 이집트에 오겠다면 가능할 겁니다. 그러나 그전에는 오지 마세요. 어느 면으로 보나 올 만한 '철'이 아니니까요.

곧 《페스트》를 받아 읽을 수 있기를 바랍니다. 이곳으로 오는 배가 많지 않아요.

당신이 지금까지 남들과 거리를 두고 떨어져 지낸 것은 잘한 일입니다. 고독하게 지내면 무리를 지어 지낼 때보다 더 올바른 생각이 일어나는 법이지요. 적어도 다른 사람들이 어떻게 생각하는지에 구애되지 않고 당당하게 진실을 찾으려고 노력했다는 생각은 가질 수 있지요.

어쨌든 우선 시작은 그렇게 해야지요. 뭔지도 모르고 덮어놓고 '참여'할 수는 없는 것이니까요. 우선 '참여'부터 하고 보았다간 어리석음을 범하고 후회하게 되는 겁니다. 생활에 변화가 있어야겠다면서 눈 딱 감고서 군대에 입대부터 하고 보는 젊은이들처럼 말입니다.

심지어 나는 참여 같은 건 불필요하다는 생각입니다. 확고한 신념만 있다면 형식적인 약속을 하고 선서할 필요도 없이 곧바로 행동하는 겁니다(그게 아니라면 그저 배수진을 치기 위함이겠지요). 중요한 것은 확고한 신념을 가지는 것이지요. 나의 경우, 만약 부정적이지 않은 신념만 갖고 있었다면 지금의 나처럼 전혀 기질에 맞지 않는다 해도 행동에 나섰을 겁니다. 나의 불행은 내가 믿는 것보다 내가 회의하는 것을 훨씬 더 잘 알고 있다는 점이지요.

내가 아주 명확하게 규정된 아주 동질적인 어떤 환경에서 태어났더라면 좋았을 것 같다는 생각이 듭니다. 내게 '구술'해주듯 나의 사상을 지시해주는 환경 말입니다. 내 친구 게에노[1] 같은 사람은 바로 그런 행운을 가지고 태어났지요.

*

　나는 반항에 대한 당신의 에세이에서 '권력 의지'에 대한 비판을 읽을 수 있었으면 하는 바람입니다. 지나치게 단세포적인 역사관에 기초하여 깡패 본능을 부추기는 바람에 그토록 많은 참화를 가져왔던 권력 의지에 대한 비판을 말입니다. 그런 결점을 털어버린다면 권력 의지는 개인들에 대한 열정을 간직하게 되겠지만, 거기에 러시아식 혹은 미국식 역사철학 같은 것이 가미되지 않는다면 그것이 집단에 영향력을 끼치지 못할 것이라는 생각이 들어요. 현대인은 고대인처럼 운명을 두려워하지 않습니다. 그러나 현대인도 여전히 운명을 믿을 필요를 느껴요. 이번에는 운명에 기대기 위해서, 그 운명이 그에게 유리한 것이라고 믿고 그런 쪽으로 역힐해준다고 믿기 위해서죠. 그러니까 운명이 신의 섭리와 같은 모습을 띠게 되었다고 할 수 있겠지요.

　어쨌든 인간은 혼자일 수가 없고, 자신이 믿는 바를 오직 자신만의 의지에 좌우되도록 할 수가 없는 것이 사실이죠. 그는 자유보다는 진리를 선호하며 그 진리를 사회를 통해서, 그리고 역사 속에서 찾을 수 있다고 생각하는 거예요.

　나는 여전히 진리의 가장 핵심적인 부분은 사회적인 것도 역사적인 것도 아니라는 생각에 그다지 변함이 없어요. 그런 믿음도 이제는 전보다 덜 강하지만 말입니다. 내 입장이 지닌 모든 극단적인 면(1)과 그것이 얼마나 어떤 기질에 따라 움직이는가를 깨달았기 때문이죠. 어쨌든 나는 당신과 꼭 마찬가지로, 두 가지 진실을 경계해야 한다고 생각해요—과거에 나는 우선 세상을 한갓 꿈이라고 여겼고 신플라톤 철학과 브라만 사상 같은, 요컨대 가장 시대에 뒤떨어진 사상에 이끌렸었지요. 비교적인 면에서 기독교는 지극히 역사적이고 사회적입니다. 그래서 눈앞의 현실에서 일어나는 모든 것, 아니 그 이상으로 미래에 일어날 '모든 것'을 중요시해요. 그 점이 나를 멈칫하게 만들었죠(그 점은 내 동시대 사람들을 멈칫하게 만드는 것과는 정반대입니다. 그들은 기독교에 내포된 초시대적인 면, 충분히 사회적이지 못한 면 등등을 비판하지요). 그러나 신플라톤 사상은 죽었어요. 그것도 완전히 죽었어요. 그리고 내가 경험했던 힌두 사상은 중립적이고 분화되지 않은 어떤 '절대'의 형이상학에 기독교가 대단히 멀리하는 편인 신앙과 수행을 접목시키고 있었어요. 그래요, 나는 내 입장을 따로 가질 수밖에 없어요. 즉 인간에게는 강생하지 않는 '진리'란 없다고 보는 거죠.

*

그렇지만 영원한 진리들이 존재한다고, 그러니까 강생한 모습으로라도 진리들이 존재하는 것이 틀림없다고 믿는다는 단 한 가지 사실만으로도 공산주의적인 해결책을 배격하기에 충분해요. 그리고 만약 '내(개인)'가 내일 당장 죽는다면, 나는 아무리 인류를 위하여, 문명, 조국 등등을 위하여 죽는다고 해보아야 소용이 없을 겁니다. '나'는 오직 내가 그 인류, 문명, 조국 등등이 '나'라고 불리는 덧없는 조합의 가치보다 우월한, 그 자체로서의 어떤 '내재적' 가치를 지닌다고(2) 믿을 수 있어야만 비로소 죽음을 체념하고 받아들일 것이기 때문입니다. 인류, 문명, 조국이라는 것도 덧없는 조합들일 뿐, 깊이 생각하는 사람의 눈에는 조금도 성스러울 것이 없으며 그것들은 '나'의 이기주의와 부도덕보다 더한 이기주의와 부도덕에 의하여 작동됩니다.

이렇게 되면 당신은 기독교 쪽으로 다시 던져졌다고 생각할 수도 있는데, 나는 그 기독교가 당신에게 보다 나은 균형을 가져다줄 수도 있다고 생각합니다. 그런데 나는 당신이 어떻게 그 기독교를 '믿을' 수 있을지 모르겠군요. 세상에 태어나면서부터 당신은 그리스도가 부처보다 더한 현실감을 줄 것도 못 되는 환경에서 자랐습니다. 그리고 그 환경에서는 교회가 적대감을 자아냅니다—기독교와 다른 환경에서 자란 사람에게 기독교 신앙은 그리스인에게 느껴지는 다신교나 마찬가지로, 혹은 오늘날 많은 유대교도들에게 느껴지는 마르크스주의나 마찬가지로 '자연스러워' 보입니다. 다시 말해서 그것은 그것 자체 문제될 것은 없는, 즉 무한히 심화할 수는 있지만 원칙적으로 세삼스럽게 학습해야 할 것은 아닌 것들이라는 말입니다.

복음서가 만인에게 호소력을 가진 것은 사실입니다. 그러니까 도스토옙스키가 오늘날 니체를 수정할 수도 있겠지요. 어떻게 생각해요? 도스토옙스키는 막다른 골목에 이른 것입니까, 아닙니까?

*

정말이지 나는 '반항'에 관한 당신의 글을 꼭 읽어보았으면 좋겠어요. 지금까지 당신은 '실존'의 차원에 머물러 있었어요. 어떤 '진리'를 찾으려고 애쓰는 당신의 뜻에도 불구하고. 그리고 당신은 여러 저서들에서 자신의 어떤 충실한 '초상'을 그렸지요. 오히려 어떤 '모델'에 매달리는 쪽이 더 낫다고 여기면서도 말입니다.(3) 그러므로 당신은 이미 자신의 운명을 실현했어요. 그러나 당신은 내가 볼 때 당신과 아무 상관이 없는 것 같은 어떤 다른 것을 열망하고 있어요. 그다지 우리에 의하여 좌우되는 것 같지 않지만 그것에 비한다면 다른 것들은 아무것도 아니라고 할 수 있는, 그런 어떤 것을 말입니다.

나는 그리스인들이 당신에게 도움이 되었으면 해요. 스토아학파는 훌륭한 태도를 지니고 있어요. 하지만 그들은 유행이 지난 것들을 믿어요! 에피쿠로스학파가 우리와 더 가깝지요. 그들의 물리학은 그다지 잘못된 것이 아닙니다. 요컨대 루크레티우스는 진실되고 감동적입니다. 그러나 고대인의 세계는 요구하는 바가 너무나 보잘 것 없고 산업은 제로에 가깝고 사회 발전에 대한 희망이 너무 제한된 세계여서(다소간 그들의 순환적 이론 때문에), 우리의 세계와는 아주 거리가 멀지요. 적어도 이상이 내가 말해야 한다고 느끼는 전부입니다(나는 현대인들보다는 그들을 상대할 때 더 편안한 느낌이 드니까요(4)). 에피쿠로스에 대해서는 최근에 에르만 출판사에서 솔로빈의 번역으로 나온 역서가 있어요(세 편의 편지와 기타 단장들). 그리고 에르누의 다른 번역(루크레티우스 번역에 부친 서문에)도 있고요(뷔데 출판사). 나와 아는 사이인 이탈리아 사람 볼리아노는 헤르쿨라네움*에서 발견된 에피쿠로스학파의 편지들의 단편을 펴낸 바 있어요. 에피쿠로스의 것으로(학술적 판본) 혹은 에피쿠로스에 대하여 찾아낼 수 있는 모든 것을 대집성한 사람은 베제너라는 독일인이지요.

* 이탈리아 베수비오 화산 폭발로 폼페이와 함께 매몰된 고대도시.

암루슈가 내게 보낸 편지에 의하면 당신은 다시《콩바》의 일을 맡는다지요.[2]

옛날 벨쿠르 시절에 만났다고 전에 당신이 내게 이야기한 적이 있는 그 선생님[3]에 대해서 적어도 몇 페이지의 글을 쓰는 것이 옳다고 나는 생각합니다. 그렇게 하면 나도 당신을 아는 데 도움이 될 것이고, 당신도 당신 자신을 아는 데 도움이 될 것입니다.

당신이 착상한 '익명의' 연대기는 잊지 않고 생각 중입니다. 그건 걱정 말아요.

당신의 친구,

J.G.

(1) 그리고 어떤 형이상학에 있어서 인간이 영원한 진리라고 간주하는 것은 대단히 많은 경우 과학적 발전의 어떤 특정된 상태의 투영에 불과합니다.

(2) 그러나 당신은 그 반대를 주장했지요. 사실 대다수 인간들의 경우 당신의 생각은 틀리지 않아요.

(3) 지금까지 당신의 '첫째가는 진리'는 당신의 기질이 지시하는 진리입니다─당신은 당신 자신으로부터 도망칠 수가 없는 겁니다─그건 탁월한 재능을 말해주는 표시지요. 다른 사람들은 그와 다른, 그 역시 근거는 있지만 더 '진실한' 것은 아닌 반응들을 보일 수 있어요. 그렇기 때문에 나는 당신의 성찰 내용이 어떻게 이어지는지 읽어보고 싶은 겁니다.

(4) 그러나 가톨릭교도(기독교도라고는 할 수 없어도)는 종교적 계시와는 '무관한' 영원한 가치들을 얼마든지 인정할 것입니다. 개신교도는 보다 초연하

고 보다 '합리적'인 것 같아 보이지요—그런데 덜 합리적입니다. 가톨릭과 정교는 그리스인들과 더 가깝지요. 내가 볼 때 그들은 실증주의 정신과 심오한 휴머니즘을 수용할 능력이 있는 것 같습니다. 개신교 정신은 보다 더 '종교적'이고요.

112. 장 그르니에가 알베르 카뮈에게

고르스트 가 29번지, 버클리
알렉산드리아

47년 5월 27일

친구여,

모리스 나도가—당신의 부탁이라면서—내게 《콩바》에 글을 써달라고 요청하더군요. 글 한 편을 보냈더니 46년 11월 8일자에 실렸고 (그런데 그 고료는 끝내 지불되지 않았어요)[1], 마론교 은자의 집에 관한 또 한 편(그것은 레바논 여행 노트였지요)[2]은 보내고 나서 암루슈에게 《라르슈》지[3]에 어울릴 것 같다고 말했지만 그 글이 정말 거기에 어울리는 것인지는 잘 모르겠어요. 어쨌든 그 글이 《콩바》에 적합하지 않다는 것은 충분히 알 수 있었지요.

여기 동봉하는 또 한 편의 시사적인 글[4]은 예술 면에 실을 수 있을 것 같지만 샤를 에스티엔이 동의해야 가능하겠지요. 나는 그를 알지 못하고, 또 그가 하는 일을 대신하거나 그를 불편하게 할 생각은 추호도 없습니다.

당신의《페스트》는 출간되었나요?

깊은 우정을 보내며.

장 그르니에

《라르슈》에서도 역시 내가 쓴 글에 대한 원고료를 지불하지 않았고 지난번에 보낸 내 편지에 답장도 없었어요. 이 문제를 또 언급해야 하다니 매우 마음이 언짢군요! 하지만 만약《라르슈》의 형편이 곤란해서 그런 것이라면 나는 더 이상 이 문제를 거론하지 않겠습니다.

113. 장 그르니에가 알베르 카뮈에게

고르스트 가 29번지, 버클리
알렉산드리아

47년 5월 30일

친구여,

이것은 추신입니다. 4월 말에 내 구좌로 입금(2,500)을 했다는 표시의《콩바》지 수표 원부를 이제 막 받았어요.

이르슈에게 홍보용 서적을 보내줘서 고맙다고 인사를 좀 전해주시고 동시에 이제는 내게 아무것도 보내지 말고 N.R.F.의 홍보용 서적은 보관해달라고 말해주면 고맙겠어요. 나는 6월 25일에 마르세유로 떠나야 돼요. 어쨌든 그 날짜에 떠날 방도를 찾고 있어요.

이제 당신 부인과 아이들은 오랑에서 돌아왔겠지요.

미셸 G.에게 우정의 인사를 전해주시오.

그리고 《페스트》는?

당신의 친구,

장 그르니에

사람들이 '정의'를 운위하는 이상, 즉 인간에 의하여 인간을 위해 만들어진 정의에 대하여 논하는 이상, 그들은 죄 있는 사람들과 죄 없는 사람들이 존재한다고 보는 것입니다. 인간은 죄가 없다. 호메로스가 되풀이하여 말하는 것 역시 바로 그것입니다. 오직 신들이 모든 것을 만들어놓은 것이다…… 좋아요! 하지만 호메로스는 우리 시대 사람들처럼 자기가 '심판관'인 양 나서지는 않아요. 그는 자기모순에 빠지지 않습니다.

114. 장 그르니에가 알베르 카뮈에게

(알렉산드리아) 47년 6월 18일

친애하는 카뮈,

어제 저녁 이집트 신문을 보니 당신이 《콩바》를 그만두고 신문의 편집진이 바뀐다는 기사가 실렸더군요. 그 표현이 애매하여 잘 알 수가 없었습니다. 당신 친구들과 당신이 창간한 그 신문이 그렇게 되다니 마음

이 아프네요.¹

부인과 아이들은 돌아오지 않았나요? 당신은 7월에 어디에 가 있을 예정인가요?

나는 6월 29일에 배를 타서 7월 10일경 파리에 도착할 것 같아요. 내가 쓴 '철학' 원고 하나²를 당신에게 보여줄까 합니다.

깊은 우정을 보내며.

장 그르니에

미셸 구스타르 씨 전교

아실 가르농 가 8-2번지, 소(센)

아직은 시간이 있으니 7월에 당신이 어디에 가 있을지 항공우편으로 알려주면 좋겠소. 알렉산드리아, 버클리 고르스트 가 29번지 주소로 말입니다.

빌나 살리나스의 매우 흥미로운 원고³를 읽었기에 그걸 당신에게 보내라고 말해두었어요. 아주 젊은 사람이지요. 원고의 제목은 〈랩*Raps*〉이라고 하오.

115. 알베르 카뮈가 장 그르니에게 보낸 전보

〔상봉 쉬르 리뇽 1947년 6월 25일〕

7월 15일 이후 파리 체류 예정 N.R.F. 혹은 DAN 4781로 전화 요망 간절히 재회 바람 우정을 보내며 = 카뮈

116. 장 그르니에가 알베르 카뮈에게

레 카퓌생
시스트롱
바스 잘프

47년 8월 26일

친애하는 카뮈,

31일 일요일 이전에는 이곳을 떠날 수 있을 것 같지 않소. 그러니까 가령 화요일 아침 아비뇽의 어느어느 호텔에서 만나자고 약속을 정할 경우, 내게 (당장에) 이곳으로 편지를 보내거나 아니면 전보를 쳐야 됩니다. 그리고 만약을 위해서 일단 약속 장소에 도착하면, 아비뇽의 국유 치우편으로 내게 메모를 남기고 그걸 내가 가서 찾도록 해야 하오. 나는 프랑스에 아주 짧은 기간밖에 머물 수 없을 것이오. 8일에 알제로 떠나는 배를 타야 하기 때문이오. 그러니까 나는 6일에는 마르세유에 가 있어야 돼요. 7일이 일요일이니까.

당신 아이들 건강은 어떤가요? 백일해인가요?

급히 몇 자 썼소—

우리 부부가 당신 부부께 우정을 보내오.

장 그르니에

알베르 카뮈 학생의 논술 시험지를 발견했소. 14점!

117. 알베르 카뮈가 장 그르니에에게 보낸 전보

〔르 베지네, 1947년 8월 30일〕

아이들 신병으로 상면 불가 죄송 12월 이전 상봉 불가 서신 발송 안녕히=카뮈

118. 알베르 카뮈가 장 그르니에에게

〔르 베지네, 1947년〕 8월 30일

선생님,

결국 상황이 변할 때까지 이번 여행은 포기하기로 했기에 선생님께 이제 막 전보를 보냈습니다. 아이 둘이 다 백일해에 걸린 겁니다. 물론 심각한 일은 아니지만 밤을 하얗게 새웠다는 뜻이지요. 두 아이가 번갈아가며 보챘으니까요. 프랑신은 아이들 곁을 떠날 수가 없고, 저 혼자 가는 걸 생각해보았지만 아무래도 지금은 제가 옆에서 도와주는 편이 나을 것 같습니다.

제가 좋아하는 나라에서 선생님과 함께 꼭 그 며칠을 보내고 싶었던 만큼 더욱더 애석합니다. 12월을 기다리기로 하지요. 선생님과 함께 지내고 선생님을 다시 만난다는 생각에 기쁨만 앞섰다는 말씀밖에 드릴 것이 없네요. 다음 주에 족스[1]를 만나보겠습니다. 특별한 일이 없는 한 우리가 알렉산드리아에서 만나는 것은 의심할 여지가 없습니다.

우리는 15일경에 보클뤼즈로 떠날까 합니다. 그때가 되면 아이들도 건강을 회복할 테니까요. 혹시 저희에게 적당할 것 같은 집을 보시게 되면 샤르[2]에게 알려주시면 좋겠습니다. 그때 제가 그를 만나게 될 테니까요. 선생님은 저의 기호를 잘 알고 계시니 이상적인 집을 발견하시게 되면 저를 대신하여 결정까지 해주셔도 됩니다.

또 한 가지 여쭙습니다. 선생님의 원고[3]를 파랭이 읽고 나면 어떻게 해야 할까요? 선생님께서 그것을 출판하실 것으로 짐작되는데, 그렇다면 제가 담당하고 있는 총서가 있습니다. 그렇지만 선생님께 결정을 강요드리고 싶은 생각은 없습니다. 그러나 적어도 어떤 결정을 하실지 말씀은 해주십시오.

살리나스 부인께 편지를 드리겠습니다.

그럼 곧 다시 뵙기를 바랍니다. 다시 한번 아쉽다는 말씀 드리고 싶습니다. 하지만 그보다는, 선생님 가족 네 분께서 생활이 좀 덜 힘들고 또 제가 여러분을 다시 만날 수 있다고 확실하게 믿을 수 있는 나라에 돌아와 계시다고 생각하니 얼마나 마음이 놓이는지 모르겠다는 말씀부터 드리고 싶습니다.

선생님 가족 네 분께 저희 두 사람의 진심 어린 인사를 드리며.

알베르 카뮈

119. 알베르 카뮈가 장 그르니에에게

nrf

슈아젤, (1947년) 9월 14일

선생님,

아이들 건강은 좀 나아졌습니다. 기침하는 횟수도 드물어졌고요. 저희는 주말에 떠날 수 있을 것 같습니다. 그렇지만 불행하게도 선생님을 다시 뵈올 희망은 없군요. 파랭이 이 주일 전부터 선생님의 원고를 받아서 보관하고 있습니다. 그 원고를 어떻게 하실지 잊지 말고 말씀해주십시오.

추분 무렵이긴 합니다만 부디 무사한 여행이 되시기를 빕니다. 곧 답장 드리겠습니다. 그러나 그때까지 시간이 있으시면 자주 편지해주십시오.

모든 일들이 점점 악화되어가고 있습니다. 아주 힘든 겨울을 맞을 것 같군요. 해결책은 최대한 프랑스 밖에서 겨울을 보내는 것입니다. 저는 '공민정신'이라는 것에도 좀 지쳤습니다. 하기야, 프랑스 사람 대부분은 그런 것엔 상관도 않습니다. 열의가 필요한 이때에 실망스러운 일입니다.

하이네의 어떤 문장을 읽게 되었는데 그 말이 일깨우는 엄청난 예감에 몸서리가 쳐졌습니다. "지금 이 세계가 추구하고 희망하는 것이 내 마음과는 아무 상관 없는 것이 되어버렸다." 그 말을 한 때는 1848년이었습니다!

안녕히 계십시오, 스승님(논술 점수가 14점이었다면 그건 고등부 1학년 때였습니다. 그러나 졸업반 때는 완전히 달랐지요). 시나이 반도에서 선생님을 다시 만나게 되기를 바랍니다. 그러나 저는 변함없는 마음으로 언제나 선생님을 생각하고 있습니다.

A. C.

사모님과 두 자녀분들께 저희 두 사람의 안부 인사를 전해주십시오.

120. 장 그르니에가 알베르 카뮈에게

(1947년 9월)
마르세유 국유치우편

―26일부터는(나는 27일에 승선합니다)
고르스트 가 29번지, 버클리, 알렉산드리아로―

친애하는 카뮈,
당신 아이들의 건강이 여전히 호전되어가고 있기를 바랍니다.
알제에서 당신의 형을 만나려고 했지만 그럴 수가 없었습니다. 휴식을 위해서 되 물랭[1]에 가 있다고 했어요. 아코 부인은 만났습니다.
알제는 내 눈에 아주 작아 보였습니다. 길들과 전차를 제외하고는 아무것도 변한 것이 없었어요.

나는 페른[2]에 나흘밖에 머물지 않았어요. 당신도 거기에 없고 당신에게 적당한 집도 찾지 못했으니까요. 그렇지만 르네 샤르를 만나 알게 되어 아주 기뻤습니다. 그가 당신에게 괜찮은 집을 찾아줄 거예요. 다만 릴 인근 지역[3]은 내가 보기에 너무 밋밋한 것 같았어요. 내 생각엔 몽미라유나, 봄 드 브니즈 쪽, 아니면 생 디디에나 방투 산의 아주 멋진 경치가 내다보이는 브나스크 쪽이 더 나을 것 같아요.

너무 비싼 집이나 대출을 받아서 사는 것은 안 됩니다. 땅도 많이 살 필요 없고요. 당신에게 부담만 될 뿐 전혀 이익이 되지 못해요. 그리고 끝으로 일 년 내내 상주하면서 당신이 남겨둔 것을 책임지고 맡아줄 '관리인'을 둘 필요가 있습니다(무엇보다 '세입자'를 들이면 안 됩니다!).

내가 철학 과목에서 당신에게 당연히 높은 점수를 줬어야 옳았겠지만 그러지 않은 것은, 배운 과목을 전체적으로 검토했느냐가 나의 평가 기준이었는데 당신이 아마도 그걸 하지 않았기 때문일 겁니다. 그렇지만 지금의 내 생각도 그렇듯이 당신이 그런 식의 평가를 비난하는 것은 옳아요. 어쨌든 나는 당신에 대하여 대단히 호의적인 평가를 내리고 있었어요. 하지만 당신으로서는 교수와 인간을 분리하여 생각할 수가 없었다는 것을 이해합니다.

정치에 대해서도 마찬가지입니다. 다른 사람에게 하는 충고와 실제로 자신이 보여주는 태도 사이의 괴리가 명백한데, 그게 당신에게는 분명 황당하게 느껴질 것입니다. 나는 지나치게 남의 입장이 되어 생각하곤 했어요. 아니 그렇게 생각한다고 믿었어요. 거기에는 남에게 도움이 되고 싶고 자신은 뒤로 숨고 싶은 마음, 나의 고독에 대한 날카로운 감정, 확실하고 능동적인 믿음에 도달할 수 없다는, 다시 말해서 나의 내면에서 통일성을 이룰 수 없다는 무력감, 요컨대 온갖 것이 다 섞여 있었습니다.

부인과 함께 당신에 대한 나의 변함없는 마음을 받아주시오.

J.G.

이집트에 와서 한동안 시간을 보내면서 휴식을 취하고 물질적인 걱정에서 벗어날 수 있도록 방법을 찾아보면 좋겠소. 그렇게 하는 것이 당신 부인을 위해서도 대단히 좋을 것 같아요.

'자유의 선용'에 관한 원고가 갈리마르 출판사의 적절한 자리로 전달된 것인지 잘 모르겠소. 어쨌든 파랭이 읽고 어떻게 생각하는지 말해준다면 내게는 도움이 될 것입니다.

아드라에서 나는 당신이 내게 보낸 첫 편지부터 모든 편지들을 다시 찾아냈습니다. 물론 내가 사람들에게서 받은 모든 편지를 다 버리지 않고 간직한 것은 아닙니다.

121. 장 그르니에가 알베르 카뮈에게

고르스트 가 29번지, 버클리, 알렉산드리아, 1947년 10월 21일

친애하는 카뮈,

당신의 책이 이곳에서는 뜨겁다고 말해도 좋을 시사적 관심의 초점이 되고 있소. 우선 독자들에게 깊은 인상을 주는 리얼리스트적인 면에서 그렇답니다.¹ 우리는 백신 접종을 했습니다(알제에서 이미 천연두 접종을 했는데 말입니다). 아직도 백신 접종은 하나의 특별 대우에 속합니다. 지금까지도 주민의 극히 일부분(유럽인과 유대인 및 그리스인 집단…… 그리고 일부 이집트인)만이 접종을 했으니까요. 그렇지만 이런 쪽으로 이야기를 장황하게 늘어놓고 싶지는 않아요.

당신이 이곳으로 오지 못하게 된다면 대단히 섭섭할 것 같아요. 12월이 되어 상대적으로 날씨가 추워지면서 전염병이 수그러들기를 바랄 뿐입니다―적어도 다른 전염병들의 경우는 그랬다고 합니다.

내가 진 채무를 나는 잊지 않고 있어요. 유감스럽게도 당신이 이곳으로 오지 못하게 된다면, 어떻게 해서든 5만 프랑을 파리로 보내 당신에게 전달되도록 조치해놓겠어요―사실 체류가 끝나갈 무렵에 프랑스에 남겨두고 온 돈도 있으니까요.

나는《페스트》와〈페스트에 대한 문헌〉²을 다시 읽고 있어요. 알라신께서 내가 죽지 않고 살아 있도록 허락만 해주신다면 당신에게 그 책에 대하여 긴 편지를 써 보내겠습니다. 어쨌든 다른 장점들보다 눈에 잘 드러나지 않는 장점들 때문에 내가 대단히 높게 평가하는 책입니다.

물론 빌나 살리나스 부인이 찾아왔어요―그녀는 '하나의 작품, 하나의 초상 총서'³면 만족할 것 같습니다. 그의 남편이 화가이니 데생 한 점을 보내줄 수 있을 겁니다. 출판사로서는 한번 모험을 해볼 수도 있겠지요. 하여튼 당신이 보면 알 겁니다.

에티앙블과 함께 당신 이야기를 했습니다. 아이들의 건강은 회복되었는지요? 백일해는 오래갑니다.

부인께 우리의 안부 인사를 전해주십시오―말을 놓는다는 걸 깜빡 잊었네!

J.G.

122. 장 그르니에가 알베르 카뮈에게

고르스트 가 29번지, 버클리 　　　　　　　　　알렉산드리아, 47/11/13

친애하는 카뮈,

《페스트》를 아주 꼼꼼하게 읽었으니 오래전부터 별러왔던 긴 편지를 보내기로 합니다.

위대한 작품입니다.

하지만 이제는 당신에게 이곳을 방문할 준비를 하도록 압력을 가해보고 싶군요. 12월 말이나 1월 초에 오도록 노력해보세요. 이집트의 내륙부를 제대로 구경할 수 있는 계절이 아주 짧으니(아무리 늦어도 2월이면 끝나요) 좀더 일찍 오세요. 전염병은 눈에 띄게 수그러들고 있습니다. 신문 보도에 따르면 "소강 상태"라고 합니다. 어제는 사망 105명, 환자 147명이었어요. 다음 달이면 물러가고 3월에 다시 출현할 것으로 예상하고 있습니다.

부인과 아이들은 어떻게 지내고 있는지요—가내 두루 무고하시기를.

장 그르니에

당신이 고른 《섬》의 띠지[1]는 아주 훌륭합니다—고마워요—

123. 장 그르니에가 알베르 카뮈에게

고르스트 가 29번지, 버클리, 알렉산드리아   47년 12월 6일

친애하는 카뮈,

두 번에 걸친 지난번 편지에서—참 그 편지들을 받았나요? 콜레라 때문에 어쩌면 못 받았을지도 모르겠네요—나는

1. 내가 갚을 돈을 당신이 프랑화로 원하는지(그곳 체류를 마치고 프랑스에 돈을 남겨두고 왔으니까요)

2. 당신이 이집트에 올 수 있는지 물었고, 또 오라고 강권했어요—전염병은 끝나고 소요사태도 심각하지 않으며, 어쨌든 여행자에게 불안한 상황은 아니니까 말입니다. 이곳 방문의 최적기는 12월 아니면 1월이라고 했어요.

그에 대한 답을 주었으면 좋겠어요.

알랭이 내게 알려주는데,《무덤 저편에서의 회고록》의 제8권 2장에 보면 '작가'께서("작가의 방"이라는 말 기억나지요?[1]) 즐겨 길게 늘어놓

곧 하는 부연 설명 중에 "인생은 항구적으로 계속되는 페스트다"라는 말이 나온답니다.

당신의 책은 심각하고 깊은 울림을 가진 책입니다. 그 책을 따로 출판하고 거기에 집단 포로수용소에 대하여 암시한 대목을 집어넣지 않은 것은 잘한 일입니다. 그 책이 지나치게 개별적인 의미를 갖도록 하면 안 되고 그 상징성이 악이라고 하는 모든 것에 적용될 수 있도록 해야 합니다. 나는 〈페스트에 대한 담론〉도 좋게 읽었지만 '연대기'에서 그 모델로 쓰인 담론을 집어넣지 않은 것 또한 잘한 일입니다.

악에 대한 집요한 저항이라는 그 책의 전체적인 이념에 우리는 오로지 공감할 따름입니다. 이야기는 겉보기에 단조로워 보이지만 그 단조로움은 대단히 아름답습니다. 내가 볼 때 그것은 매우 성숙한 정신을 증명해 보이는 것이기에 커다란 장점입니다. 그렇지만 그 단조로움 때문에 독자들이 외면할 수도 있겠지만, 아무려면 어떻습니까? 독자들은 등장인물들이 서로 비슷비슷해 보인다고 비판할 수 있겠는데 사실상 그렇긴 합니다. 인물들은 근본적인 본질보다는 태도에 있어서 서로 다릅니다.《카라마조프 가의 형제들》이 탁월한 것은 그 삼형제가 전혀 다르다는 점입니다.

그 책의 의도적으로 냉정한 어조 역시 다른 요소들 못지않게 감동적입니다. 그 밑바닥에 행복에 대한 치열한 열망, 그냥 자신을 내맡기고 싶은 욕망(바다)이 깔려 있기에 그만큼 더 감동적입니다.

그렇다면 이제 신부와 의사 사이에 모순이 있다는 것은 사실일까요? '유감스럽지만' 내가 보기엔 그렇지 않습니다. 그들이 활동하는 차원이 서로 겹치긴 하지만, 그래도 그들이 자신을 투신하는 공간은 서로 다릅니다. 파늘루가 바로 페스트가 존재한다는 사실(이해할 수 없는) 그 자체에 놀라 당연히 아연실색한 것이라면, 리유는 자신의 헌신 그 자체(이해할 수 없는)를 통하여 어떤 선이 존재한다는 표지가 된 것입니다. 그 선이 절대적인 것이면서도 인간의 헌신을 필요로 한다는 사실, 리유는 바로 그 점을 이해할 수 없는 것입니다(146쪽). 그렇지만 나는 여러 종교들이 바로 인간의 자유를 허용하고 있으며 신이 인간을 필요로 한다고 생각합니다―신이 인간이 되기까지 하는 기독교에서는 특히 그 점을 확연하게 느낄 수 있습니다―신의 전능함과 인간의 자유를 어떻게 타협시킬 것인가는 또다른 문제입니다. 그러나 인간적인 것으로서 충분한 의미를 가지는 리유의 행동은(이것이 당신의 주장인데) 분명 기독교적 견지에서 보면 그것이 그 자체로서의 큰 가치에 바탕을 둘 때야 비로소 나름의 깊은 의미를 가지는 것입니다.

　미쳤거나 눈이 멀었거나 비겁한 자가 아니고야 어떻게 페스트에 대항하여 싸우지 않을 수 있겠느냐고요? 맞아요, 그러나 반만 맞아요. 병과 죽음에 대항하여 싸운다는 데는 모든 사람의 의견이 일치합니다. 그런데 당신은 그 모든 사람을 '단결시킬' 수 있는 그 무엇을 찾아낸 것입니다. 전쟁에 대항하여 싸우는 것 이상으로 말입니다. 왜냐하면 전쟁에 반대하여 싸우는 것은 솔선하여 또다른 전쟁에 앞장서는 것이기 때문입니다(최근의 예가 그것이지요). 그렇습니다. 당신은 분명 꼭 해야 할 말을 찾아냈습니다. 나는 조금도 당신을 비판할 생각이 없습니다. 단지 나는 리유가 싸우는 것은 옳다고, 그리고 거기에 더하여 모든 사람이 그와 같은 생각이라고(하지만 나라면 '거의 모든 사람'이라고 하겠어요. 왜냐하면 우웨이無爲나 마크툽의 나라²에 온전히 자기를 내맡겨버린 사람이 하나도 없다고 하는 것은 맞지 않으니까요) 하는 리유의 주장은 옳다고 말하고 싶어요. 그리고 또 그가 (어떤 '더 먼 곳이 존재한다'는 의미에서) 그 이상을 바라고 싶지는 않다고 덧붙여 말하는 것은 옳다고 말하고 싶어요.

당신의 주장은 두 가지 가설에 바탕을 두고 있어요.

1. 인간은 완전히 결백하다.
2. 불가피한 것은 아무것도 없다.

당신은 부인과 같이 이집트에 올 겁니까? 소리아 공작³이라면 왔을 겁니다. 댁의 아이들은 잘 지내는지요?

우리 집안 식구들 모두 댁의 네 분 가족들에게 안부 인사를 보냅니다. 늘 따뜻한 우정을 간직하고 있다는 것을 믿어주시오.

장 그르니에

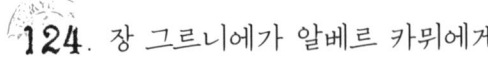124. 장 그르니에가 알베르 카뮈에게

고르스트 가 29번지, 버클리, 알렉산드리아　　　　　　　　　　48/1/2

어제 드디어 포르를 통하여 당신의 소식을 들었습니다. 여행에 대한 당신의 주저, 우유부단, 흔들림, 거리낌―나는 그런 걸 이렇게 꼬집어 표현해봅니다―을 말하더군요. 내가 볼 때 당신이 지금 당장 얼마든지 할 수 있는 (비행기로 하룻밤이면 되는) 여행을 일 년 뒤로 미룬다는 것은 말도 안 되는 결정 같아요―우리 모두에게, 당신에게, 나에게 등등 내년이면 무슨 일이 일어날지 누가 아느냐 말입니다―내 경험에 비추어 볼 때 여행을 해야 할 때 하지 않으면 (지금 같은 세상에) 영원히 못하게 되는 것입니다. 이런 경우 기유 같은 친구라면 편지로 이렇게 말할 거예요. 빨리 와요, 바보같이 굴지 말고! 나는 그렇게 말하지 못해요. 그리고 내겐 그렇게 말할 권리가 없어요. 사실 따지고 보면 제삼자와 주고받는 말만 가지고 당신이 떠나지 못하는 진짜 이유를 제대로 알 수가 없는 것이니까요.

 만약 훗날 어느 해에 당신이 레바논, 시리아, 팔레스타인 같은 나라들을 방문하고 이집트 내륙에 오랫동안 체류하는 등 좀더 긴 여행을 하기를 바란다면 그 생각이야말로 내가 볼 때 완전히 비현실적인 것일 듯해요. 한 나라가 개방되면 예기치 않은 복잡한 정치적 문제로 다른 나라는 폐쇄되니까요. 왜냐하면 일주일 혹은 이 주일만 지나도 당신은 아마 아수완 등등은 그만 지겨워지고 말지도 모르잖아요.

 문화협력국에서 금년에는 어떤 '과학자'를 보내는 편이 더 낫겠다는 생각에 당신을 파견하는 것을 주저할 수도 있지요―그러나 지금부터 문화협력국에서 그 적절한 과학자를 찾아내는 동안 어쩌면 한 계절이 지나가버릴지도 몰라요. 어쨌든, 샴송이 가진 부정할 수 없는 가치가 어떤 것이든 그가 오는 것도 좋을 것이고(사실 그는 문화협력국이 보내서 오는 인사가 아닙니다), 또 당신이 오는 것 역시 불필요한 것이 아닐 겁니다. 아니, 오히려 꼭 필요한 일이겠지요.

만약 당신의 건강 혹은 당신 가족들의 건강 때문에 망설이는 것이라면 그건 더 무시 못 할 이유라고 해야겠지요. 어쩌면 파리에서의 생활이 당신에게는 더 알맞은 것일 수 있고요.

혹시 당신이 지금 올 경우, 여행하는 데 있어서 어떤 사소한 지장이나 사고나 뭐 그런 것이 있을지도 모른다는 건가요? 어떤 여행이건 그런 것을 생각할 수 있는 거지요. 진짜 친구라면 억지로 권하지는 못하지요. 미래를 예측할 수는 없는 일이고, 다른 사람의 입장이 될 수도 없는 것이니까요.

나는 내가 느낄 수 있는 실망을 말하는 게 아닙니다. 당신의 관점에서 생각해보려고—물론 불가능한 일이지만—노력하는 거예요.

네 분 가족들에게 우리의 인사와 우정과 변함없는 사랑을 전하면서.

장 그르니에

추신. 요컨대 우웨이[1]를 적용하는 것이 좋겠소. 어떤 '현실적인' 장애 때문에 오지 못하는 것인지 아닌지 그걸 알 수가 없네요. 그 점에 따라 결정하세요.

두 번째 추신. 이 편지에서는 나의 첫 번째 추신만 염두에 두시오.

125. 장 그르니에가 알베르 카뮈에게

고르스트 가 29번지, 버클리, 알렉산드리아   48/1/20

친애하는 카뮈,

내가 세기에 가로 보낸 서너 통의 편지들이 당신 손에 무사히 들어갔기를 바라오.

최대한 빨리 당신의 은행구좌번호를 알려줬으면 하오—어느 은행이었지요?—

당신이 기유와 함께 알제리로 갈 예정이라는 소식을 간접적으로 들었소.

곧 답을 주기 바라오.

당신의,

장 그르니에

126. 알베르 카뮈가 장 그르니에에게

[그랑 오텔 요양원]
레쟁, [1948년] 1월 21일

선생님,

파리를 떠나고야 비로소 이 편지를 쓸 수 있게 되었어요. 바보 같은 말이지만 사실인걸요. 저는 지난 얼마 동안 골칫덩어리 인사들과 말도 안 되는 의무들과 싸우면서 장 루이 바로를 위해 어떤 공연물[1]의 다이얼로그를 쓰는 일에 매달려 있었는데 이제 막 그 일을 끝낸 참이에요. 그 일 이외에는 아무것도 하지 못했어요. 그러다가 미셸 갈리마르를 만나러 스위스로 도망쳤고, 동시에 1905년 러시아 테러리스트들에 대한 희곡[2]을 시작했습니다. 그리고 휴식도 취했습니다. 산을 싫어하는데도, 아니 어쩌면 산을 싫어하기 때문에 휴식이 가능했겠지요.

저의 경우, 이집트 여행에 대해서 조금도 망설인 바 없었어요. 우리는 결정을 내렸고 그 여행을 하게 되어 아주 즐거워하고 있었던 겁니다. 그러나 포르 씨가 선생님께 잘못 알려드린 것 같아요. 사실상 문화협력국에서는 저를 보낼 생각이 없었어요. 그 사람들(마르크스와 포르)이 제게 말한 이유들은 납득할 만한 것이 못 되었어요. 그리고 저에 대하여 지나치게 칭찬의 말을 늘어놓는 것으로 미루어 릴 가에서 거부감을 가지고 있다는 것을 느낄 수 있었어요. 제 생각이 잘못된 것일지도 모르지만, 지금 당국에서는 선생님도 짐작하실 수 있는 이유 때문에 저를 아랍 국가에 보내고 싶어하지 않는 것 같다는 느낌이에요. 그래서 제게 영국, 이탈리아, 남미, 스칸디나비아 반도의 국가들 등등을 제안한 겁니다. 그렇지만 동시에 내년에는 이집트 여행을 보내주겠다고 했습니다. 본래 억지로 우기는 성격이 못 되는지라(딱한 자존심이죠!) 정중하게 받아들였지요. 유감스럽게 생각합니다. 뭐라고 말씀드려야 할지 모를 정도로 말입니다. 유럽과 그 무덤들이 제겐 혐오감을 자아냅니다.

그래서 프랑신은 북아프리카로 떠났습니다. 그리고 저는 요양원이 있는 도시로 피난을 왔고요. 깊이 생각해보고 이곳에서 파리를 결정적으로 떠날 방도를(적어도!) 찾아낼 수 있었으면 해요.

살리나스 부인에게 제가 그분의 원고를 독립적인 성격의 잡지 《라 타블 롱드》³에 넘겼다고 전해주시기 바랍니다. 아마도 그 글을 실어줄 거라고 말입니다. 갈리마르에서도 관심을 보였지만 현실적인 입장이라 다음을 기대하는 눈치였습니다.

《페스트》에 대하여 편지에서 해주신 말씀 또한 감사합니다. 그러나 저는 날이 갈수록 인간이 결백하다는 것을 덜 믿게 됩니다. 단지 저는 언제나 형벌에 대해서는 반대하며 일어서는 초보적 반응을 보일 뿐입니다. 해방 후 어떤 숙청 재판을 방청하러 간 적이 있습니다. 제가 보기에 피고는 유죄였습니다. 그렇지만 저는 '그와 같은 편이라는 입장'이었기 때문에 재판이 끝나기 전에 나와버렸고, 다시는 그런 종류의 재판을 방청하지 않았습니다. 모든 죄인에게는 어떤 결백한 부분이 있습니다. 그 때문에 모든 절대적 유죄 판결은 분노를 자아내는 것입니다.⁴ 사람들은 고통에 대하여 충분히 생각하지 않습니다.

인간은 결백하지 않고 '또한' 유죄인 것도 아닙니다. 이 모순에서 어떻게 빠져나올 수 있을까요? 리유(저)가 말하고자 하는 것은 치유할 수 있는 것은 치유해야 한다, 이겁니다—사태를 제대로 '알게' 되기 전까지는, 혹은 뚜렷이 볼 수 있게 되기 전까지는 말입니다. 이것은 기다림의 태도입니다. 그래서 리유는 "나는 모른다"고 말합니다. 저는 이 무지의 고백에 이르기 위하여 아주 먼 곳을 돌아온 겁니다. 부모 살해에 대한 긴 연설로 거창하게 시작해놓고 기껏 선량한 사람들의 도덕으로 되돌아온 꼴입니다. 별로 자랑스러워할 일이 못 되지요.

제가 볼 때 적어도 그 점을 인정한 다음에 앞으로 나아가야 할 것 같습니다. 앞으로 제가 해야 할 일이 그것입니다. 그리고 바로 여기서 아마도 제가 선생님께 뭔가 좀 덜 허황된 말씀을 드릴 수가 있을 것 같습니다. 그러나 문제가 고독이고 보니 저는 제가 하는 말에 대하여 확신을 갖고 싶습니다. 나중에 말씀드리는 게 좋겠습니다.

어쨌든 저의 변함없는 마음을 믿어주십시오. 가끔 저는 선생님 이외에는(그리고, 물론 아무 말도 주고받지는 않지만 어머니 이외에는) 그 누구에게도 전혀 할 말이 없는 것 같은 느낌을 받습니다. 그리고 저는 선생님의 의견을 들어보지 않고는 무엇이든 제가 하고자 하는 일에서 속수무책이 되고 맙니다. 제가 아무 소식을 전하지 못하더라도 개의치 마시고 편지 보내주십시오.

선생님께, 그리고 가족 여러분께 변함없는 마음을 바치며.

알베르 카뮈

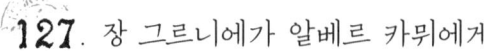 127. 장 그르니에가 알베르 카뮈에게

고르스트 가 29번지, 버클리, 알렉산드리아　　　　　　　　48/2/2

친애하는 카뮈,
드디어 당신에게서 온 최근의 편지 한 장!

나 역시 당신이 왜 오지 않는지 드디어 이해가 갑니다. 당신도 유감스럽겠지만 그보다 내가 더 유감스럽네요.

내가 보기에 진짜 이유는 당신이 말하는 그것이 아니라 (여기서 내가 알아차릴 수 있는 바에 따르면) 다른 데 있는 것 같군요. 즉 뒤아멜의 여행으로 이곳에서 너무 요란한 행사들이 벌어졌고, 그게 과장된 선전으로 비쳐졌다는 사실 말입니다. 그래서 예민한 여론을 건드리지 않으려고 문화협력국이 금년에는 과학 쪽 인사들을 제외하고는 가능한 한 강연 연사들을 파견하지 않기로 한 겁니다. 그에 따른 결과는 아주 유감스러운 모양새가 되고 말았습니다.

파리에 있는 당신의 비서가 당신의 은행구좌번호를 내게 알려주었어요. 그러니 내가 그 구좌로 송금하는 쪽이 좋을지, 아니면 어떤 다른 방식으로 그 액수에 해당하는 뭔가를 올여름에 직접 가져다주는 쪽이 좋을지 말해주시오. 이 편지에서 딱히 꼬집어 말할 수는 없지만 가령 당신 부인이 좋아하는 것(소리아 공작을 볼 것)이나 당신에게 유리한 것이 될 어떤 걸로 말이오.

잊지 말고 미셸 갈리마르에게 안부를 전해주세요. 그에게 편지를 써야겠다는 생각은 하고 있었지만 그가 어디 있는지 잘 알 수가 없었어요. 내게 그의 소식을 좀 알려주면 그에게 편지를 쓰겠어요. 나이 차이가 있긴 하지만 그에 대하여 많은 호감과 우정을 느낍니다.

당신이《페스트》와 결백함에 대하여 하는 말은 내 맘에 들어요. 아니, 감동적이에요. 그 점에 대해서 나중에 다시 이야기해보기로 해요.

샤갈에 대한 강연을 한차례 하고 나서 몽테뉴를 다시 읽고 있습니다

(어떤 강연을 위해서. 여기선 모든 게 다 강연 위주가 되어버렸네요!)—짐작했겠지만, 몽테뉴를 읽다보니 마음에 드는 대목이 많군요. 한번 읽어보세요. 당신에게도 그런 대목들이 전보다는 덜 거슬릴 겁니다.

그렇긴 하지만 형식은 자꾸만 신경에 거슬려요—가끔은 너무 수다스럽다는 생각도 들고—그리고 칼싸움에는 여전히 흥미를 느낍니다.

변함없는 마음을 보내며.

부인께도 우정의 인사를 전해주세요.

장 그르니에

추신. 살리나스 부인이 내게 상당한 분량의 일기 원고(특히 문학 비평적인 성찰들)를 보여줬어요. 읽어보고 쓸 만하다고 판단되면 갈리마르에 보내겠다고 그에게 말할 생각입니다. 앞서 보낸 그의 원고에 당신이 신경써준 것에 대하여 그를 대신하여 감사드려요.

나는 에티앙블을 자주 만나요. 아주 마음이 넉넉하고 대단히 감수성이 예민한 사람입니다. 사고방식 때문에 손해를 보지요. 지금 나는 그의 원고 〈뱀 껍질〉을 읽기 시작했어요.

128. 알베르 카뮈가 장 그르니에에게

(시디 마다니, 1948년) 3월 9일

선생님,

편지 감사합니다. F.와 아이들을 다시 만나려고 온 이곳 알제리까지 그 편지를 가지고 왔습니다. 그리고 기유를 만나려고 여기 시디 마다니[1]로 와서 여기서 선생님께 편지를 쓰는 거예요. 기유는 다른 몇몇 예술가들과 함께 초대를 받아 시파 협곡의 한 호텔에 체류하고 있답니다. 며칠 전부터 우리는 이곳에 와 있는데 지내기가 좋습니다. 그러나 제가 보기에 기유는 생브리외의 안개가 그리운 눈치입니다. 어제 우리는 그를 티파사에 데리고 갔습니다. 햇빛이 눈부신 하루였어요. 그런데 그는 아름다움이 지나치다는 거였어요(벨쿠르에 있는 우리 집에서의 식사를 더 만족스러워하는 것 같았습니다). 어느 면 맞는 말이죠. 그 지나침이 개인적으로 제게는 더 견디기 쉬웠지만요. 얼마나 아름다운 곳인지!

저는 다음 주에 프랑스로 돌아갑니다—기쁜 마음이 아니죠. 파리에서는 불안감을 떨칠 수가 없어요. 생활비가 더 올랐으니까요. 거기서는 가난하고 겁이 나요. "전쟁은 끝났는데" 하고 말하는 사람들이 있어요.

그렇지만 저는 어디에 정착해야 할지 모르겠군요. (여기서) 아랍인들과 프랑스인들 사이의 적대감만 좀 덜해도 이곳으로 물러나 사는 것도 가능하겠지요. 물론 여기선 몸담고 살 집도 구할 수 없고, 집을 사자고 해도 가격이 엄청나지만요. 그러니 프랑스로 갈 밖에요. 하지만 '역사'의 비정함이 비위를 긁기 시작하는 거예요.

참, 5만 프랑 건에 대해서 선생님께 대답을 해드려야 한다는 걸 잘 알고 있습니다. 에, 또! 선생님께서 좋겠다고 생각하시는 대로 결정해주셨으면 해요. 혹은 그 문제 때문에 부담스러우시다면 '우웨이無爲' 작전을 써보시지요. 그 돈 때문에 아쉬워할 일은 없습니다.

저는 몽테뉴에 대하여 아무런 반감이 없습니다. 그 반대지요. 지난겨울 브리앙송에서 다시 읽어보았습니다. 다만 그는 흔히들 말하는 만큼 재미있지도 않고— 태연자약하지도 않습니다. 그렇지만 저는 《레 탕 모데른》 최근호에서처럼 그를 참여 작가로까지 취급할 정도는 아닙니다.

선생님과 친분이 있는 많은 사람들을 만났습니다. 가령 마튀외, 쇼스키[2], 데르망겜 같은 이들을 말입니다. 그래서 문득 알제에서 보낸 시절과 선생님과 함께 이드라에서 콜론 부아롤까지 카망베르 치즈를 사러 갔던 어느 날 저녁을 생각했습니다. "딱히 카망베르를 사기 위해서라기보다, 여기서는 황혼녘이 너무나 견디기 어려워서" 하고 선생님은 말씀하셨지요. 정말 그랬어요. 하지만 선생님은 점원이 내놓는 여러 종류의 카망베르들을 놓고 어느 것이 더 단단한지를 알아보려고 아주 오랫동안 망설이셨지요.

그런데 저는 알제의 거리를 돌아다니며 여러 날 저녁을 보냈습니다. 전에 알던 여자애들은 뚱뚱한 엄마들이 되어 있더군요. 다른 사람들의 얼굴을 보면서 제 나이를 읽게 되지요.[3] 돌아올 때의 우울함 역시 떠날 때의 그것 못지않아요.

제가 말이 많아졌군요. 기유의 말처럼 그만 내빼시지요, 부처님.

선생님의 모든 가족 분들께 안부 전합니다.

선생님의 친구,

알베르 카뮈

살리나스 부인의 원고는 제게 직접 보내시면 됩니다. 아마 그 편이 더 나을 것 같아요.

129. 장 그르니에가 알베르 카뮈에게

고르스트 가 29번지 — 버클리

알렉산드리아, 48. 4. 7

기유와 당신이 알제에 가 있었다는데 거기에 내가 없었다는 게 정말 기쁘면서도 아쉽군요.

나는 카이로에 있는 대학으로 발령을 받았어요.[1] 이집트로 올 때 내가 바라던 바입니다. 그런데 아직 이사를 못 해서 매주 두 도시 사이를 왕복하고 있어요(그러니까 우리 집 주소는 여전히 알렉산드리아입니다).

마르탱 쇼피에의 《인간과 짐승》[2]은 내가 보기에 중요한 책입니다. 그 주제를 다룬 것으로 어쩌면 유일하게 꼽을 만한 책이지요.

우선 내가 갚아야 할 금액의 반을 소시에테 제네랄(소 지점)의 당신 구좌로 입금했어요. 당신이 이집트에 올 수가 없어서 정말 유감이군요! 이드라에 있는 우리 집은 폐허가 다 되었어요. 차고의 셔터만 대충 수리하자고 해도 이 년 치 집세를 다 써야 해요. 이집트를 떠나긴 해야 하는데 프랑스로는 돌아갈 수가 없는 경우, 만약 지금의 세입자(가구 상인)가 나에게 방 몇 개만 쓰게 해준다면 그때 몸을 의탁할 수도 있겠지 싶어서 그 집을 그대로 가지고 있어요. 세입자는 내가 자기에게 집을 팔지 않는다면 거기에 자기가 집을 짓겠다는 말도 합디다. 그렇게 되면 내게 아주 헐값을 제시하겠지요!

아직 바캉스 계획은 세우지 않았지만 올여름엔 다시 알제에 들르도록 노력해보겠어요.

이집트에서는 아무리 해도 구할 수가 없어서 그러는데 혹시 《라 타블 롱드》 지[3]의 과월호들을 좀 보내주도록 해줄 수 있을까요? 빌나 살리나스의 원고 얘기를 다시 또 하는데 그 원고는 이미 작년에 당신 손으로 넘어갔잖아요. 혹시 그녀가 다른 복본을 가지고 있다면 그걸 당신에게 보내라고 말하겠지만요.*

부인께—그리고 당신을 위해서도 마찬가지로—우리의 마음에서 우러난 우정을 전해주세요.

J. G.

* 이 문제는 좀 신경이 쓰이네요. 왜냐하면 그 건에 대하여 혹시라도 내가 실수로 무슨 언질을 주기라도 했다면—하지만 그럴 리는 없어요—나로서는 좀 알기는 해도 아주 잘 아는 사이는 아닌 분이 당신의 편지를 믿고 자신의 글이 《라 타블 롱드》에 실릴 거라고 믿을 수도 있으니, 그분에 대한 내 입장이 미묘해지니까 말입니다.

이곳을 찾은 프랑스 화가들 가운데 사뱅이라는 친구가 있는데, 그가 故 리샤르 마게⁴의 전시회가 열릴지도 모른다는 말을 하더군요. 마게의 미망인은 파리 15구 데누에트 광장에 있는 4번 아틀리에에 살고 있어요. 마게와 아는 사이였던 사람이면 다 같은 심정이겠지만, 나도 그 전시회가 열릴 수 있기를 바라요.

130. 알베르 카뮈가 장 그르니에에게

nrf

〔파리, 1948년〕 4월 21일

선생님,

오해기 있었던 것 같아요. 제가 선생님께 보내달리고 했던 살리니스 부인의 원고는 선생님의 전전 편지에서 제게 말씀하셨던, 살리나스 부인이 완성할 예정이라는 원고예요. 그리고 첫 번째 원고는 여전히 《라 타블 롱드》 편집부에 그대로 있어요. 무슨 이유에선지 발표가 좀 지체되고 있지만요. 다시 한번 독촉을 하는 동시에 선생님께 과월호들을 보내라고 부탁하겠어요. 그러나 신문들과 동시에 모든 잡지가 하나하나 도산하고 있어요. 출판사들도 판매 부진으로 흔들리고 있고요(물론 갈리마르를 두고 하는 말은 아닙니다). 우리는 침묵을 향하여 나아가고 있습니다(유감스럽게도 실제로 그렇지는 않지요!).

근래에 《섬》과 《지중해에서 얻은 영감》¹을 다시 읽었습니다. 여러 해 전 알제에서 읽었을 때와 다름없는 감동, 그리고 다름없는 감탄을 느끼며 말입니다. 저는 강연이 있어서 5월 1일 런던으로 (그리고 에든버러에도) 갑니다. 저의 남미 여행도 확실한 윤곽이 잡히고 있는 것 같아요. 만약 금년으로 정해진다면 7월 1일부터 10월 1일까지가 될 것입니다.[2] 그러니 선생님께서 프랑스로 다시 돌아오신다고 해도 뵙지 못하겠군요. 바로 그 점이 이번 여행 계획 때문에 생기는 차질들 중 하나입니다. 굉장히 흥분될 정도로 기대되는 여행이긴 하지만요.

저는 이제 거의 일손을 놓고 있는 형편입니다. 일종의 슬럼프랄까요. 그러나 지금 벌려놓고 있는 일은 마무리를 지으려고 합니다. 그리고 한동안 글을 쓰는 일(재미로 쓰는 것 이외에는)을 중지하려고 합니다.

기유로부터는 아무 소식이 없네요. 르네 기유와 그분의 딸[3]이 며칠 예정으로 파리에 와 있다는 것 외에는요. 기유는 알제리 여행을 '끝마쳐서' 속이 시원하다고 한다나봐요. 이번 여행이 그가 갑작스레 중단하고 집으로 돌아가버리지 않은 최초의 여행이랍니다. 브르타뉴 사람들은 다 이런가요? 아! 참, 제가 그 얘기를 안 했군요. 제가 기유를 티파사로 데리고 간 것은 2월의 구름 한 점 없이 맑은 하늘이며 폭포처럼 쏟아지는 햇빛이며 가장 화려하고 아름다운 그런 멋진 아침나절이었어요. 제가 주인이나 된 것처럼 "그래 어때요?" 하고 물었더니 그가 "좋아요, 좋아요, 하지만 그저 구름 한두 점만 떠다녔더라면……" 하는 거예요.

그럼 이만 줄입니다. 저를 잊지 말아주세요. 프랑신과 제가 선생님 가족 네 분께 변함없는 사랑을 보냅니다.

알베르 카뮈

131. 장 그르니에가 알베르 카뮈에게

고르스트 가 29번지
버클리
알렉산드리아

48년 5월 6일

친애하는 카뮈,

영국과 남미를 가볼 수 있게 되었다니 아주 반가운 소식입니다. 하지만 아이들도 있고 하니 혼자 가는 거겠지요?

유감입니다.

그러니까 나는 7월에 당신들 부부 중 한 사람밖에 보지 못하게 되겠군요.

《1905년의 혁명가들》[1]을 쭉 한 번 읽어보고 싶었는데. 여행을 떠나기 전에 꼭 탈고해야 해요.

《섬》에 두른 띠지에 대하여 당신에게 고맙다는 인사를 했어야 하는 건데 잊었어요. 단편적인 작품이었지요. 오히려 어떤 작품에 대한 약속이라고 해야 할까요. 끝내 지키지 못한 약속이지만.

물론 기유는 내게도 편지가 없어요. 내가 그토록 정붙여 살았고 사랑했던 고장을 그가 '보았다'고 생각하니 대단히 기뻐요.

두 분께 우리의 우정과 사랑을 보내며.

장 그르니에

소시에테 제네랄 은행에서 내가 당신에게 갚아야 할 돈의 반을 이미 입금했다고 알려왔군요. 올여름에 나머지를 마저 보내겠습니다. 프랑화가 평가절하되어 여간 힘이 드는 게 아니었어요. 이집트에서 당신이 올 것으로 기대하고 있었는데.

당신이 보면 재미있어할 것 같아서 이 사진[2]을 보냅니다.

132. 알베르 카뮈가 장 그르니에에게

(릴 쉬르 라 소르그, 1948년) 7월 28일

선생님,

파리에서 선생님을 뵙지 못한 것, 죄송합니다. 그러나 피곤한 나머지, 이곳으로 오기 전까지 파리를 벗어난 곳에서 지내고 있다보니, 떠나기 전날(토요일)에야 선생님께서 연락하신 것을 알았습니다. 선생님이 계신 하숙으로 전화를 했지만 응답이 없었어요. 그러나 동시에 선생님께서 여름휴가 때 한동안 이곳에 와 지내시게 되면 이웃처럼 지낼 수 있지 않을까 하는 생각을 했습니다. 지금은 릴 쉬르 라 소르그 근처의 어떤 집[1]을 빌려 지내고 있지만, 장차 좀더 유리한 입지의 집(지금 우리가 있는 집은 벌판 한가운데 있습니다)을 하나 살 수 있었으면 합니다. 선생님이 이곳으로 오신다고 좀 확실하게 제게 알려주실 수 있겠습니까?

부쳐주신 돈은 잘 받았습니다. 감사합니다. 우리 두 사람이 다 같이 좋아하는 이 고장에서 만나게 되기를 간절히 바랍니다. 에티앙블의 말을 들어보니 선생님 댁은 만사형통이라지요. 그는 또 선생님께서 살리나스 부인의 아름다운 원고를 가지고 오셨다고 하더군요. 저도 그 원고를 읽을 수 있다면 아주 기쁘겠습니다.

저는 이제 드디어 일을 할 수 있게 되었습니다. 그렇지만 저는 산보도 합니다. 그렇게 산보를 하면서 자주 선생님을 생각합니다. 어서 오세요. 그리고 오시는 날을 미리 제게 알려주세요. 그러실 거죠?

선생님의 친구,

알베르 카뮈

133. 알베르 카뮈가 장 그르니에에게 보낸 전보

〔릴 쉬르 라 소르그, 1948년 8/21〕

8월 초 퐁트네 오 로즈로 편지 재발송 일 쉬르 라 소르그에서 기다리고 있음 카뮈 드림

134. 알베르 카뮈가 장 그르니에에게

〔릴 쉬르 라 소르그, 1948년〕 8월 28일

선생님,

그러니까 파리로 보낸 제 편지도 생베아로 보낸 전보도 못 받으셨단 말입니까? 저희는 선생님께서 오시기만 기다리고 있었어요. 페른에 가

보았지만 선생님을 안다는 사람은 아무도 없었어요. 어쩌면 선생님은 시스트롱으로 곧장 가신 것인지도 모르겠네요. 그럴 경우 이 편지가 그곳에서 선생님을 기다리고 있을 겁니다. 저는 지금 릴 쉬르 라 소르그의 팔레름에 있습니다. 전화는 168번입니다. 선생님께서 이곳으로 오시지 못한다면 제가 시스트롱으로 가도록 해보겠습니다. 8월 초에 보낸 편지에서 저는 어떻게 하여 우리가 파리에서 만나지 못하게 되었는지 그 자초지종을 설명했었습니다. 그러나 제 마음속에는 오직 선생님에 대한 변함없는 마음과 우정뿐입니다. 하루 속히 선생님을 만나뵙고 싶습니다. 소식 주십시오.

알베르 카뮈

135. 장 그르니에가 알베르 카뮈에게

〔퐁트네 오 로즈, 48-9-25〕 토요일

보아하니 우리는 서로 전화 연락이 잘 안 되는 것 같소.

그렇긴 해도 가능하다면 내일 일요일 정오에 내게 전화를 걸도록 해보시오.

ROB국의 10.85번이요.

아니면 속달우편을 보내서 몇 시면 틀림없이 N.R.F.에서 당신을 만날 수 있는지 알려주시오.

'월요일' 또는 (우리는 목요일에 떠나니까) '화요일'이 좋겠어요.

기유가 도착하겠지요(아마도?).

월요일에 보아요.

우정을 보내며.

J.G.

〔봉함엽서〕

136. 장 그르니에가 알베르 카뮈에게

푸아드 1세 대학교
문과대학
이집트

기제[1], 1948년 12월 20일

친애하는 카뮈,

당신에 대한 몇 가지 소식을 들었어요. 친절하게도 당신이 초대해준 덕분에 당신의 극작품(책으로 출판되어 나오면 나도 꼭 읽어보고 싶어요.)[2] 개막 공연에 갔다온 알랭과 베이루트에서 온 카유아, 그리고 끝으로 미셸 갈리마르를 통해서 말입니다.

정말이지 내가 전해들을 수 있는 소식들이 아주 드물다는 것을 당신은 알고 있나요? 알랭이 우리에게 자주 편지를 보내줘서 그나마 다행이지만요.

별 의미도 없는 이런 말을 하는 것은 오로지 우리가 함께했던 변함없는 기억을 당신에게 상기시키기 위해서입니다. 이제는 당신이 이집트에 온다는 희망을 거의 다 잃어버리고 말았어요.

두 분께, 그리고 가족들에게 우리의 우정을 전하며.

장 그르니에

137. 알베르 카뮈가 장 그르니에에게

〔파리, 1949년〕 1월 15일

선생님,

맞아요, 선생님, 저는 아주 형편없는 편지 상대입니다. 그러나 선생님도 잘 아시겠지만 본래 별 관심이 없는 사람에게는 답장을 하게 되지요. 그만한 시간은 언제나 있으니까요. 그러나 사랑하는 사람들에게는 소상하게 이야기를 늘어놓고 싶다보니 나중으로 미루게 되는 겁니다. 그러다가 그만 시간이 흘러가버리지요. 석 달 전에 소식이 오고는 그후 감감무소식인 기유는 그런 경우일 게 분명합니다.

또 사실 저는 이번 사분기에 할 일이 많았어요. 우선 〈계엄령〉의 준비로 바빴어요. 다섯 주 동안 매일같이 오후 두시부터 새벽 두시까지 말입니다. 조립하기 어려운 엄청난 구조물이었지요. 완전한 실패였습니다. 두세 경우를 빼고 비평은 혹독했어요―신문마다 장황한 고정란을 할애하여 혹평을 쏟아내는 바람에 즉시 좌석 예약이 개점휴업 상태가 되고 말았습니다. 연극은 23회 공연을 끝으로 막을 내렸습니다. 사실 공연은 미팅 같은 기이한 분위기 속에서 진행되었어요. 어찌 되었건 실패예요.

그 문제에 대해서 제가 어떻게 생각하는지 알고 싶으세요? 저는 아무 생각도 안 해요. 당연히 저도 제가 쓴 연극들이 성공하는 쪽을 바라죠. 그렇지만 이러한 실패에서 여러 가지로 미묘한 만족을 느끼기도 합니다. 예를 들어서 덕분에 사람들과 만나는 약속이 줄어들거든요. 〈계엄령〉이 어느 정도의 가치가 있느냐 하는 문제라면, 저도 잘 모르겠네요. 선생님의 판단을 기다립니다. 이 작품은 일종의 현대적 '도덕성'을 이룩해보려는 하나의 시도입니다. 저도 그 결점을 잘 압니다. 그러나 거기에 제 나름대로의 어떤 열정을 쏟아부은 것은 사실입니다. 그것은 어느 면 (넓은 의미에서) 사랑의 극이지요. 어쨌든 지금 저는 이미 시작해놓았던 희곡[1]을 쓰는 중입니다.

12월에는 아코 이모님이 심각한 수술을 받게 되었다는 소식을 듣고 알제에 불려갔습니다. 다행으로 이모님은 그 어려운 고비를 넘겼어요. 그래서 파리 생활의 수많은 골칫거리들이 기다리는 이곳으로 돌아올 수 있었습니다. 저희 집 아이들과 저의 파이널 매치는 아이들 쪽이 유리하게 끝이 났습니다. 제가 더이상 집에서 작업을 하지 않는 쪽으로 말입니다. 그리하여 N.R.F.의 제 사무실에서 자물쇠로 문을 잠그고 수화기는 내려놓은 채 작업을 하려고 노력 중입니다. 이제 승리자들은 정복한 영토를 독차지한 채 모든 정복자들이 그러하듯 파렴치하게 행동하고 있습니다.

또 무엇이 더 있었던가요? 저는 저 선량한 게리 데이비스를 (너무 조금 그리고 서툰 방식으로) 지지했다는 이유로 사방에서 모욕을 당하고 있습니다.² 그건 개인적인 호의로 한 일이었어요(그리고 그때 저는《돈키호테》를 다시 읽고 있었는데, 데이비스의 문체는 제 주인 같은 광기를 품고 행동하는 깡마른 산초의 문체였습니다). 공산주의자들은 저를 미국(아니, 달러의) 제국주의에 봉사한다고 비난했고, 드골 파는 러시아 제국주의라고 비난했습니다. 양쪽 다 뮌헨에 대하여 말했지만 그건 같은 뮌헨이 아니었어요. 그러니 헷갈릴 밖에요.

그럼 앞으로의 계획에 대해서 좀 말해보기로 하죠. 르네 샤르와 저는 잡지를 하나 만들 생각입니다. 아마도 이름은《엠페도클레스》³로 정할 것 같아요. "엠페도클레스는 치열한 열정으로 (인간의) 무지를 그려 보인다"고 한 니체의 말을 기억하실 겁니다. 선생님께서 그 잡지에 철학적 시평을 써주시지 않겠습니까? 뭐든 원하시는 대로, 원하시는 방식으로 쓰시면 됩니다. 제한된 수의 필자들만 참여하게 될 것입니다. 그리고 잡지가 말하고자 하는 바는 예컨대 저와 선생님의 공통된 모든 관심사, 그 이상도 이하도 아닐 것입니다. 증정본의 문제가 있습니다만 선생님께는 발송될 것입니다.

저의 청을 받아들여주세요. 그러실 거죠? 지금이야말로 아마도 지드가 말하는 "몇몇 인사들"이 한데 모일 때인 것 같습니다. 그리고 또 오래전부터 저는 선생님과 함께 뭔가를 해보고 싶었습니다. 실무적인 면에서 2월 10일 전에 첫 번째 시평 원고가 필요합니다(노자에 대한 글도 좋을 것 같은데요?). 기유는 창간호에 기고하기로 했습니다.

한 국제작가회의에서 했던 간단한 연설문의 원고[4]를 선생님께 보내드립니다. 그 글에서는 윤리적인 면에서 제가 느끼는 거북함이 감지되리라고 봅니다. 저는 윤리적 인간이 되려고 노력했습니다(아마도 아프리카 출신이기에 그 점 칭찬받을 만하기도 했지요). 아마도 그럴 필요가 있었을 것입니다. 그러나 결국 그 때문에 자신 속에서, 그리고 자신의 주위에서 많은 것들이 부서집니다. 아직은 여기서 발을 멈추고 쉴 생각은 없습니다.

편지 주십시오. 오래 소식 못 드렸다고 섭섭해하시진 말아주십시오. 그 침묵에도 불구하고 저의 믿음과 본심은 조금도 달라진 것이 없습니다.

저희 가족 모두 선생님 댁이 두루 평안하시기만을 빕니다.

알베르 카뮈

138. 장 그르니에가 알베르 카뮈에게

푸아드 1세 대학교
문과대학
이집트

기제, 1949년 1월 26일

친애하는 카뮈, 소식 전해준 것에 감사드리며 즉시 답을 보냅니다. 파리는 카이로에서 아주 멀어요! 그렇지만 잠깐 비행기를 타고 이곳으로 와줄 수는 없겠소? 문화협력국에서는 혹시 생각을 바꾸지 않았나요?

모든 사람들이 당신의 강연을 들을 수 있다면, 그리고 나 또한 당신의 이야기를 들을 수 있다면—그리고 당신을 이곳에 모실 수 있다면 매우 기뻐할 터인데. 왜냐하면 나는 기탄없이 당신을 맞을 수 있으니까요—그 문제를 좀더 구체적으로 고려해보세요. 당신이 가까운 장래에 남미 여행을 떠나도록 확정되었다면 모르겠지만요.

그 점에 대하여 답을 보내주세요, 중요한 일입니다.

당신이 보내준 연설문을 읽으면서 아주 작은 의견 차이도 느끼지 못했어요. 당신은 바로 내가 느끼는 바를 말하고 있어요. 단지 나뿐만이 아니죠. 그리고 당신은 그것을 강력하면서도 고상하게 말하고 있어요.

브뤼크[1]의 책《우리는 이제 숲에 가지 않으리》는 대단히 감동적입니다.

물론 나 역시《엠페도클레스》에 글을 쓰게 된다면 아주 기쁘겠어요. 장 바뉴[2]에게도 그렇게 전해주세요. 이제 막 그의 편지를 받았습니다. 다음번 편지를 쓸 때 내 글[3]을 보낼 터이니 당신 마음대로 처리해주세요. (1)

나는 이곳에서 악惡에 대하여 두 번의 공개 강의를 할 예정입니다!

혹시《계엄령》은 곧 출판하려는 게 아닌가요?

아코 부인께 안부 전해주세요. 당신과 당신 가족들에게 우리의 마음에서 우러난 마음을 전하며.

장 그르니에

〔(1) 역사의 의미에 대한 글.〕

《레 카이에 드 라 플레이아드》지의 철학 시평을 맡아달라고 청한 폴랑에게 팔 개월 전에 글 한 편을 보냈지만 아직도 그 글을 싣지 못하고 있네요. 어쨌든 당신에게는 다른 글을 보내겠어요. 이곳에서 (대단히 어렵게) 구할 수 있었던 책들에 대한 글입니다.

139. 장 그르니에가 알베르 카뮈에게

〔카이로〕 49-2-19

친애하는 카뮈,

《계엄령》을 보내줘서 고마워요—거기서 당신이 하는 말은 무엇이나 다 내 마음속에서—아주 많은 사람들의 마음속에서도 그러리라고 믿지만—어떤 울림을 자아냅니다. 연극이 성공을 거두지 못했다는 것을 이해할 수가 없군요. 대단히 직설적 언어로, 적절하고 직접적인 스타일로 쓴 작품입니다. 감동은 관객에게나 배우에게나 다 같이 전달되어 마땅해요. 혹시 전염병, 관료주의, 독일 협력 등 여러 가지 재난의 상징들이 '뒤얽혀 있어서' 사람들이 당혹감을 느낀 걸까요?—내가 읽어볼 때는 그런 것들이 자연스러워 보이던데요.

당신이 위대함과 '중간 높이'를 서로 대조시킨다든가, 전자를 희생시키고 후자를 더 돋보이도록 한 것은 아주 좋게 보였습니다. 두 가지 목소리가 다 들리도록 아주 멋지게 처리했으니까요.

제2막에서 판사가 부인과 함께 등장하는 장면은 아주 감동적입니다.

사랑의 대화는 아름다워서 아마도 다른 사람들의 대화를 넘어서는 톤으로, 어떤 다른 차원으로 표현되고 있는 것 같아요.

우정을 보내며.

남미로 가기 전에 이집트로 오지 않겠어요? 그렇게 하고 싶다고 생각하기만 하면 충분히 가능할 텐데요.

장 그르니에

살리나스 부인이 당신에게 원고를 보냈습니다.

140. 장 그르니에가 알베르 카뮈에게

아흐마드 히스마트 파샤 가 16번지
자말렉, 카이로

49-3-4

친애하는 카뮈,

내가 보낸 지난 두 통의 편지를 받았겠지요.《계엄령》과《엠페도클레스》*에 대하여 이야기했던 편지 말입니다. 어떤 편지들은 아주 늦게야 배달되곤 해서요.

《라 리코른》지(라 소르그)에 실린 르네 샤르의 아름다운 시편들을 이제 막 읽었어요—

당신 부인은 올겨울에 알제에 가지 않았나요? 아마도 아이들한테 매달려서 정신이 없겠지요!

1905년에 관한 희곡 작품은 어떻게 되어가고 있나요? 당신에게 얼마나 잘 어울리는 테마입니까! 상트페테르부르크와 바르셀로나를 서로 이어주는 끈 같은 걸 아주 잘 느낄 수 있어요(러시아 아나키스트들의 출판물들이 카탈루냐에서 출판 배포되고 또 거기서 번역되지 않았던가요?). 그쪽을 한번 살펴보는 것도 좋을 것 같아요.

되풀이해서 말하지만 나는 《계엄령》의 주제들을 아주 깊이 음미할 수 있었고 또 좋아했어요. 그중에서도 한 가지 주제가 마음에 쏙 듭니다. 문체의 밀도도 그렇고요.

마음으로부터 우정을 보내며.

장 그르니에

* 나는 아주 기꺼운 마음으로 받아들였어요—[원래 편지 여백에 쓴 글]

당신이 이집트에 오지 못한다니 정말 유감이에요! 알랭을 초대해줘서 고마워요—그가 몹시 기뻐했어요.

141. 알베르 카뮈가 장 그르니에에게

〔파리, 1949년 3월 21일〕

전보

아흐마드 히스마트 파샤 가 16번지

자말렉 카이로 장 그르니에 선생님 귀하

선생님의 영원한 제자이며 친구로서 진정 어린 축하를 드립니다.

알베르 카뮈

142. 장 그르니에가 알베르 카뮈에게

푸아드 1세 대학교
문과대학
이집트

아흐마드 히스마트 파샤 가 16번지
자말렉, 카이로

기제, 1949년 3월 28일

친애하는 카뮈,

지난 화요일 당신의 전보를 받고 얼마나 놀랐는지! 더군다나 전보의 내용이 뭘 말하는 것인지 통 알 수가 없었으니 두 배로 놀랐지요. 다음 날 조자르[1]의 전보를 받고야 내가 상을 받게 되었다는 걸 알게 되었어요! 얼마나 웃기는 일인지! 샤를로가 내게 알제리 문학 대상을 받게 하려고 했던 것 기억해요? 그러나 뭐든 억지로 하면 안 돼요. 그저 무위를 실천하면 되는 것이지요. 아무튼 당신의 그 마음의 표시는 내게 행복한 놀라움을 안겨주었습니다―상금 문제는 말할 것도 없고―당신이 보여준 우정의 표시에 감동했습니다. '포르티크 상'[2]이 뭐냐고들 묻는데 나는 통 대답을 할 수가 없네요.

당신은 이집트에 들르지 않고 남미로 출발하려는 건가요? 당신이 원하기만 하면 여전히 이집트 방문은 어렵지 않다고 생각해요. 문화협력국을 통해서 말입니다. 당신이 그렇게 하고 싶다고 그들에게 알리기만 하면 돼요. 그러면 즉시 강연을 열 수가 있으니 말입니다. 강연 횟수는 줄일 수도 있고요―장 바뉴에게 내 원고의 교정쇄를 부쳤어요. 그리고 여기서도 《엠페도클레스》에 관심을 갖는 사람들에게 그 잡지를 소개하려고 해요―그러자면 전단이나 광고 문구들, 그리고 잡지 견본 몇 부가 필요할 것 같습니다.

브뤼크베르제의 책 《우리는 이제 숲에 가지 않으리》에 큰 감동을 받은 나머지 그 글을 쓴 사람에 대한 깊은 존경심까지 갖게 되었어요. 지금은 오비에 출판사에서 나온 장 기통의 《세자린》(당신에게 추천하고 싶은 책입니다)를 읽고 있어요. 그리고 같은 작가의 《믿음의 어려움들》도 함께 읽고 있어요. 오비에 출판사에서 당신에게 내 책 《섹스투스 엠페리쿠스》[3]를 보냈던가요. 안 보냈다면 출판사에 요청하세요.

당신 가족 네 분의 건강을 빌며. 한 번 더 고맙다는 말을 전하고 싶어요.

J.G.

쥘 루아[4]를 보게 되면 고맙다는 인사를 전해주세요. 아마 여전히 슈브뢰즈 골짜기에 살고 있으리라고 생각하지만.

143. 알베르 카뮈가 장 그르니에에게

(파리, 1949년) 4월 25일

선생님,

방금 이 작은 책 《어휘집 *Lexique*》[1] 속에서 선생님을 다시 만났습니다. 선생님 말씀이 옳아요. 이 책은 초상화이기도 합니다. 어찌나 생생한 초상화인지 당장 선생님께 달려가고 싶어질 정도였어요. 하지만 늘 그렇듯이 저는 또 지각생이 되었네요(정확한 시간에 닿지는 못해도 약속은 엄수하죠). 그렇지만 사람은 본래 싫어하는 일에는 기꺼이 시간을 지키는 법이지요(치과에 가는 거라면 결코 지각을 하지 않거든요). 그 밖의 다른 사람들에 대해서는 완전히 믿고 마음을 놓는 거죠. 하기야, 우리가 사랑하는 사람들을 상대하는데 뭣하러 시간을 잘 지켜야 한단 말입니까, 그들은 변함없이 거기 와 있는데 말입니다. 그렇긴 해도 역시 제겐 변명거리가 별로 없습니다. 제가 젊고 행복했을 때 제게 열을 올리는 체하는 한 여자(그녀는 도지사와 결혼했지요)가 있었는데, 제게 이렇게 말하곤 했어요. "사랑한다면 편지를 쓰는 거예요. 거기서 벗어나면 안 돼요." "아니죠, 참다 참다 못해 결국은 쓰고 마는 게 편지죠." 전 이와 같은 미묘한 차이 덕분에 딱지를 맞고 말았답니다.

선생님께서도 지금쯤은 포르티크 상에 관해서 알게 되셨겠지요. 심사위원들은 훌륭한 분들입니다. 무위가 두 번 승리를 거둔 셈입니다. 제가 심사위원이 되는 걸 거절했으니 말입니다. 플레이아드 상의 경험으로 확실한 교훈을 얻었기 때문입니다. 그건 고양이 편의 사정이고, 멍멍이 편에서 생각해보면 그 상은 선생님의 바캉스를 좀더 편하게 만들어드릴 겁니다. 그리하여 저는 선생님을 9월에 뵙게 될 희망을 가질 수 있고요. 저는 필시 6월에 출발할 것 같습니다.[2] 에베르토 극장에서 하기로 예정된 제 연극 연습[3]에 맞추자면 8월 말에 돌아와야 하니까요. 선생님께 그 희곡의 첫 번째 버전을 보내드리고 의견을 구하고자 합니다. 그래도 괜찮으실지요?

《섹스투스》는 며칠 전에 받았습니다. 5월 1일부터 보클뤼즈 지방에 가 머물 예정인데 이 책을 가지고 갈까 합니다. 제 생각을 해주셔서 감사합니다. 저도 이집트에 갈 수 있었으면 좋았겠지요. 하지만 남미로 떠나야 하니 해야 할 일이 많았습니다. 6월 전에 희곡(이건 다 끝냈습니다)과 반항에 관한 에세이[4]를 끝내고 싶었습니다. 에세이는 써나가고 있지만 끝낼 수 있을지 자신할 수 없습니다. 이 모든 것이 준비되면 일 년 동안 아무것도 하지 않고 지낼 생각입니다. 글을 쓸 수도 있고 쓰지 않을 수도 있고, 그저 내키는 대로 지내다가 다른 일을 시작할까 합니다. 그때가 되면 기꺼이 이집트에 가고 싶다는 뜻으로 드리는 말씀입니다. 문화협력국에서도 이 계획에 대하여 긍정적입니다.

《엠페도클레스》는 받아 보셨는지요? 시평을 제외하고는 전체적으로 괜찮아 보입니다. 저는 이 공동의 '출발'에 대하여 만족이었습니다. 저는 지금 알제에서 선생님께서 말씀해주셨지만 구하지 못했던 시체드린의 《골로블료프 가의 사람들》을 읽고 있습니다. 절망적인 내용이지만 대단한 책입니다. 러시아의 영혼은 톨스토이를 제외하고는 쩨쩨한 영혼입니다─제가 볼 때 비록 설교를 늘어놓기는 해도 톨스토이가 으뜸입니다.

아마도 파리 소식이 궁금하시겠지요? 하지만 아무것도 없습니다. 빨치산 세계평화대회는 마오쩌둥의 남경 승리에 갈채를 보내며 환영했고, 세계 시민 게리 데이비스가 대회에 참석하는 것을 거부하기 위해 어떤 진보적인 신부를 파견했습니다. 사르트르는 자신이 일 년 전에 창당에 몸 바쳤던 당[5]을 떠났습니다. 이유인 즉, 민주적 기초가 서 있지 않다는 것입니다. 시몬 드 보부아르는 여성의 성에 관한 글을 발표한다는군요. 지드는 자신의 고용인(그가 우리 주인님 자크라고 부르는)을 내보내려고 합니다. 그 고용인이 툭하면 "확실합니다" 하고 맞장구를 치는 게 싫어서라는군요. 저는 에르바르에게, 그 불쌍한 사람을 보거든 그러지 말고 "하기야 뭐든 다 비슷비슷하죠"라는 표현을 써보도록 귀띔을 해주라고 넌지시 일렀습니다.

저로 말씀드리자면…… 사실 선생님께서 이미 딱 부러지게 말씀하신 적이 있지요. 우리가 살아가는 데 도움이 되는 것은 우리가 진실이라고 믿는 것이 아니라고 말입니다. 제가 혹시 에피쿠로스가 말하는 미치광이가 되려는 게 아닐까 싶어 두렵습니다. 선생님도 기억하시지요? 미치광이란 바로 매일같이 인생을 새로 시작하는 자라는 것을 말입니다. 가능하다면 제게 깨우침을 주십시오. 사모님과 마들렌에게 안부를 전해주십시오. 그리고 선생님께는 친구로서 따뜻하고 충심 어린 인사를 전합니다.

알베르 카뮈

144. 알베르 카뮈가 장 그르니에에게

〔파리, 1949년〕 5월 19일

선생님,

선생님께서 부탁하신 대로, 원고¹를 보내는 편에 몇 자 보태 적습니다. 선생님을 믿고 이 원고를 보내드립니다. 하지만 아주 촉박하게 청탁을 받았고 허락된 시간도 겨우 삼 분이었습니다 (한 달 전 성금요일에 즈음하여 라디오 방송국에서 '진리란 무엇인가?'라는 제목으로 팔 분간만 말해달라는 요청도 있었어요. 농담이 아닙니다). 하지만 저는 적어도 제가 생각하는 바를 말한 것입니다. 비록 서투르긴 했지만요.

곧 다시 쓰지요. 보내드린 제 희곡의 첫 번째 버전을 받으셨겠지요. 다시 손질하기 전에 선생님의 평을 기다리고 있습니다.

선생님의 친구,

알베르 카뮈

145. 장 그르니에가 알베르 카뮈에게

푸아드 1세 대학교
문과대학
이집트

기제, 1949년 6월 5일

친애하는 카뮈,

당신의 고전 비극¹은 대단한 성공작입니다. 이 작품에 대해서는 다음 편지에 자세하게 쓰기로 하지요(너무나 지독한 더위가 밀려오고 있어서 5월에는 아무 일도 할 수가 없어요). 나는 그 작품에서 당신이 충실하게 그려놓은 당신 자신의 초상을 음각으로 양각으로, 가혹하면서도 정다운 모습으로 다시 읽을 수 있어요. 저마다의 존재는 복합적이지만 그의 특징들 사이의 '관련성'은 더 혹은 덜 강할 수가 있지요. 당신의 경우에는 둘 사이의 찢어질 듯 고통스런 관련성이 느껴져요. 그 '관련성'이 강하기 때문이지요.

당신이 라디오에서 나에 대하여 이야기한 말을 생각하면 뭐라고 감사해야 할지 모르겠어요. 감사하는 한편으로 민망하기 이를 데 없어요. 정말로 나에 대하여 그렇게 말해도 되는 것인가 싶어서요. 나의 한 부분에 대해서는 어쩌면 그럴 수도 있겠지요. 하지만 다른 한 부분에 대해서는…… 그리고 나의 '작품'에 대해서라면? 그런 작품은 있지도 않아요. 기껏해야 작품의 어떤 지시들(연극 연출에서 쓰는 표현처럼)이 있을 뿐이지요.

당신은 "깊숙이 감추어진 알 수 없는 고통"이라고 말했지요. 정확한 표현이에요. 그 고통은 통일성과 절대에 대한 나의 욕망(나는 플라톤과 특히 플로티노스를 몹시 좋아해요), 그리고 이 욕망과 '이 땅(이승)' 사이를 중재시켜야 할 필요성을 미봉책으로밖에는 조화시키지 못했다는 사실에서 오는 것입니다.

신의 섭리, 사랑, 믿음, 좀더 나은 무언가에 대한 희망, 바로 이러한 것들이 누군가 말했듯이 발밑에서 무너져 새어나가는 것처럼만 느껴지는 겁니다. 내가 그런 것들을 믿고 싶지 않아서가 아니에요. 너무나 한정된, 혹은 나도 알지 못할 그 무슨 구렁텅이 속으로 빠져드는, 보잘것 없는 개체인 나로부터 벗어나기가 어렵기 때문이랍니다('실제로는' 결국 마찬가지겠지만요). 그렇지만 나는 신이 주시는 '선물'(마치 이 선물이 그때는 가치가 있었기라도 하다는 듯이!)을 향해서 애써 나아갑니다. 가까운 시일 내에 당신의 1905년 친구들에 대하여 이야기하겠어요.

잘 지내시오.

J.G.

빌나 살리나스 부인의 원고는 받았나요?

146. 장 그르니에가 알베르 카뮈에게

아흐마드 히스마트 파샤 가 16번지
자말렉

카이로, 49년 6월 8일

친애하는 카뮈, 당신이 내게 보내준 희곡'에 대하여 자세한 소견을 적어보겠소. 때로는 너무 시시콜콜하게 파고들어간 느낌이지만 나로서는 열심히 읽고 쓴 것입니다.

이 작품이 성공을 거둘지 어떨지는 알 수 없어요—작품의 주제 때문에라도 성공을 거둘 거라고 믿긴 하지만—그러나 어쨌든 연극의 절제미에 있어서 당신이 이 정도 밀도에 도달한 적은 한 번도 없었어요. 이건 한 편의 걸작이라 불러도 손색이 없어요.

내 생각에 이 작품에는 두 가지 취약한 곳이 있다고 봐요. 제2막 시작 부분과 특히 제4막 끝부분이 그래요. 곰곰이 생각해보면서 나는 그것이 아이들과 대공 부인에 대한 당신의 상상력 부족에서 오는 것이라고 이해했어요. 당신은 그들 이야기를 하면서도 그들을 눈으로 보고 귀로 듣지를 못한 겁니다—그들이 '살아 있지' 않은 거예요. 그렇지만 그들은 관객들에게 자신들의 존재감을 느끼도록 만들어야 해요. 그냥 어떤 구실이 되면 안 되는 겁니다.

당신에게 따뜻한 우정과 함께 나의 지극히 솔직한 감탄의 말을 전합니다.

J.G.

추신. 우리는 18일에 떠나야 해요. 희곡을 어디로 반송해야 할까요? 그저께 당신에게 편지를 써 보냈습니다.

제1막―전개는 완벽하다―아주 그럴싸하고 철저하게 따졌다―
벌써부터 칼리아예프와 스테판 사이의 대립이 나타난다.

8쪽―둘째 줄 Mais oui는 Mais si로.

6, 9쪽―아녠코프가 두 번이나 "끄나풀들이야?" 하고 묻는데 이건 아주 자연스럽다. 하지만 아녠코프가 아니라 남의 영향을 잘 받는 부아노프가 칼리아예프에게 '질문을 던질 수도 있을 것이다'.(9쪽)

11쪽―칼리아예프―J'aurai는 j'aurais… je sentirais가 어떨지? "내 시야가 어두워지고 내 몸이 말을 듣지 않아……"는 좀 추상적이고 차갑다.

아녠코프―de fuir et *de* se préserver

아녠코프―diffuser는 répandre나, 그보다 lancer로 바꾸는 것이 낫다.

12~14쪽―탁월한 대사.

15쪽―칼리아예프―j'ai l'impression qu'ils 은 qu'*eux*로.

도라와 스테판―c'est *différent*은 *autre chose*로.

15~20쪽―생각이나 표현이 매우 힘차고 아름답다.

20쪽 K : 하느님이 도우시면? 매우 적절한 표현. K는 종교적인 영혼의 소유자이니까(제3막).

제2막

21~23쪽―적절한 '기다림'.

22쪽—도라—절규가 터져나오려는 바로 그 자리에—그대로 좋다—

25쪽—아마도 (희곡을 읽을 때) 독자는 K.의 이야기에 충분한 감동을 느끼지 못했을 것이다. 어쩌면 스테판의 대사를 좀 길게 늘이고 K.가 좀더 오랫동안 의기소침해 있도록 하여 그동안 인물들이 낮은 목소리로 말을 주고받게 하고, 그렇게 몇 분간의 기다림과 긴장이 이어진 다음 마침내 K.가 자신의 생각을 피력하게 하되 그가 하는 말이 좀 덜 명시적이고 덜 논리적인 것이 되도록 하는 편이 좋을 것 같다.

28쪽—스테판이 말한다. "그건 사랑의 폭발 그 자체라고?—우리가 신이 되는 거라고?" 좀 아카데믹한 냄새가 나는 토론.

29쪽—채찍은 탁월한 발견.

스테판: rien n'est défendu *qui*에서 *qui*는 de ce qui로.

30~32쪽—좋다.

제3막 38쪽—부아노프의 대사가 좋다.

38과 42쪽—번쩍거리는 마차(좋다.)

그렇지만, 너의 얼굴이 번쩍거렸다(?)

42~45쪽—극의 전환점—그러므로 이 핵심적인 순간에 적합한 여배우를 택해야 한다—여배우는 힘이 있어야 하고—그러하되 지나치게 감정을 폭발시키지는 말아야 한다—(삼 년 동안 단련된 인물이므로)

제4막—독방에? 간수의 방문, 그리고 일반 범법자와의 대화? 가능한 일인가?

53쪽—K.—'선고'를 받아서 술을 마신다고?

le steppe인가 la steppe인가?

인물로서 포카는 훌륭하다. 스쿠라토프는 대단히 훌륭하다.

61쪽—첨부하셨으니까요…… 보복(불필요?)

61쪽이 두 번이나 반복되어 있으므로 다른 원고에서는 그중 하나를 뺄 것.

62쪽—대공부인: "모르지요. 난 무언가에 이끌려서 이곳으로 왔으니……" (메테르링크가 사용한 적이 있음)

64쪽—대공부인: 나는 그 때문이 아니라 분명하게 알기 위해서 온 거예요.

대공부인: 내가 당신 어머니일 수도 있어요.

대공부인과의 이 대화는 이념적인 면에서는 훌륭하지만 약간 신문 연재소설 냄새가 난다—(단언할 수 있어요.)

말은 많을 뿐 감동은 거의 없다—

66쪽—"우리라고요? 수레를 미는 이들 말입니까?"

67쪽—"조금만 더 기다려요" 대공부인은 계속하여 사설을 늘어놓는다.

68쪽—감동적이고 진실성이 느껴지는 페이지.

제5막—70쪽이 둘임—Boris가 도처에 Boria로 타자되어 있다.

71쪽—도라: A-t-il dit는 n'a-t-il pas dit?로.

72쪽—'특별 근무'라고 해놓고 동시에 '자발적'? 도라가 춥다고 느끼는 것은 좋은 착상임.

73쪽—도라: "새싹이 움트고 있네요……" 이런 순전히 묘사적인 표현은 마치 그 광경을 지켜보고 있는 것이 자신이 사랑하는 남자인 것처럼 그 남자에게 건네는 말이 되어야 한다.

74쪽―아넨코프 : 아직은 아니요, '나의' 여보―통속극. 아름답고도 '중요한' 페이지.

75쪽―도라 : 뱃속을 쥐어짜는 것 같다―기쁜 마음으로.

마지막 부분은 극도로 비장하면서도 놀라울 만큼 적절한 어조를 띠고 있다. 저 끔찍한 웃음까지도, 특히 그 웃음이.

147. 장 그르니에가 알베르 카뮈에게

[퐁트네 오 로즈], 49년 8월 11일

친애하는 카뮈,

6월 말 파리에서는 간발의 차이로 당신을 만나지 못하고 말았군요. 난 그 뒤부터 줄곧 퐁트네에 머물고 있어요. 9월 10일까지는 제네바에 가겠다고 했지만(모임[1]이 있어요), 8월 31일까지는 이곳에 머물러요. 그러나 퐁트네의 주소는 여전히 유효합니다.

장 조레스 가 1번지

퐁트네 오 로즈(센)

도착하는 즉시 편지 주시오.

당신의 소식을 알려고 부인께 편지를 보냈더니 주소를 알려주셨어요. 에베르토 극장에 《죄 없는 사람들》의 예고가 나붙었더군요(내가 보기에 이 제목보다는 '정의의 사람들'이 더 정확할 것 같아요. 앙티곤은 죄가 없지만 생쥐스트는 정의롭지요. 죄가 없다는 것은 어떤 소극적인 상태지요. 정의로운 사람은 적극적으로 행동합니다. 그래서 많게든 적게든 '심판하는' 행위를 합니다. 정의는 해를 끼칠 권리가 있어요. 대공의 아이들은 죄 없는 아이들이지요—당신의 인물들은 죄 없음을 증명하려고 애쓰는 것이 아니라 자신들이 정의롭다는 것을 공개적으로 선언합니다—오직 소니아[2]만이—그것도 정도의 문제지만—죄 없는 존재이고자 합니다—아니, 그녀는 오히려 정의로운 사람이 마침내 죄 없는 사람이 될 수 있는 시대가 빨리 오도록 앞당기고자 합니다.

나는 가족들과 함께 제네바에 갔으면 합니다. 아마 우리는 9월에 만날 수 있겠지요?

롤랑 프티 발레단은 대단히 흥미로웠어요—가령 〈거울 부인〉 같은 작품 말에요. 〈카르멘〉은 완벽하다고 할 정도는 못 되었지만 매우 암시적이고 혁신적이었지요.

《엠페도클레스》 제3호가 나왔더군요(내 글도 한 편 실렸지요[3]).

리우에는 골동품 상점(포르투갈 통치시대의 종교와 관련된 물품들) 거리가 있다는군요—오랑에 없는 게 바로 그거예요—아니 적어도 내게는 그게 아쉬웠어요.[4] 나로서는 나보다 앞서 살았던 사람의 숨결을 느끼고 싶었으니까요.

애정 어린 마음을 전하며.

장 그르니에

148. 알베르 카뮈가 장 그르니에에게

nrf

[파리, 1949년] 9월 6일

선생님,

저는 집에 돌아왔지만 선생님을 만나지는 못했군요. 선생님께서 제네바에서 돌아오실 때가 되면 저는 오트 루아르에 가 있을 겁니다. 몹시 피곤한 여행을 마친 뒤라 그곳에서 휴식을 좀 취해볼 생각입니다. 저는 20일경에는, 늦어도 25일에는 돌아오려고 합니다. 선생님께서 그리로 오실 수 있을까요? 어쨌든 샹봉의 제 주소인 오트 루아르, 마제 생 부아, 르 파늘리에는 알고 계시지요.

남미에서 선생님께 편지를 띄워 제 희곡작품에 대한 편지에 감사드리고 지적해주신 사항들을 모두 수정했다는 것을 말씀드릴 생각이었습니다. 그러나 로데오와도 같은 강행군으로 진이 빠지고 보니 잠시도 쉴 틈이 없었습니다.[1] 지금 당장은 그저 자고 싶고 침묵하고 싶은 마음만 간절할 뿐입니다. 저는 인간들 모두 다에 질려버린 기분입니다.

작품 제목과 관련해서는 선생님의 생각이 옳습니다. 《죄 없는 사람들》에는 저 혼자만 민감하게 느끼는 아이러니가 내포되어 있습니다. 아닌 게 아니라 그들은 정의의 사람들입니다. 그리고 그들의 격한 분노에 대한 대가를 치릅니다.

20일경에는 어디에 계실지 알려주십시오. 필요하다면 제가 그쪽으로 갈 수도 있으니까요. 그렇지만 무슨 일이 있어도 떠나시기 전에 좀

한가로운 시간을 가지고 만나뵙고 싶습니다.

　댁내 모두가 건강하시기를 바라며 저의 가장 진정 어린 마음을 담아 보냅니다.

알베르 카뮈

149. 장 그르니에가 알베르 카뮈에게

장 조레스 가 1번지
퐁트네 오 로즈(센 현)

49년 9월 13일

친애하는 카뮈,

　벌써 돌아왔다고요! 그렇게 빨리 돌아오리라고 기대하지 않았는데요. 9월 말까지는 이곳에 머무를 예정이니 (이슬람교도들 말처럼 알라신의 뜻이라면) 당신을 만났으면 좋겠습니다.

　나는 제네바에서 열흘 동안 알랭과 같이 지냈어요.*

　그러니까 20일과 25일 사이에 만나는 거지요? 만날 날짜를 미리 알려줘요. 부인과 아이들도 같이 만날 수 있을까요?

　정다운 마음을 전하며.

J. G.

---

* 〈딱딱한 빵〉에서 외틀리의 연기는 탁월했어요. 르누아르도 그렇고요. 하지

만 여자들은 그만 못했어요. 여자들은 대개 극장 밖에서의 '연기'에 더 능하지요. (편지의 여백에 쓴 말)

150. 장 그르니에가 알베르 카뮈에게

푸아드 1세 대학교
문과대학
이집트

기제, 49년 11월 20일

친애하는 카뮈,

근래에 아내를 통해서 당신이 아파서 스트렙토마이신 처방을 받았다는 소식을 들었습니다. 그 약은 효능이 아주 좋고 이제는 조제도 용이해졌다고 하더군요. 소식을 듣고 내가 얼마나 마음이 아팠는지요. 당신이 하고 온 그런 여행은 분명코 그 어느 것보다도 힘든 것이었을 터이니 말이요.

당신 소식은 당신이 편지를 쓰는 수고를 하지 않아도, 가령 '미셸' 갈리마르 같은 우리 공통의 친구들을 통해서 가장 빨리 전해들을 수 있을 것 같은데요? 미셸과 그의 부인에게 안부를 전해주세요. 부인께선 당신의 건강 문제도 있는데다 갑작스레 이사까지 하려니 얼마나 걱정이 많겠어요!

나는 지금 라 바코니에르 출판사의 청으로 르키에의 작품 '전집' 출판을 준비하고 있어요—정말로 섬광과도 같은 재능을 가진 사람이었어요. 《선민의 대화》와 《사랑의 성가》를 다시 읽어보노라면 감탄을 금할 수가 없어요.

나는 '악'에 관한 연구[1]를 마무리하고 싶어요. 나는 악을 의연하게 받아들이는 것과 (혹은) 악으로부터 멀리 도망가는 것—이건 내가 전적으로 함께하고자 하는 지적인 관점들이지만—에 대하여 이야기한 후, 중용의 길을 따르는 영웅적이지도 금욕적이지도 않은 저 연민, 당신이 때로는 거친 방식으로 또 때로는 부드러운 방식으로 그렇게도 잘 표현한 바 있는 그 연민에 대하여 이야기할 생각입니다. 나는 그 연민을 예수-마리아-막달라 마리아의 면에서 보고 있어요. 사랑의 언어가 그런 방식으로 말해진 적은 한 번도 없지요. 그러나 나는 텍스트를 아주 자세하게, 단어 하나하나를 곱씹어 읽음으로써 그 사실을 알아차릴 수 있었습니다. 당신의 친구,

장 그르니에

내 아내를 너무나도 다정하게 보살펴준 프랑신에게 꼭 안부를 전해주세요.

151. 장 그르니에가 알베르 카뮈에게

〔기제〕 49년 12월 20일

친애하는 카뮈,

알랭을 통해서 당신에 대한 썩 좋은 소식을 들었습니다. 알랭은 당신

이 자기를 누이동생과 함께 〈정의의 사람들〉의 개막 공연에 초대해주었다면서 몹시 기뻐했어요.[1] 연극이 성공을 거두기를 진심으로 기원합니다. 그 장식 없는 모습이 정말이지 아름답고 가슴을 찌르는 듯한 극이니까요. 동시에 당신을 위해서도 그렇지만, 그보다는 관객과 비평계의 명예 회복을 위해서 훨씬 더 그렇습니다. 당신이야 대중이 동의하든 말든 상관 안 할 수 있겠지만, 관객들의 입장에서 감탄하지도 감동하지도 않는다면 관객의 자격이 없는 것입니다.

여기 아마추어들이 무대에 올린 〈칼리굴라〉 공연과 관련된 신문 스크랩을 동봉합니다―떠돌이도 못 될 정도의 보잘 것 없는 극단이었지만 희곡 자체로 보면 대성공이었지요. 바티 극단에서 배역을 맡은 적이 있다고 자랑하는 '클레르 드 푀르빌'이라는 여성이 거울 앞에서 어지간히도 교태를 부리며 연기를 하더군요. 우스워서 죽는 줄 알았답니다. 헬리콘 역은 무난했어요. 메레이아도 그렇고요. 드니 뤼카(드니 코엔의 예명)는 처음에는 형편없는 것 같더니 나중에는 좋아졌어요. 자연스러움이 부족했지만 끼가 있었어요. 관례대로 그는 파리로 간답니다.

프랑신은 어떻게 지내는지요? 아파트에 대한 실망, 당신 문제에 대한 걱정, 아이들 보살피는 일 등으로 대단히 힘들었겠지요. 그녀에게 기쁨을 줄 수 있는 뭔가를 보내주거나 전해주고 싶은 마음 간절합니다. 우선 당장은 다음과 같은 서명이 붙어 있는 소네트라도 한 수 보낼 수 있다면 당신 부인이 기뻐할 텐데, 그것조차 할 수가 없네요.

에나레스 Hénarès

소리아 공작 des ducs de Soria

마퀴메르 남작baron de Macumer[2]

우리가 잊지 않고 부인 생각을 하고 있다고 전해줘요.

어서 당신과 〈정의의 사람들〉에 대한 소식을 좀더 자세하게 듣고 싶은 마음 간절합니다.

장 그르니에

152. 알베르 카뮈가 장 그르니에에게

(카브리스, 1950년) 2월 13일

선생님,

벌써 여러 주째 선생님께 편지 드리지 못한 것을 지책하고 있습니다. 그러나 침대에 누워 있어야 하는 것에 대한 지겨움과 몇 가지 우울한 기분 때문에 편지를 쓰고 싶은 마음마저 싹 가셔버리곤 했습니다. 그렇지만 선생님께서 기다리시는 소식은 전해야 하겠지요. 어쨌든 따지고 보면 좋은 소식들입니다. 스트렙토마이신 처방을 받은 후 저는 이곳(선생님도 알고 계시는 곳이라고 들었습니다만)으로 옮겨와서 그리 높지 않은 고지 치료를 받고 있습니다. 이 치료는 4월까지 받아야 한다는군요. 오른쪽 폐에 돋아났던 작은 종양도 빠르게 아물어가고 있는 듯합니다. 이젠 몸도 불어서 눈에 띄게 건강한 모습이 되었습니다. 그동안 여러 가지 면에서 늘 너무 고단하게 생활해오다보니 그랬는데, 이제 비로소 휴식을 취하게 되니까 기적적으로 다시 원기를 회복하게 된 것 같습니다. 4월에 파리로 돌아가서 필요한 검사를 받아보면 상태가 어떤지 알 수 있겠지요.

　단 한 가지 달라지지 않는 골칫거리가 있다면 제게 병에 대한 적응력이 없다는 점입니다. 병에 습관은 들어 있지만 그게 올바른 습관이 아닌 모양입니다. 그래서 초조한 마음을 간신히 억누르고 있는 것입니다. 물론 일을 하기는 합니다만 마지못해서 하는 것이거든요. 게다가 병을 앓다보니, 아주 없애진 못해도 최소한 균형은 잡았다고 믿었던 부정적인 힘들만 늘 되살아나더군요. 그동안 변두리에 밀려나 사는 삶이 아닌, '정상적'인 삶, 그러니까 세상의 흐름에 따라 사는 삶을 살아보려고 끊임없이 애써왔습니다만 병의 재발은 그런 노력에 전혀 도움이 되지 않는군요. 선생님께 기껏 이런 말밖에 드릴 말씀이 없습니다. 그러다보면 그냥 아무렇게나 살면 어때 하는 약한 마음을 먹게도 되고…… 그렇지만 선생님도 그게 어떤 것인지 아실 겁니다.

　곧 《정의의 사람들》[1]을 한 부 받아보실 것으로 믿습니다. 연극은 한쪽에서는 싸늘한 냉대를 받았고 또다른 한쪽에서는 뜨거운 환대를 받았습니다. 포스터는 계속 내걸고 있습니다(60회 공연). 그러나 그것도 역시 마리아 카자레스의 빼어난 연기 덕분입니다. 눈물에 흥건하게 젖은 얼굴로 절망을 못 이겨 몸을 꺾으며 그녀는 청중을 감동의 도가니로 몰아넣는 가운데 연극을 끝맺습니다(나중에 보시면 아시겠지만, 선생님께서 텍스트에 대하여 지적해주신 모든 비판을 참고하여 손질한 덕택으로 연극이 많이 나아졌습니다. 그 점 선생님께 무어라고 감사의 말씀을 드려야 할지 모르겠습니다). 그럼에도 100회 공연 이상을 기대하지는 못합니다. 결국 절반의 성공인 셈이지요.

좀더 굳게 마음먹는다면《반항하는 인간》의 초고를 4월 안으로 완성할 수도 있겠다는 생각이 듭니다. 그때에는 다시 손질하기에 앞서 선생님의 비판적인 말씀이 무엇보다 필요할 것 같습니다. 이 흥미로운 주제들에 대한 작업을 마무리하기 위하여 이번 달에는 1944년부터 1948년까지에 해당되는 저의 정치 시론집[2]을 꾸미는 일에만 전적으로 매달릴 작정입니다. 저로서는 이것이 정지 작업의 한 방식입니다.

어쩌다보니 온통 제 이야기만 늘어놓은 편지가 되어버렸군요. 그렇지만 선생님께서 물어보신 것에 대답을 하느라 이렇게 된 것입니다. 저는 지금 악에 관한 선생님의 모든 글들을 정신없이 읽고 있습니다. 그것은 우리 시대의 주제이며 어떤 측면에서는 유일한 현안입니다. 제가 보기에 모든 것은 도스토옙스키의 선택으로 요약되는 것 같습니다. 이반은 진리보다는 정의가 먼저라고 봅니다. 다시 말해서, 그는 자기 혼자만 구원되는 것을 거부합니다. 도스토옙스키는 우선 진리가 먼저여야 한다고, 결국에는 모두가 다 구원될 수밖에 없다고 말합니다. 그러나 이 두 경우, 선택의 문제가 존재합니다. 한쪽은 살아 있어야 한다고 말하고, 다른 한쪽은 병들어야 한다고 말합니다. 저라면 병이 들고 '그리고' 살아 있었으면 좋겠습니다.

스위스에서 출간하기로 한 《르키에 전집》[3]은 어떻게 되었습니까? 이집트에서〈칼리굴라〉가 공연되었다는 소식을 듣고 기뻤습니다. 정말 볼 만했겠군요. 기유는 '테오프라스트 르노도 상'을 받고[4] 기뻐서 어쩔 줄 모릅니다. 책도 잘 팔리고요. 저 역시 기쁩니다. 정말이지 '인정받아' 마땅한 그가 상을 받아서 아주 기뻐요(심지어 그가 창을 세 겹씩이나 덧댄 구두와 비즈니스맨 외투를 구입했다는 말도 들립니다). 거기다가 저작권료로 6백 내지 7백만 프랑 정도를 받았다는 것도 사실입니다. 돈벼락이지 뭡니까! 제가 아직 파리에 있을 때여서 보기가 좋았습니다. 우리는 그를 좀 놀려주기도 했습니다만 모두가 기뻐했지요.

선생님은 언제 돌아오실 예정입니까? 유럽은 프로방스로 불릴 때가 무척 아름답습니다. 이곳에는 벌써 편도나무에 꽃이 만발했습니다.[5] 상 파울로의 모범 형무소장이 자신의 멋진 형무소를 저에게 구경시켜주고 나서 "여기가 당신의 집입니다E sus casa"(물론 포르투갈 말로 말입니다)라고 하던 게 생각납니다.

아마도 우리는 잠시 시간을 같이 보낼 수 있겠지요? 그럴 수 있기를 바랍니다. 두 분께 저희 부부의 인사를 전합니다. 그리고 선생님께 저의 변함없는 사랑의 마음을.

알베르 카뮈
카브리스(알프 마리팀)에서

153. 장 그르니에가 알베르 카뮈에게

이집트 대학교
문과대학

1950년 4월 7일 그리고 50년 부활절

친애하는 카뮈,

2월 말 편지에서 전해준 소식으로 마음이 놓였어요. 몇 번이나 당신에게 편지를 써야겠다는 생각은 하면서도 많은 사람들이 그러하듯이 나도 점점 더 편지를 쓰는 일이 드물어집니다. 그러다보니 기껏해야 그다지 신경쓰지 않아도 되는 편지들에나 엄두를 내어 답장을 하는 겁니다. 아무 관심도 없는 것들에 대해서만 말하면 아주 편하거든요! 나는 선생이었을 때도 그런 안이한 방편을 즐겨 사용했었지요. 물론 지금도 선생이긴 마찬가지지만, 꽤 오래전부터는 방법을 바꾸어 내게 흥미로운 것이 아니면 이야기하지 않아요. 편지를 쓸 때는 그와 반대되는 태도를 취했지요. 즉 속내 이야기를 털어놓는 거죠(예를 들어 기유에게 편지할 때가 그랬지요). 그런데 이젠 그게 거북해요.

지금쯤 당신은 프랑신과 함께 파리로 돌아왔겠군요. 《콩바》의 시사평론¹과 《반항하는 인간》도 수정을 끝냈을 거고요. 이런저런 군소리를 늘어놓지 않고도 개인이 가진 최상의 것이 다른 사람과 서로 합쳐지고, 또 그러면서 자기주장을 포기하지 않고도 그 개인 안에서 다른 사람을 발견할 수 있는 그런 경지에 당신이 이를 수 있다고 생각하니 나는 매우 기뻐요. 그러나 그러기 위해서는 항상 저항할 상대가 되는 어떤 사람이나 사물이 있어야 하지 않을까요?

우애라는 것은 그것이 불가능할 것 같은 타인들과 대립하고 있는 사람들 간에서만 가능한 것으로 여겨져요. '반항하는 사람'은 바로 스파르타쿠스지요. 당신이《정의의 사람들》에서 개탄스러워하며 표현했듯이, 인간적인 감정의 고귀한 면은 여러 사람이 함께 압제의 제물이 되는 기회(!)에 비로소 빛을 발하는 것이지요—그렇지만 그런 경우를 굳이 멀리서 찾을 필요는 없어요. 당신이 그렇게 했듯이 자신의 주변을 둘러보면서 인간적인 방법으로 '조금씩 조금씩' 인간적인 것을 발견하려고 노력하는 편이 더 낫지요. 다만, 우리는 과연 '불의不義의 철학'으로부터 벗어날 수 있을까? 정의는 불의 덕분에 발견되고, 인간적인 것은 비인간적인 것의 덕분에 발견되는 것은 아닐까? 등등의 문제가 남지요.

　신학자들이 불의의 이론을 만드는 것일까요? 그렇다고 할 수 있어요. 그들은 그걸 잘 느끼고 있어요. 왜냐하면 그들은 대속의 이론—인간의 모습으로 나타난 하느님이라든가 이슬람교에서 이야기하는 자비로운 신—을 통해서 그 점을 바로잡으려 드니까 말입니다. 그들은 '시험'을 이야기하고 시험에 합격해야 한다고 말하면서—예를 들어서 르키에나 키르케고르처럼—그에 대한 해결책을 찾기도 하지요. 그렇지만 이런 쪽으론 너무 나아가다보면, 우리는 범우주적인 관점들을 심오한 사상인 양 생각하는 사람들에게서 공통적으로 나타나는 횡설수설에 빠져버리게 됩니다.

　나는 다만 파리에서《정의의 사람들》을 다시 읽을 기회가 생긴다면 대단히 좋겠다는 말을 당신에게 하고 싶었어요. 알랭은 파리에서 그 책을 받았다지요. 곧《반항하는 인간》도 받아 보겠군요. 기유는 룩소르에

갔어요. 카이로에서는 일주일간 머물었습니다—정확하게 말하면 처가댁 식구들이 살고 있는 헬리오폴리스에서 말입니다. 그 댁에서 우리에게 저녁식사 대접을 해주었어요—아주 흥미로웠어요! 대조적인 것이 많았어요. 종교, 민족, 습관 등…… 그렇지만 이본은 대단히 즐거워하는 것 같았습니다. 아드리앵(그녀의 약혼자)도 마찬가지였고요. 기유가 하는 강연도 들었어요. 잘 해냈어요. 듣기 좋은 목소리로 텍스트를 읽기도 하고 재미있는 이야기도 많이 하더군요. 단지 몇몇 대목은 좀 지나치게 추상적인 것이 딱 한 가지 흠이었어요. 기유는 어제 베네치아로 돌아갔습니다. 부인과 딸, 그리고 약혼자는 모레 마르세유 행 여객선에 오릅니다.

보시다시피 나는 여전히 '악의 문제'에 관심을 갖고 그 주제에 대하여 계속 독서하고 또 글을 쓰고 있어요. 아마도 이렇게 하다보면 언젠가는 일관성 있는 전체에 도달할 수 있을지도 모르지요. 그렇지만 일관성이라는 것이 우리의 정신이 아닌 바깥에 존재하기나 하는 것일까요?—《르키에 전집》 원고는 라 바코니에르 출판사에 보냈어요. 나는 그동안 '인간적인 것'에 대한 강연, 그리고 '현상학과 실존주의'에 대한 또다른 강연을 했어요. 우리는 5월 31일에 돌아가야 합니다(그러고는 계속 머무를 작정입니다).

이집트의 초청을 받고 온 앙드레 루소가 이곳에 와서 강연도 하고 여행도 했습니다. 지독하게 따분하고 언제나 심각한, 좋게 말해서 엄숙한 인물이더군요.

미셸 갈리마르에게 안부 전해줘요. 두 분께 우리의 우정 어린 마음을 전합니다. 빌나 살리나스 부인이 당신을 만나러 갈지도 모릅니다. 다시 한번 말해두지만 그녀와 그녀 남편과는 오직 그녀의 원고 때문에 표면적으로 친절하게 대하는 관계를 맺고 있을 뿐입니다.

장 그르니에

그래요, 나도 올여름에 며칠 동안 당신과 함께 보낼 수 있었으면 좋겠어요. 그렇다면 어디가, 그리고 언제가 좋을까요?

154. 장 그르니에가 알베르 카뮈에게

50년 7월 3일

친애하는 카뮈,

현안의 문제들과 관련하여 끊임없이 논의되는 사안들을 다룬 그 시평들을 모아 출간한 것은 참 잘한 일입니다. 만일 내가 현 상황을 제대로 이해하고 있다면, 사실 당신의 책은 꼭 필요한 것이었어요.

당신이 요다음 번에 들를 때 너무 피곤하지만 않다면 만나서 그 시평에 관한 이야기를 나누고 싶군요.

나는 지금 거처할 곳을 구하고 있어요! 뭘 하나 찾았다 싶으면 금방 불편한 점들이 보이고, 또 포기하고 나면 좋은 점이 많아 보이고.

《엠페도클레스》지에 최선(선의 적)에 관한 작은 에세이 한 편[1]을 보냈습니다.

당신 부부에게 우리 부부의 변함없는 우정을 보내며,

장 그르니에

장 조레스 가 1번지

퐁트네 오 로즈(센)

155. 알베르 카뮈가 장 그르니에에게

〔파리〕 1950년 1월 1일¹

[1950년 1월 1일][1]

선생님, 선생님과 가족 여러분께, 그리고 우리가 함께 사랑하는 모든 것을 위해 진심 어린 새해 인사를 드립니다. 또한 올해에는 제 소원대로 우리가 자주 만날 수 있기를 바랍니다. 프랑신은 지금 그리스에 가 있는데 주말이면 돌아올 겁니다. 저는 15일에서 20일 사이에 카브리스로 떠납니다. 그 기간에 수리 중인 마담 가의 저희 아파트에서 만나 함께 식사를 하면 어떨까요? 만약 선생님께서 괜찮으시다면 아침에 전화 주십시오(Bab 12-93번) — 그러면 새해의 좋은 시작이 될 것 같습니다.

선생님께서 말씀하셨듯이 악수가 우정을 나타내는 최상의 표현이라면, 저는 가장 다정한 마음과 함께 바로 그 악수를 선생님께 보내고 싶습니다.

알베르 카뮈

156. 장 그르니에가 알베르 카뮈에게

릴 대학교
문과대학

1951년 1월 3일

친애하는 카뮈,

당신의 편지를 다시 읽으면서 매우 큰 감동을 느꼈어요. 진심으로 고마워요. 나는 전보다 훨씬 더 어떤 감정들의 귀중함과 인간관계의 가치를 절감해요. 결국 중요한 것은 하나뿐인데 그것에서 너무 멀리 떨어져 있으면 안 되지요.

당신이 내게 보여주는 우정에서 큰 행복을 느껴요. 당신의 작품을 읽으면서 내가 맛보았던 감탄의 느낌이 날로 커져가는 것에 더하여 이미 오래전부터 당신 자신에 대한 깊은 존경의 마음이 합해집니다. 전에는 당신이 유아독존의 바리새인처럼 되어가는 것은 아닐까 하고 걱정했지요!

그렇지만 당신은 빠른 속도로 젊은이 특유의 오만에서 벗어났고, 그리하여 진정한 위대함에 도달했어요. 당신은 이미 위대한 재능을 타고났었고 또 엄청난 장애물들을 만났어요. 그리고 그러한 재능과 그 장애물들에 '상응하는' 모습을 보여주었어요. 그런 재능을 타고나서 그런 장애물들을 만난 경우는 더욱 드문 일입니다.

월요일 아침에 당신에게 전화하겠어요. 다음 주에 우리 넷이 함께 모일 수 있기를 기대하면서 말입니다.

〈미노타우로스〉¹는 말할 수 없을 만큼 마음에 들어요—그리고 음악의 한 악절처럼 내 삶의 어떤 시절을 되살아나게 해요.

애정 어린 마음을 전하며,

J.G.

157. 알베르 카뮈가 장 그르니에에게

(카브리스 1951년) 2월 25일

선생님,

선생님을 잊어버리고 있었던 게 아닙니다. 그게 아니라 한 달 전부터 저는 일에 몰두하고 있었는데, 주제가 주제인지라 선생님과 대화를 나누고 있는 느낌이었습니다. 또한 긴긴 고행의 나날들을 견디며 지내는 바람에 그만 멍해져버린 탓도 있습니다. 사정이 그러하고 보니 저는 예의상 뒤로 미룰 수 없는 것 외에는 아무 편지도 쓸 수가 없었습니다.

그렇지만 그러는 동안에도 《르 피가로》지와 갈리마르 출판사는 여전히 잘되어가고 있는지, 선생님께서는 건강하신지, 그리고 선생님의 가족들도 모두 잘 지내고 계신지 두루 궁금했습니다.

며칠 전부터 이곳은 눈부시게 아름다운 날씨가 이어지고 있습니다. 편도나무들이 한창 꽃을 피우고 있고 올리브는 수확할 때가 되었습니다. 선생님이 이곳에 계셨으면 이 하늘과 이 햇빛을 무척 좋아하셨을 텐데요.

지드의 사망 소식'은 제 마음을 흔들어놓았습니다. 그런데 선생님도 잘 아시다시피 이렇게 위대한 분들의 사망 소식을 접하면 처음에는 그분들을 위해 눈물을 흘리지만 결국에는 자기 자신을 위해 눈물을 흘리게 되고 말아요. 그러나 저는 폴 빌라도, 다시 말해서 클로델의 죽음에는 눈물을 흘리지 않을 겁니다.

3월 15일경에는 파리로 돌아가 선생님을 뵙게 되기를 바랍니다. 그렇지만 그전에 선생님께서 간단한 편지라도 한 통 보내주신다면 대단히 기쁘겠지요. 가족 여러분께 안부 여쭈면서.

알베르 카뮈

제 작업상의 필요 때문에 (불행하게도) 레닌의 《유물론과 경험비판론》을 읽게 되었습니다. 맙소사, 무슨 횡설수설인지! 위인들을 학교로 돌려보내야지요.

158. 장 그르니에가 알베르 카뮈에게

장 조레스 가 1번지
퐁트네 오 로즈 (센 현)

51년 2월 28일

친애하는 카뮈,

사실 당신이 일하는 데 방해가 되면 어쩌나 하는 걱정만 아니었다면 이미 오래전에 편지를 보냈을 것입니다. 당신이 일을 하자면 고요하고 격리된 분위기가 필요하다는 말을 했으니까 말입니다. 실제로 스스로에게 수도사나 수감자의 규율을 부과하지 않고서 어떻게 독창적이고 주도면밀한 작품을 쓸 수 있겠어요?

당신이 중간에 들어 주선한 덕분에 삼 주 전부터 크노에게서 원고를 받고 있어요. 내가 원했던 것이 바로 그거예요. 적어도 마음속으로는 그랬어요. 그리고 내 것이 아닌 다른 사람의 원고 건으로 모리스 노엘¹을 만나러 갔다가 당신이 그에게 내 말을 해두었다는 것을 알았어요. 실제로 그는 대화 중에 알베레스의 글과 같은 종류의 글을 가끔씩 보내달라고 하더군요. 사실 모리스는 《르 피가로》 문학 면에 문학에 관한 글을 싣고 싶다는 거였어요. 그런데 제작비를 감당하려면 15만 부는 찍어야 하는데, 그러기 위해서 경영진 쪽에서는 지적인 것 말고 뭐가 다른 것을 좀 다루어보라고 강요한다면서 그는 불만이 많더군요.

지드의 죽음은 그의 테세우스-빅시...의 죽음과 같은 '고대적 분위기'의 죽음이었어요. 거룩한 면이 없지 않은 죽음이었지요. 불행하게도 그 죽음은 그만 파리 쪽 집안과 퀴베르빌 쪽 집안 간의 불화를 밖으로 노출시켰지요—퀴베르빌 쪽에서 르 아브르로부터 목사를 오게 했거든요……

《라 타블 롱드》지와 《84》지가 지드에게 바치는 헌정 특집호를 낼 예정이라고 합니다. 그리고 《N.R.F.》는 (《십자가에 바치는 경배》에서처럼) '오로지' 지드 특집호를 위해서 부활했다가 그다음에는 곧 하늘나라로 되돌아갈 것입니다.

지드의 죽음이 당신에게 충격이었다는 것을 나는 십분 이해해요. 당신이 《르 피가로》의 문학 면에서 그 죽음에 대하여 한 말[2]이 맞아요. 지드는 발레리보다 훨씬 더 중요한 인물이었어요. 마음의 충격을 극복하지 못하는 엄격함이란 대체 어떤 것일까요?

당신이 작업 때문에 레닌 철학을 읽게 되었다니 정말 놀라운 일이군요! 나는 당신이 하는 공부는 그런 유의 참고서적들과는 무관한 것으로 알았는데 말입니다. 사실 당신은 무식하다는 비난을 받을 수도 있었어요. 나 역시 나의 무식을 면하려고 그런 책들을 읽었으니까요. 그리고 얼마 전에 출판된 카유아의 소책자[3]를 읽으면서 다시 한번 그런 생각을 했어요. 그 책에서 카유아는 내가 이미 십오 년 전에 말했던 것들을 (내 책[4]을 직접 인용하지는 않고) 그것도 똑같은 표현으로 말하고 있더군요. 나는 여러 가지 정통성들 속에 감추어진 관계들의 문제—행동의 일관성, 규율, 즉 구호의 필요성과 동시에 자유에 대한 강렬한 욕망—를 깊이 있게 성찰한다면 어떤 진보가 이루어질 수 있었을 것이라고 생각했어요. 한 가지 요소는 다른 요소에 필요한 것이라고 여겨집니다. 독트린이 없으면 지속적인 행동도 없습니다—나는 규율과 독트린의 비인간적인 특성에 크게 충격을 받았었지요. 그후로는 규율과 독트린이 없어서는 안 될 토대가 아닌가 하는 의문을 가지게 되었습니다. 그건 그렇겠지요. 하지만 그 점을 인정할 경우, 어느 용출 단계를 지나면서부터 어떤 믿음이 정통적 교의로 변하게 되는 것이 아닐까요? 만사를 분간하여 생각하기를 좋아했던 스콜라 철학자들은 다음과 같은 원리를 믿었답니다.

즉, 단일성은 확실하고 자유는 불확실하고 모든 것은 사랑 안에 있다

In necessariis unitas, in dubiis libertas, in omnibus caritas는 겁니다. 하지만 확실한 것들과 불확실한 것들 사이의 경계를 어떻게 정하지요? 그런 모든 것 다음에, 모든 것을 위한 사랑이 남는다는 것인가요?

결국 어떤 종류의 의혹이 어떤 필요불가결한 확신을 보상한다는 거지요.

두서없이 아무렇게나 늘어놓아서 미안해요. 당신이 작품을 성공적으로 마무리하기를 간절히 바랄 뿐입니다.

당신은 내게 태양에 대해서 이야기하는군요—

내가 전에 알제에 있을 때 썼던 것 같은 글 한 편[5]—유행이 지나간 낭만주의에 대한 글—을 이제 막 알제의 한 조그만 잡지사로 우편으로 보냈는데, 그 잡지 이름 말고는 이제 태양이 뭐지도 잘 모르겠어요. 그렇지만 넓은 정원에서, 비록 하늘이 흐리긴 해도, 장미나무를 디딤으면서 살아가는 것을 큰 낙으로 삼고 있답니다. 나는 소박하게 '자연'을 사랑합니다. 식물적인 삶[6]을 위해 태어난 것처럼 적응하는 것입니다.

어제 본 〈도시의 불빛〉—훌륭한 영화더군요—은 감동적이었어요—그런 일은 자주 있는 것이 아닙니다.

최근에 내 아내와 딸이 프랑신을 만났어요. 곧 우리 모두가 함께 만날 수 있겠지요.

변함없는 마음과 함께.

장 그르니에

159. 장 그르니에가 알베르 카뮈에게

(퐁트네 오 로즈) 51년 8월 2일 목요일

친애하는 벗님들,

우리는 모레 4일 토요일 아침에 비시를 출발해서 오후에 샹봉에 도착할 예정입니다. 우리 네 사람 다 함께 만나면 정말 반갑겠네요. 우리는 일요일 아침에 다시 엑스로 떠날 생각입니다.

두 분께 깊은 사랑의 마음을 전하면서.

장 G.

160. 장 그르니에가 알베르 카뮈에게

(엑스) 51년 8월 13일

친애하는 벗님들,

이곳에 도착하는 즉시—일주일 전에—두 분께 편지를 드리려고 했지만 알랭이 시험 준비 때문에 너무 피곤한 모습이어서 며칠 뒤로 미루고 말았어요. 그러나 당신이 준 그 멋진 공책을 가득 채우기 시작했어요. 끝나는 대로 당신에게 보내겠어요.

나는 이 지방의 아름다움과 눈부심에 다시 한번 홀딱 반하고 말았어요. 물론 나중에 그 고산지역으로 되돌아가야 할 터이니 이곳으로 온다는 것은 신중하지 못해요. 그러면서도 나는 마음을 다잡고 혼자 생각해봅니다. 남프랑스는 간의 건강에도 작업에도 의식에도 다 나쁘다고, 우리의 모임은 그곳 리뇽 강변에서처럼 우정 어린 모임이라는 멋진 이름을 가질 수 없다고 말입니다.

리뇽 이야기가 나왔으니 말인데, 난 프랑신 카뮈가 샹봉의 몇몇 선택받은 청중 앞에서, 주제가 뭔지 기억은 안 나지만 짧은 몇 곡을 연주하는 꿈을 꾸어보았어요. 그리고 또 내가 그녀에게 진리에 관해서, 혹은 내 생각으로 사람들이 믿을 수 있는 여러 가지 것들에 관해서 편지를 쓰는 꿈도 꾸어보았어요.

우리의 계획들은 아직 불확실합니다. 우리도 샹봉이나, 아니면 내 마음에 꼭 들었던 르 파늘리에로 다시 가보았으면 정말 좋겠어요. 그러나 우리는 마들렌과 알랭이 무엇을 하려는지 아직은 알 수가 없어요. 나중에 다시 편지를 쓰도록 하지요.

포르 부인[1]에게 우리 안부를 전하는 것 잊지 말아요. 두 분께 마음으로부터의 인사를 보내며.

J.G.

추신. 기회가 생기면 《르 피가로》에 있는 당신 친구 이름을 알려주면 좋겠어요.

두 분께 다시 한번 감사드리며, 그동안 소식 드리지 못한 것을 용서해주시기 바랍니다—알랭 때문에 그러긴 했지만, 두 분을 한시도 잊지 않고 있었습니다.

네 분께 인사를 보내요. 포르 부인께도 안부 전해주십시오.

MI G.²

161. 장 그르니에가 알베르 카뮈에게

장 그르니에
블랑 박사 전교
폴 세잔 대로, 엑상프로방스

(1951년) 8월 24일

친애하는 카뮈,

당신의 체류도 거의 막바지에 이르렀겠군요. 부인께서도 이탈리아로 떠났을 테지요. 당신에게 이미 말했듯이 우린 알랭이 아프기 때문에 계획을 바꾸어 9월 초나 되어야 이곳을 떠나 제네바로 갈 수 있을 것 같아요.('모임' 때문에요)— 당신이 건네준 공책¹은 내가 가득하게 써서 채운 다음 어디로 보내줘야 할까요? 아마도 파리로 보내야겠지요?

댁의 아이들은 어떻게 지내는지요—

포르 부인과 폴 외틀리 모두에게 잊지 말고 안부 전해주세요. 르 파늘리에에서의 몹시 행복했던 추억은 아직도 내 마음속에 남아 있어요. 다시 한번 그곳에 가보고 싶군요.

안녕히 계세요.

장 그르니에

162. 알베르 카뮈가 장 그르니에에게

〔르 파늘리에, 1951년〕 8월 25일

선생님,

이곳에서 선생님을 다시 뵙지 못하여 섭섭합니다. 알랭의 병이 뒤탈 없이 나았으면 좋겠군요. 프랑신은 수요일에 이탈리아로 초행길을 떠납니다. 그리고 전 여기에 한시도 더 머무르고 싶지 않습니다. 물도 소도 이젠 물렸어요. 서부 지방과 투렌 쪽으로 해서 돌아갈 생각입니다. 9월 초에는 파리에 가 있으려고 합니다.

선생님께 드린 공책은 정말로 선생님께 드린 것이었답니다. 선생님께서 그 공책을 채워서 제게 돌려주시리라고는 생각지도 않았습니다. 하지만 선의에서 주시는 것이니 겸손한 마음으로 받아야겠지요. 진심으로 감사드립니다.

엑스에 가 계시다니 선생님이 부럽습니다. 선생님께서 안개비를 좋게 말씀하시는 것은 저나 프랑신에게는 도무지 납득이 가지 않았어요. 그렇지만 아내는 반드시 믿어야 할 것이 어떤 것인지 선생님께서 말씀해주시기를 기대하고 있다고 꼭 전해달라는군요. 보시다시피 선생님께서 기이한 취향을 가지고 계시다고 해도 저희가 가진 신뢰감에는 변함이 없습니다. '모임'[1]이 좋은 성과를 거두기를 바랍니다. 선생님께서 돌아오시면 파리에서 더 좋은 모임을 갖게 되기를 바랍니다. 그때까지 네 분 모두 건강하시기를 빌며.

알베르 카뮈

163. 알베르 카뮈가 장 그르니에에게

〔파리〕 1951년 9월 18일

선생님,

제 마음속에 그토록 많은 것을 되살아나게 해준 이 옛일들의 기록[1]을 받아 읽고 어디로 편지를 드려 저의 이 뜻하지 않은 놀라움을, 그리고 또한 감사의 말씀을 전해야 할 것인지 알 수가 없었습니다. 저는 이상하게도 지난날의 추억을 글로 쓰는 재주가 없지만, 만약 그렇지만 않았다면 저는 제 나름대로의 관점에서 같은 이야기를 하고 싶었을 것입니다. 그랬더라면 선생님께서는 그 회고의 글에서, 처음 벨쿠르에 찾아오셨을 때 그 미숙한 젊은이가 선생님을 맞아들이는 태도가 너무나 의외여서 놀라웠지만, 사실은 무엇보다도 선생님께서 몸소 자신을 찾아와 주셨다는 사실 때문에 부끄럽고 몸 둘 바를 몰라하며 고마움에 숨이 막힐 지경이었다는 내용을 읽을 수 있었을 것입니다. 그 점 너무나도 부인할 수 없는 사실이기에, 바로 선생님을 그토록 당황하게 했던 그 방문이야말로 그후 이십 년간 제가 선생님에 대하여 변함없이 간직해왔고 앞으로도 변함이 없을 깊은 정의의 계기가 되었을 정도입니다. 사실 이러한 역설은 매우 자연스러운 것입니다. 대상이 된 인물과는 너무나도 거리가 멀지만 제가 말씀드릴 수 있는 것 이상으로 저에게 감동을 주었던 그 글에는 빠진 것이 딱 한 가지 있습니다. 하기야 그 글 속에 들어 있을 수 없는 내용이었긴 하지만, 그것은 바로 저에게 선생님이 어떤 존재였는가 하는 데 대한 정확한 의식, 그것이었습니다. 선생님께서는 너그럽게도 마치 제가 그 당시에 선생님과 동등한 존재이기라도 했던 것처럼 그때의 일을 말씀하시고 계십니다. 그러나 저는 몸으로 느끼는 감각적인 것 이외에 다른 그 어떤 경험도 없고 다른 그 어떤 호기심도 느끼지 못하는 소년이었습니다. 생각이 짧고 어지간히도 꽉 막힌 천둥벌거숭이였지요. 그러나 선생님을 만나게 되자 저는 제 앞에 또다른 세계가 존재한다는 것을 깨달을 수 있었습니다. 그 세계 속에서 저는 아무것도 아니었지요. 그런 까닭에 비록 제게 늘 '카스티야' 사람 같은 일면이 있었던 것이 사실이지만 그 때문에 선생님 앞에서 거북스러웠던 적은 없습니다. 저는 제가 사랑하거나 존경하는 사람들 앞에서는 자만심 같은 걸 느끼지 않습니다. 언젠가 저는 웃으면서 선생님께 철학도로서 느낀 실망감을 말씀드린 적이 있습니다. 그것은 그저 웃어넘길 일이었습니다. 그것은 자만심에서 생겨난 실망이 아니라, 오히려 섬세하기보다는 경직된 정신을 가진 자의 불안이었습니다. 그러나 그 결과는 그럴 만한 가치가 있었습니다. 선생님께서 제게 가르쳐주셨지요. 지성이란 여전히 효율적이면서도 유연할 수 있는 것이라고 말입니다.

단 한 번, 저는 선생님의 말씀을 인정하기를 거부했습니다. 선생님께서 그 점을 지적하셨는데 사실입니다. 저는 선생님께서 저더러 공산당에 입당하라고 충고하시고 나서 어떻게 그후 선생님 자신은 공산주의에 반대 입장을 취할 수 있었는지 이해할 수가 없었습니다. 나중에 제가 그 점을 선생님께 설명해드렸지요. 왜냐하면 그때 저는 선생님의 입장을 이해했기 때문입니다. 그러나 그 당장에는 그 경험 때문에 너무나 고통스러웠으므로(지금은 그 점을 다행으로 여기고 있습니다만) 분별

력을 가지고 생각할 수가 없었던 것입니다. 이 문제에 관련하여 제가 어떻게 하여 공산당黨을 떠나게 되었는지 말씀드릴 수 있게 해주십시오. 당에서 벽보를 붙이고 신문을 판매하는 일 정도는 대수로운 게 아니었습니다. 스포츠를 좋아하는 젊은이에게 그건 오히려 재미있는 일이었지요. 사실 저는 자기네 지식인들에게 공을 들이는 당을 위해서가 아니라, 연극 극단과 문화의 집을 위하여 제가 좋아서 그 일을 했던 것입니다. 그러나 당에서는 저에게 아랍인 당원들을 모집하여 그들을 민족주의 조직―나중에 P. A. A.[2]가 된 '북아프리카의 별'이었습니다―에 가입시키는 임무를 맡기더군요. 저는 그 임무를 수행했고, 그 당원들은 저의 동지가 되었습니다. 저는 그들의 태도와 충성심에 감탄했습니다. 그런데 36년의 전환기가 왔지요. 공산당이 인정하고 격려해 마지않는 정책의 이름으로 바로 그 당원들은 쫓기는 신세가 되었고 체포당했고, 그들의 조직은 해체된 것입니다. 간신히 추적을 피한 그중 몇몇은 제게 찾아와서 이런 비열한 짓을 아무 말도 않고 가만히 보고만 있을 거냐고 따지더군요. 그날 오후는 제 기억 속에 생생히 새겨져 있습니다. 아직도 그들이 제게 와서 하는 말을 들으면서 치를 떨었던 그때의 전율을 생생하게 기억합니다. 부끄러웠습니다. 그후 즉시 저는 마땅히 해야 할 일을 했습니다. 그전에 전 선생님께서 글에서 주장하시던 말씀이 옳다는 것을 인정하고 있었습니다. 그러나 그 당시 선생님께서 제게 해주신 충고는 옳다고 할 수 없었습니다. 저는 이해할 수가 없었습니다. 그러나 분명히 말씀드리지만 선생님을 한 번도 원망하지 않았습니다. 다른 사람들이 사랑의 아픔을 겪듯이 저는 다만 우정의 아픔을 겪었던 것일 뿐이니까요. 그후 저는 이해할 수 있었습니다. 우선은 선생님을 더 잘 알게 되었기 때문이고, 다음으로는 당시 제가 깨달은 모든 것을 더 잘 헤아릴 수 있었기 때문이지요. 그때의 경험이 없었다면 저로서는 결코 깨닫지 못했을 일들입니다.

또 한 가지 제게 중요한 사실을 말할 수 있게 해주십시오. 저의 어린 시절은 불행하지 않았다는 사실 말입니다. 저는 실제로 가난하게 살았지만 결코 그 가난이 현실적으로 견디기 어려운 것은 아니었습니다.³ 저는 제 주위에서 불평하거나 무슨 권리를 주장하는 말을 들어본 적이 없습니다. 우리의 생활은 제가 보기에 자연스러웠습니다. 그후 가령 고등학교 시절에 부의 불평등이 존재할 수 있다는 사실을 알게 된 것은 사실이지만, 선생님도 아시다시피 알제리에서는 사회계급이 여기서만큼 분명히 구분되어 있지 않았습니다(물론 제가 아랍인이었다면 문제는 달랐을 테지요). 그후에 저는 선생님도 아시다시피 어려운 생활을 했습니다. 그러나 그 생활을 조금도 유감스럽게 생각하지는 않습니다. 제 행운이 제 불운을 능가했으니까요. 이러한 행운 가운데는—그건 분명 당시의 저에게는 하나의 행운이었어요—저 같은 처지에서 선생님을 만나서 선생님의 우정을 간직할 수 있었던 일을 꼽을 수 있습니다.

바로 이 대목에서 지적해둘 것이 있습니다. 선생님께서 저와 가까워지고 싶어하면서도 저의 성격 때문에 어려움을 느꼈다고 하셨는데 옳은 말씀입니다. 저는 제가 때때로 많은 사람들을 멀리하고 지낸다는 것을 알고 있습니다. 제가 실제로 후회하는 경우는 거의 없습니다. 그렇지만 선생님에 대하여 제가 그렇게 오랫동안 담을 쌓고 지냈던 것을 어떻게 후회하지 않을 수 있겠습니까! 만일 제가 그 당시에 조금만 덜 무뚝뚝하고 덜 내성적이었다면, 그리고 선생님께 폐나 되지 않을까 하는 걱정을 조금만 덜 했더라면, 요컨대 조금만 더 마음을 편히 가졌더라면, 선생님께서는 적어도 제 우정이 영원히 선생님 것이라는 사실을 좀 더 일찍 깨달으셨을 것입니다. 제가 선생님께 아무것도 해드릴 수 없다는 것에 너무 애태우지 말고, 그리고 모든 위험을 각오하고, 선생님께 마음을 열어 보이는 것이 바로 진정한 관대함이었을 텐데 저는 그걸 몰랐던 겁니다. 그러나 저는 한 번도 저의 삶에 대하여 선생님께 말씀드린 적이 없습니다. 심지어 제가 너무나도 자주 선생님을 생각하고 있으며 선생님이 앓고 있는 것으로 보이는 그 어떤 미지의 고통을 생각하고 있다는 사실마저도 드러낸 적이 전혀 없었으니까요. 네, 그렇습니다. 오늘 제가 표현이 지나친 것은 아닐까, 혹은 적절한 표현이 못 되는 건 아닐까 하는 걱정도 없이 이렇게 펜 가는 대로 선생님께 편지를 쓸 수 있을 만큼 인생이 너그러움을 보이는 것 또한 하나의 행운입니다.

또한 정신적 배경에 대하여, 그리고 반항에 대하여, 그리고 기독교에 대하여 선생님께 말씀드려야 옳겠지요. 그러나 아직도 저는 갈 길이 멀고 더 많은 것들을 배워야만 할 것 같습니다. 오늘 제가 갖는 유일한 걱정은 정의와 사랑에 합당한 자격을 가진 모든 것에 정의와 사랑을 돌려주지 못하면 어쩌나 하는 것입니다. 그렇지만 저는 그것이 불가능하다는 것을 알고 있습니다. 예를 들어, 저는 복음서의 위대함을 인정한다고 하더라도 기독교가 걸어온 역사적인 발자취를 냉정하게 판단하지 않을 수 없습니다. 저는 신비들이 존재한다는 것을 모르지 않습니다. 그렇지만 저는 역사의 신비보다는 자연의 신비에 더 민감합니다. 예수의 가르침에서는 전혀 그러한 부분을 허용하는 것 같지 같은데도 기독교는 역사로 자연을 덮으려고 진력했습니다. 그런데 오로지 바다나 어둠을 앞에 두고 있을 때만 비로소 종교적인 혼을 느낄 수 있는 제가 여기서 무엇에 대하여 감탄하고 무엇을 사랑할 수 있겠습니까? 그렇지만 아직도 이러한 적대감, 이러한 몰이해가 강한 의미에서 제가 맛보는 슬픔들 중 한 가지인 것은 사실입니다. 그러나 이 이야기는 이 정도로 그치지요.

　귀중한 친구이신 그르니에 선생님, 이제 와서 새삼스레 제가 선생님께 감사의 말씀을 드릴 필요가 있을까요? 사람은 자신을 키워주고 이끌어주신 분들에게는 감사의 말을 하지 않는 법입니다. 그저 계속 그 모습 그대로 계셔달라고 부탁할 뿐이지요. 부디 저에 대한 선생님의 우정을 간직해주십시오. 그것은 제 삶과 제 노력을 위하여 근본적으로 중요한 것입니다. 그리고 선생님의 제자로서는 불안스러운 저를, 그리고 친구로서는 낙관적인 저를 믿어주십시오.

A. C.

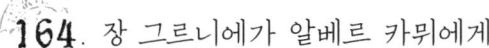 164. 장 그르니에가 알베르 카뮈에게

〔퐁트네 오 로즈, 1951년〕 일요일

친애하는 카뮈,
　당신의 어머님이 사고를 당하셨다는 소식은 다니엘¹을 통해서, 그리고 이어서 프랑신으로부터 들었어요. 그 뒤 몇 차례에 걸쳐 좀더 안심이 되는 소식을 들었지요. 학사학위 관계로 거의 일주일을 릴에서 보냈습니다. 당신의 어머님과 당신 생각을 많이 했다는 것을 꼭 말해주고 싶어요―하지만 당신도 그럴 줄 알고 있었을 테지요.

건강하시기를 빌며.

장 그르니에

165. 알베르 카뮈가 장 그르니에에게

(51-11-29)

선생님의 편지, 감사합니다. 선생님의 다정한 마음이야 잘 알고 있었지요. 다행으로 이제는 모든 것이 다 좋아졌습니다. 그래서 며칠 뒤 마음 편하게 여행을 떠날까 합니다.

곧 다시 뵙겠습니다. 가족 여러분께 저의 가장 진심 어린 안부 말씀을 전해주십시오.

A. C.

〔티파사의 그림엽서〕

166. 루이 기유와 알베르 카뮈가 장 그르니에에게 보낸 전보

(파리, 1952년 2월 6일)

생신을 진심으로 축하드립니다

루이와 알베르

167. 장 그르니에가 알베르 카뮈에게

(부르 라 렌, 1952년 2월) 월요일

친애하는 카뮈,

내 생일을 맞아 보내준 전보 정말 고마웠어요. 그건 내게 의미 있는 어떤 '날'이거든요!

평소 습관과는 달리 그날 나는 일을 했어요. 릴에 있었거든요. 우리는 참 많이 변하는군요!

그때부터 나는 감기로 고생 중이에요. 그렇지 않았다면 당신에게 소식을 전했을 텐데 말입니다.

나 대신 기유에게 고맙다는 인사를 전해주기 바랍니다.

프랑신과 가족 모두에게 인사를.

J.G.

168. 장 그르니에가 알베르 카뮈에게

마르세유 〔1952년 3월〕 일요일

친애하는 카뮈,

아주 사소한 얘기이지만, 지난번에 S.E.C.(유럽문화협회)¹에 관해서 이야기를 하면서 《콩프랑드르》지² 3호에 발표한 긴 글에 대해서 그만 깜빡 잊고 당신에게 언급하지 않았군요. 그것은 결코 내 입장을 부인하지는 않으면서도 두 가지 유형의 문화(1) 사이의 타협안 modus vivendi을 시사하고자 하는 글이었어요. 당신에게 이런 말을 하는 것은 내가 너무 몸을 사린다거나 내가 쓴 글들의 가치나 효용성에 대해 환상을 갖지 않는다고 나무랄 경우에 대하여 변명을 하기 위해서랍니다.

—지식인들의 '선언'에 관한 한 결국 나는 《엠페도클레스》 1호에서 제시했던 생각에 변함이 없어요.³ 그 생각에 좀더 뉘앙스를 가미하면 좋겠지만…… 그게 과연 가능할까요?

당신을 다시 만나게 되어 기뻤어요—당신이 내게 베풀어준 환대도 정말 마음 깊이 고마웠고요.

당신의 친구,

J. G.

(1) 이번에는 오로지 실천적이고 현실주의적인 관점에서 본 거예요.

당신은 정말 내가 《검은 태양》⁴ 건에 대해—장 다니엘과 다른 친구들이 그러듯이—입 다물고 가만히 있기를 바라는가요? 그 점은 좀 마음에 걸리네요.

나는 샤르에게 이 점에 관해서 재차 이야기할 수가 없었어요.

169. 장 그르니에가 알베르 카뮈에게

〔부르 라 렌〕52년 3월 25일

친애하는 카뮈,

건강이 회복되었기를 바라요. 당신을 만나보지 못해 유감이군요. 캉파뇰로[1]에게 보낸 편지의 사본을 동봉합니다. 그에게 신중을 기하라고 일러두었습니다.

우정을 보내며, 당신의,

J.G.

지난 일요일 카트린과 장은 정말로 나무랄 데 없이 착한 아이들이었어요.

170. 알베르 카뮈가 장 그르니에에게

〔1952년 12월 말〕

선생님 가족 네 분 새해 복 많이 받으십시오.

A. 카뮈

[라구아트의 그림엽서]

171. 장 그르니에가 알베르 카뮈에게

(부르 라 렌) 1952. 12. 26

친애하는 카뮈,

당신의 〈추신*Post-Scriptum*〉¹은 내가 보기에 꼭 필요하면서도 탁월한 것이었어요. 불과 몇 페이지로 아주 수준 높은 관점에서 당신의 의도를 명확하게 표현하고 있어요. 물론 H. R.²에서도 당신은 자신의 생각을 충분히 설명했지만, 그렇다고 해서 이 간결한 글이 그 글의 내용을 되풀이하는 것은 아니었어요. 그리하여 이 글은 많은 사람들에게 대단히 유용한 것이 될 수 있어요.

정말 당신 자신의 정수라고 할 수 있는 그 눈부시고 압축된 문체에 나는 감탄하고 있어요. 그렇지만 사용된 표현들에 대한 것이라기보다는 당신의 생각을 경직되게 만드는 경향에 대해서 몇 가지 내가 지적해놓은 것을 함께 적어 보냅니다. 별것 아닌 작은 것 때문에 자칫하면 위대한 것이 그만 과장으로 변질되고 마는 법입니다. 형용사를 지우고 다른 단어로 바꾼다고 해서 그런 함정을 피할 수 있는 것은 아니지요. 이건 차라리 '어조ton'의 문제라 해야겠지요. 그런데 당신이 전쟁 기간의 정신적 혼란과 1905년의 사랑을 말할 때 그 어조는 적절했어요. 독트린에 관해 언급할 때도 거의 대부분 마찬가지였고요. 때때로 지나치게 요란한 칼싸움 소리를 듣는 듯했지만 이미 독자는 알아들었고, 그리하여 싸움터로 알았던 땅에서 꽃이 돋아나는 것이었어요.

그렇다고 해서 내가 파시오나리아*나 북아프리카인의 혈통을 간과하려는 것은 아닙니다. 하지만 이런 하찮은 것을 강조하는 내가 잘못이지요.

다시 한번 말하지만 이건 표현의 문제라기보다 어조의 문제예요. 초반부에서 그렇게 했듯이 보다 더 개인적인(속내를 털어놓는 것은 아닌) 요소를 넌지시 집어넣었더라면 그로 인하여 작품이 더 나아지지는 못한다 해도 보다 더한 감동을 줄 수 있었을 것입니다.

아무튼 내 생각으로는 이 〈추신〉을 쓴 것은 잘한 것 같아요. 그 덕분에 책을 읽지 못한 지식인들이 당신에게 더 가까이 다가올 것입니다. 내가 보기에 감성적인 부분이 지적인 부분(그것은 《반항하는 인간》에서 충분히 논의되었어요)이나 논쟁적인 부분(기사들의 경우)보다 더욱 큰 중요성을 갖는 것도 바로 그런 이유에서입니다.

우리 가족 모두가 좋아했던 라구아트의 그림엽서 정말 고마웠어요. 부르 라 렌에서 프랑신과 아이들을 만날 수 있어서 우리는 무척 기뻤습니다.

1월 10일에는 런던으로 갈 것 같습니다. 당신을 사로잡은 사막의 마녀들이 마법을 풀어준다면 우리는 그전에 서로 만날 기회가 있겠지요.

• 돌로레스 이바루리의 별명. 1942년에서 1989년까지 스페인 공산당 총서기와 의장을 역임한 여성 정치인.

당신의,

J.G.

추신. 파리 주소를 줄 수 없으니 알제의 주소를 적을 수밖에 없었습니다.

6, 11, 13, 15쪽은 중요한 부분이면서 명쾌하다.

(과장된 표현들)

1쪽—미처 생겨날 사이도 없이 '활활 타올랐다가' 금방 꺼져버리는 범죄

3쪽—'굉장한' 접전들—취한 '거인들'—고문당한 외톨이들—무시무시한 현실—어둠의 '세계'—'절규'—'불꽃'—

4쪽—우리를 '뜨겁게 달구던' 갈등—

6쪽—진정한 반항은 벌거벗은 것인데 반하여 반항을 옷깃에 꽂인 양 달고 다니는 것—('진정한 반항은 아무런 표시도 없는 것인데 반해'로)

8쪽—우리가 별다른 영웅심을 발휘하지 않고도 뭔가를 극복하는 데는 노동자의 가난과 버림받음만으로도 충분하다……(부자연스럽다) 주(1) : 그러나 민중 선동 같은 면이 있다……(이텔릭체로 바꾸면 좋을 듯)

9쪽—'흉악한 재판'—'무시무시한 벌'—'창백해진'—

12쪽—고독하면서도 거만한 환희—기막히게 훌륭한 아이—

주(1) : 지중해의 조화와 밝음—(이는 좀더 강하게 표시해야 할 것 같다.)

스페인—(이것 역시, 단번에 납득이 가지 않으므로)

13쪽—*역사주의 historisme (historicisme이라고 적은 경우도 보았음. 아무

튼 역사주의는 어지간히 헤겔 냄새가 나지만 대문자로 쓰면 효과적일 듯)

　11쪽—절도와 과도함(매우 좋은 생각이지만 좀 지나치게 압축된 방식으로 표현되었다. 균형 속에 있되 균형에서 좀 모자람, 좀 지나침?)

　16쪽—어떤 이들은…… 등등 (부자연스러운 문장) —

　19쪽—공격—심술궂은 혐오 —

여전히 8쪽과 관련하여—

'버림받음' : 매우 적절한 표현임.

　나는 스무 살 때 그 버림받음을 다른 사람들에게서 느꼈다. 그리고 그들을 생각하면서 고통스러웠다(적어도 상상으로는)—그러나 과거에 억압받았던 사람들의 태도에는 어딘가 딱한 구석이 있다. 바라는 것이라곤 오로지 감정을 버리지 못한 채 키우기만 하면서, 자기들을 멸시하던 사람들의 자리를 차지하여 그들의 역할을 맡아 하겠다는 생각뿐이니 말이다.

　내가 암시하는 바는 분명해요—분명히 말하지만 여기서 사적인 문제는 차치하더라도, 그런 경험은 대단히 슬픈 거예요.

＊ 브레이에의《철학의 현안으로 떠오른 테마들》(P.U.) 중 제6장 참조.

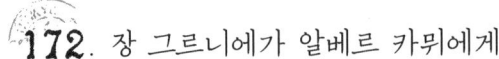 172. 장 그르니에가 알베르 카뮈에게

53. 1. 9

친애하는 카뮈,

당신이 아주 멋진 여행을 다녀왔다¹고 아내가 그러더군요. 아주 기분 좋은 소식이네요. 그동안 당신에게는 햇빛이 필요했으니까 말입니다―하기야 햇빛을 필요로 하지 않는 사람이 어디 있겠습니까?

N.N.R.F. 출판사에는 이미 원고를 넘겼지만, 나는 이제 곧 나올 논문²에서 역사의 근본적인 문제에 대하여 입장을 밝힙니다―《엠페도클레스》지에 실었던 글의 후속편으로 쓴 것입니다. 그렇지만 이번 논문은 사르트르에 반대하는 입장입니다. 그러다보니 어쩔 수 없이 당신의 입장에 동감을 표하면서 여러 번 당신의 말을 인용할 수밖에 없었습니다. 그 점 나를 원망하지는 말아요.

내가 한 말은 사실 당신이 해준 답변에 조금도 더 보태지 않은 그대로입니다. 단지 내 느낌을 표현했을 뿐입니다.

네 분 모두에게 깊은 우정 어린 인사를 보내며.

J.G.

내 편지를 받았으니 당신도 그 글이 얼마나 내 마음에 들었는지 알겠지요.

173. 알베르 카뮈가 장 그르니에에게

〔파리〕 53. 1. 23

선생님께,

　보내주신 글 감사하게 받았습니다. 혹시 제게 미심쩍은 것이 있었다 하더라도 그 글을 읽고 나서는 깨끗이 사라졌을 겁니다. 저는 점점 더 우리가 그 어떤 거대한 집단 기만에 둘러싸여 있다는 느낌을 갖게 됩니다. 그러니 그 기만을 폭로하기 위해서는 선생님께서 말씀하시는 바를 가장 의연하게 말하는 것 이외에 다른 방법이 없습니다. 저는 폴랑이 왜 신중함에 관하여 이야기했는지 이해가 됩니다. 그렇지만 트럭 운전수인 우리 아저씨는 이렇게 말씀하셨습니다. 어떤 말들은 가죽이 두꺼워서 채찍 끝으로 따끔하게 채찍질을 해주어야지 채찍 전체로 후려쳤다가는 오히려 기분 좋아한다고 말입니다. 사실은 스페인계인 그 알제리 아저씨는 중국인처럼 어렵게 말하는 사람이었습니다.

　곧 다시 뵙겠습니다. 선생님을 다시 뵈올 날을 고대하고 있습니다.
　안녕히 계십시오.

A. C.

174. 마리와 장 그르니에가 알베르 카뮈에게

53/1/26

곧 다시 만나요!

〔암스테르담의 그림엽서〕

175. 알베르 카뮈가 장 그르니에에게

앙제가 따뜻한 곳이라고 여기진 마십시오. 우린 지금 꽁꽁 얼었어요.[1]
우정을 보내며,

A. 카뮈

〔앙제의 그림엽서〕

176. 장 그르니에가 알베르 카뮈에게

〔부르 라 렌〕, 53년 6월 27일

〈티파사에 돌아오다〉[1]는 아주 마음에 들었어요.
보내준 앙제의 그림엽서를 받고 기뻤어요. 파리 역시 춥기는 마찬가지였지요.

별다른 사전 지식이 없이 극장에 들어온 관객들에게 〈십자가에 바치는 경배〉— 물론 대단히 성공적인 공연이었을 거라고 생각해요 — 가 어떤 인상을 주었을지 궁금하군요.

프랑신은 남프랑스에서 돌아왔나요?

두 분께 무한한 우정을 보내며.

J. G.

177. 장 그르니에가 알베르 카뮈에게

53.7.27

친애하는 벗님들,

혹시 두 분이 8월 1일에 파리를 떠나지 않고 있다면 우리 모두 다 같이 만났으면 합니다.

브르타뉴는 따뜻한 지방이 아니네요.

안녕히.

장 그르니에, M. G.

〔트레뷔르당의 그림엽서〕

178. 알베르 카뮈가 장 그르니에에게 보낸 전보

(오랑, 53. 12. 26)

프랑신의 승선권乘船券 취소 바람 즉시 서신 발송 예정 죄송 안녕히

카뮈

179. 알베르 카뮈가 장 그르니에에게

(오랑) 1953년 12월 26일

선생님,

선생님께 프랑신의 승선권 취소를 부탁드린 것, 정말 죄송하게 생각합니다. 그렇지만 저는 그렇게 하는 것이 가장 효과적이라고 생각했습니다. 더욱이 지금 저는 매우 큰 걱정거리를 안고 있습니다. 이곳에 와 보니 프랑신이 아주 곤란한 상태였기 때문입니다. 이처럼 고향의 보금자리로 돌아오면 아내가 평온을 다시 찾는 데 도움이 될 것이라고 기대했었지요. 그런데 반대로 아내의 우울증이 신경쇠약으로 악화되어 극도의 불안과 강박관념이 복합적으로 나타나고 있습니다. 저는 걱정스러워진 나머지 초기에 증세가 나타났을 때 심각하게 여기지 않았던 것을 자책하고 있습니다.

사실 가능하기만 했다면 저는 이 이집트 여행을 뒤로 연기하려고 했을 것입니다. 지금 아내 곁에는 사실상 가족 중에서 처형[1] 이외에는 돕

고 이해해줄 사람이 아무도 없는 형편인데, 프랑신을 혼자 놔두고 간다는 것이 제겐 너무 괴로운 일입니다. 그렇지만 이제는 너무 늦었습니다. 제가 할 수 있는 유일한 일은 어서 빨리 되돌아가 그곳에서의 제 체류 기간을 최소로 단축시켜보는 것일 듯합니다.

　　선생님을 번거롭게 해드려서 죄송합니다. 곧 다시 뵙겠습니다. 선생님과 가족 모두에게 인사 올립니다.

A. 카뮈

　　28일 월요일부터 1월 1일 금요일까지는 알제에 있을 예정입니다(생상스 대로 7번지).

〔속달편지〕

180. 알베르 카뮈가 장 그르니에에게 보낸 전보

〔오랑, 1953년 12월 29일〕

프랑신의 상태 심각 선생님의 여행 연기 요망 편지 뒤따름

카뮈, 제네랄 르클레르 가 65번지, 오랑

181. 알베르 카뮈가 장 그르니에에게

오랑, 1953년 12월 29일

그르니에 선생님께,

답답하기 그지없는 마음으로 조금 전에 선생님께 전보를 보냈습니다. 이 전보를 받고 선생님께서 얼마나 걱정하실지 알고 있지만 달리 어쩔 도리가 없었습니다. 프랑신의 상태는 며칠 동안 줄곧 그대로였습니다. 그래서 저는 그러다가 차츰 좋아지겠거니 하고 기대하는 중이었는데, 이번에는 카트린이 갑작스레 병(성홍열)을 얻어 상태가 돌연 심각해졌습니다. 편지로 자세한 말씀은 드릴 수 없지만 분명한 것은 이제부터 아내의 건강에 끊임없이 신경을 써야 한다는 것입니다. 아내에게 필요한 것은 치료인데, 지금 문제가 되는 것은 아내를 여기서도 치료할 수 있는 것인지 아니면 파리로 데리고 돌아가야 하는지 그걸 알아야 한다는 것입니다.

제가 고통받는 것쯤은 아무것도 아니라고 할 수 있어요. 그러니 지금의 제 마음이 어떨지 선생님께서도 짐작하실 겁니다. 그런데 지금 제겐 선생님 생각 때문에 한 가지 걱정이 더 늘었습니다. 선생님께서도 떠나지 않기로 결정하셨다고 제가 확신할 수만 있다면 저야 아무래도 괜찮습니다. 제가 부르봉 뷔세[1]에게 사과의 편지를 보내겠습니다. 그 밖에는 문화협력국 같은 건 프랑신의 건강 상태에 비긴다면 문제도 되지 않습니다. 그렇지만 저는 선생님께서 혼자라도 떠나야 한다고 느끼실 것 같다는 생각에 여간 애가 타는 게 아닙니다. 설령 카이로의 대사관 문정관이 화를 낸다 한들 사실 그런 게 무슨 문제겠습니까? 이 편지를 정상적으로 받게 되시거든 부디 지체 마시고 연락주셔서 이 점에 대하여 제가 안심할 수 있게 해주시기 바랍니다. 그리고 제 딴에는 선생님을 편하게 해드리고 싶다는 마음뿐이었는데 도리어 이토록 불편하게만 해드린 점 부디 용서해주시기 바랍니다. 이렇게 갑작스럽게 이런 일이 생길 줄은 저도 예상하지 못했습니다.

우정 어린 인사를 드리며.

제네랄 르클레르 가 65번지, 오랑

알베르 카뮈

(혹시 선생님께서 알제로 편지를 보내셨는지 모르겠군요. 결혼식 참석차 알제에 가려고 했지만 갈 수가 없게 되었습니다. 하지만 편지는 제가 주소 변경 절차를 밟아 전달받도록 하겠습니다.)

〔속달편지〕

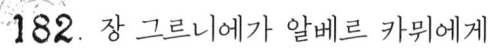

182. 장 그르니에가 알베르 카뮈에게

〔부르 라 렌〕 53/12/29

친애하는 카뮈,

당신이 보내준 소식을 접하고 그저 안타까운 마음뿐입니다. 부탁한 대로 프랑신의 좌석은 취소했어요. 부인에게 우리의 따뜻한 위로의 말을 전해주세요. 그리고 우리가 파리로 가서 부인을 만나보고 싶지만, 부인이 휴식하도록 두는 게 낫다고 판단했기 때문에 가지 않았다는 말도 전해주세요. 그리고 프랑신의 '공책'[1]이 부활절 무렵이면 준비가 되어 있을 거라고 전해줘요. 그 전에 준비된다고는 약속할 수 없지만요.

내게 부인의 소식을 알려주기를 고대합니다.

항상 당신 부부를 생각하며.

J.G.

183. 장 그르니에가 알베르 카뮈에게

54/2/25

친애하는 카뮈,

출발에 앞서 당신 집에 전화를 했다가 당신이 감기로 고생하고 있다는 말을 들었어요.

우린 아마도 수요일에 돌아올 것 같아요.

우정을 전하며.

장 그르니에

〔모나코의 그림엽서〕

184. 장 그르니에가 알베르 카뮈에게

(부르 라 렌), 54년 3월 5일

친애하는 카뮈,

우리는 다시 파리로 돌아왔어요. 당신에게 전화를 걸어서 만날 약속을 정할까 어쩔까 망설이고 있어요. 나에게 전화를 주든가 아니면 한 자 적어 보내줄 수 있을까요?

당신들 두 사람을 많이 생각했어요.

당신들의,

장 그르니에

185. 장 그르니에가 알베르 카뮈에게

(부르 라 렌) 54년 3월 27일

친애하는 카뮈,

당신이 보내준 글을 읽고 깊은 감동을 받았어요. 그 '포르티크 상'이라는 것과 관련하여 당신이 그처럼 과장된 말로 내 이야기를 했었다는 걸 나도 알고 있었어요. 왜냐하면 전에 당신에게 부탁했던 그 글의 사본 한 부를 당신이 내게 보내준 적이 있기 때문입니다. 그 글을 다시 한번 읽다니 기뻐요(기쁘면서도 민망하지요). 그리고 그 원고[1] 자체를 갖게 된 것 또한 그렇고요.

당신에게는 즉시 편지하려고 했다가 늦추었어요. 왜 늦추었는지 당신은 알 겁니다. 이 시간에 내가 얼마나 당신 생각을 하고 있는지 말하고 싶지만 어떻게 표현을 해야 할지 모르겠군요.

당신의 친구,

J.G.

186. 장 그르니에가 알베르 카뮈에게

엑상프로방스

54년 8월 17일

8월 말에는 파리로 돌아갈 예정입니다. 그때 당신은 파리에 있을 건가요? 당신의 소식을 좀 알려주시오—나는 엑스에, 그다음에는 페른에 가 지내다가 엑스로 다시 돌아왔어요—알랭은 벌써 귀대했어요(휴가가 끝났거든요). 이곳 주소는 폴 세잔 대로 24번지입니다.

마음으로부터의 우정을 보내며—

장 그르니에

〔엑상프로방스의 그림엽서〕

187. 알베르 카뮈가 장 그르니에에게

1954년 8월 20일

선생님께,

아이들과 노르망디¹에서 한 달을 보낸 뒤 이제 막 파리로 돌아왔습니다. 물론 그곳에선 계속 비가 내렸지요. 올해 선생님께서 프로방스를 선택하신 것은 정말 잘하신 일입니다. 노르망디에서 저는 어찌나 피곤하고 어찌나 '폐기 상태'였는지, 해가 나지 않는다는 것조차 알아채지 못했습니다. 지금은 좀 나아졌습니다. 다시 일을 시작할 수만 있다면 모든 것이 달라질 것 같다는 느낌이 드는군요.

프랑신은 훨씬 좋아졌습니다. 아내는 이번 달 말에 디본을 떠나 그라스에 있는 친구들 집에서 9월을 보낼 것입니다. 아마도 10월엔 마담 가에 있는 아파트로 돌아올 것 같습니다.

그동안 조금만 움직여도 피곤해지는 통에 선생님께 편지 드리지 못했습니다. 그렇지만 한결같은 마음으로 늘 선생님을 생각했습니다. 선생님께서 월말에 돌아오신다니 기뻐요. 서로 편하게 만날 수 있겠군요.

곧 다시 뵙겠습니다. 선생님과 댁내 모든 분들께 마음으로부터의 인사를 드립니다.

A. C.

188. 장 그르니에가 알베르 카뮈에게

〔부르 라 렌〕 54/11/30

친애하는 카뮈,

여긴 별일 없이 잘 지냅니다.

당신이 로마와 팔라티노 언덕, 산피에트로 인 몬토리오 성당, 프라스카티, 그리고 티볼리를 구경할 수 있었으면 좋겠어요.

많은 여행객들의 마음이 그곳에 머무르고 있으니 말입니다.

시칠리아에도 갈 건가요?

당신의 친구,

장 그르니에

189. 알베르 카뮈가 장 그르니에에게

〔로마〕 1954년 12월 4일

선생님께,

보내주신 카드 잘 받았습니다. 이곳에서 함께 있었으면 싶은 사람은 별로 없지만 선생님과는 로마¹에서 이렇게 산책을 같이 했으면 좋겠다는 생각이 듭니다. 이 산책은 제 일과의 큰 부분을 차지하는 것입니다. 저는 여러 가지 측면에서 그런 치료가 필요했습니다. 산책도 치료의 하나니까요. 따지고 보면 아름다움 역시 치료에 도움이 되고, 어떤 빛은 자양이 됩니다. 이곳은 화창한 날이 계속되고 있습니다. 하늘도 완벽하고요. 빛이 거의 분말처럼 잘게 부서지는 토스카나의 하늘과는 아주 딴판입니다. 그런데 로마의 하늘에서는 빛이 모든 지점에서 고르게 규칙적으로 마음에 흡족하도록 시원스럽게 흘러내립니다. 지난 일 년 동안 너무나 비참한 생활을 해온 탓인지 이렇게 갑작스럽게 찾아온 행운에 도무지 포만감을 느낄 수가 없습니다.

출발하기에 앞서 그날 아침 갈리마르의 집에서 선생님을 뵙는 둥 만둥한 것이 아쉽기만 합니다. 선생님께 좀더 편한 마음으로 말씀을 드리고 싶었고, 제게 주시는 말씀 속에서 선생님께서 피하고 싶어하시는 충고가 아니라 말하자면 어떤 의견 같은 것을 듣고 싶었지만 그러지 못했습니다. 그렇기 때문에 이집트 여행을 하지 못한 것이 아쉽고 선생님께서 이곳에 함께 계시지 않은 것이 아쉬운 것입니다. 선생님과 저는 의견을 함께 나눌 시간이 필요합니다. 그런데 파리에서의 어수선한 생활은 도무지 그것을 허용하지 않는군요.

하기야 선생님께서 이미 다 알고 계셔서 제가 구태여 말씀드릴 만한 것은 아무것도 없습니다. 하지만 아시다시피 친구에게 자신의 생각을 설명한다는 것은 결국 자신에게 설명하는 것이겠지요.

잉크가 떨어져 볼펜으로 바꾸어 씁니다. 선생님께 말씀드리고 싶었던 것은 다만 저는 이곳에서 활력과 결단력을 되찾게 되었다는 것이었습니다. 돌아가면 다시 작업을 시작할 수 있을 것 같습니다. 그리고 만일 작업을 할 수만 있다면 전 기다릴 수 있습니다. 모레는 이탈리아 남부로 떠나 파에스툼에 기항할까 합니다. 주말에는 그곳에서 돌아와 다음 주 초(13일과 15일 사이)에 로마를 떠나 파리로 갈 생각입니다. 그때 선생님을 뵈올 수 있기를 바랍니다.

이미 말씀하셨듯이 선생님께서 매주 릴을 오가는 번거로움에서 해방되시기를², 그래서 제가 매우 중요한 것으로 확신하며 고대하고 있는 '회고록'³에 몰두하실 수 있기를 또한 간절히 바랍니다. 그럼 또다시 뵙겠습니다. 사모님께 안부 전해주시고, 저의 변함없는 우정을 믿어주십시오.

알베르 카뮈

여기서 제가 가장 좋아하는 것은 바로 언덕들(자니콜로, 팔라티노)과 분수들입니다. 빌라 아드리아나는 완벽의 극치입니다.

27일 토요일까지는 토리노의 호텔 프린치페 디 피에몬테에서, 30일에는 로마에서 지냈습니다—로마의 비아 아다 53번지⁴에 있는 니콜라 키아로몬테 씨⁵ 댁에서 큰 환대를 받았습니다.

 190. 알베르 카뮈가 장 그르니에에게

nrf

[파리] 1955년 4월 19일

선생님,

선생님의 눈병이 심각한 것이 아니기를 빕니다. 그리고 제가 출발하기에 앞서 한번 뵈올 수 있었으면 합니다. 선생님께서 쓰신 《어휘집》[1]을 두 번이나 읽었고 읽을 때마다 더욱더 감탄과 공감을 느꼈다는 말씀을 꼭 드리고 싶어요. 그것은 그 자체로 예술가의 초상이며 진실과 신비 그 중 어느 쪽도 부족한 것이 없습니다. 그러나 어느 누구도 이 아름다운 무심 덩어리보다 더 무심하지는 못할 것입니다.

지금쯤은 아침의 책[2](이 작품을 어떤 이름으로 불러야 할지 모르겠군요)의 작업을 다 끝마치셨을 줄 압니다. 그 책이 기다려지는군요. 본능적으로 그 책이야말로 저에겐 유난히 소중한 책이라는 느낌이 듭니다.

다시 뵙겠습니다. 안녕히 계십시오.

알베르 카뮈

191. 장 그르니에가 알베르 카뮈에게

〔부르 라 렌〕 55년 4월 21일 목요일

친애하는 카뮈,

진심으로 감사합니다.

가능하면 금요일이나 토요일에 와서 나와 한 반 시간가량 이야기를 나눌 수 있었으면 기쁘겠습니다. 나는 외출은 할 수 없지만 건강은 많이 좋아졌어요.

프랑신에게 이야기한 바 있는 편지를 내게 보내달라고 전해주십시오.

두 분의 건강을 기원하며.

당신의,

J.G.

아직은 독서도 하고 글을 쓸 수도 있지만 그것도 아주 조금뿐입니다―쉰일곱 살이니.

192. 장 그르니에가 알베르 카뮈에게

〔부르 라 렌〕 55/4/25

〈간부姦婦〉¹를 읽기 시작하면서 당신에게 강력한 환기의 힘과 어휘의 순수성, 그리고 날카롭기 그지없는 관찰력…… 등등에 대해서 칭찬의 말을 해야겠다고 생각했지요. 그리고 작품을 계속 읽어나가면서 예기치 못했던 감동을 느꼈어요. 아주 오랫동안 느껴보지 못했던 감동이어서, 거기에 비하면 그 어떤 찬사도 부질없다는 느낌이 들 정도였어요.

당신이 말하는 '그것'―그게 뭔지 당신도 잘 알 거예요―이 아주 마음에 들었어요. 나는, 아니 우리는 어떤 면에서 바로 그 간부였어요.

이만 줄입니다. 즐거운 여행을 기원합니다. 당신의 눈을 통해 다시 지중해를 보게 될 것 같군요.

J.G.

우리 부부는 프랑신을 곧 만날 수 있기를 바랍니다.

193. 알베르 카뮈가 장 그르니에에게

〔그리스〕 1955년 5월 6일

선생님,

선생님의 편지는 저에게 큰 기쁨을 안겨주었습니다. 그 기쁨을 통해서 제게 격려가 필요했다는 것을, 그리고 제가 지금 쓰고 있는 모든 것에 대하여 불안해하고 있었다는 것을 깨달았습니다.

그리고 또한 제게는 그리스와 그리스가 주는 그토록 강력한 그 공간감이 필요했습니다.[1] 마치 감옥에 갇혀 있던 사람이 문득 광활한 하늘에서 오려낸 것 같은 민둥산 위에 올라선 느낌 말입니다. 그렇습니다, 숨통이 트인 겁니다. 아르골리스를 찾아갔는데 그곳에서는 미케네가 가장 깊은 인상을 주더군요. 그리고 미스트라, 델포이를 방문했고, 지금은 북부에 있습니다만 내일은 델로스를, 그리고 이어서 올림피아를 둘러보려고 합니다. 그러고 나면 돌아갈 것입니다.

여기서 저는 선생님에 대한 많은 우정의 증거들을 발견했습니다. 그래서 몹시 기뻤습니다. 선생님 친구 분 Z씨(그분의 부인은 사실 적도지방 사람이더군요), 그 밖에도 많은 분들을 만났는데 정말 좋은 분들이었습니다. 그렇지만 저는 거리들과 양치기들이 더 좋습니다.

이곳에서도 늘 선생님을 생각하고 있습니다. 진심으로 가족 여러분께 우정을 보내며.

A. C.

194. 장 그르니에가 알베르 카뮈에게

〔엑스〕 55년 8월 22일

친애하는 카뮈,

이리저리 옮겨다니다보니 당신에게 편지 쓸 틈이 없었어요—무엇보다도 그리모의 집¹ 문제가 해결되었어요. 마들렌이 우리와 합류했고, 지금 우리는 알랭이 오기를 기다리고 있어요.

엑스로 편지해주세요—당신네 가족 모두의 소식 알려주시고요—변함없는 우정을 보내며.

장 그르니에

195. 알베르 카뮈가 장 그르니에에게

〔이탈리아〕 55년 8월 24일

선생님,

이 편지가 선생님께 전해질 수 있을지 모르겠습니다만, 그러지 못한다고 하더라도 전달될 때까지 기다리면 되겠지요. 저는 다만 선생님의 책¹과 거기 써주신 헌사에 감사의 말씀을 드리고 싶었습니다. 지난 오랜 세월 동안 저는 언제나《섬》을 좋아해왔고 또 늘 그 책을 생각해왔습니다. 보로메의 섬들은 저에게 어느 면 제 젊은 날들을 되살려주었고, 저는 언제나 그렇듯 선생님의 걸어오신 길을 우정과 감탄의 마음으로 뒤따라왔습니다. 그렇습니다. 박물관에 들어가서 죽을 지경으로 피곤해지는 것보다는 느릿느릿 산책하는 편이 더 낫습니다. 오늘날의 작가들의 글을 읽고 있으면 늘 박물관이나—몽테를랑의 경우는 훈장 박물관—매음굴 속에 들어가 있는 느낌입니다. 오직 선생님의 글을 읽을 경우에만, 예를 들어 로마의 숨 막힐 듯 꽉 들어찬 궁전들 한가운데서 확 트인 전망이나 분수를 발견했을 때 느낄 수 있는 저 발견의 감각, 저 돌연한 행복감을 맛보게 됩니다. 저는 이제 예전처럼 독서하는 것을 좋아하지 않게 된 것 같습니다. 저는 제가 읽는 책에서도 우정이 필요합니다. 그렇기 때문에 요즘 발표되는 글들을 거의 읽지 않습니다. 그래서 늘 선생님 글의 발표가 뜸해지는 것을 너무나도 안타까워하는 것입니다. 아시다시피 저는 선생님의 다음 책[2]을 애타게 기다리고 있습니다.

한심한 건강 상태가 여름을 다 망쳐버렸습니다. 결국 이탈리아 여행[3] 덕분에 원기를 회복할 수 있었지요. 저는 열심히 작업하여 중편소설 한 권[4] 분량의 초벌 원고를 끝냈습니다. 9월에 파리에서 그 원고를 마무리하려고 합니다. 그다음에는 앞서의 작품들처럼 일종의 신화적 장치가 아니라 '직접적인' 소설을 한 편 쓰고 싶습니다. 어떤 '교육'이나 그와 유사한 종류가 될 것입니다. 나이가 마흔두 살쯤 되면 한번 그런 것을 시도해볼 수도 있다는 생각이 들어서요.

이탈리아에서는 젊은 대학생 때 보았던[5] 것들을 다시 보았습니다. 천둥벌거숭이였던 당시의 저에게 이탈리아는 눈부신 방식으로 예술이 무엇인가를 보여주었습니다. 저는 마음이 늙어 있었고 피곤에 지쳐 있어서 지금처럼 열광할 줄 몰랐었지요. 하긴 스쿠터 무리 때문에 이탈리아의 인상이 망쳐진 것은 사실입니다. 해마다 밀려드는 테데스키(독일인)들은 그만두고라도 말입니다. 그렇긴 해도 저는 이곳에서 행복했습니다. 그리고 움브리아(몬테산사리노에서 시에나까지 뚫려 있는 도로)는 부활의 땅입니다. 친구들, 연인들이 죽은 뒤에 서로 다시 만날 것 같은 곳이 바로 그곳이라는 말입니다.

이제 며칠 후면 파리로 돌아갑니다. 그리고 9월과 10월에는 틀림없이 파리에 있을 겁니다. 그다음에는 알제리로 가겠습니다.[6] 제 마음이 쓰리도록 불행에 빠져 허덕이는 알제리로 말입니다. 돌아오시면 가능한 한 꼭 전화주십시오. 선생님을 뵙고 싶습니다. 선생님과 가족 모두에게 변함없는 사랑의 인사를 드리며.

알베르 카뮈

196. 알베르 카뮈가 장 그르니에에게

1955년 9월 1일

선생님,

선생님의 책과 그 밖의 여러 가지 것들에 관하여 쓴 편지를 이탈리아에서, 그러나 부르 라 렌 주소로 보냈습니다. 이제 얼마 안 있으면 선생님께서도 부분적으로는 그리모와 바르의 주민이 되실 거라는 소식을 듣고 정말 기뻤습니다. 다름이 아니라 제가 그 작은 마을을 좋아하기 때문이지요. 그 화가의 집은 어떻게 되었습니까? 저도 멀지 않은 장래에 남프랑스 지역에 그런 집을 하나 구입하여 물러나 지내고 싶습니다. 썩 좋은 집을 하나 보시게 되면 알려주십시오.

선생님께서 어서 돌아오시면 좋겠습니다. 돌아오시면 제게 소식 주십시오. 뵙고 싶으니까요. 늘 선생님과 선생님 가족들을 생각을 하고 있습니다. 우정을 전하며.

A. 카뮈

197. 장 그르니에가 알베르 카뮈에게

엑스, (1955년) 월요일 아침

친애하는 카뮈,

우리는 오늘 아침 그리모(전화 58번)로 떠나오. 아마도 화요일 저녁에 돌아와서 잠은 엑스(전화 19-52)에서 잘 것 같고, 수요일 아침엔 페른에 가 있게 될 것 같으니 그때 당신을 만났으면 좋겠어요.

행복한, 최고로 행복한 시간을 보내기 바라며.

당신의 친구—

J.G.

198. 장 그르니에가 알베르 카뮈에게

폴 세잔 대로 24 번지

엑스, 55/9/23

친애하는 카뮈,

당신이 보내준 두 통의 편지를 받고 몹시 기뻤어요—멋진 이탈리아 여행을 했다는 소식을 알려준 편지 말입니다—당신이 여행하고 있는 동안 나는 '마음으로' 긴 편지를 당신에게 쓰곤 했어요. 아주 젊을 적에는 자기가 느끼는 것을 편지를 받는 사람도 똑같이 느낄지 어떨지 생각도 해보지 않고 편지를 쓰는데, 바로 그런 편지를 당신에게 쓰곤 한 거예요. 그렇지만 나이가 서른이 넘고 나서부터 스무 살 적에는 무한한 것으로만 여겨졌던 의사소통의 가능성이 너무나 의심스럽게만 여겨졌어요.

편지에서 당신이 내비친 당신의 건강 문제가 한순간의 지나가는 먹구름에 지나지 않기를 진심으로 바라고 있어요.

나의 올여름은 온통 이리저리 옮겨다니다가 다 가버렸네요. 우리는 여기 엑스에 와서도 묵고 있는 집에서 이십여 분 걸리는 곳까지 가서 식사를 했어요. 그리고 특히 우리는 엑스에서 (퐁트네 오 로즈의 우리 친구인) 포미에 부인 댁에 머물었어요. 우리집 개가 지난 5월 그 집에 가 죽는 바람에 엑스의 그 부인 집 정원에 묻혔답니다.[1]

오데트 주아이외의 부동산 거래에 대해서는 나중에 이야기하리다. 우리는 그리모에서 불과 며칠밖에 지내지 못했어요. 이번 겨울과 초여름에 다시 오겠다는 생각으로 말입니다―바스 잘프에 있는 화가의 집은 집 주인이 보헤미아에 머무르는 관계로 계속 비어 있습니다.

당신의 단편집은 마무리되었나요?

당신이 말하는 그 '교육'이라는 게 어떤 것이 될지 궁금하군요. 나는 그게 아마도 균일하고 완벽한 곡률을 지닌 거울과도 같은 것이 아닐까 하고 상상해봅니다.

나는 두 달간의 휴가를 보낸 후에 내 노트들을 다시 읽으며 정리하기 시작했어요.

우리는 10월 초에 돌아가려고 생각하고 있습니다. 따라서 《검은 피》[2]가 영예―사실 그럴 만한 자격이 있어요―를 얻기 전에 서로 만날 수 있을 것입니다.

부디 프랑신에게 안부 전하는 것 잊지 말아주십시오. 나의 변함없는 마음을 전하면서.

장 그르니에

199. 장 그르니에가 알베르 카뮈에게

엑스, 55/9/28

친애하는 카뮈,

석 달 전에 어떤 친구가 내게 한 가지 부탁을 했습니다. 그는 희곡 한 편을 썼는데 그걸 르마르샹[1]에게 보여주고(르마르샹은 마음에 든다고 했대요) 비탈리[2]에게도 승낙을 받았지만, 비탈리는 오디베르티의 희곡을 무대에 올렸다가 적자를 보는 바람에 돈을 마련하기 위하여 라비슈의 작품을 공연할 수밖에 없었다고 합니다. 그러니 당신이 장 루이 바로에게 편지를 써서 문제의 희곡 작품을 '꼭 한번 읽어봐달라고' 부탁해주었으면 좋겠다는 겁니다.

만약 청을 받아들여 그렇게 해준다면 당신은 아무런 책임도 지지 않으면서 그 작가에게 큰 도움을 줄 수 있을 것 같아요. 내가 보기에 그 희곡 작품은 그럴 만한 가치가 없는 것도 아닌 듯하니 말입니다.

이 문제는 파리에 가서 다시 이야기하기로 합시다. 나는 내일 엑스를 출발해서 쇼몽을 거쳐 10월 4일경에 파리로 돌아갈 생각입니다—

*

북아프리카 사태를 보고 깜짝 놀랐고 가슴이 아팠어요. 일부 사람들은 무지막지하고 다른 일부 사람들은 비열하니 말입니다.

*

동시대 문학에 대하여 세비녜 부인은 뷔시 라뷔탱에게 이런 편지를 보냈어요.

"저는 당신이 하고 있는 모든 것에 널리 퍼져 있는 그 고상한 능란함에 감탄을 금치 못합니다. 특히 저를 감동시키는 것은 모든 종류의 가식과 불필요한 것에 대하여 거리를 유지하는 태도가 당신의 문체에 드러나 있다는 점입니다."

*

우리 모두 서로 서로 사랑합시다!

당신의,

J.G.

200. 장 그르니에가 알베르 카뮈에게

릴 대학교
문과대학   55/10/27

친구여,

날마다 로베르 레니에가 내게 묻는군요. 당신이 바로에게 편지를 보내서 사신의 원고를 읽어봐달라고 부탁했는지 어떤지 말입니다. 당신에게서 미리 연락이 가지도 않았는데 바로에게 원고부터 보낸 꼴이 될까봐 걱정이 되는 모양입니다—어떻게 되었는지 당신이 내게 간단히 전화로 알려주면 어떨지요?

*

당신의 '정신적 아들 fils spirituel'[1]을 만났어요.—그에 관해서는 나중에 다시 이야기하기로 해요—

*

워커라는 미국 대학생으로부터 당신에 대한 편지를 받았어요. 우선 당신에게 연락해보라고 그에게 말해주었어요.

*

P. 리베가 나에게 코스타리카에 좋은 자리가 있다고 제안하는군요.

*

르 글라우이—그의 놀라운 포커 실력에 감탄하지 않을 수 없어요! 나는 모리악과 반대되는 결론을 내리게 되었어요. 내 생각이 틀린 것이면 좋겠어요.

*

알제리에 사는 프랑스계 서민들에 관하여 당신이 최근에 쓴 글[2]은 그 야말로 정확했어요. 그렇지만 단편 〈간부〉에서는 그들의 모습이 다르게 그려져 있어요—물론 다른 관점에서 본 것이라는 걸 잘 알지요.

당신의—

J.G.

201. 장 그르니에가 알베르 카뮈에게

〔부르 라 렌〕 56.4.1

랑세는 그의 친구들에게 보낸 편지에서 자신의 당혹감을 이렇게 표현했어요.

"겉으로 보이는 나의 걱정거리들은 나의 삶에서 정말 아무것도 아닌 걱정거리들이다. 나는 나 자신으로부터 나를 방어할 수가 없는 것이다."

당신과 함께 보낸 시간은 정말 행복했어요. 곧 다시 만나기를 바랍니다. 가족 모두에게 잊지 말고 안부 전해주세요.

J.G.

202. 장 그르니에가 알베르 카뮈에게

〔부르 라 렌〕 56. 7. 25

내일 목요일 우리는 시미안(바스 잘프)으로 떠나요. 그곳에 사제관을 하나 빌려놓았거든요. 프랑신이 내게 맡긴 단편소설들의 원고를 그곳으로 가지고 갑니다. 그 원고를 읽긴 했지만 당신에게 작품 이야기를 할 시간이 없어요. 우선 내가 그 작품들에 대하여 크게 감탄하고 있는 것만 말해두고 싶어요. 특히 〈말없는 사람들〉과 〈자라나는 돌〉이 좋아요.[1] 그 어떤 작가도 그보다 더 적절하고 더 심오하게 표현할 수는 없을 겁니다.

당신은 또한 내가 〈간부〉와 〈손님〉을 얼마나 좋아했는지 알 겁니다. 한 가지 거슬리는 게 있지만 그것은 개인적이거나 문학 외적인 것일 수도 있겠지요. 일제로 오기 진에 다로의 《아랍의 축제》를 읽은 적이 있는데, 나중에 보니 그 지향하는 방향이 그다지 적절해 보이지 않았어요. 그래도 전체적인 시각은 어쩔 수 없이 일정한 쪽으로 향하고 있었습니다. 중요한 것은 그렇다고 해서 그것이 어떤 목표 쪽으로 지나치게 유도되고 있는 것은 아니라는 점이지요. 하기야 고상한 목표이긴 하지만요.

요컨대 당신이 쓰고 있는 작품은 대단히 아름다워요. X라는 당신의 아들[2]이 이야기했듯이 이 점에 관해서는 나중에 다시 이야기하기로 합시다.

그러니까 29일부터 내 주소는 시미안 사제관(바스 잘프)입니다(그리모에 가서 지내는 7월 31일과 8월 1일, 이틀만 빼고요).

우정을 보내며. 당신의,

J.G.

203. 장 그르니에가 알베르 카뮈에게

56년 8월 2일

총총 몇 자 적으니 양해하세요. 곧 당신에게 전화를 걸 터이니 압트로 와서 나와 같이 저녁식사를 하고 그 전에 시미안에 와서 잠시 지냈으면 좋겠는데 어느 날이 좋을지 말해줘요. 당신의 대단히 아름답고 의미심장한 단편소설들을 내게 보여주어서 고마워요.

J.G.

〔시미안의 그림엽서〕

204. 장 그르니에가 알베르 카뮈에게

시미안 라 로통드
바스 잘프

56년 8월 24일

친애하는 카뮈,

끊임없이 당신과 당신의 단편소설들 생각을 했습니다. 그 작품들에 대하여 편지를 쓸 생각까지 해보았어요. 그러나 내가 그 작품들을 얼마나 좋아하는지, 그중에도 특히 몇 작품, 가령 〈간부〉와 〈자라나는 돌〉의 끝부분에 대하여 내가 얼마나 감탄하고 있는지는 벌써 당신에게 말을 한 것 같군요. 그 작품에 담긴 사상들에 대해서 다시 한번 당신에게 이야기했으면 싶었지만 이미 충분하고도 확실하게 이야기한 바 있어요. 아무튼 그 사상들은 거의 항상('항상'이라고 말할 수는 없지만) 극도로 잘 표현되고 있어요.

어제는 알프스 계몽주의 학회 회원들과 함께 올랑 성[1]을 방문했지요 (모든 면에서 놀라운 방문이었어요). 그리고 내가 아주 좋아하는 브랑트 마을[2]을 보았어요. 당신이 올랑 성에 대하여 내게 했던 말이 생각나더군요.

아내 말이, 당신이 내게 선물하겠다는 청바지를 내가 받지 않은 것 때문에 어쩌면 마음이 상했을지도 모른다고 하네요. 그렇지만 거절한 것은 내가 아니라 내 몸이었어요. 아무튼 난 당신이 주면 기꺼이 받을 뿐입니다.

공연 연습[3]은 어떻게 되어가고 있나요? 늘 그랬듯이 알랭은 두 개의 좌석을 구해주었으면 좋겠다고 합니다(알랭은 9월 1일에 돌아가야 해요).

이곳의 날씨는 계속 화창하고 더웠어요. 그저께만 빼고 말입니다. 아마도 우리는 9월 15일까지 계속 이곳에 눌러 있으려고 합니다. 그다음에는 그리모로 가려고 해요.

오랜 친구의 우정과 안부를 전하며.

J. G.

내 〈회고록〉의 원고[4]를 다시 타이프하면서 오랜 시간에 걸쳐 다시 읽어보았어요. 몇 챕터(당신이 이미 읽어본 부분)를 폴랑에게 보냈더니 아주 좋다고 해서 기뻤지만 그냥 그대로 출판하자고 해서 좀 당황스럽기도 했어요. 그래서 전보를 쳐서 수정할 부분도 있고 아직 나머지 부분도 마저 써야 하니 기다려달라고 했어요.

205. 알베르 카뮈가 장 그르니에에게

〔파리〕 56년 9월 2일

선생님,

매일 열 시간씩 연습하고 남는 시간은 기술적인 문제를 점검하는 등 저는 또다시 이 세계에 파묻혀 빠져나오지 못하고 있습니다. 그렇지만 지금 불평을 하고 있는 것이 아닙니다. 저는 이렇게 푹 빠져 지내는 게 행복합니다. 선생님의 편지는 좋은 징조였고 우정 어린 격려였습니다. 지금의 생활 리듬에 젖어들기에 앞서 선생님께서 지적해주신 것들을 염두에 두고 단편소설들을 다시 손질할 시간이 있었습니다. 이달 20일 이후쯤 소설을 다시 살펴본 다음 '가스통'에게 보내려고 합니다. 아직도 글을 쓸 때의 충동이 그대로 살아 있는 느낌이니 지체하지 말고 소설에 매달려볼 생각입니다.

　제가 이렇게 극장의 카페에서 아무 종이나 펴놓고 몇 자 적는 것은 무엇보다도 폴랑이 〈회고록〉[1]을 훼손하도록 내버려둬서는 안 된다는 것을 선생님께 말씀드리고 싶어서입니다. 회고록에 알맞은 형식이 어떤 것인지를 가장 잘 알고 있는 쪽은 바로 선생님이니까요. 그렇지만 너무 오래 끌지는 마십시오. 그것은 요즘 세상에는 찾아보기 드문 책입니다. 일종의 대지나 숲이나 평야 같은 하나의 세계를 보여주는 책이지요. 거기에는 잘 닦아놓은 길들이 있는가 하면 더 은밀한 샛길들도 있어요. 전 그 어떤 것보다 그 책을 좋아하고, 그 책이 출간되기를 진심으로 기다리고 있습니다.

　알랭에게 줄 연극 티켓 두 장은 부르 라 렌으로 보내드리겠습니다. 생각이 나서 말씀드리는 것이지만, 아마도 제가 초대를 거절해서 마음이 상했는지 선생님의 손자는 더이상 제게 편지를 보내지 않는군요. 그렇지만 저를 위로하려는 것인지 제 진짜 아들 녀석이 저에게 마음에 드는 편지를 보내주는군요.

　올랑 성 말씀입니까? 저는 그곳에서 사는 것을 꿈꾸어본 적이 있고 그 크기를 눈으로 어림짐작도 해본 터이니, 선생님께서 저의 '카스티야' 기질을 나무라시기에 딱 알맞은 기회를 만난 것 같다는 생각이 들었습니다. 청바지와 관련해서는, 선생님께서 그 옷을 안 입으신다고 해서 제가 화가 난 건 절대로 아닙니다. 다만 다른 것으로 하나 구해드려야겠다고 마음먹고 있었을 뿐입니다. 두 분께 안부 전하며 이만 줄입니다.

알베르 카뮈

프랑신은 1일부터 15일까지 팔레름²에 가 있을 것입니다. 전화는 168번입니다.

206. 장 그르니에가 알베르 카뮈에게

그리모(바르), 56년 10월 6일

친애하는 카뮈,

알랭을 초대해주어 고마워요. 표를 받고 몹시 기뻐하더군요. 그리고 연출과 배우들, 특히 주연 여배우¹의 연기에 감탄을 아끼지 않았어요. 우리도 파리에 도착하면 연극을 보러 가려고 해요. '아무리 늦어도' 20일에는 파리에 도착할 겁니다.

오늘은 아주 특별히 걱정스러운 사정이 있어서 이 편지를 씁니다. 유감스럽게도 당신 역시 나와 마찬가지로 이 문제에 대하여 속수무책이면 어쩌나 걱정이 되긴 합니다. 전에 내가 당신에게 내 옛 제자 중의 한 사람인 마리오 빌라니에 대해서 이야기한 적이 있었지요. 그 어느 누구보다도 신실하고 욕심 없는 사람이랍니다. 그는 당시 바벨우에드 고등학교의 '조교'였어요. 그의 부인인 시몬 스테파노풀로는 의사의 딸인데, 역시 내가 카뉴 반을 맡고 있을 때 내 제자였어요. 빌라니는 이탈리아어 전공으로 학사학위를 받았어요. 그런데 그 친구가 아이들(현재 모두 다섯 명)의 건강 문제(인후염!) 때문에 벌써 이 년 전에 처남이 살고 있는 니스로 전근 신청을 했었답니다. 그런데 좀처럼 소식이 안 오더래요. 마침내 이탈리아어 담당 장학관인 라테스(나는 모르는 사람)가 올여름에 그 친구에게 임용이 될 거라고 분명하게 약속을 했고 이미 임용을 했다고까지 말했어요— 실제로 임용은 장학관이 하는 것이고 사무실에서는 기록하는 일만 하는 것이지요. 그래서 빌라니는 부인과 장모, 그리고 다섯 명의 아이들을 데리고 배를 탔어요. 알제의 리트레 가 3번지에 있는 아파트를 비워놓은 채로 말입니다. 더욱이 그는 니스에 작은 빌라를 하나 세냈는데, 월세지만 80만 프랑을 지불해야 했답니다(돈은 대출받은 것이었지요).

그런데 9월 말이 되도록 공식적인 통보를 못 받았다는군요— 보통때 같으면 이런 것쯤은 아무 문제가 되지 않아요. 그렇지만 그는 최근에 알제의 부교육청장이 원칙적으로 교사들의 수도권 전근에 일절 반대하고 있다는 소식을 들었답니다. 그래도 약속을 한 것이니 리테스가 그를 밀어주지 않겠는가? 문제는 그것입니다. 만일 그가 밀어주지 않을 경우, 전근 금지의 원칙은 이해하지만 이 경우에는 받아들일 수 없다고 주장하여 전근을 관철시켜줄 만한 사람이 혹시 교육부에 있을지 알고 싶은 겁니다.

내가 아는 사람들은 오직 문과대학의 이탈리아어과 교수들뿐, 교육부의 중등교육 과정 쪽에는 이미 받아놓은 약속을 관철시킬 만한 권한을 가진 사람이 아무도 없어요.

혹시나 해서 이 문제에 대하여 당신에게 상의해볼 겸 편지를 썼습니다. 보시다시피 빌라니의 사정이 매우 절박해서요. 물론 내가 당신에게 이런 이야기를 했다는 걸 그 친구는 알지 못합니다.

긴 편지 용서하기 바랍니다. 당신의 희곡 〈수녀〉²가 큰 성공을 거두었다니 몹시 기쁩니다.

우정을 보내며.

J.G.

추신. 보시다시피 오늘 아침에 받은 이 편지에 따르면 라테스 씨는 알제로부터 답이 오기를 기다리고 있다는군요(이 대단하신 분도 어쩔 수 없겠지요!)…… 하지만 그 사람이 과연 알제 쪽에다 충분할 만큼 강력하게 호소했을까요?

207. 장 그르니에가 알베르 카뮈에게

시미안 (바스 잘프)

57년 8월 5일

친애하는 카뮈,

코르드에서의 체류는 끝났나요? 파리를 떠나기 전에 아넬리 부인¹과는 통화를 했지만 당신에게 일부러 편지를 띄우지 않았어요. 당신이 중세풍의 분위기 속에서 조용히 소설 집필에 열중하고 있었으니까요.

《올메도의 기사 *Le Chevalier d'Olmédo*》²를 읽어보기는 했지만 무대에 올린 연극을 보지 못해 유감입니다. 당대의 과장이라든가 부자연스러운 겉치레들에도 불구하고 아름답고 감동적이었어요. 그래서 심지어는 그러한 싸구려 치장들까지도 나중에는 매력으로 느껴졌어요.

이곳에서 나는 페넬로페의 작업처럼 끝이 없을 것 같던 《섹스투스》[3]를 마무리하고 있어요.

마들렌은 친구 화가들과 함께 스웨덴으로 떠났어요. 알랭은 엑스에 머물면서 오토바이를 타고 우리를 보러 오곤 해요. 우리는 모차르트의 〈피가로의 결혼〉을 다시 보았어요. 멋진 노래였어요. 반면에 〈카르멘〉은 엉망이었고요.

또한 요즘 나는 《고독한 산책자의 몽상》의 서문[4]을 쓰고 있어요. 재미있어요.

페시미즘에 관한 내 원고(갈리마르에 넘긴)[5]를 다시 생각해보면서 시몬 베유의 저작을 다시 읽어보는 것이 좋지 않을까 하는 생각이 들었어요. 시몬 베유의 글들을 읽긴 했지만, 너무 오래전의 일이고 너무 빨리 읽었으니 말입니다. 그 책들을 내게 보내주도록 당신이 좀 말해놓을 수 있을까요?

당신은 남프랑스로 올 겁니까? 온다면 언제 올 건가요? 프랑신은 카프 페라에 오래 머물 예정인지요? 이곳은 날씨가 대단히 좋아요.

당신의,

J.G.

208. 알베르 카뮈가 장 그르니에에게

〔1957년 8월〕

선생님,

저는 내일 코르드를 떠납니다. 그동안 아무것도 못한 채 허송한 시간 때문에 마음이 아주 무겁습니다. 아마 제 작품이 아직 충분하게 익지 않은 모양입니다. 그렇지만 충분한 휴식을 취한 덕분으로 이제 원기왕성한 상태가 되었습니다.

클로드[1]에게 편지하여 선생님께 시몬 베유의 저작들[2]을 보내드리도록 했습니다. 저는 9월에 다시 떠날 예정입니다만 장소는 아직 정하지 못했습니다. 떠날 때까지 파리에서 작업하려고 합니다. 저의 아름다운 책상[3]이 도움 되겠지요.

선생님의 건강을 빌며.

카뮈

〔코르드의 그림엽서〕

209. 장 그르니에가 알베르 카뮈에게

57년 8월 30일

친애하는 카뮈,

우리는 그리모(바르)로 떠납니다. 파리로 돌아가는 알랭과 여전히 스웨덴에 있는 마들렌은 빠지고요. 이제 막 시몬 베유의 책들을 받았어요—고마워요—그리모에 오지 않겠어요?

당신이 우리 집에서 묵을 생각이 아니라면 보솔레유 호텔이 딱 알맞을 겁니다.

늘 당신을 생각해요. 프랑신과 아이들은 어떻게 지내는지요? 여전히 카프 페라에 있나요?

J.G.

[시미안의 그림엽서]

210. 알베르 카뮈가 장 그르니에에게

[소렐 무셀] 1957년 9월 12일

선생님,

그리모에는 가지 못할 것 같습니다. 서운하군요. 이번 여름을 음울하게 보내고 난 참이라 물도 햇볕도 다 그리운데 말입니다. 그렇지만 두 달을 코트다쥐르에서 보내고 난 카트린과 장이 마침내는 푸른 초목과 암소들이 그립다고 했어요. 그래서 아이들을 데리고 노르망디로 갔더니 거기선 원자폭탄처럼 푹푹 찌는 날씨 덕분에 진짜 느림보 축제를 즐겼지요. 저는 좀더 열심히 일을 해보겠다고 남프랑스와 그곳의 모든 즐거움을 다 포기했건만 보람 있는 일은 하나도 못했으니 올여름은 공쳤다 싶어 지금은 완전히 체념하고 있습니다. 너무나도 전의를 상실한 상태라 백지 앞에 다시 앉을 엄두가 나질 않습니다. 벌써 여러 해 전부터 온전한 행복은 누려보지도 못한 채 어디를 가나 버림받은 느낌만 들고, 무슨 죄나 지은 것처럼 다른 사람들과 멀리 떨어져 지낼 뿐만 아니라 자신의 대부분을 빼앗겨야 하는 것이라면 차라리 모든 것을 다 팽개쳐 버리고 아무 소득도 없는 이런 노력을 아예 포기하는 것이 더 낫지 않을까 하는 생각이 듭니다. 차라리 연극을 했더라면 행복하고 자유로웠을 것 같아요! 지금 제가 마음속에 끓이고 있는 것은 바로 이런 종류의 상념들인데, 아마 선생님께서도 저의 이런 마음을 아실 것입니다.

게다가 저는 요즈음 아주 이상한 상태에 빠져 있습니다. 무감각이라는 병에 걸린 것이 아닌지 모르겠습니다. 만일 그렇다면, 그리고 이 병이 오래가는 것이라면 그건 지옥입니다. 그렇지만 저는 얌전한 회의주의자이므로 치유와 은혜와 맑은 이슬을 기다리면서 선생님에 대한 사랑으로 알렉상드르 뒤마를 읽고 있습니다. 지금의 저에게는 한 통의 편지를 쓰는 것조차 어렵게만 느껴집니다. 그러니 부디 올여름 조용히 침묵 속에 칩거했던 저를 용서해주십시오. 저는 9월 25일경에 파리로 돌아갔다가 아마도 10월 말경이나 되어야 알제로 다시 떠날 것 같습니다. 그때 그곳은 아마도 비가 올 터이니 분위기가 바뀌겠지요.

선생님께서 돌아오실 날짜를 아신다면 제게 말씀해주십시오. 가능하면 점심식사 자리라도 마련했으면 합니다. 그때까지 선생님과 가족 모두 평안하시기를 빌며.

알베르 카뮈

미셸 갈리마르 씨 댁내

소렐 무셸, 외르 에 루아르

저는 선생님께서 《정통성 정신에 대한 논고》¹를 가지고 왜 주저하시는지 이해할 수가 없습니다. 그 책을 다시 한번 읽어보았습니다. 여전히 의미가 깊고 변함없는 시사성을 띠고 있습니다. 전에는 예언적인 글이었지요. 유감이지만 이제는 역사적인 글이 되었군요.

211. 장 그르니에가 알베르 카뮈에게

그리모(바르), 57년 9월 14일

친애하는 카뮈,

어떻게 지내고 있는지 궁금합니다. 나는 지금 《모래톱》¹의 교정을 보고 있어요. 책 출간이 이렇게 앞당겨 진행된 것은 당신 덕분이라고 생각해요. 정말 고마워요. 하지만 다시 읽어보니 거북스러운 점이 없는 것도 아닙니다. 이 글이 과연 독자들에게 흥미로울지, 특히 독자에게 충격을 주는 것은 아닐지 의문이 생깁니다. 그렇지만 이건 순전히 저자만이 던져보는 의문이겠지요. 어떤 대담기사를 다시 읽어보고서 어떻게 내가 그런 말을 했을까, 어떻게 그 점은 말하지 않고 지나갔을까, 이건 부정확한 말인데…… 하는 생각에 저 혼자서 놀라듯이 말입니다.

시몬 베유의 글은 아주 흥미롭군요. 나는 그녀의 종교적 사상을 잘 모르고 있었어요.

알랭은 다시 파리로 떠났습니다—브랑리 강변로에 있는 경제성으로요. 마들렌은 여전히 스웨덴에 있는데 그곳에서 곧 전시회를 연다고 합니다.

몇 권의 책을 받았지만 여전히 읽히지가 않는군요. 사르트르 식의, 아니 어쩌면 말로 식의 사변적인 것과 소설적인 것을 뒤섞어놓은 글이 통 마음에 들지 않아요.

'악의 문제'와 관련해서 나는 자주 《페스트》를 생각해봅니다. 당신은 그 작품에서 가장 고통스럽고 가장 포착하기 어려운 어떤 것을 구체적이고도 정확하게 표현했지요. 등장인물들은 다른 어느 곳에서도 찾아볼 수 없는 적확한 어조와 태도를 보여줍니다. 그 책을 다시 읽어보았어요. 보기 드문 성공입니다. 아니 그 이상이지요. 영원히 사람들의 마음속에 메아리치는 책입니다.

내 생각으로는 그런 책들과 순전히 심미적인 문학 사이에 중간지대가 존재해서는 안 될 것 같아요. 그런데도 우리 시대에는 진정한 추악함이라고밖에 할 수 없는 가짜 심오함만이 난무하고 있어요.

우정 어린 마음을 보내며.

J. G.

212. 장 그르니에가 알베르 카뮈에게

그리모(바르), 57-10-2

친애하는 카뮈,

우리는 15일경에 돌아갈 예정입니다. 그러니 그 무렵 어느 날 함께 식사를 했으면 좋겠습니다.

남프랑스의 여름은 그다지 맑지 않았어요. 그래도 다른 곳보다는 나은 셈이죠. 〈슬픔이여 안녕〉의 촬영이 끝나서 생트로페도 이젠 조용해졌어요.

우리는 이제 막 니스에서 일주일을 보냈습니다. 안쪽 지역―가령 페라 카바 같은―은 가보지 못하던 곳이었는데 이번에 가보니 좋더군요.

알랭은 부르 라 렌에 있어요. 마들렌은 아직 스웨덴에 있고요. 카트린과 장은 아무 불만 없이 개학에 임했겠지요. 내가 그 아이들 나이였을 때는 개학하면 좋아했는데.

당신에게 책을 한 권 보내겠습니다. 이브 레니에의 《베누의 왕국》(그라세 출판사)이라는 책인데 아주 좋은 책인 것 같았어요. 아무튼 당신이 어떻게 생각하는지 읽고 얘기해주세요. 미리 말해두지만 아주 짧은 책입니다.

알렉상드르 뒤마의―옛날에 나온 책으로―《스페인 여행》을 발견했어요. 그런데 당신은 그가 쓴 《여행의 인상》을 읽어보았나요? 그 책에 대해서는 나중에 이야기하겠어요.

내가 쓴 글, 그건 《N.N.R.F.》에에 쓴 약간 농담조의 글이었어요.[1] 그렇긴 하지만……

알제에 관해서는…… 이야기하지 말기로 해요.

일기불순의 여름이라 당신이 좀 낙담하고 있는 것 같군요—연극은 어떤가요?

나는 지금 시몬 베유를 읽고 있어요—그 이야기는 나중에 또 하지요.

우정과 사랑을 보내며.

J.G.

213. 장 그르니에가 알베르 카뮈에게

〔부르 라 렌〕 1957년 11월 7일을 위하여

이번에도' 과연 당신의 생일을 축하한다고 말할 필요가 있을까요?

생쥐스트의 글을 읽었더니 이런 말이 있더군요. "사람은 누구나 스물한 살이 되면 신전에 들어가서 이러이러한 사람들이 자신의 친구라고 엄숙히 선언해야 한다. 그리고 해마다 풍월(공화력의 제6월)에 그 사실을 다시 선언해야 한다."

앞당겨 그 사실을 선언하는 것을 양해해주시기 바랍니다.

J.G.

214. 알베르 카뮈가 장 그르니에에게

〔프랑신 카뮈가 스톡홀름에서 그르니에 부부에게 보낸 12월 13일자 엽서에 덧붙인 글〕

잠시 후면 투우[1]가 끝날 것입니다. 황소가 죽었으니까요. 아니 거의 죽은 것이나 다름없으니까요. 애정 어린 인사를 전하며. A. C.
—예상했던 전화는 받지 못했습니다.

215. 알베르 카뮈가 장 그르니에에게

〔파리〕 58년 1월 5일

선생님,

프랑신이 선생님께 제 건강이 정말 안 좋았었다는 말씀을 드릴 겁니다. 지금은 많이 좋아졌습니다만 저는 활동을 자제하거나 제한하기 위한 조치를 취해야 할 것 같습니다. 최근의 우울했던 그 시간 동안 저는 그래도 선생님께서 쓰신 세 권의 책을 읽으면서 지냈습니다. 그 책들이 제게 도움이 되었어요. 한 권 한 권 따로 보나 세 권 다 합쳐서 보나 진리처럼 아름다웠어요.[1] 《모래톱》을 제게 헌정해주셔서 기쁘기 그지없습니다. 진심으로 감사드립니다.

골절상을 입으신 사모님께서 하루 빨리 회복되셨으면 좋겠군요. 사모님께 진정 어린 인사 말씀 전해주시고, 선생님께 대한 저의 변함없는 우정 잊지 말아주십시오.

알베르 카뮈

216. 장 그르니에가 알베르 카뮈에게

(부르 라 렌) 58년 1월 28일

친애하는 카뮈,
당신이 갚고자 하는 스웨덴 빚의 대가를 보냅니다.
며칠 후면 나도 어느새 예순 살!
도무지 믿기지 않아요. 아예 생각하지 않는 것이 좋겠어요.
우정을 보내며.

J.G.

마티외가 보내온 카뉴 반 시절의 사진을 아넬리 부인에게 맡겨놓겠어요.

217. 장 그르니에가 알베르 카뮈에게

(부르 라 렌) 58년 3월 11일

친애하는 카뮈,

늘 당신과 이야기를 나누어봐야겠다고 생각하면서도 잊어버렸던 두 가지 문제가 있습니다. 꼭 지나고 나서야 했어야 할 말이 생각나는 이 정신머리하곤……

'좌파'에 대한 문제—그들은 미래에 대하여 어떤 성급한 믿음을 가지고 있어요. 그뿐이 아니라 또 있어요. 즉 어떻게 하면 오로지 자유에만 근거하여 어떤 사회를 건설할 수 있는가? 하는 것이죠.

많은 사람들의 꿈이 그러하듯이, 나의 꿈 역시 어떤 무정부주의(반-으뜸an-archie)예요. 당신은 부정으로부터 긍정으로의 전환과, 항의로부터 건설로의 전환이라는 문제를 제기하는 얼마 안 되는 사람들 중의 하나입니다.

만약 한 '지식인'이 인간과 정의의 옹호를 유일한 '사명'으로 삼는다면, 그 지식인은 어쩌면 앞서 말한 그런 문제를 제기할 필요가 없을 것 같기도 합니다. 그렇지만 그럴 경우 그 지식인의 사상은 온전하지 못한 불구의 사상이고, 그의 행동은 별로 효과적이지 못합니다.

내가 마네스 S.[1]에게 말하고 싶었던 것이 바로 이것이었어요.

시몬 베유—나는 이번 여름에 그녀의 글들을 다시, 훨씬 더 자세히 읽어보았어요. 당신 덕분에요. 사실 그녀를 잘 알지 못했거든요. 그녀에게 감탄했어요. 그녀는 진정한 성인의 경지랄까, 최고의 높이에 닿아 있어요.

하지만 솔직히 말해서 그녀의 사상에 대해서는 반감을 느끼지 않을 수 없었어요. 여러 가지 교리의 통합 쪽으로 기울어져 있는 나로서는 그녀의 사상에 공감을 느껴야 마땅하겠지요. 그러나 정말이지 그 유대주의,

헬레니즘, 기독교, 불교의 요란스러운 혼합을 나로서는 받아들일 수가 없었어요. 게다가 당신처럼 지극히 논리적인 정신의 소유자가, 무슨 일이건 속아 넘어가는 것이라면 아주 질색인, 예리한 시각을 가진 당신이, 그리고 명쾌한 이성의 빛 속에서만 희생을 감내하고자 하는 당신이 그런 인물—물론 누구 못지않게 큰 인물임은 나도 느낄 수 있습니다만—에게서 사상적 친화력을 느낀다는 사실에 나는 더더욱 놀랐습니다.

이상이 당신을 만날 때마다 이야기하고 싶었던 것입니다.

나의 진심어린 정의情誼를 믿어주기 바라며. 당신이 내게 보여준 우정에 말할 수 없는 감동을 느꼈어요.

J.G.

218. 알베르 카뮈가 장 그르니에에게

'행운의 섬들'의 풍경입니다. 그리고 바다가 모든 것을 맑게 씻어놓습니다. 저는 7월 6일경에 돌아갑니다. 선생님을 늘 생각하고 있습니다. 깊은 우정을 보내며.

알베르 카뮈
58년 6월 21일

[키오스 섬의 그림엽서]

219. 장 그르니에가 알베르 카뮈에게

시미안 라 로통드(바스 잘프)

58/7/21

키오스 섬에서 보내준 엽서 고맙게 잘 받았어요. 파리에 돌아와 쉬고 있을 것 같아서 일부러 연락하지 않았어요. 사실 우리도 열흘 전에 이곳에 왔습니다. 혹시 휴가 계획이 남프랑스 쪽으로 잡혔다면 연락주세요. 프랑신과 아이들은 니스로 돌아가나요?

그리스 섬으로의 여행이 당신의 마음을 흠뻑 채워주었으리라고 믿어요. 그래서 나도 기뻐요.

변함없는 우정을 보내며.

장 그르니에

우리가 살고 있는 집에 동그라미 표시를 했어요.

〔시미안의 그림엽서〕

220. 알베르 카뮈가 장 그르니에에게

nrf

〔파리, 1958년〕 7월 28일

선생님께,

보내주신 엽서 고맙게 잘 받았습니다. 저는 9월까지는 파리에 머물려고 합니다. 그 무렵이면 아이들과 프랑신이 발레아르 군도에서 돌아와서 저와 함께 어디론가 떠날 것 같습니다. 아직 장소는 정하지는 않았지만 아마 남프랑스의 어디든 집을 하나 빌릴 수 있는 곳이 되겠지요.

그리스 섬들에서 지내고 난 뒤 비바람 불고 우중충한 이곳 파리는 제게 그야말로 형벌입니다. 그렇지만 인적이 드물어진 이 도시는 일하기에 알맞은 곳이 되었습니다. 《섬》의 서문을 쓰기 시작했습니다. 이 기회에 전과 다름없는 감동과 찬탄의 마음으로 《섬》을 다시 읽었습니다. 그렇지만 그 감동을 말로 표현하기는 쉽지 않습니다.

지금 세상 돌아가는 모습에 마음이 무겁습니다. 장기적으로 보면 모든 대륙에서 사람들(황인종, 흑인종, 흑갈색 인종)이 늙은 유럽으로 쏟아져들어올 겁니다. 수백만, 수천만에 이르는 사람들입니다. 배고픔에 지친 그들은 죽는 것도 무서워하지 않습니다. 그런데 우리는 이제 죽을 수도 없고 죽일 수도 없습니다. 설교가 필요하겠지요. 그렇지만 유럽은 이제 아무것도 믿지 않습니다. 그렇다면 새 천년을, 혹은 기적을 기대해야겠지요. 제 경우 벽 앞에서 살아나간다는 것이 점점 더 어렵게만 느껴집니다. 더욱이 예술가의 경우 그 누구의 지지도 없이 홀로 작업해야 한다는 것은 어려움 그 자체입니다.

어쩌면 폭풍우가 치는 날씨 때문에 이런 생각에 빠져드는 것이겠지요(정말이지 요즘 파리의 날씨는 살인적입니다). 저는 그리스와 마주 보고 있는 터키 쪽도 좀 보았는데 두 나라의 대비는 충격적이었습니다. 비참한 정도야 양쪽 다 마찬가지지만 밤과 낮이 다르듯이 정말 판이한 두 세계입니다—물론 터키 쪽이 밤이지요.

글쎄요, 저도 제가 왜 선생님께 이런 이야기를 늘어놓고 있는지 모르겠군요. 9월에는 선생님을 뵙게 되기를 바랍니다. 이탈리아 이야기[1]는 어떻게 되었습니까? 선생님과 사모님께 안부 인사 드리며 이만 줄입니다.

알베르 카뮈.

221. 장 그르니에가 알베르 카뮈에게

시미안
(바스 잘프)

58/7/30

알제리에 관한 당신의 책[1] 이야기를 못 했군요. 당신의 글은 정말이지 옳은 말뿐이어서 다시 손댈 곳이 없을 정도입니다. 따라서 부연 설명이 필요 없겠지요.

그렇지만 사 년 전부터, 특히 이 년 전부터 전쟁을 하고도 사정이 달라진 게 없지 않은가 하는 의문이 생겨요. 이쪽 저쪽에서의 폭력은 사랑의 열매들을 맺었어요. 각 공동체의 내부에서 (쌍방 간의 흥분이 고조되는 순간, 상상력이 발동할 때) 말입니다. 극단적인 상태로 내몰린 나머지 '닥치는 대로' 죽이기에 이른 공포는 뭉쳐야 산다는 감정을 품게 만들고, 그 공포가 자아내는 억압이 이번에는 그 감정을 더욱 강화하는 것입니다. 이렇게 되다보니 초기의 강경 일변도가 더욱 확고해져서 그 어떤 합리적인 해결책도 받아들여지지 않는 겁니다.

알제리의 경우는 다른 방식으로 해결되었으면 좋겠어요. 상황이 어찌나 비극적인지 당신과 같은 감정을 조금이라도 가진 사람들에게는 가슴이 찢어질 것만 같다는 말이 과장이 아닌 겁니다.

당신은 이 멋진 아비뇽-엑스 쪽으로 올 생각이 없나요? 햇볕은 너무 많이 축적해놓아서 이제는 별 관심이 없을지도 모르겠네요.

당신의,

장 그르니에

222. 장 그르니에가 알베르 카뮈에게

시미안(바스 잘프)

58년 8월 1일

친애하는 카뮈,

내 편지와 엇갈려 배달된 당신의 편지를 어제 받았어요— 당신의 우정의 표시에 감격했어요—하지만 8월을 파리에서 지내겠다니 너무 금욕적인 선택이라는 생각이 드네요. 그러나 곰곰 생각해보니 사실 당신 생각이 옳아요.

혹시 내게 30만 프랑을 빌려줄 수 있을까요? 그래준다면 내겐 큰 도움이 될 것 같습니다—'당신에게 폐가 되지 않는다면' 말입니다. 가급적 당신의 거래 은행에서 내 우체국 구좌(파리 3818-16)로 이체하도록 해주면 좋겠어요. 내가 받을 급여는 아직도 지불이 안 된 상태입니다. 올해는 세금이 20만 프랑 이상 나왔어요(인상되었다는군요!). 빌린 돈은 연말에 돌려드리겠어요. 돈을 빌릴 수 있다면 당장의 걱정거리—예상치 못한 일 때문에 생긴—를 해결할 수 있겠네요.

대단히 덥군요—그러나 견딜 만해요.

9월에 그리모에서 당신을 만날 수 있을까요?

내 손자(X의)를 만나보았습니다—아버지에 대하여 책을 쓴다면서 제 아버지 이야기를 하더군요. 할 말이 많은 것 같았어요.

깊은 우정을 보내며.

J. G.

나는 여전히 《1950년 이집트에서 보낸 편지》[1]를 붙잡고 있어요—전에 쓴 내 소설[2]을 다시 읽습니다. 그 이야기는 나중에 다시 하지요.

223. 알베르 카뮈가 장 그르니에에게

(파리) 1958년 8월 4일 월요일

선생님께,

오늘 30만 프랑을 선생님의 우체국 구좌로 입금시켰습니다. 급히 돌려주시지 않아도 됩니다. 그 정도의 여력은 있으니까요.

선생님과 마찬가지로 저도 알제리는 분명 너무 늦었다고 생각합니다. 제 책에서 그런 말은 하지는 않았습니다. "가장 나쁜 것이 항상 확실한 것은 아니다"라는 격언도 있기에—역사의 우연에 운을 맡길 필요도 있기에—그리고 이제 만사 끝장이라는 식의 말을 글로 쓰는 건 아니기에 그랬습니다. 그런 경우엔 아무 말 않고 침묵을 지키는 법이지요. 저는 마음의 준비를 하고 있습니다.

저 또한 X의 아이 Y가 보낸 편지를 받았습니다. 자신의 계획을 적었더군요. 보클뤼즈 쪽 제 친구들²의 말투를 빌린다면, 저는 그 때문에 "제3의 땀"을 흘렸습니다. 신이 우리를 아이들로부터 지켜주시기를 바라야겠지요. 특히 아이들이 제멋대로 행동할 때 말입니다.

아마도 9월에는 선생님을 그리모에서 뵐 수 있을 것 같습니다. 집을 하나 찾고 있는데 선생님 계신 곳에서 너무 멀지 않은 곳이면 좋겠습니다. 햇빛이 간절하게 그립습니다. 이곳은 쌀쌀하거든요. 선생님과 사모님께 인사드리며 이만 줄입니다.

알베르 카뮈

224. 장 그르니에가 알베르 카뮈에게

시미안
(바스 잘프)

58년 8월 5일

보내준 편지 받았어요.

고마워요.

9월에 당신을 꼭 만날 수 있기를 바랍니다. 코트다쥐르와 그 안쪽 지역이 아주 조용해지는 때니까요.

곧 편지하겠어요.

안녕히.

J.G.

225. 장 그르니에가 알베르 카뮈에게

시미안(바스 잘프)

58년 8월 11일

당신이 송금해준 돈 잘 받았어요. 덕분에 이번 여름은 좀더 편안히 보낼 수 있을 것 같습니다.

적어도 어떤 한 면에서는 그렇다는 말입니다. 왜냐하면 다른 면에서는 제발 끝이 났으면 싶은 지긋지긋한 날들을 보냈기 때문입니다— 고통의 날들. 생각할수록 더욱 끔찍한 고통이었어요.

내 작중 인물들과 관련하여 이탈리아로부터 소식을 들었습니다.

지금 우리가 머물고 있는 마을엔 온통 '피서객'들뿐입니다. 그래도 호젓한 맛이 줄어들지는 않았습니다. 이곳은 정말로 아름다운 고장으로 다른 곳에서 맛보지 못할 그런 햇빛이 가득합니다.

지금은 십 년 전의 일인 《이집트에서 보낸 편지》를 쓰고 있어요. 그 책에다 나는 그 나라에 대한 것뿐만 아니라 머리에 떠오르는 건 뭐든 다 적고 있습니다. 소일거리는 됩니다(충분하지는 않지만). 외톨이로 지내는 것이 아니라 다행입니다.

알랭은 리우에 싫증을 내고 있습니다. 상무관으로서의 일이 너무 많아서 그런 모양입니다. 브라질에서의 이 년 임기가 끝나기 전에 그가 관직에서 떠날 수 있도록 노력해볼까 합니다(그는 외무성 소속이면서 동시에 경제성 소속이기도 합니다). 물론 그전에 그애의 의사를 물어보아야겠지요—어디 가나 눈에 보이는 것은 모두 사무실뿐이니!

난 여전히 나의 성인을 찾고 있어요.[1] 어느 성인에게 믿음을 바쳐야 할지 모르겠어요. 파드레 피오와 마르트 로뱅은 너무 요란하게 빛나는 것 같아요(살아 있는 성인들만을 이야기하는 겁니다).

당신에게 《섬》의 서문을 써달라고 부탁한 것은 정말 뻔뻔스러운 짓이었어요. 하지만 나에 대한 당신의 태도가 아니었다면 난 그럴 생각도 하지 못했을 겁니다. 이런 것이 바로 커다란 우정의 증거가 아닐까 합니다. 이제야 귀한 여름날에 내가 당신에게 생고생을 시키고 있다는 생각이 들어 마음에 걸리는군요—말이 나온 김에 한 가지 충고를 구하고 싶어요. 이번에《섬》의 개정판을 찍을 때,〈공의 매혹〉(전에 낸 개정판에 실린)과〈보로메의 섬들〉(《인간적인 것에 관하여》[2]에 게재)이라는 제목으로 나중에 발표했던 글들도 함께 싣는 게 좋을까요? 어떻게 생각하세요?

당신은 지금 어린 시절들의 추억, 혹은 수업시대에 대한 글을 쓰고 있는 것으로 아는데—그것이 바로 다음번에 발표할 소설이 아닌가요? 아마도 그런 종류의 글들이 그렇듯 아주 로마네스크한 소설이 될 거라고 생각해요. 일종의 다시 손질한(그 책의 서문이 지향하는 쪽으로)《안과 곁》이라는 의미에서 말입니다. 대단히 로마네스크하면서도 동시에 깊은 감동을 주는 작품이 될 것입니다.

그럼 9월에 이쪽으로 오도록 노력해보세요.

마음으로부터의 우정을 보내며.

J. G.

그라세 출판사에서 사진과 함께 낸 P. 클레베르의《별난 프로방스》를 재미있게 읽었어요—그 저자는 이 년 전부터 보니외에 살고 있지요.

《칼리굴라》에 관련해서 :

"내가 바로 당신이 예술가라고 부르는 사람입니다. 나는 당신이 생각하는 바와 같이 벤베누토 첼리니의 회고록을 읽었어요. 그것도 이탈리아어로! 나는 배짱 좋은 그 사람에게서 닥치는 대로 사람을 죽이는 하느님의 섭리를 흉내내는 법과 어디를 가나 눈에 보이는 아름다움을 사랑하는 법을 배웠습니다."

보트랭이 라스티냐크에게 한 말,《고리오 영감》중에서

226. 알베르 카뮈가 장 그르니에에게

(릴 쉬르 라 소르그) 1958년 9월 25일

선생님,

선생님을 뵈러 가려고 했지만 아이들을 돌봐야 했기 때문에 보클뤼즈를 떠날 수가 없었습니다. 이제 또 파리로 돌아가야 하는데 무기력한 자신이 원망스럽습니다. 사실은 아이들을 이곳에 맡겨놓을까 어쩔까 하고 망설였습니다. 정말 지나칠 정도로 망설였지요. 그러면서도 한편으로는 보클뤼즈 지방에 집을 하나 매입하는 문제를 매듭지어야 했기 때문에 머물지 않을 수 없었습니다. 루르마랭에서 괜찮은 집을 하나 발견했습니다(저도 선생님의 영역으로 발을 들여놓은 거지요[1]). 곰곰 생각해본 끝에 이 참한 집을 샀습니다.

그렇긴 하지만 돌아가야 합니다. 따라서 선생님은 파리에서 뵙겠습니다. 저는 토요일이나 일요일부터 파리에 가 있을 예정입니다. 선생님과 가족 모두가 무고하시기를 빕니다. 변함없는 우정을 보내며.

알베르 카뮈

227. 장 그르니에가 알베르 카뮈에게

그리모(바르)

58/9/29

친애하는 카뮈,

정말 기뻐요—루르마랭은 시미안에서 40킬로미터밖에 안 되지요. 그런데 그 집이 대체 어디 있어요? 마을 안인가요? 아니면 밖인가요? 당신도 아시다시피 나는 집의 위치를 대단히 중요하게 생각해요.

우리는 늦어도 10월 15일에는 돌아가려고 해요(희망 사항이지만). 이곳의 9월은 정말 기가 막히게 좋았어요. 아내의 목에 급성 결체 조직염이 생겨 한 달 이상 고생했어요.

당신 가족 모두의 건강을 빌며.

J.G.

추신. 아마 《르 몽드》(9월 28~29일자)에 장 발이 쓴 편지[1]를 읽어보았겠지요?

228. 알베르 카뮈가 장 그르니에에게

[1958년] 10월 30일 금요일

선생님,

마침내 서문[1]을 동봉합니다. 수정, 변경, 혹평 등 무엇이든 선생님께서 좋으신 대로 하시면 됩니다. 서문은 선생님 것이니까요. 언제 점심이나 함께 하면서 이 서문에 대한 이야기를 나누면 어떨까요? 그게 언제든 선생님께서 원하시는 대로 하겠습니다. 안녕히 계십시오.

A. 카뮈

229. 알베르 카뮈가 장 그르니에에게

1959년 5월 8일 금요일

선생님,

저는 5월 25일 이전에는(성령강림대축일 때 이삼 일간 이 지역 내의 어디를 가는 것 말고는) 루르마랭을 떠나지 않을 것입니다. 그러니까 선생님이 이집트에 관한 글의 원고를 보내주시고, 또 제가 받아 읽을 시간은 충분합니다. 그 글을 읽을 생각을 하니 벌써 마음이 흐뭇합니다.

이곳은 며칠 전부터 좋은 날씨가 계속되고 있습니다. 그리고 저 또한 일과 걱정거리뿐이었던 삼 개월을 보낸 후 드디어 평온과 고요를 다소간 되찾게 되었습니다. 제겐 빵만큼이나 고독이 필요했습니다. 아니, 차라리 고독은 제 개인적인 작업의 길을 되찾기 위한 마지막 방책이었습니다. 그 외의 다른 방책들은 아무런 도움이 되지 않았으니까요. 지금은 더이상 제 작업에 대해 이야기하고 싶지 않습니다. 미신일지 모르지만 그 이야기는 안 하는 편이 더 나을 것 같습니다. 사실 저는 이른바 '현대적', '시대에 맞는' 것이라고 하는 말이나 글에 대하여 (물론 제가 전에 쓴 책들까지 포함하여) 심한 염증을 느낍니다. 만일 제가 다른 언어를 찾아내지 못한다면 차라리 입을 다물어버리고 싶습니다.

   니체의 편지들을 읽고 있습니다. 그는 하느님에 대해서 말하듯이 자신에 대해서 말하고 있더군요―그렇지만 그럼에도 불구하고 그는 여전히 가엾기 짝이 없습니다. 하느님이 아니었습니다. 선생님의 아르망스Armance[1](선생님이 차라투스트라에 부치는 서문[2]―여러 해 전에 저도 그 글을 읽었어요―에서 말씀하셨던)는 니체의 신성神性을 굳게 믿었지만, 그건 틀린 생각입니다. 하지만 변명의 여지는 있지요. 그런 니체의 일생(바그너와 결별할 때까지 그토록 오랫동안 청소년기였던)에는 일종의 무의식적인 모방 의지가 존재합니다. 그는 예수의 흉내를 냈고, 디오니소스의 흉내를 냈습니다. 제가 생각하기에, 자기 자신인 것을 견딜 수가 없어서 그랬던 것 같아요. 때때로 이해가 되기도 합니다. 그렇지만 결국 체념하고 자기 자신과 더불어 살 수밖에 없습니다. 따지고 보면 니체의 생애에서 가장 멋진 것은 바로 육체적 고통과의 끝없는 싸움, 바로 그것이었습니다. 노블레스 오블리주라는 말이 항상 옳은 것은 아닙니다. 그러나 종종 의무가 고상함을 만들어내는 법입니다.

   저도 제가 왜 저 불쌍한 니체 이야기를 하고 있는지 모르겠군요. 그냥 그가 그 책 속에 있어서겠죠. 그뿐입니다. 그리고 선생님도 마찬가지고요. 다만 선생님은 여러 곳에 계십니다. 선생님과 댁내가 두루 평안하시기를 바랍니다. 프랑스는, 지고의 존재(알제리에 사는 프랑스인들이 드골에게 붙여준 이름이죠)께서 하시는 말씀으로는, 더할 나위 없이 완전하답니다. 아무튼 이곳은 지금 장미의 철입니다. 그리고 뤼베롱에는 금

작화가 만발했고요.

늘 선생님을 생각하고 있습니다. 안녕히 계십시오.

A. C.

230. 장 그르니에가 알베르 카뮈에게

여러 장章들과 장들의 부분들은 출판할 경우에 삭제해야 합니다. 문제의 인물들이나 단체의 비위를 거스르지 않기 위해서가 아니라, 저자에게 자신이 말하고자 하는 바를 보다 더 잘 밝힐 수 있는 시간을 주기 위해서―그러니까 불편부당한 시각을 가질 수 있도록 하기 위해서겠지요. 여행자는 대상의 평가에 필요한 거리를 유지하지 못하기 때문에 그런 불편부당한 시각을 갖지 못합니다.

(부르 라 렌) 59년 5월 11일

친애하는 카뮈,

이 원고[1]를 오직 '당신 혼자만' 보고, 당신을 찾아오는 손님들 손에 들어가지 않도록 잘 간수해주기를 간곡히 부탁합니다.

보내준 편지 고맙게 잘 받았어요. 곧 답장을 하겠습니다.

J. G.

231. 장 그르니에가 알베르 카뮈에게

〔부르 라 렌〕 59년 5월 22일

친애하는 카뮈,

　무엇보다도 지금과 같은 계절에 그 아늑한 고장에서 진짜 휴가를 즐기고 있다니 정말 다행입니다.

　니체의 편지에 대하여 말했지요. 아마 새로운 편지들이 출간된 모양인데, 나도 알아보아야겠군요. 니체는 결코 간과할 수 없는 인물이지요. 그의 그 영원회귀라는 것까지도 그래요! — 엘리아데가 그렇듯이, 그것은 이제 그야말로 신화처럼 낡은 허구에 불과하다고 우겨봤자 아무 소용 없어요. 여전히 감동적이거든요. 그것은 그의 다른 사상들이 그랬던 것처럼 마침내 하나의 시금석이 되어버렸으니까요.

　지금의 자신과는 다른 딴사람이 되고 싶다는 당신의 향수가 나로서는 잘 이해가 가지 않는군요. 나와 같은 사람들이 늘 그러한 향수를 느끼는 것이야 있을 수 있는 일이지요. 그런 사람들은 정태적이어서 그들의 내면에서는 새로운 일이라곤 아무것도 일어나지 않습니다. 그렇지만 너무나 쉽게 새로운 변신을 할 수 있는 당신이 어떻게?

　당신의 《악령》¹과 브리스빌의 책², 잘 받았습니다. 도스토옙스키의 소설을 가지고 당신이 각색한 것에는 놀라운 진실성이 느껴집니다.

　나는 요즈음 많은 화가들과 만나고 있어요. 처음 이 분야³에 뛰어들던 《콩바》지 시절이 떠오르는군요······

　예술가들에게 있어서는 열정이 다른 사람들의 경우보다 훨씬 더 고지식하게 겉으로 나타납니다. 그들은 아주 고지식하게 비관적입니다. 그렇지만 적어도 자신들이 해야 하는 것이 무엇인지, 각자가 정말 없어서는 안 되는 존재가 되는 자리가 어딘지, 오직 그것만 생각하는 겁니다.

《7월 14일》지[4]에서 마스콜로가 실시한 앙케트를 읽고 있자니 그중 '이의 제기'라는 한 마디가 내 눈에 확 들어오더군요. "지성은 오로지 이의 제기를 하기 위해서, 언제나 끊임없이 이의 제기를 하기 위해서 존재한다", 이거였어요. 당신은 이러한 순환논리에서 벗어났어요. 이의 제기라고 하는 것은 그 자체로는 가치가 없어요. 그것은 오직 사람들이 긍정하는 것에 의해서 비로소 의미를 가질 수 있는 겁니다.

늘 당신을 생각하고 있어요.

6월에는 한 일주일 정도 남프랑스에 가서 지내려고 해요.

그럼 이만.

J. G.

232. 알베르 카뮈가 장 그르니에에게

[루르마랭] 1959년 5월 26일

선생님,

저는 상상력이 풍부하지 못해서 다른 사람이 되고 싶다는 생각은 별로 해본 적이 없습니다. 그렇지만 더 나은 사람이 되지 못해 유감스럽다고 여기는 때는 더러 있습니다. 젊을 때는 자신이 발전할 수 있다고 믿고, 또 굳은 결심으로 많은 시간을 바치면 결국은 자신의 한계를 극복할 수 있다고 믿지요. 그러다가 마흔다섯 살에 이르고 보면 맨 처음 시작할 때의 그 상태, 또는 그 비슷한 상태에 머물러 있는 자신을 발견합니다. 발전에 대한 믿음만 없어진 채로 말입니다. 요컨대, 자기 자신과 더불어 살아나가는 수밖에 없는 거지요. 알량한 진리가 아니고 무엇입니까.

〈여정 L'Itinéraire〉[1]을 읽었습니다. 선생님과 함께하는 여행이지요. 그것은 여행길에서 나누는 대화로, 독자는 그 여행길에서 웃고(네, 저는 심지어 두세 번씩 박장대소했답니다) 아름다움 앞에서 말문이 막힙니다. 너무 신중을 기하려고만 하지 마시고 그 책을 출간하셨으면 좋겠습니다. 저는 특히 끝부분의 레바논에 관한 글이 좋습니다. 그렇지만 풍속과 인간들에 관한, 다시 말해서 이집트의 거의 전체를 말하고 있는 모든 것이 아주 재미있습니다. 아! 그렇습니다. 저는 스트란젤로 Strangelo를 꿈꾸었습니다. 그리고 그 제목으로 난해한, 아니 저 혼자만 잘 이해하는 어떤 이야기를 하나 쓰고 싶었습니다(스트랑주 Strange와 안젤로 Angelo가 결합된 그 이름이 멋지거든요). 아무튼 저는 주말에 돌아가는데, 선생님의 원고도 가지고 가겠습니다. 원고에는 반복되고 있는 부분들(다시 말해서 같은 사실을 두 번 이야기하거나 이미 지적한 것을 뒤에 가서 되풀이하는 것)이 있더군요.

《7월 14일》의 사람들은 과연 자기 자신들이나 자기네 사상 이외에는 모든 것에 이의를 제기합니다. 물론 그것이 가장 다급한 문제일 수도 있습니다. 그렇지만 좌파는 세상을 변화시키겠다는 생각에 너무나 몰두해 있어서 현재의 세상과 변한 세상을 제대로 주목할 줄 모릅니다. 그 결과 좌파는 사상의 지도에서 가장 구석진 지역을 차지하게 되고, 파리는 이러한 공격적인 편집광들 때문에 시골 냄새가 심하게 풍깁니다. 우리 중 어느 누구도 충분할 만큼 진실을 사랑하지 않습니다. 그렇지만 적어도 그러려고 노력할 수는 있습니다. 그런데 그쪽에서는 아무런 노력도 없으니, 그들은 천성적으로 진실이라면 질색인 겁니다. 저는 실제로 그 때문에 고통을 받았습니다. 그렇지만 지금은 그게 우습게만 느껴집니다. 저의 고민은 정말이지 다른 데 있으니까요.

아이고, 생각 없이 펜 가는 대로 쓰고 있었네요. 너그럽게 봐주십시오. 루르마랭을 떠나게 되어 섭섭합니다. 그동안 여기서 늘 혼자서 행복하게 지냈는데 말입니다. 그러니 제 마음은 이곳을 잊지 못할 것입니다. 제가 파리로 돌아가면 선생님 시간이 되실 때 점심식사를 함께 하고 싶습니다. 선생님께 따뜻한 안부 말씀 올리며.

알베르 카뮈

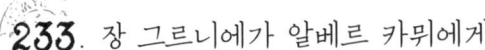

233. 장 그르니에가 알베르 카뮈에게

59년 10월 30일 　　　　　　　　　　　　　　　　〔부르 라 렌〕 금요일

친애하는 카뮈,

당신이 연출한 〈악령〉을 보고 정말 기뻤어요. 우리집 식구들도 마찬가지였고요. 오늘에야 더 잘 깨달을 수 있게 되었지만, 그건 정말 거대한 작업이었어요. 당신은 원작을 훼손하지 않으려고 노력하면서 완벽

할 만큼 충실히 따랐어요. 내레이터를 도입한 것은 기막힌 착상이었어요. 그건 꼭 필요했던 것으로, 덕분에 중요한 사항들을 하나도 빠뜨리지 않고 반영할 수 있었던 겁니다. 장면들을 분할하는 방식도 거장만이 해낼 수 있는 예외적 솜씨였고요. 도스토옙스키 자신이 만들었다고 해도 믿을 수 있을 것 같아요. 그렇지만 작품의 각 페이지마다 행동과 장면 지시가 되어 있고 모든 것이 동적으로 서술되어 있었다 하더라도 그가 당신만큼 연출하지는 못했을 것입니다.

  공연은 아주 일관성 있게 진행되더군요. 블랑샤르와 발라쇼바(전자는 연약함, 후자는 난폭함의 연기가 독특했어요)가 가장 훌륭했고, 스타브로긴과 베르호벤스키도 매우 놀라운 연기를 보여주었어요. 나는 베르호벤스키에게 강한 인상을 받았어요(미셸 부케였나요?). 그의 연기에는 보기 드문 위엄이 있더군요. 둘 다 톤이 아주 정확했어요. 나는 스타브로긴을 좀 다르게 상상하고 있었지만 배우가 압도하는 힘을 보였어요. 정말 감격적인 순간들이었답니다!

  리자는 처음 등장할 때는 좋았어요. 숲속의 통나무집 장면에서는 설득력이 덜했어요(자기 자신이 덜 설득되었기 때문이 아닐까요?). 샤토프와 키릴로프도 탁월한 연기를 보여줬어요. 키릴로프 역할은 감당하기에 끔찍한 것이었지만 그는 그 역을 거의, 아니 완벽하게 소화해냈어요. 치혼 역을 맡은 블랭의 경우는 너무나 실망스러워 유감이었어요. 그의 연기는 매우 주요한 장면에서 아주 불만스러웠어요. 레뱌드킨(카트린 셀레르는 확실히 뛰어난 여배우입니다)의 자매인 절름발이 여자 역을 멜로드라마 식(연기와 분장에서)으로 강조한 것은 거북하게 느껴졌어요—도스토옙스키 자신이 이미 좀 위험스럽다 싶을 정도로 자신이 좋아하는 작가들, 즉 프랑스의 연재 작가들 쪽으로 기울어지고 있는 이상 그 쪽을 강조할 필요는 없겠지요.

마치 중요한 것이나 되는 양 연극 전반에 걸쳐 나의 견해를 적었네요—당신도 알다시피 내가 그 공연에 대단히 몰입해 있었다는 증거지요—연극 전체가 구상에 있어서 대단히 훌륭했고 깊은 감동을 주었어요. 그 멋들어진 의상에 대해서 언급을 하지 못했군요. 그 모든 것을 만들어낸 당신에게 감사하며.

깊은 우정을 보냅니다.

J.G.

234. 알베르 카뮈가 장 그르니에에게

〔루르마랭〕 1959년 12월 28일

선생님,

단지 의례적인 것만은 아닌 진정한 새해 인사를 선생님과 가족 모두에게 전합니다. 이 인사가 저의 진심에서 우러나온 것임을 선생님은 아실 것입니다. 선생님께 기쁨이 되는 것이라면, 아니 그저 단순한 만족감을 주는 것이라면 무엇이든 다 저에게도 기쁨입니다. 무엇보다도 새해에는 선생님께서 파리에 편안히 자리잡으시고 관심 있는 작업에 몰두하시되 과로하지 않으시기를 소망합니다.

저는 11월 15일부터 일을 하기 위하여 이곳¹으로 물러나 있습니다. 그리고 실제로 일을 했습니다. 저에게 작업할 수 있는 조건은 언제나 그렇듯이 수도사의 생활조건, 즉 고독과 검소함 바로 그것입니다. 검소함만 빼고 이러한 조건은 제 천성과 너무나도 배치되는 것이어서 저의 작업은 저 자신에게 가하는 일종의 폭력이 됩니다. 그렇지만 그렇게 할 수밖에 없습니다. 저는 1월 초에나 파리로 돌아갔다가 다시 파리를 떠날 생각입니다. 저는 이렇게 자리를 바꾸어가며 지내는 생활이 저의 장점과 약점을 화해시키는 가장 효과적인 방법이라고 믿고 있습니다. 결국 이것이 살아가는 지혜의 정의이겠지요. 어쨌든 이 고장은 저에게 언제나 아름답고 풍요로운 곳입니다. 그리고 저는 이곳에서 평화를 찾았습니다(선생님의 손자가 그 평화를 흔들어놓으려고 했지만 좋은 대접을 받지 못하고 얌전하게 Z에게로 물러났습니다). 언젠가 선생님께서 이 집에 오셔서 한동안 지내실 수 있다면 정말 좋겠습니다.

《섬》의 새로운 판본을 받아 보았으면 했는데 출판이 늦춰졌나요? 하는 수 없이 《프뢰브》지의 시평時評²을 펴놓고 읽었는데, 제가 그 많은 화가들에 대해서 너무나 아는 것이 없어서 부끄러웠습니다. 지금 쓰고 있는 책을 끝내고 나면, 만약 끝낼 수 있다면 말입니다만, 저의 부족한 점들을 보완하는 공부를 시작하려고 합니다. 사실은, 요다음 철에 저는 말로의 요청³에 따라, 그런 건 알 바 아니라는 듯 무관심한 프랑스 사람들에게 비극이라는 이름의 자양분을 공급하는 일에 동원될 예정입니다. 며칠 전에 어떤 경관이 제 자동차를 세우더니 제게 무슨 글을 쓰느냐고 묻더군요(제 직업이 운전면허증에 기록되어 있었으니까요). 전

"소설을 씁니다" 하고 간단히 대답했지요. 그랬더니 강조하듯 다시 묻는 거예요. "애정소설입니까, 아니면 탐정소설입니까"라고요. 마치 그 둘 사이에 중간은 없다는 듯이! 그래서 저는 이렇게 대답했습니다. "반반이죠, 뭐."

곧 다시 뵙겠습니다. 자주, 아주 자주 선생님을 생각하곤 합니다. 늘 같은 마음으로 말입니다.

선생님과 가족 분들의 건강을 빌며.

알베르 카뮈

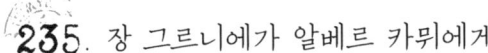 235. 장 그르니에가 알베르 카뮈에게

(부르 라 렌) 60년 1월 1일

친애하는 카뮈,

당신에게 이 편지를 쓰면서 새해를 시작합니다. 당신의 편지가 유난히 마음에 와닿았어요. 당신은 언제나 내게 변함없는 우정의 증표를 보여주어 나를 자꾸만 놀라게 합니다. 내가 그런 우정을 받을 만한 자격이 없다는 것을 잘 알고 있으니 말입니다. 내가 인쇄되어 나온 당신의 서문을 다시 읽지 않은 것은, 분에 넘친 찬사일 것 같다는 느낌을 지울 수 없었기 때문입니다. 당신이 내게 신세진 것이 있다고 하더라도 그것은 단지 나를 알게 되었을 때 당신의 나이가 아주 어렸었다는 이유 바로 그것밖에 없습니다. 하기야 우리는 이미 이것에 대해서 이야기한 적이 있었지요! 나의 생각이 당신과는 다르다 해도, 내가 당신에 대하여 느끼는 깊은 우정에는 변함이 없습니다.

당신이 고독과 침묵 속에서 일을 할 수 있다니 기쁩니다. 그것이 바로 가장 확실한 행복 아니겠습니까?

나는 지금 성인들의 삶에 대한 글들을 읽고 있습니다. 그들의 나이는 제각각입니다. 그 독서를 통해서 《존재의 불행》[1]에 이어지는 후속 작품을 쓸 수 있으면 좋겠다는 생각입니다. 그렇지만 샤토브리앙이 《랑세의 삶》을 가지고 그랬던 것처럼 거기서 무슨 집시들이나 들려줄 법한 싸구려 음악을 끌어내고 싶지는 않습니다. 물론 그런 식으로 두 가지 책을 잇는 데서 오는 끔찍한 결과는 차치하고라도 말입니다!

요즘 나는 또한 오늘날의 회화운동에 점점 더 큰 흥미를 느끼고 있어요. 특히 그 운동이 보여주는 불확실성과 우연성 때문에 흥미를 느끼는 겁니다. 실제 삶에 있어서 나는 위험을 몹시 두려워하지만, 생각하는 것에 있어서는 위험을 몹시 좋아합니다.

어제 저녁에 이곳 부르 라 렌의 영화관에서 〈라 비올레테라〉(라프 발로네와 사리타 몬티엘이 출연하는)를 보았어요. 언제나 지중해식 멜로드라마라면 나도 모르게 홀딱 반해버리곤 한답니다.

나는 〈황금 머리〉와 〈검둥이들〉을 보러 가려고 해요. 이오네스코의 말을 빌리면 이 작품들은 생각의 차원이 다르답니다.

당신의 연극 연출을 호기심과 조바심과 함께 기대하고 있습니다. 나는 당신이 예상하는 것과는 달리 많은 사람들이 당신의 연극을 보려고 줄을 설 거라고 확신합니다. 당신이 요즘 쓰고 있는 책은 '당신과 개인적으로' 관계가 있는 것 같다는 짐작을 해보는데, 어떤가요?

나는 약 삼십이 년 전 루르마랭 시청에서 결혼식을 올렸답니다.

새해 복 많이 받으세요.

당신의,

J. G.

회화에 관한 책[2]은 마담 가의 집으로 보냈어요.

《섬》은 루르마랭으로 우송합니다.[3]

주

편지 1.

1. 알베르 카뮈의 이모부 아코 씨의 거주지 주소.
   정원이 딸린 이 집으로 옮겨옴으로써 이 청년은 벨쿠르 서민층 거주 지역의 협소한 아파트보다 좀더 양호한 환경에서 살 수 있게 되었다. 일 년 반 전에 장 그르니에는 카뮈가 아프다는 말을 듣고 벨쿠르의 아파트를 방문한 적이 있다.
   이 첫 방문에 대해서는 장 그르니에의 저서 《카뮈를 추억하며》(갈리마르, 1968)와 편지 163을 참조할 것. 《카뮈를 추억하며》, 이규현 옮김(민음사, 1999).
   알제 동부에 위치하고 있고 서부의 바벨우에드보다는 덜 알려진 벨쿠르의 서민층 구역에 대해서는 알베르 카뮈, 〈가난한 동네의 목소리들〉, 《젊은 시절의 글》, '알베르 카뮈 노트 2'(갈리마르, 1973)에 실린 폴 비알라네의 글 〈최초의 카뮈〉를 참조할 것. 알베르 카뮈 전집 19 《젊은 시절의 글》, 김화영 옮김(책세상, 2008).
   카뮈의 가족이 살던 아파트에 대해서는 《긍정과 부정의 사이》(샤를로, 1937)와 《안과 겉》(갈리마르, 1958)에 실린 카뮈의 서문을 참조할 것. 알베르 카뮈 전집 6 《안과 겉》, 김화영 옮김(책세상, 2000).
2. 아마도 초기, 즉 1932년의 에세이 모음 〈직관들〉 혹은 1934년에 완성된 〈가난한 동네의 목소리들〉을 가리키는 것 같다.
3. 작가가 되겠다는 목표를 말한다. "나는 열일곱 살쯤에 작가가 되고 싶다는 생각을 했지요. 또 그와 동시에 막연하게나마 그렇게 되리라는 것을 알았지요." 알베르 카뮈, 〈장 클로드 브리스빌에게 답한다〉, 《에세이》 편, '플레이아드'(갈리마르, 1965), 1919쪽을 참조할 것. 알베르 카뮈 전집 18 《스웨덴 연설·문학 비평》, 김화영 옮김(책세상, 2007).

4. 1931년 장 그르니에가 빌려준 앙드레 드 리쇼의 《고통》이라는 책을 읽고 알베르 카뮈는 자신의 주변에 일어나는 일, 자신이 알고 있는 것을 증언하는 것이 꿈에 의한 "망각과 기분전환"보다 더 바람직한 어떤 "해방감"을 가져다줄 수 있다는 사실을 깨달았다.
알베르 카뮈, 〈앙드레 지드와의 만남〉, 《N.R.F.》 앙드레 지드 특집호(1951년 11월)와 '알베르 카뮈 노트 2' 참조.
5. 장 그르니에 덕분에 서로 알게 된 알베르 카뮈와 막스 자콥은 서로 편지를 주고받는다. 그 편지들은 아직 미발표 상태에 있다. 장 그르니에는 1922년 파리에서 막스 자콥을 알게 되었다. 그는 막스 자콥의 친구가 되어 1925년 4월 15일자 《라 브르타뉴 투리스티크》 지에 그에 대한 글을 기고했다. 그들이 주고받은 편지들은 《친구에게 보내는 편지, 1922~1937》(비네타, 로잔, 1951)이라는 서한집으로 묶여 출판되었다.

편지 2.

1. "내가 기억하기에, 열여덟 살 때 그것이 나의 삶에서 앗아간 것은 잠자는 시간들이었던 것 같다. 나는 내가 알지 못하는 존재들, 내가 아직 말하지 않은 말, 작품, 책, 사람들 같은, 나를 기다리고 있는 모든 것에 미치도록 목말라 있었던 것이다. 그런 것들 중의 그 어떤 것도 나는 포기할 수 없었다. 그 뒤에도 내가 달라졌다고 단언하기는 어렵다……"(1936년 8월 14일에 카뮈가 마르그리트 도브렌에게 보낸 미발표 편지.)
2. 막스 자콥, 《프랑스와 다른 나라의 부르주아들》(갈리마르, 1932).
3. 그르니에 부인의 외가는 시스트롱 사람들로, 그 도시에 집을 가지고 있었다. 그르니에는 여름휴가의 얼마간을 그 집에서 보내곤 했다.

편지 3.

1. 장 그르니에, 《섬》(갈리마르, 1933). 이 책에 실린 글들 중 〈고양이 물루〉는 1928년, 〈상상의 인도〉는 1930년 《N.R.F.》에 실렸다. 《섬》에 부친 알베르 카뮈의 서문 참조.

장 그르니에, 《섬》, 김화영 옮김(민음사, 1993), 알베르 카뮈 전집 18 《스웨덴 연설·문학비평》.

편지 4.

1. 이 "믿음"이란 무엇을 말하는 것일까? "있는 힘을 다하여 자신에게 충실하고자 하는 것……" 편지 6을 참조할 것.
   이것은 편지 6과 《작가수첩 III》, 그리고 다시 노벨상 수상 당시 스톡홀름에서 한 연설에서 누차 반복되고 있음을 볼 수 있는 그의 확신이다. "'자기 자신의 천재에 복종하는 것이 한 인간의 가장 훌륭한 신념이다'라는 에머슨의 말은 탁월했습니다." 《스웨덴 연설》(갈리마르, 1958). 알베르 카뮈 전집 18 《스웨덴 연설·문학 비평》.

편지 5.

1. 알베르 카뮈는 시몬 이에(Simone Hié)와 결혼하기로 결정했는데 이모부 아코 씨가 이에 대하여 완강하게 반대했다.
2. 편지 4와 6을 참조할 것.
3. 편지 1과 8을 참조할 것.
4. 그보다 세 살 위인 형 뤼시앙 카뮈.

편지 6.

1. "믿음"이라는 말이 애매하다고 여긴 장 그르니에가 그 말보다는 "이상"이라는 표현이 더 낫다고 말한 것인지도 모른다. 그러나 알베르 카뮈는 편지의 끝에 가서 힘주어 이렇게 강조한다. "……저를 정당화해주는 것, 그것은 바로 저의 믿음에 따라 행동했다는 사실입니다—그것이 너무나도 틀림없는 진실이기에 저는 저의 믿음을

믿습니다."
2. 이모부가 그에게 최후통첩을 했으므로, 그의 가족들의 말에 따르면, 그 집을 떠나기로 결정한 것은 바로 알베르 카뮈였던 것 같다.

편지 7.

1. 알제 남쪽의 언덕 비탈에 있는 주택가. 장 그르니에는 바로 이 지역에 가족과 함께 살고 있었다. 알베르 카뮈와 시몬 이에는 1934년 6월 16일에 결혼한 뒤 이곳에 자리잡고 살았다.
2. 에드몽 브뤼아 부인의 증언에 따르면 그는 1934년에 도청 자동차 운전면허증 담당으로 취직했다.
3. 프랑스 중부에 있는 도시 이름. 이 도시에는 '콜롱의 집(Maison de Colombs)'이라는 건물이 있는데 이 집의 주인은 작가 앙리 프티였다. 그는 절친한 친구인 장 그르니에 부부를 그 집에 초대하곤 했다. 여기서 말하는 "경구"는 아마도 이 집의 벽에 새겨진 경구인 "하찮고 단순한 비둘기가 그러하듯/나의 품행도 내 이름과 일치하도록 하리라(Comme colombe humble et simple seray/Et à mon nom mes mœurs conformeray)"와 관련된 것으로, 장 그르니에는 제자인 카뮈에게 이 편지 이전에 이 집의 그림엽서를 보내면서 그 경구에 관련한 언급을 했을 것으로 추정된다. 편지 2의 "저는 겸양의 목욕과 겸손의 샤워를 하려고 애를 썼습니다. 그 효험을 확실하게 보장할 수는 없지만요"라는 문장을 참조할 것.

편지 8.

1. 장 드 메종쇨(Jean de Maisonseul, 1912~1999), 화가, 건축가, 도시 공학자. 알베르 카뮈의 친구였다. 《시사평론 Ⅲ, 알제리 연대기, 1939~1958년》(갈리마르, 1958) 중 〈메종쇨 사건〉을 참조할 것. 알베르 카뮈 전집 20 《시사평론》, 김화영 옮김(책세상, 2009).

2. 루이 베니스티(Louis Bénisti, 1903~1995), 보석세공업자, 조각가이자 화가. 알베르 카뮈와 친구였던 그는 카뮈가 1936년과 1938년 알제에서 조직하여 운영했던 노동 극단과 에키프 극단에 가담했다.
3. 〈가난한 동네의 목소리들〉, 《안과 겉》에 실리게 될 에세이 중 하나. '알베르 카뮈 노트 2' 중 폴 비알라네가 쓴 글과 편지 1의 주 1을 참조할 것. 알베르 카뮈 전집 19 《젊은 시절의 글》.

편지 9.

1. DES 학위는 오늘날의 석사학위와 마찬가지로 논문 작성이 포함되어 있다. 르네 푸아리에, 장 그르니에 교수 지도로 카뮈는 논문의 주제를 〈기독교 형이상학과 신플라톤주의 : 성 아우구스티누스와 플로티누스〉로 정했다. 알베르 카뮈, 《에세이》편 1220쪽을 참조할 것.

편지 11.

1. 르네 장 클로(René Jean Clot, 1913~1997), 화가이자 작가. 막스 폴 푸셰가 알베르 카뮈에게 소개해 둘은 친구가 되었다. 장 그르니에가 카뮈에게 그의 주소를 알려달라고 부탁했었다.
2. 샤를 페기의 마지막 주석 〈데카르트 씨와 데카르트 철학에 대한 부수적 주석〉(1914년 8월)을 가리킨다. 알베르 카뮈는 《레 카이에 드 라 캥젠》지 1914년 4월 21일자에 실린 〈베르그송 씨와 베르그송 철학에 대한 주석〉은 알고 있었다.
3. 〈티파사에서의 결혼〉 참조. 이 산문이 수록된 《결혼》은 1939년 알제의 샤를로 출판사에서 처음으로 출간되었다. 이 산문집은 같은 출판사에서 판을 거듭했고, 1947년 이후에는 파리의 갈리마르 출판사에서 《여름》과 묶여 여러 번 출간되었다. 피에르 외젠 클레랭의 그림을 곁들인 판본도 1952년과 1953년에 나왔다. 알베르 카뮈 전집 1 《결혼 · 여름》, 김화영 옮김 (책세상, 1989).

편지 12.

1. 〈가난한 동네의 목소리들〉을 말한다. 편지 8의 주 3을 참조할 것.

편지 14.

1. 그의 장모인 안과의사 소글러 부인의 거주지 주소.
'7 메르베유' 주택가는 알제리 총독부의 현대식 건물들 위쪽, 알제 언덕바지 중턱에 위치해 있었다. 수목이 우거진 그 구역의 빌라들에서는 발아래로 시가 전체와 만이 내려다보였다. 지난 세기 말, 그 구역에 일곱 명의 아름다운 아가씨들이 살았다는 전설이 있어서 '7 메르베유'라는 이름이 붙었다.
2. 당시 그의 아내인 시몬 이에는 마약중독으로 요양원에 입원 중이었다.

편지 15.

1. 마리 앙투아네트 드 뵐 양이 오랑에서 운영하는 사설 여학생 전문 학원.
2. 그의 첫 부인 시몬 이에, 그리고 친구인 영어교수 이브 부르주아와 함께 떠난 이 여행에 대해서는 《작가수첩, 1935~1942》(갈리마르, 1962)를 참조할 것. 알베르 카뮈 전집 11《작가수첩 I》, 김화영 옮김(책세상, 1998).
그들은 알제를 떠나 마르세유, 리옹, 인스브루크, 쿠프슈타인, 잘츠부르크, 린츠, 체스케부데요비체, 드레스덴, 바우첸, 브로츠와프, 올로모츠, 브르노, 빈 등지를 여행한다. 그후 알베르 카뮈는 혼자서 비첸자와 제노바를 거쳐 돌아온다.
도중에 여정을 단축하기로 결정한 카뮈는 베를린에도, 마그데부르크에도 가지 않은 것 같다. 그는 9월 9일 알제로 돌아온다(1936년 여름에 마르그리트 도브렌과 잔 폴 시카르에게 보낸 편지를 참조할 것).
3. "그 밖의 많은 일들": 1936년 7월 26일에 알베르 카뮈는 마르그리트 도브렌과 잔 폴 시카르에게 보낸 편지에서 자신의 심정을 털어놓는다. "지금까지 살아오는 동안

최고로 힘든 한 방을 맞고 내 삶이 완전히 변하고 말았소. 나는 속내 이야기를 털어놓는 걸 좋아하지 않소. 그러나 다만 그대들의 우정을 믿고 한 가지 사실을 알려주려고 하오. 이제 알제리로 돌아가는 즉시 나는 '완전히' 혼자 살기로 했소."
4. 장 그르니에, 〈루르마랭의 예지〉, 1936년 5월 《레 카이에 뒤 쉬드》에, 그리고 그후 1939년에 《루르마랭의 테라스》에 발표한 에세이.
5. 장 그르니에, 《쥘 르키에의 철학》(P.U.F., 1936). 1936년에 발표한 학위논문(알제 문과대학 출판부, 제3시리즈, 제10권)이다.

쥘 르키에(1814~1862). 생전에 아무런 저작도 발표한 적이 없었다. 그의 작품은 에콜 폴리테크니크 시절의 학우인 르누비에가 1865년 선보인 단편적인 사후 출판을 통해서 처음으로 알려졌다.

장 그르니에는 "르키에의 전체 사상과 그의 작품 전체를 복원하는" 것을 목표로 삼았다. 그는 천주교, 켈트 사상, 낭만주의야말로 인간의 자유라는 문제에 송두리째 바쳐진 이 작품의 세 가지 열쇠라고 보았다.

편지 16.

1. 폴 마티외(Paul Mathieu), 그랑 리세의 그랑제콜 입시 준비반 담당 주임인 문학교수.
2. 클로드 드 라 푸아 드 프레맹빌(Claude de La Poix de Freminville). 가족이 오랑에 살고 있는 그는 알제 고등학교 시절 알베르 카뮈의 그랑제콜 입시 준비반 학우였다. 알제에서는 이 여간 작가, 인쇄업자, 출판인으로 활동했고, 전쟁 후 파리에서 클로드 테리앙이라는 필명으로 신문기자, 유럽 N°1 방송의 해설위원으로 활동했다. 1966년 1월 19일 사망.
앞에서 말한 신문은 일 년 전에 인민전선이 선거에서 승리한 뒤 1937년에 창간된 《오랑 레퓌블리캥》을 말한다.
3. 1936년 5월 25일 카뮈는 철학 석사학위를 획득했다(성적은 "우수"). 심사위원들은 카뮈가 사전에 필수적으로 통과해야 하는 신체검사에서 불합격했으므로 대학교수 자격시험(아그레가시옹)을 포기할 것을 간곡히 권했다.

편지 17.

1. 앞의 편지 1 주 1에서 언급한 《안과 겉》을 가리킨다. 이 최초의 에세이집은 장 그르니에에게 헌정되었다. 알베르 카뮈 전집 6 《안과 겉》.

편지 18.

1. 저자의 생전에 미발표 상태로 남아 있다가 1971년 '알베르 카뮈 노트 1'의 일부로 출판된 소설 《행복한 죽음》(갈리마르, 1971). 알베르 카뮈 전집 5 《행복한 죽음》, 김화영 옮김(책세상, 1995).
2. 올더스 헉슬리의 인용. "따지고 보면 좋지 못한 보헤미안이나 가짜 귀족, 아니면 2급 지식인보다는 남들처럼 착한 부르주아가 되는 것이 낫다."(《작가수첩, 1935~1942》), 편지 15의 주 2를 참조할 것. 알베르 카뮈 전집 11 《작가수첩 I》.
3. 장 그르니에는 오랑에서 대학교수자격시험 심사위원 중 한 사람이었다.
4. 1938년 5월 28일 혹은 29일 알제에서 에키프 극단이 자크 코포 각색, 알베르 카뮈 연출로 〈카라마조프 형제들〉을 상연했을 때를 말한다. 에키프 극단에 대해서는 편지 8의 주 2를 참조할 것.
5. 장 그르니에, 《정통성 정신에 대한 논고 Essai sur l'esprit d'orthodoxie》(갈리마르, 1938). 이 책의 발췌 원고들은 1936년부터 《N.R.F.》에 여러 호에 걸쳐 발표되었다.
6. 전쟁 후 파리에서 고위 공직에 있었던 로베르 조소(Robert Jaussaud)의 주소. 그는 고등학교 졸업반 때 카뮈의 학우로 아주 가까운 친구가 되어 방학 동안에는 자신의 아파트를 카뮈가 쓰도록 빌려주었다. 로베르 조소는 알베르 카뮈의 두 아이들의 후견인 위원회의 일원이 되어주었는데, 여전히 알제에 남아 있던 후견인 대리 뮈시앙 카뮈의 요청에 따라 그 역할을 맡아 했다.

편지 19.

1. 파리 교외에 있는 미술레 고등학교 교사로 부임하게 된 장 그르니에는 1938년 7월에 알제를 떠났다.

편지 20.

1. 에드몽 샤를로(Edmond Charlot), 1915년 알제 출생. 고등학교 시절 장 그르니에의 제자였다. 고등학교를 졸업하고 서점을 열었다. 그의 옛 은사는 그에게 출판도 같이 하면서 지중해에서 영감을 받은 작품들을 전문으로 출판하면 어떻겠느냐고 권했다. '진정한 부Les Vraies richesses'라는 간판(장 지오노에게서 영감을 받은)을 내건 그의 조그만 서점은 금세 알제의 젊은 인텔리겐차 및 그 선배들(가브리엘 오디지오, 그리고 1943년 이후에는 앙드레 지드)의 결집 장소가 되었다.
장 그르니에의 집에서 에드몽 샤를로를 만나 알게 된 카뮈는 곧 그의 곁에서 '편집 자문' 역을 맡았다. 1937년에는 '지중해 문화에 관한 잡지'인《리바주Rivages》과 '지중해 총서'를 기획하는 데 촉매제 역할을 했다(편지 22의 주 4를 참조할 것). 그는 또한 '시와 연극 총서'를 기획했고 젊은 작가 에마뉘엘 로블레스(Emmanuel Roblès)를 발굴했다.
샤를로 출판사는 1937년 '지중해 총서'로 장 그르니에의《산타크루즈와 기타 아프리카 풍경들》을 펴냈다. 편지 23의 주 3을 참조할 것.
1936년 샤를로 출판사는 알베르 카뮈의《아스튀리의 반란》을 출판했다. 집단 창작의 일환으로 시도된 이 희곡은 카뮈가 그 집필에 중심적 역할을 맡았던 작품인데, '노동 극단'이 무대에 올리기로 되어 있었으나 극우파 시청 당국에 의하여 상연 금지처분을 받았다. 1937년에《안과 겉》의 초판본(편지 1의 주 1 참조)이, 1939년에《결혼》의 초판본(편지 11의 주 3 참조)이, 그리고 1950년에《미노타우로스 혹은 오랑에서의 잠시》(편지 45의 주 1 참조)가 샤를로 출판사의 '지중해 총서'로 출간되었다.
2. 알베르 카뮈,《결혼》. 편지 11의 주 3을 참조할 것. 알베르 카뮈 전집 1《결혼·여름》.

3. 《알제 레퓌블리캥》지의 편집국장인 파스칼 피아(Pascal Pia)는 1938년 10월 10일부터 알베르 카뮈를 편집기자로 막 채용한 참이었다. '알베르 카뮈 노트 3' 제1권《전투의 편린들Fragments d'un combat, 1938~1940, 알제 레퓌블리캥, 르 수아르 레퓌블리캥》, 자클린 레비 발렌시와 앙드레 아부 편집 및 주해(갈리마르, 1978)를 참조할 것.
4. 알베르 카뮈는 신체검사에서 합격 판정을 받겠다는 희망을 버리지 않고 고집스럽게 매달렸다.
5. 일 년 이상 적조했던 이유에 대해서는 편지 18과 163을 참조할 것.

편지 21.

1. 이 호소문은 1939년 1월 22일자《알제 레퓌블리캥》지에 실렸다. 스페인 공화파 전체는 물론 카탈루냐 사람들의 참혹한 곤경은 내전(1936~1939)의 막바지 그 몇 달 동안에 시작되었다.
2. 《결혼》에 실린 에세이 〈사막〉을 말한다. 편지 11의 주 3를 참조할 것.
3. 이 에세이가 장차《시지프 신화》가 될 것이다. 알베르 카뮈 전집 4《시지프 신화》, 김화영 옮김(책세상, 1997).
4. 미래의《이방인》을 말한다. 알베르 카뮈 전집 2《이방인》, 김화영 옮김(책세상, 2012).
5. 카뮈는《칼리굴라》를 1937년부터 '피쉬의 집(Maison Fichu)'(그 집 주인 이름이 조르주 피쉬였다)에서 쓰기 시작했다. 그 집에는 알베르 카뮈의 여자 친구들인 오랑 출신의 마르그리트 도브렌, 크리스티안 갈랭도, 잔 폴 시카르가 세들어 살고 있었다. 알제와 엘 비아르를 잇는 시디 브라힘 길의 중턱, 언덕바지에 자리잡은 이 집에서는 알제 만의 광대한 정경이 내려다보이고 멀리 카빌리 산맥이 바라다보인다. 그곳으로 자주 찾아와서 글을 쓰곤 했던 알베르 카뮈는 그 집을 '세계 앞의 집(La Maison devant le monde)'이라고 불렀다.《작가수첩, 1935~1942》(편지 15의 주 2),《행복한 죽음》(편지 18의 주1)을 참조할 것. 알베르 카뮈 전집 12《칼리굴라·오해》, 김화영 옮김(책세상, 1999), 알베르 카뮈 전집 11《작가수첩 I》, 알베르 카뮈 전집 5《행복한 죽음》.

6. 알제의 바벨우에드에 위치한 해수욕장 파도바니를 말한다. 바다에 말뚝을 박아 건축한 목조 식당이 있었다. 앙드레 말로의 소설 《모멸의 시대》를 알베르 카뮈가 각색해 연출한 연극이 1936년 1월 이곳에서 상연되었다.
7. 《네모난 원》은 장 그르니에가 1938년 12월부터 1939년 1월 사이에 《N.R.F.》에 기고한 다양한 주제들에 관한 짧은 글들에 붙인 제목이다.

편지 22.

1. 아프리카적인 어감이 느껴지는 이 출판사 이름(CAFRE)은 카뮈(Camus)와 프레맹빌(Freminville) 두 사람의 이름의 첫 음절을 합성한 것인데, 이 출판사는 그다지 오래 버티지 못했다. 편지 16의 주 2를 참조할 것.
2. 족장 엘 오크비는 '진보 서클'의 지도자 중 한 사람으로 개혁론자이며 프랑스와의 대화를 주장하는 입장이었는데, 알제의 그랑 뮈프티(수니파의 최고 지도자)의 살해에 연루되어 살인범으로 재판을 받았다. 법정은 그의 무죄를 선고했다. 《알제 레퓌블리캥》은 이 재판의 주이를 취재하는 임무를 알베르 카뮈에게 맡겼다. 1939년 6월 21일부터 29일에 걸친 그의 기사는 벌써부터 후일 카뮈가 기자로서 항상 갖추어야 한다고 역설한 자질들을 증언하고 있다. '알베르 카뮈 노트 3' 제2권과 편지 20의 주 3을 참조할 것.
3. 《안달루시아 민중의 333개 코플라》, 번역자의 이름을 밝히지 않은 채 1938년 알제의 샤를로 출판사가 펴낸 책.
4. 장 이티에, 《앙드레 지드》(샤를로, 1939). 당시 알제 대학교 문과대 교수로 재직 중이었던 작가이자 시인인 장 이티에는 가브리엘 오디지오, 알베르 카뮈, 르네 장 클로, 클로드 드 프레맹빌, 자크 외르공과 함께 《리바주》지의 편집위원이었다. 장 이티에가 1939년 《고비노의 이란》(프랑스 본토의 여러 잡지에 1933년과 1935년에 발표한 3개의 텍스트 모음)을 펴낸 것은 카프르 출판사에서였다.
5. 〈쿰 아파루에리트 Cum apparuerit〉는 장 그르니에가 1930년 《루르마랭의 테라스》에 발표한 글이다. 이 제목은 보클뤼즈에 있는 라 투르 데그 성에 새겨져 있는 명구 "그녀가 모습을 나타내면 나는 흡족해진다(Satiabor cum apparuerit)"에서 빌려온 것으

로, 장 그르니에가 프로방스와 지중해변의 모든 고장들에 적용하여 쓴 표현이다.

편지 23.

1. 《행로와 교차로 *Cheminements et carrefours*》(브랭, 1938). 장 그르니에는 라셀 베스팔로프를 다니엘 아레비의 집에서 만나 알게 되었다. 《에스프리》지 1950년 1월호에는 그녀가 사후에 남긴 텍스트가 실려 있다. 아마도 그녀가 생전에 마지막으로 쓴 것으로 추정되는 글 〈사형수의 세계〉는 알베르 카뮈에 대한 것이다.
2. 《시지프 신화》를 말한다. 알베르 카뮈 전집 4 《시지프 신화》.
3. 장 그르니에, 《산타크루즈와 기타 아프리카 풍경들》, 르네 장 클로 삽화. 편지 20의 주 2를 참조할 것.
4. 장 지오노, 《하늘의 무게 *Le Poids du Ciel*》, M. 드 케롤리르 삽화(갈리마르, 1938).
5. 전쟁의 발발로 카뮈의 이 계획은 무산되었다.

편지 24.

1. 알베르 카뮈는 1940년 3월 16일 파리에 도착했다. 《작가수첩, 1935~1942》와 편지 15의 주 2를 참조할 것. 《파리 수아르》지의 편집부 직원으로 채용된 카뮈는 그곳에서 1940년 말까지 일한다. 알베르 카뮈 전집 11 《작가수첩 I》.

편지 25.

1. 1939년 9월 15일.
2. 1940년 1월 10일. 1940년 1월 9일자를 마지막으로 알제리 총독부령에 의하여 폐간되었다.
3. 《알제 레퓌블리캥》에서 함께 일해온 이래 파스칼 피아는 카뮈의 삶에 중요한 위기

가 닥칠 때마다 큰 도움을 주었다. 알베르 카뮈는 이 선배에 대하여 형제와도 같은, 그러나 말로 표현할 수 없는 깊고 감사에 넘치는 우정을 느꼈다.

그러나 그들의 우정은 1947년 6월《콩바》지를 꾸려온 첫 번째 팀이 해체되면서 더 이상 지속될 수 없었다.
4. 각각《칼리굴라》,《이방인》,《시지프 신화》를 말한다.
5. 철학교수, 작가, 시인인 장 발(Jean Wahl, 1888~1974)은 존재의 철학에 대한 역사를 연구했던 가장 중요한 학자 중 하나였다. 특히《키르케고르 연구》,《실존주의 역사를 위한 메모》,《형이상학 연구》 등의 주요 저서를 남겼다.

편지 26.

1. 이 편지는 남아 있지 않다.
2. 장 그르니에,《지중해에서 얻은 영감》(갈리마르, 1941). 1947년《섬》에 이어 같은 저작의 개정 1판이 나왔고, 1960년에 개정 2판이 나왔다.
   1937년 내용과 형식에서 매우 유사한 텍스트 〈인테리오리아 레룸 *Interioria rerum*〉이 다니엘 알레비가 그라세 출판사에서 편집 책임을 맡고 있는 '카이에 베르 총서'의 공저《글모음》에 발표된 바 있다.

편지 28.

1. PS는《파리 수아르 *Paris Soir*》의 약자.

편지 30.

1. 1940년 6월 상스 근처에서 체포된 앙드레 말로는 5개월 뒤 탈출하여 자유지역으로 간다.

2. 폴 니장(Paul Nizan, 1905~1940), 철학자, 에세이스트이자 소설가. 파리 고등사범학교에서 레몽 아롱, 장 폴 사르트르와 동기생이었다. 마르크스주의자로 1927년에 공산당에 입당한 그는 교수직을 포기하고 《뤼마니테》, 《스 수아르》 신문의 국제관계 편집자가 되었다. 1939년 8월 23일 독소조약 서명에 반대하여 공산당을 탈당함으로써 큰 반향을 불러일으켰다. 전쟁 초에 징집된 지 얼마 되지 않아서 됭케르크 근처에서 전사했다.
3. 1913년 생인 막스 베랄(Max Béral)은 프랑스군 간부후보생으로 1940년 프랑스 북부에서 독일군 총공격 때 전사했다.

편지 31.

1. 장 기통(Jean Guitton, 1901~1999), 소르본 대학교 교수, 가톨릭계 철학자로 《플로티노스와 아우구스티누스에 있어서의 시간과 영원》, 《파스칼과 라이프니츠》 등의 저서를 남겼다.
2. 앙리 랑보(Henri Rambaud, 1899~1974), 문학 비평가.

편지 34.

1. 장 그르니에는 몽펠리에의 여학교에 교사로 임명되었다.
2. 알베르 카뮈는 1940년 12월 3일 오랑에 오래전부터 뿌리박고 살아온 가문 출신인 프랑신 포르(Francine Faure)와 리옹에서 재혼한 다음 1941년 1월 14일 오랑으로 돌아왔다.
3. 《프로메테》라는 제목으로 발간하기로 한 이 잡지는 결국 빛을 보지 못했다. 편지 54를 참조할 것.
4. 장 폴랑(Jean Paulhan, 1884~1968), 당시에 무명이었던 카뮈의 《이방인》이 지닌 독특한 면을 가장 먼저 알아본 사람들 중 하나로, 1942년 이 소설이 출간되는 데 결정적인 역할을 한 인물.

5. 베르나르 그뢰튀장(Bernard Groethuysen, 1880~1946). 베를린 대학에서 철학 공부를 한 다음 딜타이와 지멜의 제자가 되었다. 여러 해 동안 프랑스의 여러 도서관과 프랑스혁명 연구와 관련된 국립기록보관소를 드나들면서 부르주아 정신의 형성 과정을 연구하는 데 몰두했다. 또한 1930년부터 죽는 날까지 갈리마르 출판사에서 편집위원으로 협력했다.
6. 장 발, 편지 25의 주 5를 참조할 것.
7. 조르주 랭부르(Georges Limbour, 1901~1970). 《바닐라 나무*Vanillier*》의 저자로 앙드레 마송, 미셸 레리스, 조르주 바타유, 레몽 크노의 친구였다. 초현실주의 운동에 참가했고 '초현실주의 혁명'에 가담했다가 나중에는 조르주 바타유의 분리주의적 잡지《도퀴망》에 협력했다.

편지 36.

1. 당시 약제사였던 조르주 엘고지(Georges Elgozy). 1909년에 오랑에서 출생한 그는 혜안을 가진 미술 애호가로 전쟁 후에는 파리에서 고위 관료로 재직하며 경제와 정치에 관한 많은 저술—유머가 없지 않고 해학이 빠지지 않은 글들—을 남겼고 수많은 잡지에 협력했다. 그의 마지막 저서《유머에 대하여》는 1979년 4월에 드노엘 출판사에서 출간되었다.
그는 전쟁 전 장 그르니에가 바칼로레아 시험의 시험감독관으로 오랑에 올 때마다 그를 환대했다. 바로 그가 장 그르니에를 오랑의 구시가와 산타크루즈(오랑 항구를 굽어보는 3백 미터 높이의 야산)로 안내했고 그에게 장 로누아, 앙드레 앙부르 같은 화가들을 소개했다. 장 그르니에,《산타크루즈와 기타 아프리카 풍경들》(편지 20의 주 2)을 참조할 것. 프랑신 카뮈의 사촌들인 로베르와 마네트 마르탱 샤프롱이 운영하는 오랑의 콜린 갤러리에서 1941년 10월 4일에서 19일까지 열린 장 로누아의 두 번째 전시회를 소개하는 글을 장 그르니에에게 청탁한 사람도 바로 그였다.

편지 37.

1. 마들렌과 알랭 그르니에. 당시 열한 살과 열 살이었다.
2. 가브리엘 마르셀(Gabriel Marcel, 1889~1973), 철학자, 극작가. 프랑스에서 기독교 실존주의를 대표하는 가장 중요한 인물 중 하나였던 그는 《시지프 신화》에서 카뮈가 취하는 입장에 대하여 반대할 수밖에 없었다. 편지 53을 참조할 것.

편지 38.

1. 페른 레 퐁텐(Pernes-les-Fontaines). 그르니에는 보클뤼즈 지방에 있는 조그만 농가를 1940년에 구입했다.
2. 장차 그의 저서 《선택 Le Choix》으로 발표될 책의 한 장.

편지 39.

1. 이 편지는 남아 있지 않다.
2. 《라르발레트 L'Arbalète》는 1940년에서 1948년까지 리옹의 마르크 바르브자 출판사에서 발간되던 잡지.

편지 40.

1. "……나는 내 《칼리굴라》의 정신과 떨어질 수 없는 관계요. 그것이 성공하는 것은 극도로 중요하오. 내 소설과 부조리에 대한 나의 에세이와 더불어 그것은 내가 이제 두려움 없이 내 작품이라고 부르는 것의 첫 단계를 이루고 있지요. 성공을 거두기 어려운 부정적인 단계지만 그 나머지의 단계들을 위해서 결정적인 단계요." (1939년 7월 27일자로 알베르 카뮈가 크리스티안 갈랭도에게 보낸 편지.)

2.《시지프 신화》를 말한다. 알베르 카뮈 전집 4《시지프 신화》.

편지 41.

1. 샤를 빌드라크의 희곡으로 1938년 2월 26일과 27일, 알베르 카뮈 연출로 에키프 극단이 알제에서 상연한 바 있다.
2. 인도 철학에서 신의 실재를 감추고 있는 환각적인 힘을 가리킨다. 장 그르니에,《선택》(P.U.F., 1941), 74~80쪽,《절대와 선택》(P.U.F., 1961)을 참조할 것.
3. 카가유(Cagayous). 대중적 댄스홀에 드나드는 인물 오귀스트 로비네의 별명. 알제의 서민적 거리에 돌아다니는 전형적인 주인공으로 '언어학적 혼혈'인 이 카가유의 명성 덕분에 바벨우에드 거리에 그의 동상이 세워졌다. A. 랑리,《북아프리카의 프랑스인》(P.U.F., 1962), 가브리엘 오디지오,《카가유, 그의 가장 재미있는 이야기들》, '글모음'(갈리마르, 1931)을 참조할 것.
4. 마르셀 아를랑(Marcel Arland, 1899~1986).《N.R.F.》의 이력과 밀접한 관련이 있는 이 비평가는《이방인》이 발표되자 새로운 작가의 탄생을 열렬히 환영한 바 있다. 편지 55의 주 1을 참조할 것.
5.《퐁텐》지는 1939년 4월 알제에서 막스 폴 푸셰와 앙리 엘(각각 주간과 편집장)이 창간한 잡지다. 편집위원으로는 G. E. 클랑시에, 르네 도말, 장 드노엘, 피에르 에마뉘엘이 맡았다. 1947년 11월에 폐간되었다.

편지 42.

1.《시지프 신화》의 원고.
2. 장 그르니에, 〈그리스 묘비명〉,《퐁텐》지(1941년 5월).
3. 아르망 기베르(Armand Guibert, 1906~1990), 교수, 시인, 작가.《레 카이에 드 바르바리》(1934~1937)와《모노마토바》지(1938~1939)를 창간했고, 장 암루슈와 더불어 일간《튀니지 프랑세즈》(1939~1942)의 문예 부록의 편집 책임을 맡으면서 그것

을 레지스탕스 기관지로 활용했다.

편지 44.

1. 《시지프 신화》, 《이방인》, 《칼리굴라》를 가리킨다.

편지 45.

1. 알베르 카뮈, 〈미노타우로스 혹은 오랑에서 잠시〉(1946년 2월 《라르슈》 지에 발표)를 참조할 것. 1950년에 샤를로 출판사에서 발행한 작은 책자가 원본이라고 할 수 있다. 같은 에세이가 1954년 갈리마르에서 나온 《여름》에 재수록된다. 알베르 카뮈 전집 1 《결혼·여름》.
2. 같은 문장이 《작가수첩, 1935~1942》에 있다. 편지 15의 주 2를 참조할 것. 알베르 카뮈 전집 11 《작가수첩 I》.

편지 46.

1. 장 그르니에, 《선택》. 편지 41의 주 2를 참조할 것.
2. 오랑의 20여 킬로미터 서쪽, 아인 엘 튀르크와 팔콩 곶을 지나면 나타나는 바닷가 모래밭. 장 그르니에, 《산타크루즈와 기타 아프리카 풍경들》과 편지 20의 주 2를 참조할 것.
3. 《레 누벨 레트르》 제7호(1939년 4~5월)에 발표. 편지 15의 주 5를 참조할 것.

편지 47.

1. 장 기통의 책《푸제 씨의 초상》에 대한 카뮈의 이 서평은 〈어느 당선자의 초상〉이라는 제목으로 1943년 4월《레 카이에 뒤 쉬드》지에 발표된다.

편지 48.

1. 알베르 카뮈, 〈과실을 준비하기 위하여〉와 〈삼 부스러기 불처럼〉. 1941년 1월 25일과 5월 24일자《라 튀니지 리테레르 프랑세즈》에 게재.

편지 50.

1. 장 그르니에,《선택》. 편지 41의 주 2를 참조할 것.
2. 장 그르니에,《지중해에서 얻은 영감》. 편지 26의 주 2를 참조할 것.
3. 루이 브로키에(Louis Brauquier, 1900~1976), 화가, 시인. 가브리엘 오디지오의 친구이며 그와 마찬가지로 마르세유 태생. 1970년 마르세유에서 창간된 잡지《쉬드》의 공동 편집자. 가브리엘 오디지오에 대해서는 편지 77의 주 1을 참조할 것.

편지 52.

1. 브리스 파랭(Brice Parain, 1897~1971), '언어철학자', 에세이스트, 소설가. 농민 가정에서 태어난 교사의 아들로, 전쟁에 참가한 뒤 고등사범학교에 입학. 장 그르니에와 같은 해에 철학 교수자격시험에 합격했지만 교육자가 되기를 거부했다. 동양어학교 졸업장을 얻고 나서 파리에 있는 러시아 문헌센터의 서기가 되었다가 모스크바 주재 프랑스 대사관에서 문화업무를 담당했다(1925~1926). 그곳에서 만난 나타샤는 그의 첫 아내가 되었고 나탈리 파랭이라는 이름으로 많은 어린이 책들의 삽화

를 그렸다. 1927년부터 출판사 N.R.F.의 편집자 겸 러시아 및 독일문학 담당 편집위원으로 활동하면서 세바스티앙 보탱 가의 이 출판사에서 젊은이들이 자주 찾아와 자문을 구하는 현자로 통했다.

그는 장 그르니에와 알베르 카뮈의 가까운 친구가 되었다. 카뮈는 그의 《작가수첩, 1942~1951》에서 자주 그의 말을 인용한다. 《N.R.F.》 1971년 7월 특집호 참조. 알베르 카뮈 전집 14 《작가수첩 II》, 김화영 옮김(책세상, 2002).

2. 《시지프 신화》를 말한다.
3. 1941년에 릴 대학교 문과대학 교수로 임명된 장 그르니에는 1942년 3월 22일까지만 그 직을 유지했다.

편지 53.

1. 《시지프 신화》를 말한다.
2. 《시지프 신화》를 말한다.
3. 독일과 비시 정권의 반유대주의 정책 때문에 제거했던 카프카에 대한 장은 전후 새로운 판본에서 복원되었다.

편지 54.

1. 《시지프 신화》를 말한다.
2. 아마도 장 그르니에, 〈개인과 절대〉, 《퐁텐》(1942년 2월)을 말하는 듯하다.

편지 55.

1. 마르셀 아를랑, 〈한 작가의 탄생, 알베르 카뮈〉, 《코메디아》(1942년 7월 11일자). 갈리마르에서 출간된 《이방인》에 대한 서평.

편지 56.

1. 《플라톤의 로고스에 대한 시론》(갈리마르, 1942).
2. 오랑에서 메르 엘 케비르를 지나 16킬로미터 떨어진 마을과, 바닷가 모래사장 아인 엘 튀르크.

편지 57.

1. 편지 46의 주 2를 참조할 것.
2. 앙드레 루소(André Rousseaux, 1896~1973), 《피가로 리테레르》에 기고하던 작가이자 비평가.
3. 브리스 파랭의 박사학위 논문을 책으로 묶은 《언어의 본질과 기능들에 대한 연구》(갈리마르, 1943).
4. 《꿈속의 빵》, 1942년 민중문학상 수상작. 루이 기유(Louis Guilloux, 1899~1980)는 사회주의 운동가 신기료장수의 아들로 장학생이 되어 생 브리외 고등학교에서 공부했다. 17세에 장 그르니에를 만나 친구가 되었다. 장 그르니에가 제자인 알베르 카뮈를 기유에게 소개했다. 출신과 견해가 유사한 두 사람은 급속도로 친해졌다.
5. 《어린아이들처럼》(갈리마르, 1962), 공쿠르 상 수상작. 마르크 베르나르(Marc Bernard, 1900~1938)는 랑그도크 땅에 깊은 애착을 가진 지중해 사람의 전형이다. 자신의 고향 도시 님을 주인공으로 삼은 소설과 연대기들을 썼고, 두 편의 희곡과 이야기들을 발표했다. 마지막으로 발표한 《사랑하는 여인의 죽음》과 《부재의 저편》은 자신의 아내에게 바친 매우 감동적인 작품들이다.
6. 《아침의 소나기》(1942). 장 블랑자(Jean Blanzat, 1905~1977)는 베르사유 사범학교 출신으로 《어린 시절》, 《적인 나 자신에게》, 《라 가르탕프》, 《위조 전문가》(1965년 페미나 상 수상작), 《적임자》 등을 갈리마르 출판사에서 펴냈다. 아카데미 프랑세즈 소설 대상 수상. 그는 또한 서민교육의 창시자이자, 장 게에노의 친구요 가까운 동지였다.
7. 《불의 정신분석》과 《물과 꿈》을 말한다.

편지 58.

1. 르 파늘리에, 샹봉 쉬르 리뇽과 마제 생 부아 사이에 위치한 "위그노들의 독수리 집이요, 항독 저항운동의 둥지."(브뤼크베르제 신부의 말)
2. 카뮈는 두 달이 아니라 일 년이 넘도록 르 파늘리에에 머물지 않으면 안 되었다. 그가 머물고 있던 곳은 프랑신 카뮈의 친척이자 연극배우인 폴 외틀리의 어머니 외틀리 부인 집이었다. 알제리 정복 초기부터 알제리에 자리 잡은 유서 깊은 신교도 집안 출신인 외틀리 부인, 즉 사라 쉴링은 독일 점령 동안, 자신이 평소에 늘 빌려 들곤 했던 집과 그에 딸린 부속 건물로 피난을 와 있었다. 알베르 카뮈는 즉시 이 억세고 기이한 인물의 성격에 매혹되었고, 그와 모두에게 "마무슈"라는 별명으로 불린 이 여자 사이에는 깊은 우정이 싹텄다.

편지 59.

1. 에사 데 케이로스(Eça de Queiroz, 1845~1900), 1870년경에 결성된 코임브라 그룹의 작가. 직업 외교관으로 세계 곳곳에서 살았고 만년에는 파리에서도 근무했다.
신랄하지만 모질지 않은 정신에 세련된 문체를 자랑하는 산문으로 이베리아 반도와 라틴 아메리카에서 가장 위대한 소설가 중 한 사람이 되었다. 《추억의 물건》, 《아마로 신부의 범죄》, 《라미레스의 이름난 집》, 《사촌 바질》, 《도시와 산》 등의 소설들이 널리 알려져 있다. 발레리 라르보는 그가 프랑스에서 좀더 널리 알려지지 못한 것, 그리고 부당하게도 "포르투갈 작가에게 가해진 이런 배척적인 대우"를 극복하지 못한 것을 대단히 유감으로 여겼다.

편지 60.

1. 마르그리트 도브렌의 외가인 에므라 집안은 13헥타르 정도의 작은 농장을 아인 엘 튀르크에 가지고 있었다. 바닷가 모래사장과 모래언덕에서 1백 미터 정도 떨어진

언덕에 있는 그들의 집은 서쪽의 팔콩 곶에서부터 북동쪽의 레귀유 반도까지 오랑 만이 내려다보이는 멋진 전망을 자랑했다.
2. 1944년 알베르 카뮈는 《포에지 44》에 발표한 어떤 글에서 브리스 파랭의 두 가지 책 《플라톤의 로고스에 대한 시론》(편지 56의 주 3)과 《언어의 본질과 기능들에 대한 탐구》(편지 57의 주 3)에 대하여 서평을 했다. 역시 편지 52의 주 1도 참조할 것.

편지 61.

1. 오랑에서 쓰기 시작한 소설 《페스트》를 말한다. 알베르 카뮈 전집 7 《페스트》, 김화영 옮김(책세상, 1998).
2. 프랑시스 퐁주(Francis Ponge, 1899~1988). 카뮈는 《사물의 편》을 쓴 이 시인을 개인적으로 알았다. 퐁주는 샹봉 쉬르 리뇽과 르 퍼늘리에의 '단골'이었다. 포르 집안의 친척이며 외틀리 집안과도 가까운 그의 가장 친한 친구가 그곳을 안내해주었던 것이다. 카뮈의 아내인 프랑신과 장차 프랑시스 퐁주의 아내가 될 오데트 샤바넬은 어린 시절에 바로 이 샹봉에서 서로 알게 되었다. 1942년 퐁주는 리옹에 살고 있어서 이 두 작가 사이에는 규칙적인 서신 교환이 있었다.

편지 62.

1. 알베르 카뮈, 〈어느 당선자의 초상〉. 편지 47의 주 1을 참조할 것.
2. 편지 1의 주 1을 참조할 것.

편지 63.

1. 장차 《반항하는 인간》이라는 제목으로 출간되어 나올 에세이. 알베르 카뮈 전집 15 《반항하는 인간》, 김화영 옮김(책세상, 2003).

2. 장 발라르(Jean Ballard, 1893~1973). 마르세유 사람으로 마르셀 파뇰을 포함한 일단의 친구들이 1914년에 창간한 문학, 미술, 연극 관련 잡지 《포르투니오》의 편집장을 지냈다. 1925년 《포르투니오》는 《레 카이에 뒤 쉬드》로 바뀌었고, 장 발라르가 1966년에 나온 마지막 호까지 편집을 담당했다. 이 잡지는 프랑스 문단에서 대단히 중요한 역할을 했다.

편지 64.

1. 장 그르니에, 〈한 인간, 한 작품〉, 《레 카이에 뒤 쉬드》(1943년 2월).
2. 편지 57의 주 5를 참조할 것.

편지 65.

1. 알제 시내를 굽어보는 해발 4백 미터의 동네인 부자레아의 한 거리는 '프랑스 기후'라고 불렀다.
2. 편지 64의 주 1을 참조할 것.

편지 66.

1. 편지 38의 주 1을 참조할 것.
2. 앙리 헬(Henri Hell), 〈두 가지 이야기(마르크 베르나르의 《어린아이들처럼》과 알베르 카뮈의 《이방인》)〉, 《퐁텐》 제23호(1942년 7월).
 앙리 헬은 조제 앙리 라르시의 필명. 알제의 법과대학생 시절 그는 알베르 카뮈와 알게 되었고 에키프 극단 소속의 배우로 활동했다. 《퐁텐》, 《라 타블 롱드》, 《N.R.F.》에 문학 비평을, 《르뷔 뮈지칼》 등의 잡지에 음악 평론을 발표했다. 《프랑스의 음악가 프랑시스 풀랑크》의 저자이기도 하다.

3. 부자레아 구역.《아돌프》의 저자와 아무 상관이 없는 동명이인 뱅자맹 콩스탕은 장 그르니에와 친했다.
4. 드니즈 티트르 양. 그녀의 집안은 레니에, 엘리 포르, 엘리제 르클뤼 집안과 친척이었다. 리샤르 마게는 화가로 1940년 6월 12일 적들의 손에 사살되었다. 드니즈 티트르 양은 그의 두 번째 아내였다.
5. 에밀 데르망겜(Emile Dermenghem, 1892~1971), 당시 알제리 총독부의 문서보관 담당자.
6. 《선택》의 후편이란 장차 1948년 갈리마르에서 펴낼《자유의 선용에 대한 대화》라는 제목의 책이다. 훗날 장 그르니에는 '무위'에 대하여 그의 책《어휘집 Lexique》(갈리마르, 1955)에 한 편의 글을 할애하고,《도(道)의 정신》(플라마리옹, 1957, 1973년에 개정판)이라는 책을 집필한다.

편지 67.

1. 장 그르니에, 〈부조리의 감정〉,《코메디아》(1942년 11월 21일자). 1942년 갈리마르에서《시지프 신화》가 막 출판된 시점이었다.

편지 68.

1. 1942년 11월 8일, 연합군이 북아프리카에 상륙함으로써 알제리와 프랑스 본토 사이의 연락이 끊겼다. 알베르 카뮈는 직장 때문에 9월 말에 알제리로 돌아간 그의 아내와 헤어져 있었다.

편지 69.

1. 자닌 갈리마르, 피에르 갈리마르의 부인. 알베르 카뮈는 그녀가 처녀 적에《파리 수아르》에서 만나서 그녀를 알고 있었다. 그녀는 1944년에 이혼하고 미셸 갈리마르와

재혼했다.

편지 71.

1. 플레이아드 상 수상작을 말한다. 장 그르니에와 알베르 카뮈는 같이 이 상의 심사위원이었다. 카뮈는 1947년에 심사위원직을 사퇴하게 된다.

편지 72.

1. 막스 자콥이 알려준 운세에는 알베르 카뮈가 비극적인 죽음을 맞게 된다는 예언도 있었다.

편지 74.

1. 《이방인》에 관한 글, 편지 64의 주 1을 참조할 것.
2. 장 폴 사르트르, 《이방인》 해설, 《레 카이에 뒤 쉬드》(1943년 2월).

편지 75.

1. "그야말로 귀양살이입니다." 르 파늘리에에서 쓴 알베르 카뮈의 희곡 〈오해〉를 참조할 것. 알베르 카뮈 전집 12 《칼리굴라·오해》.

편지 76.

1. 샤를 드 푸코(Charles de Foucault, 1858~1916) 신부를 가리킨다.
2. 루이 마시뇽(Louis Massignon, 1883~1962).
3. 가스통의 동생이며 미셸 갈리마르의 아버지.

편지 77.

1. 가브리엘 오디지오(Gabriel Audisio, 1900~1978), 작가이자 시인. 마르세유에서 태어나 아버지가 알제 오페라극장장으로 임명되면서 1910년에 알제로 오게 되었다. 그의 일생은 관리로서(알제와 파리), 작가로서 프랑스에 바쳐진 것이었다.《지중해의 젊은이들》(1935),《바다의 소금》(1936),《알제의 사랑》(1938) 같은 작품들은 알제리의 젊은 프랑스어권 작가들에게 큰 영향을 미쳤다. 알베르 카뮈는 1937년에서 1939년까지 자신이 창간하여 펴내던 문화원 소식지와 잡지에 '젊은 지중해', '리바주(기슭)'이라는 제목을 붙일 만큼 그 영향을 인정했다.
2. 에드몽 브뤼아(Edmond Brua, 1901~1977), 기자이자 작가. 본(알제리 세이부스 강 어귀의 항구도시 안나바의 옛 이름)에서 태어났다. 카가유 속어로 쓴《하늘의 패러디》의 작가이며 1942년 알제리 문학대상을 받았다. 소르본에서 공부하던 시절 장 그르니에와 알게 되었다.

편지 78.

1.《시지프 신화》를 말한다.
2. 화가 데스투르넬 드 콩스탕 자작부인(결혼 전 이름 마르그리트 쾨클랭)의 예명. 그녀는 알제에서 에키프 극단의 활동에 참가했고(무대의상 디자인 제작), 파리에 와서 1945년에 폴 외틀리 연출로 에베르토 극장에서 초연한〈칼리굴라〉의 무대의상을 디자인했다.

편지 79.

1. 1930년 10월, 알제의 남자아이들만 다니는 그랑 리세의 '개학' 때부터를 말한다. 알제의 바벨우에드 거리에 위치한 그 고등학교에는 고등교육기관으로 진학할 준비 반들이 있었다. 훗날 이 학교는 '리세 뷔조'로 개명된다.
장 그르니에와 그의 제자가 철학반 교실에서 처음 만난 때의 일에 대해서는 장 그르니에, 《카뮈를 추억하며》(편지 1의 주 1)를 참조할 것.

편지 80.

1. 데스투르넬 드 콩스탕(마리 비통) 부인. 편지 78의 주 2를 참조할 것.
2. 처음에는 '비데요비체'라는 제목을 붙였던 희곡 〈오해〉.
3. 호프만의 저 유명한 동화 《수고양이 무르의 인생관》을 말한다. 알베르 베갱의 번역으로 1943년에 출간되었다. E.T.A. 호프만, 《수고양이 무르의 인생관》, 김선형 옮김 (경남대학교 출판부, 2010).
4. 키르케고르, 아마도 《이것이냐 저것이냐》(1843)일 것이다. 프랑스 번역판은 1943년에 출간되었다.

편지 82.

1. 펠린. 폴 레오토(Paul Léautaud, 1872~1956)는 장 그르니에가 퐁트네 오 로즈에 살고 있을 때 알고 지내던 사람이다. 그는 저서 《문학적 일기》에서 여러 번 장 그르니에에 대해 언급했다.

편지 83.

1. 《시지프 신화》에 대한 편지 80번을 가리킨다.

편지 86.

1. 장 폴 사르트르의 희곡으로 1943년 시테 극장에서 상연되었다(샤를 뒬랭 연출).
2. 이 작품의 저자는 아직 교육공무원 신분이었으므로 문책당할 위험이 있었다.
3. 프랑신 카뮈가 머물고 있는 알제리 소식을 말한다.
4. 〈오해〉를 말한다.

편지 87.

1. 〈파리 떼〉의 상연금지 후 장 폴 사르트르에 대한 옹호.

편지 88.

1. 루이 기유의 역작. 1935년 갈리마르에서 출간되었다.
2. 사르트르의 단편소설로, 1939년 갈리마르에서 출간된 단편집의 제목이 되었다.

편지 89.

1. 〈오해〉를 말한다.

편지 90.

1. 편지 71의 주 1을 참조할 것.

편지 91.

1. 프랑스 바르 주의 생트 봄 가까이 있는 도미니크 수도회의 신학교. 브뤼크베르제 신부가 알베르 카뮈를 그곳으로 초대한 적이 있었다.
2. 플레이아드 상 상금. 편지 71의 주 1을 참조할 것.
3. 1942년 말부터 포르투갈에 정착하여 편지를 전해주는 아르망 기베르(편지 42의 주 3 참조) 덕분에.

편지 95.

1. 알제리로부터. 편지 91의 주 3을 참조할 것.

편지 96.

1. 뱅자맹 퐁단(Benjamin Fondane, 1898~1944), 루마니아의 시인이자 철학자. 1923년에 파리에 정착, 실존철학자(《불행한 의식》, 1936), 문학 비평가, 시인으로서 화려한 경력을 쌓았다. 1938년에 프랑스 국적을 얻고 1939년에 징집당하여 포로가 되었다. 탈출하여 파리에서 지하 생활. 유대인으로 고발당해 1944년 3월 7일 체포, 아우슈비츠로 이송되어 1944년 10월 2일 비르케나우의 가스실에서 사망했다.
《레 카이에 뒤 쉬드》(1947)에 수록된 〈우리 가운데 퐁단이〉를 참조할 것. 그는 그 잡지의 철학 난을 담당했다. 존 케네스 하이드, 《뱅자맹 퐁단, 그의 생애와 작품》(드로즈, 주네브, 파리, 1971)을 참조할 것.

편지 97.

1. 실제로 비교하는 사람들이 없지 않았다.

편지 98.

1. 장 그르니에는 1944년 4월 21일에 어머니를 여의었지만 카뮈에게조차 부고를 하지 않았다.

편지 99.

1. 앙드레 말로의 동지요 작가였던 조제트 클로티스는 그와의 사이에 아들 둘을 낳았다. 1944년 11월 12일, 그녀는 사고로 열차 밑에 깔렸다. 두 다리가 으스러진 그녀는 며칠 뒤에 사망했다.
2. 이 편지는 '라 갈레리 드 프랑스' 측에서 장 그르니에게 《콩바》에 그 화랑이 1944년 12월에 개최할 예정인 수틴(Soutine)의 중요한 전시회의 예고를 끼워 넣어달라고 요청하는 편지의 이면에 쓰였다. 장 그르니에는 《콩바》의 문학예술 면에 정기적으로 글을 쓰고 있었다.
3. 알베르 카뮈, 《오해》(갈리마르, 1944). 〈칼리굴라〉도 함께 실렸다. 〈오해〉는 1944년 6월 마르셀 에랑 연출로 마튀랭 극장에서 초연되었다. 알베르 카뮈 전집 12 《칼리굴라·오해》.

편지 100.

1. 알베르 카뮈, 《샹포르에 대한 소개의 말 : 잠언집》, '앵시당스 총서'(모나코, 1944).
2. 장 그르니에, 《브라크》(쇠유, 1948), 그리고 《현대회화에 관한 시론》(갈리마르,

1959)의 첫 번째 글을 참조할 것.

편지 101.

1. 쌍둥이 카트린과 장이 1945년 9월 5일에 출생했다.
2. 라 발레 오 루(La Vallée aux Loup). 샤토브리앙의 유명한 영지 안에 르 사부뢰 박사가 샤토브리앙 애호가 협회(그 자신이 이끄는), 박물관, 휴양소를 차려놓았다. 쌍둥이를 출산하기 전에 누워서 휴식해야 했던 프랑신 카뮈는 1945년 여름 이곳에 머물렀다.
3. 마른 전투에서 중상을 입은 카뮈의 아버지는 1914년 10월 11일에 사망해 생 브리외로 이송되었다.

편지 102.

1. 알베르 카뮈, 〈반항에 대한 언급〉, 《실존》(장 그르니에가 편집하는 '형이상학 총서'의 첫 권, 유일본, 갈리마르, 1945년 삼사분기)에 발표. 편지 96의 주 2를 참조할 것. 이 글은 알베르 카뮈 전집《에세이》편 1682쪽에 재수록되었다. 편지 1의 주 3을 참조할 것.

편지 104.

1. 이집트로 떠남. 장 그르니에는 그곳 알렉산드리아의 푸아드 1세 대학교 문과대학 교수로 임명되었다.
2. 장 쿨롱, 파리 6대학 지구물리학 교수. 그는 알제에서 천문기상 및 지구물리학 연구소의 책임자로 있을 당시 알베르 카뮈를 직원으로 채용했다. 카뮈는 그곳에서 1937년 12월부터 1938년 10월까지 일했다.

3. 갈리마르에서 출판한 첫 번째 총서 '레 제세(Les Essais) 총서'.
4. 《크로이처 소나타》의 마지막 부분. 남자와 여자는 절대적 순결을 지향해야 한다.

편지 105.

1. 장 그르니에, 《섬》(편지 3의 주 1 참조), 《지중해에서 얻은 영감》(편지 26의 주 2 참조), 《정통성 정신에 관한 논고》(편지 18의 주 5 참조).
2. 편지 15의 주 5를 참조할 것.
3. 장 그르니에, 《자유, 쥘 르키에의 미발표 텍스트》(브랭, 1936).
4. 《선택》, 편지 41의 주 2를 참조할 것.
5. S. P.(홍보부). 여기서는 홍보용 증정 서적을 말한다.
6. 장 그르니에와 에티앙블의 관계 ― 그들 사이의 우정은 이집트에서 시작되었다 ― 에 대해서는 1971년 5월 《N.R.F.》 특집호에 실린 에티앙블의 글 〈장 그르니에, 진정한 인간〉을 참조할 것.
7. 갈리마르 출판사가 자리한 거리 이름. 카뮈는 1943년 11월 1일부터 갈리마르에서 편집위원으로 일하다가 곧 선고편집위원(필자들이 투고해온 원고를 읽고 갈리마르에서 출판을 할 것인지 여부를 결정하는 역할)이 되었고, 해방 후에는 '희망 총서'의 기획 책임을 맡았다.

편지 106.

1. 조아니데스. 당시 잡지 《그리스 여행》의 편집자인 동시에 지금도 파리의 레셸 가에 건재하는 동명의 여행사 사장이었다.

편지 108.

1. 그는 1946년 3월부터 5월까지 미국에서 순회강연을 했다. 알베르 카뮈,《여행일기》 (갈리마르, 1978) 참조. 알베르 카뮈 전집 17《여행일기》, 김화영 옮김(책세상, 2005).
2. 알베르 카뮈,《페스트》(갈리마르, 1947). 알베르 카뮈 전집 7《페스트》.
3. 참여의 문제. 알베르 카뮈,〈피해자도 가해자도 아닌〉,《콩바》(1949년 11월 19일~30일자),〈에마뉘엘 다스티에 드 라 비즈리에 대한 두 가지 대답〉,《칼리방》(1948년 6월호)과《라 고슈》(1948년 10월호)를 참조할 것.
4. 알베르 카뮈,《작가수첩 II, 1942~1951》중 1946년 부분, 편지 52의 주 1을 참조할 것. 알베르 카뮈 전집 14《작가수첩 II》.

편지 109.

1. 미셸 갈리마르.
2. 알베르 카뮈,《독일 친구에게 보내는 편지》, 1943년과 1944년에 지하에서 발표한 저작. 1946년 로잔의 마르그라 출판사에서 한정판으로 나왔다가 1948년 갈리마르에서 새로운 서문을 붙여 출간했다. 알베르 카뮈 전집 16《단두대에 대한 성찰·독일 친구에게 보내는 편지》, 김화영 옮김(책세상, 2004).
3.《페스트》를 말한다.

편지 110.

1. 앙리 보스코(Henri Bosco, 1888~1976). 장 그르니에는 보스코가 나폴리의 프랑스 학원의 교수로 일할 때 그를 알게 되었다. 시인이며 소설가인 앙리 보스코는 루르마랭과 그 인근 지방을 찬양하는 글을 썼다.

편지 111.

1. 장 게에노(Jean Guéhenno, 1890~1978). 북프랑스 푸제르의 신기료장수와 마굿간지기 사이에서 태어나 고등사범학교를 졸업하고 1945년 교육부의 장학관이 되었다. 전쟁 전 유명한 잡지《유로프》지의 편집장으로 활동했다.
   장 그르니에가 부러워했던 그 일관성은 대학인으로서의 삶, 작가로서의 작품, 기자로서의 활동, 그가 1945년에 창설한 '서민교육'에서의 투쟁에 잘 반영되었다. 때로 어려움이 따르긴 했지만 한 번도 저버린 적이 없는 일관된 충실성이었다.
2. 병으로 고통받게 되자 카뮈는《콩바》에 기고하는 일이 드물어졌다가 1946년 초에 이르러 아예 기고를 중단했다. 1946년 11월 〈피해자도 가해자도 아닌〉이라는 제목을 붙인 일련의 글들을 발표한 이후 그는 1947년 3월 17일에야 다시 글을 기고하기 시작해 약 두 달 동안 계속했다.
3. 벨쿠르 지역 오므라 가 소재 초등학교 중급반 2학년 시절(편지 1의 주 1 참조) 카뮈를 가르쳤던 교사 루이 제르맹(Louis Germain). 제자의 범상치 않은 자질을 알아본 그는 소년을 격려하면서 그에게 중등교육의 길을 열어줄 장학생 시험 준비를 도와주었다. 그러나 무엇보다도 그는 소년이 14세가 되면 곧 일자리를 찾아 돈을 벌어와야 할 형편이라고 말하는 카뮈 집안 사람들로부터 학업을 계속해도 좋다는 허락을 받아내는 데 성공했다. 알베르 카뮈는 훗날 노벨문학상을 받을 때 낭독한《스웨덴 연설》(갈리마르, 1958)을 '루이 제르맹 선생님'에게 헌정했다. 알베르 카뮈 전집 18《스웨덴 연설·문학 비평》.

편지 112.

1. 장 그르니에, 〈레바논의 바레스와 지드〉,《콩바》(1946년 11월 8일자).
2. 〈레바논에서의 여름〉이 실린《1950년 이집트에서 보낸 편지》(갈리마르, 1962)의 한 장인 이 글은 마론교 은자의 집에 대한 것이었다.
3. 《라르슈 L'Arche》, 앙드레 지드, 모리스 블랑쇼, 알베르 카뮈, 자크 라세뉴로 구성된 편집진이 발간하던 월간지. 편집장은 장 암루슈. 1944년 2월 알제에서 창간되어

1948년 9월 통권 29호로 발행이 중지되었다.
4. 이 시사적인 글은 발표된 적이 없는 듯하다.

편지 114.

1. 《콩바 *Combat*》. 1947년 6월 2일 자클린 베르나르, 알베르 카뮈, 알베르 올리비에, 파스칼 피아, 장 블로크 미셸은 《콩바》의 주식 지분 100을 클로드 부르데에게 양도했고, 부르데는 튀니지의 실업가 앙리 스파자에게 그중 50퍼센트를 양도했다. 1947년 6월 3일자 《콩바》에 실린 〈우리 독자들에게〉와 알베르 카뮈 전집 《에세이》 편에 실린 로제 키요의 〈알베르 카뮈와 《콩바》〉, 그리고 편지 1의 주 3을 참조할 것.
2. 《자유의 선용에 대한 대화》의 원고. 장 그르니에는 알렉산드리아 대학교의 공개 강의에서 이 주제를 다루었다.
3. 빌나 살리나스의 원고는 훗날 《마음이 약해 사랑하다》(갈리마르, 1951)로 출판된다.

편지 118.

1. 루이 족스(Louis Joxe), 당시 외무부 총국장.
2. 알베르 카뮈는 그가 담당하고 있는 '희망 총서'에 시집 《히브노스 단장》을 넣기로 결정할 당시 갈리마르 출판사에서 시인 르네 샤르를 알게 되었다. 보클뤼즈 지방의 작은 마을 릴 쉬르 라 소르그 태생인 르네 샤르는 카뮈에게 그 지역에 와서 체류할 것을 강권했다. 1946년 9월 그는 아주 별나게 생긴 자동차를 타고 아비뇽 역으로 나가서 카뮈와 그의 아내를 마중하고 보클뤼즈 지방을 구경시켜주었다. 이렇게 하여 그들 두 사람 사이에 맺어진 우정은 변함없이 지속되었다.
3. 《자유의 선용에 대한 대화》의 원고.

편지 120.

1. 알제 서쪽 교외의 바닷가.
2. 편지 38의 주 1을 참조할 것.
3. 릴 쉬르 라 소르그.

편지 121.

1. 장 그르니에가 알베르 카뮈의 소설 《페스트》를 받았을 때 이집트에서는 콜레라가 창궐했다.
2. 알베르 카뮈, 〈페스트에 관한 문헌〉, 《레 카이에 드 라 플레이아드》(1947년 4월).
3. '하나의 작품, 하나의 초상(Une œuvre, Un Portrait)', 갈리마르 출판사에서 발행하는 총서의 이름.

편지 122.

1. 아마도 1947년 갈리마르에서 《지중해에서 얻은 영감》과 합본으로 재출간한 책에 두른 띠지로 짐작된다.

편지 123.

1. 1947년 장 그르니에와 알베르 카뮈가 콩부르 성을 방문했을 때 샤토브리앙의 방을 좀 구경할 수 있느냐고 물었더니 놀랍게도 이런 대답이 돌아왔다. "백작님의 방 말입니까, 아니면 저자님의 방 말입니까?" 사실 작가 샤토브리앙은 그 집안의 차남에 불과했다. 장 그르니에, 《카뮈를 추억하며》(편지 1의 주석 1)를 참조할 것.
2. 중국과 회교 국가들을 가리킨다.

3. "소리아 공작이라면 그렇게 하지 않았을 거예요." 프랑신 카뮈가 자기 남편에게 농담조로 이렇게 나무란 적이 있었는데 장 그르니에는 그 말이 재미있다고 생각했다. 이 말은 오노레 드 발자크의 소설 《두 신혼부부의 회고》에 등장하는 인물인 소리아 공작이며 마퀴메르 남작인 에나레즈를 암시하며 농담한 것이었다.

편지 124.

1. 우웨이(무위(無爲))를 적용하라. "원칙은 무위이나 모든 것은 무위에 의하여 이루어지는 것", 노자 《도덕경》 37장, R. P. 비제 번역의 《도교적 체계의 아버지들》에서. 편지 66의 주 6을 참조할 것.

편지 126.

1. 알베르 카뮈, 《계엄령》(갈리마르, 1948). 알베르 카뮈 전집 13 《정의의 사람들·계엄령》, 김화영 옮김(책세상, 2000).
2. 《정의의 사람들》을 말한다. 알베르 카뮈 전집 13 《정의의 사람들·계엄령》.
3. 1944년에 창간된 《레 카이에 드 라 타블 롱드》에 이어 1948년에 속간된 월간지 《라 타블 롱드》는 점령 기간에, 그리고 해방 후까지 프랑수아 모리악, 카뮈, 장 폴랑, 마르셀 에메, 마르셀 주앙도, 장 지오노, 앙드레 미슬레르, 앙리 드 몽테를랑, 자크 샤르돈처럼 서로 반대되는 진영의 필자들을 함께 소개했다.
4. 아서 케슬러와 알베르 카뮈, 《사형에 대한 성찰》, 장 블로크 미셸의 서문과 연구(칼만 레비, 1957)를 참조할 것.

편지 128.

1. 알제리 민중 청년 교육운동의 교육센터로 개조한 시디 마디니의 한 호텔.

2. 장 쇼스키(Jean Choski). 1901년 지롱드 지방의 갈롱에서 태어난 쇼스키는 철학교수 자격증을 획득하고 당시 알제의 남자 고등학교인 리세 고티에에서 교편을 잡고 있었다. 그는 오랑에서 교사 생활을 시작했고 카뮈의 부인인 프랑신 포르는 그의 제자 중 한 사람이었다.
3. 《여름》에 실린 산문 〈티파사에 돌아오다〉를 참조할 것.

편지 129.

1. 장 그르니에는 1948년 카이로에 있는 푸아드 1세 대학교 문과대학 교수로 임명되었다.
2. 1947년 갈리마르에서 출판된 루이 마르탱 쇼피에의 증언과 명상. 루이 마르탱 쇼피에는 1944년 5월에 게슈타포에 체포되어 리옹 근처의 포르 몽뤼크에 감금되어 있다가 다시 콩피에뉴 근처의 루아얄 리외 수용소로 옮겨졌고, 1944년 7월 15일 노이엔가메 수용소에 강제 수용되었지만 '베르겐 벨젠의 지옥'에서 살아남아 1945년 5월 27일 본국으로 송환되었다. 1980년에 사망했다.
3. 편지 126의 주 3을 참조할 것.
4. 편지 66의 주 4를 참조할 것.

편지 130.

1. 장 그르니에,《섬》그리고《지중해에서 얻은 영감》. 편지 26의 주 2를 참조할 것.
2. 실제로 카뮈가 남미 여행을 떠난 것은 1949년 6월부터 8월까지였다.
3. 루이 기유의 부인과 그녀의 딸 이본. 이본은 장 그르니에의 대녀이기도 하다.

편지 131.

1. 이 희곡은 나중에 《정의의 사람들》로 제목이 정해진다.
2. 터키 모자를 쓴 장 그르니에의 사진.

편지 132.

1. 이 집은 팔레름 영지의 일부로, 1948년과 1949년 사이에 카뮈 가족이 와서 머물렀고 또다른 기회에도 다시 찾아오곤 했다(편지 205의 주 2 참조). 카뮈가 자신의 어머니, 외삼촌 에티엔 생테스, 형 뤼시앙과 그의 가족들이 프랑스의 기후에 익숙해지도록 하려고 (별 효과가 없었지만) 알제에 살고 있는 가족들을 초청했던 곳이기도 하다.

편지 136.

1. 카이로에 있는 구역.
2. 《계엄령》. 개막 공연은 장 루이 바로의 연출로 마리니 극장에서 1948년 10월 27일에 있었다. 음악은 아르튀르 오네게르, 무대장치와 의상은 발튀스가 맡았다.

편지 137.

1. 《정의의 사람들》을 말한다.
2. 알베르 카뮈는 《콩바》에서, 1948년 12월 3일 살 프레옐에서, 1948년 12월 9일 벨로드롬에서 '세계 시민' 게리 데이비스를 지지했다.
3. 《엠페도클레스》는 알베르 베갱, 알베르 카뮈, 르네 샤르, 기도 메스터, 장 바뉴 등의 편집위원이 주축이 되어 발행한 문학월간지다. 창간호는 1949년 4월에 나왔고 1950년 6~7월(제11호)을 마지막으로 폐간되었다.

4. 1948년 11월 살 프레옐에서 민주혁명연합이 주최한 국제작가회의에서 알베르 카뮈가 한 연설 〈예술가는 자유의 증인이다〉. 이 원고는 《라 고슈》(1948년 12월 20일자), 《엠페도클레스》(1949년 4월)에 실렸다가 《시사평론, 1944~1948년 연대기》(갈리마르, 1950)에 다시 실렸다. 알베르 카뮈 전집 20 《시사평론》.

편지 138.

1. 브뤼크베르제 신부.
2. 장 바뉴, 《엠페도클레스》의 편집장.
3. 장 그르니에, 〈역사는 어떤 의미가 있는가?〉, 《엠페도클레스》(1949년 4월 1일자).

편지 142.

1. 자크 조자르(Jacques Jaujard), 당시 문예부장.
2. 그르니에의 작품 전체에 대해 포르티크 상이 수여되었다.
3. 장 그르니에와 주느비에브 고롱의 역서 《섹스투스 엠페리쿠스 선집》을 말한다. 서문은 장 그르니에가 썼고, 제1권이 1948년 오비에 출판사에서 출간되었다.
4. 쥘 루아(Jules Roy)는 포르티크 상 심사위원 중 한 사람이었다. 심사위원단에는 프랑시스 앙브리에르, 마르셀 아를랑, 제라르 바우에, 알리 칼레, 로제 카유아, 앙드레 모루아, 장 폴랑이 있었다. 쥘 루아는 1907년 알제에서 식민지 개척자의 아들로 태어나 파리에서 카뮈와 오랫동안 친분을 맺어왔다.

편지 143.

1. 장 그르니에, 《어휘집》(파르 뒤 사블, 카이로, 1949). 1955년 갈리마르에서 재출간('변신 총서' 제47권). 이어서 1959년 파타 모르가나 출판사에서 《신(新) 어휘집》이,

그리고 1973년에 갈라니 출판사에서 《제3어휘집》이 출간되었다(장 그르니에 사후에 출간).
2. 남미 여행을 말한다.
3. 《정의의 사람들》을 말한다.
4. 《반항하는 인간》(갈리마르, 1951)을 말한다. 알베르 카뮈 전집 15 《반항하는 인간》.
5. R. D. R.(민주혁명연합). 사르트르가 다비드 루세와 제라르 로장탈과 함께 창당했다.

편지 144.

1. 장 그르니에의 포르티크 상 수상에 부쳐 알베르 카뮈가 방송에서 그르니에에 대하여 행한 연설문. 부록 II를 참조할 것.

편지 145.

1. 《정의의 사람들》을 말한다.

편지 146.

1. 《정의의 사람들》을 말한다.

편지 147.

1. 제네바에서 개최되는 국제 작가 및 예술가회의를 말한다. 개회식과 함께 소위원회별로 토의가 있다.
2. 도라.

3. 장 그르니에, 〈악과 그 필요성〉, 《엠페도클레스》(1940년 6~7월).
4. 《여름》(갈리마르, 1954)에 수록된 〈미노타우로스 또는 오랑에서 잠시〉(편지 45의 주 1)와 〈과거가 없는 도시들을 위한 간단한 안내〉를 참조할 것. 알베르 카뮈 전집 1 《결혼·여름》.

편지 **148**.

1. 알베르 카뮈, 《여행일기》와 편지 108의 주 1을 참조할 것. 알베르 카뮈 전집 17 《여행일기》.

편지 **150**.

1. 장 그르니에, 〈악과 자유〉, 《레 카이에 드 라 쁠레이아드》(갈리마르, 1949), 〈고통과 그 소멸〉, 《엠페도클레스》(1949년 12월).

편지 **151**.

1. 〈정의의 사람들〉의 개막 공연은 폴 외틀리의 연출로 1949년 12월 15일 에베르토 극장에서 막을 올렸다.
2. 편지 123의 주 3을 참조할 것.

편지 **152**.

1. 알베르 카뮈, 《정의의 사람들》, 5막 극(갈리마르, 1950).
2. 알베르 카뮈, 《시사평론, 1944~1948년 연대기》(갈리마르, 1950), 이어서 《시사

평론 II, 1948~1953년 연대기》(갈리마르, 1953),《시시평론 III, 알제리 연대기, 1939~1958년》(갈리마르, 1958)이 계속 출간된다. 당시 초미의 관심사를 다루고 있는 이 책에 대해서 언론과 독자들이 큰 관심을 보이지 않자 카뮈는 책의 표지를 바꾸어 눈에 잘 띄는 붉은색 글자로 '알제리 연대기'라는 제목을 강조하도록 하고 그 뒤에 '시사평론'이라는 제목을 작은 활자로 붙였다. 알베르 카뮈 전집 20《시사평론》.
3. 장 그르니에는 1952년《쥘 르키에 작품 전집》을 뇌샤텔에 있는 라 바코니에르 출판사에서 출간했다.
4. 루이 기유,《인내의 연기(演技)》(갈리마르, 1949).
5. 알베르 카뮈, 〈편도나무〉,《여름》(편지 147의 주 4)과《작가수첩, 1935~1942》(편지 15의 주 2)를 참조할 것.

편지 153.

1.《시사평론》. 편지 152의 주 2를 참조할 것.

편지 154.

1. 장 그르니에, 〈양립할 수 없는 것 혹은 최선은 선(善)의 적이다〉,《엠페도클래스》제 11호(1950년 7~8월).

편지 155.

1. 1951년 1월 1일이어야 옳다. 파리의 마담 가에 있는 아파트로 이사한 것이 1950년 말에서 1951년 초의 일이므로 1950년이라는 표기는 착오다.

편지 **156**.

1. 알베르 카뮈, 〈미노타우로스 또는 오랑에서 잠시〉(편지 20의 주 2와 편지 45의 주 1 참조). 장 그르니에,《산타크루즈와 기타 아프리카 풍경들》(편지 20의 주 2)을 참조할 것.

편지 **157**.

1. 1951년 2월 19일. 알베르 카뮈, 〈앙드레 지드와의 만남〉(편지 1의 주 4)을 참조할 것.

편지 **158**.

1. 당시《르 피가로》문학 면의 편집장이었던 모리스 노엘.
2. 알베르 카뮈, 〈앙드레 지드의 죽음에 부치는 글〉,《르 피가로》지 문학면(1951년 2월 24일자).
3. 로제 카유아,《마르크스주의 서설》(갈리마르, 1950).
4. 《정통성 정신에 관한 논고》(편지 18의 주 5)를 참조할 것.
5. 1951년 알제에서 간행된 잡지《솔레유 *Soleil*》제6호에 실린 장 그르니에의 〈사라져 버린 날들〉. 이 글은 1959년《섬》의 개정판 때 함께 실렸다.
6. 〈장 그르니에, 진실한 인간〉에서 에티앙블은 그르니에가 "그가 그렇게도 꺾고 싶어 했던 들꽃 데이지 혹은 개양귀비"에 관하여 〈공개 강의〉에서 명상했던 것을 다음과 같이 상기하고 있다(편지 105의 주 6 참조). "조금 뒤에 마리우 호숫가에서 어린아이처럼 환하게 웃으면서 한아름 꽃을 꺾고 있는 그를 보았다. 그 꽃들은 그의 감탄의 대상으로 본질과 실존이 일치하는 모습이었다."

편지 160.

1. 프랑신 카뮈의 어머니.
2. 장 그르니에 부인의 서명.

편지 161.

1. 1951년 8월 4일 샹봉 쉬르 리뇽에서 알베르 카뮈는 장 그르니에에게 이 공책을 주었다. 종이의 광택이 마음에 든다고 하며 공책을 받은 장 그르니에는 "당신에 관한 글을 써서 이 아름다운 공책을 가득 채우지요" 하고 말했다. 그러자 카뮈는 말도 안 된다는 듯 "그럼 그 공책은 백지로 남겠네요" 하고 대답했다.

편지 162.

1. 편지 147의 주 1을 참조할 것.

편지 163.

1. 이 옛일들의 추억은 장 그르니에의 저서 《카뮈를 추억하며》와 편지 1의 주 1을 참조할 것.
2. 메살리 하지(Mesali Hadj)가 창당한 알제리 인민당.
3. 알베르 카뮈, 개정판 《안과 겉》(갈리마르, 1958) 서문을 참고할 것. "우선, 가난이 나에게 불행이었던 적은 한 번도 없었다." 알베르 카뮈 전집 6 《안과 겉》 17쪽.

편지 164.

1. 주간지 《누벨 옵세르바퇴르》를 창간하여 주간을 지낸 장 다니엘(Jean Daniel). 그는 그들의 공통된 친구인 앙리 프티를 통해서 장 그르니에와 알게 되었다.

편지 168.

1. S. E. C.(Soiciété Européenne de Culture), 유럽문화협회.
2. 유럽문화협회가 발간하는 잡지. 1951년 5월 장 그르니에는 〈문화를 통한 어떤 상호 이해에 대한 전망〉이라는 글을 이 잡지에 발표했다.
3. 장 그르니에, 〈어떤 선언에 대한 응답〉, 《엠페도클레스》(1949년 4월)를 참조할 것.
4. 《검은 태양/포지시옹 Soleil Noir/Position》, 프랑수아 디 디오와 샤를 오트랑이 발행하는 계간지.
'문제의 반항 La Révolte en question'이라는 제목의 잡지 제1호(1952년 2월)는 전체가 반항과 《반항하는 인간》에 관한 앙케트에 할애되었다. 카뮈는 그가 《아르 Arts》지 제328호에서 제336호까지 《반항하는 인간》에 관하여 앙드레 브르통과 벌였던 논쟁을 결론의 형태로 이 잡지에 게재하는 것을 거부했고, 또다른 한편으로는 그 앙케트에 개인적으로 응답하는 것도 거부했다. 이에 샤를 오트랑은 카뮈의 이러한 태도에는 '경멸'과 '불손' 이외에 달리 그 어떤 합당한 이유도 있을 수 없다고 보았다. 장 그르니에는 장 다니엘이나 그 밖의 다른 사람들과 마찬가지로 간결하게 앙케트에 응답했지만, 이러한 비난에 대해서는 항의의 뜻을 표하고 싶었던 것 같다.

편지 169.

1. 캉파뇰로는 유럽문화협회 회장이었다. 여기서 말하는 편지는 1952년 3월 25일자이다.

편지 **171**.

1. 여기서 말하는 〈추신〉은 로제 키요가 편집한 플레이아드판 알베르 카뮈 전집《에세이》편 1702쪽에 《《반항하는 인간》의 옹호〉라는 제목으로 수록되었다.
2. 《반항하는 인간 *Homme Révolté*》(갈리마르, 1965)의 약자.

편지 **172**.

1. 카뮈가 1953년 12월 중순 알제리 남부에 있는 라구아트와 가르다이아를 여행한 것을 말한다.
2. 장 그르니에, 〈무녀들의 시대 *Epoque des Sibylles*〉, 《N.N.R.F.》(1953년 2월). 갈리마르 출판사가 발행하던 월간지《N.R.F.》는 2차 세계대전으로 파리가 독일에 점령된 1940년 6월부터 드리외 라 로셸 등 독일에 부역하는 세력에 의하여 《N.N.R.F.》로 제호가 바뀌었다가 전쟁 후 본래의 이름을 되찾았다.

편지 **175**.

1. 앙제 연극제는 1952년 마르셀 에랑이 처음 기획한 것이다. 1953년에 이미 병세가 심각했던 마르셀 에랑은 알베르 카뮈에게 앙제에서 자신의 연출 스타일을 존중해주면서 〈십자가에 바치는 경배〉와 〈유령들〉의 연습을 지도해달라고 요청했다. 이 희곡 작품들의 첫 공연은 1953년 6월 14일과 16일에 각각 막을 올렸다. 칼데론 데 라 바르카,《십자가에 바치는 경배》, 알베르 카뮈 옮김(갈리마르, 1953) 및 피에르 드 라리베,《유령들》, 알베르 카뮈 각색(갈리마르, 1953)을 참조할 것.

편지 176.

1. 《여름》에 실린 에세이 중 하나. 편지 128의 주 3과 편지 147의 주 4를 참조할 것.

편지 179.

1. 프랑신의 첫째 언니 크리스티안. 당시 또다른 자매인 쉬잔은 파리에 살고 있었다.

편지 181.

1. 당시 외무부의 해외문화교류와 프랑스문학 작품 담당관이었던 자크 드 부르봉 뷔세를 말한다.

편지 182.

1. 장 그르니에는 알베르 카뮈를 위해서 했던 것처럼 프랑신 카뮈에게도 추억이 될 공책을 만들어주겠다고 약속했었다. 편지 161의 주 1을 참조할 것.

편지 185.

1. 편지 144와 부록 II를 참조할 것.

편지 **187**.

1. 소렐 무셸(외르 에 루아르 주 소재)에 있는 미셸 갈리마르의 시골집.

편지 **189**.

1. 알베르 카뮈는 1954년 11월 이탈리아 문화협회 초청으로 이탈리아를 방문했다. 11월 24일 그는 토리노에서 강연을 했고, 이어서 제노바와 로마에서 각각 강연을 했다. 카뮈는 12월 14일 나폴리를 방문했다.
2. 1962년 소르본 대학교가 장 그르니에를 교수로 임명한 것을 두고 하는 말. 장 그르니에는 외젠 수리오(Eugène Souriau)의 후임으로 소르본 대학교의 미학 담당 교수로 임명되었다.
3. 이 '회고록'은 후에《모래톱 Les Grèves》이라는 제목으로 출간되었다.
4. 이 주소는 편지지를 4분의 1로 접어 그 한 면에 펜으로 적은 것으로, 이 편지와 똑같은 봉투에서 발견되었다.
5. 니콜라 키아로몬테(Nicola Chiaromonte, 1901~1972), 에세이스트이자 저널리스트. 당시 그의 친구인 이냐치오 실로네가 펴내는《템포 프레젠테》지(프랑스에서 발간된《프뢰브》지의 이탈리아판)의 편집장이었다. 그의 작품은 이탈리아와 미국에서 출간되었지만 프랑스에서는 번역되지 않았다.
반파쇼주의자로 프랑스에 정치적 망명을 한 키아로몬테는 친구 앙드레 말로와 함께 스페인 내전에 참가했다. 그는 비시 정권의 위협을 받자 위조 신분증을 이용해 알제리로 건너갔고, 그 과정에서 알베르 카뮈와 프랑신 카뮈를 알게 되었다. 카뮈 부부는 그를 오랑에서 만났으며 키아로몬테가 모로코로 갈 수 있도록 도와주었다. 마침내 그는 미국으로 건너가 두 번째 부인이 될 미리암을 만났다. 이때부터 이 두 지중해 출신 문인 사이에는 유사한 취미와 정치적 견해를 바탕으로 맺어진 우정이 영원히 변하지 않고 계속된다. 또한 두 사람 가족들 간에도 이와 같은 관계가 지속되었다.

편지 190.

1. 편지 143의 주 1을 참조할 것.
2. 훗날 《모래톱》으로 출간되어 나올 원고. 장 그르니에는 이 작품을 주로 아침에 쓰곤 했다.

편지 192.

1. 알베르 카뮈, 《간부》(앙피르, 알제, 1954). 피에르 외젠 클레랭 삽화. 나중에 《적지와 왕국》(갈리마르, 1957)에 수록된 첫 번째 단편. 알베르 카뮈 전집 8 《적지와 왕국》, 김화영 옮김(책세상, 1998).

편지 193.

1. 첫 번째 그리스 여행은 1955년 4월 16일부터 5월 16일까지였다.

편지 194.

1. 장 그르니에가 그리모(바르 주 소재)에서 매입한 오데트 주아이외의 집을 말한다.

편지 195.

1. 이 헌정본은 발견되지 않았다.
2. 《모래톱》을 말한다.
3. 1955년 7월 말과 8월.

4. 《전락》과 《적지와 왕국》은 본래 한 권의 단편집으로 출간될 예정이었다. 알베르 카뮈 전집 3 《전락》, 김화영 옮김(책세상, 1989), 알베르 카뮈 전집 8 《적지와 왕국》.
5. 1936년에 카뮈는 중부유럽을 여행한 후 비첸차와 제노바를 방문했다. 그리고 그다음 해에는 마르그리트 도브렌과 장 폴 시카르와 함께 피사와 피렌체를 여행했다.
6. 카뮈는 1956년 알제에서 알제리 내전 휴전을 위한 〈호소문〉을 발표했다. 《시사평론 III, 알제리 연대기, 1939~1958년》(편지 152의 주 2)을 참조할 것. 알베르 카뮈 전집 20 《시사평론》.

편지 198.

1. 장 그르니에, 《어느 개의 죽음-La Mosrt d'un chien》(갈리마르, 1957)을 참고할 것. 《어느 개의 죽음》, 지현 옮김(민음사, 1997).
2. 루이 기유, 《검은 피》(편지 88의 주 1 참조).

편지 199.

1. 자크 르마르샹(Jacques Lemarchand, 1908~1974), 소설가이자 《콩바》와 《르 피가로》 지의 드라마 비평가. 알베르 카뮈의 친구로 카뮈와 마찬가지로 갈리마르 출판사의 편집위원이었다. 이들의 사무실이 같은 층에 가까이 있어 둘 사이의 의견 교환이 용이했다.
2. 조르주 비탈리(Georges Vitaliy, 1917~2007), 배우, 연출가, 파리의 극단 라 브뤼예르의 극단장. 알베르 카뮈의 작품을 공연했다. 1945~1946년에는 《칼리굴라》의 등장인물 헬리콘 역을 소화하기도 했다. 카뮈가 디노 부자티의 희곡 〈흥미로운 경우〉를 프랑스어로 각색하여 파리 시민들에게 소개한 것은 그의 요청으로 이루어진 것이다. 〈흥미로운 경우〉는 1955년 조르주 비탈리의 연출로 라 브뤼예르 극단에 의하여 초연되었다. 1964년에는 〈칼리굴라〉로 미국 순회공연을 가진 바 있다.

편지 200.

1. 정신적 아버지를 찾는 젊은 작가.
2. 알베르 카뮈, 〈양심 Bonne conscience〉, 《엑스프레스》(1955년 10월 21일자) 및 《시사평론 III, 알제리 연대기, 1939~1958년》(편지 152의 주 2 참조)을 말한다.

편지 202.

1. 이 두 작품은 〈간부〉와 〈손님〉, 〈배교자〉 그리고 〈요나 혹은 작업 중의 예술가〉와 함께 장차 단편집 《적지와 왕국》에 수록된다. 편지 192의 주 1을 참조할 것. 알베르 카뮈 전집 8《적지와 왕국》.
2. 편지 200의 주 1을 참조할 것.

편지 204.

1. 보클뤼즈 지방의 몽브룅과 생 토방 쉬르 루베즈 사이에 위치한 성. 방투 산의 마지막 지맥들 뒤에 숨어 있다.
2. 방투 산 맞은편의 툴루랑크 계곡의 매우 가파른 북사면에 위치한 마을로, 경치가 장관이다.
3. 알베르 카뮈가 각색한 윌리엄 포크너의 2막 7장 희곡 〈어느 수녀를 위한 진혼곡〉의 공연을 말한다. 각색본은 1956년 갈리마르에서 출간되었다. 이 극의 첫 공연은 알베르 카뮈의 연출로 마튀랭 마르셀 에랑 극장에서 1956년 9월 20일에 막을 올렸다.
4. 《모래톱》을 말한다.

편지 205.

1. 《모래톱》을 말한다.
2. 프로방스의 릴 쉬르 라 소르그에 있는 팔레름. 편지 132의 주 1을 참조할 것.

편지 206.

1. 카트린 셸레르스(Catherine Sellers)를 말한다.
2. 편지 204의 주 3을 참조할 것.

편지 207.

1. 아넬리(Agnély) 부인은 1947년에서 1960년까지 갈리마르 출판사에서 알베르 카뮈의 비서로 일했다.
2. 알베르 카뮈가 번역, 연출한 희곡으로, 1957년 6월 21일 앙제 연극제에서 초연되었다. 로페 데 베가,《올메도의 기사》, 알베르 카뮈 옮김(갈리마르, 1957)을 참조할 것.
3. 편지 142의 주 3을 참조할 것.
4. 장 그르니에, 〈서문〉, 장 자크 루소의 《고독한 산책자의 몽상》(메이외르 리브르 클럽, 1958).《몇몇 작가들에 대한 성찰 Réflexions sur quelques écrivains》(갈리마르, 1973)에 재수록.
5. 장 그르니에,《존재의 불행 L'Existence malheureuse》(갈리마르, 1957).《존재의 불행》, 권은미 옮김(문예출판사, 2002).

편지 208.

1. 클로드 갈리마르를 말한다.

2. 1950년에서 1957년까지 갈리마르 출판사에서 알베르 카뮈가 기획한 '희망 총서'에 포함된 《뿌리내리기》, 《초자연적 인식》, 《어느 종교인에게 보내는 편지》, 《노동의 조건》, 《억압과 자유》, 《런던에서 쓴 글들과 마지막 편지》 등의 작품들을 말한다. 그 외의 시몬 베유의 저서들 또한 1957년 이후 '희망 총서'로 출판되었다.
3. 알베르 카뮈가 장 그르니에의 책상에 감탄하는 것을 보고 그르니에는 같은 모양으로 책상을 제작하게 하여 카뮈에게 선물한 바 있다.

편지 210.

1. 《정통성 정신에 관한 논고》는 이후 갈리마르에서 1967년에 '사상 총서'로 재출간되었다. 편지 18의 주 5를 참조할 것.

편지 211.

1. 장 그르니에, 《모래톱》(갈리마르, 1957). 이 책은 알베르 카뮈에게 헌정되었다. "《모래톱》, 언제나 다시 읽고 싶고 늘 곁에 두고 보는 책……" 《N.R.F.》 장 그르니에 특집호(1971년 5월)에서 가에탕 피콩이 한 말.

편지 212.

1. 장 그르니에, 〈병의 원인과 그 치료법 Les causes des maladies et leurs remèdes〉, 《N.N.R.F.》(1957년 3월).

편지 213.

1. 1957년 10월 16일, 알베르 카뮈는 자신이 노벨 문학상을 수상하게 되었다는 소식을 들었다.

편지 214.

1. 노벨상 수상에 따르는 각종 의무적인 행사들을 빗대어 하는 말.

편지 215.

1. 장 그르니에, 《모래톱》, 《존재의 불행》, 《어느 개의 죽음》.

편지 217.

1. 마네스 스페르베(Manès Sperber, 1905~1984), 심리학자, 에세이스트, 소설가. 1905년 자블로토바(당시 오스트리아 령이었던 갈리시아 동부)에서 출생했다. 알프레드 아들러의 조교로 빈과 베를린에서 개인심리와 사회심리를 가르쳤다. 1934년 파리로 망명하여 반나치 투쟁에 적극 가담했다. 그는 아서 케슬러, 앙드레 말로, 장 블로크 미셸의 친구로 사르트르, 카뮈와도 관계를 맺고 있었다.
스페르베의 소설 삼부작 《그리고 덤불은 재가 되다》, 《심연보다 더 깊은》, 《잃어버린 만(灣)》(1948년부터 출간)과 그의 삼부작 자서전인 《물지게꾼들》, 《미완의 다리》, 《망각의 저편》(마지막 작품이 1979년에 출판되었다)은 서로 조응하며 쌍을 이룬다. 이 작품들은 공산당과의 절연이라는 길고도 느린 고통을 기술하고 있다. 따라서 이 자서전은 개인적 측면에서뿐 아니라 역사적 측면에서도 매우 풍부한 자료를 담고 있는 자서전이다.

마네스 스페르베는 또한 《바다에 뿌린 눈물이》(앙드레 말로 서문)와 에세이 모음집인 《아킬레스건》의 저자이기도 하다. 《알프레드 아들러와 개인심리학》(갈리마르, 1972)을 제외한 그의 모든 작품은 모두 칼만 레비 출판사에서 출간되었고, 독일어로 쓴 것을 프랑스어로 번역한 것이다.

편지 218.

1. 〈행운의 섬들〉은 장 그르니에의 《섬》에 실린 글의 제목들 중 하나다.
   두 번째 그리스 여행은 1958년 6월 초에서 7월 초까지였다.

편지 220.

1. 장 그르니에, 《나폴리를 보다 *Voir Naples*》(갈리마르, 1973). 부분적으로 자전적인 성격을 가진 이 소설은 장 그르니에 사후에 출간되었다.

편지 221.

1. 알베르 카뮈, 《시사평론 III, 알제리 연대기, 1939~1958년》(편지 152의 주 2 참조).

편지 222.

1. 〈레바논에서의 여름 한 철〉이 함께 수록된 《1950년 이집트에서 보낸 편지》(주 112의 주 3 참조)를 말한다.
2. 《나폴리를 보다》(편지 220의 주 1 참조).

편지 223.

1. 원문 : lo peor no es siempre seguro.
2. 릴 쉬르 라 소르그 근처의 라뉴에 있는 캉푸 경작지에서 농사를 짓고 있는 마티외 일가를 말함. 마티외 부부와 오래전부터 잘 아는 사이인 르네 샤르가 그들을 카뮈에게 소개했다. 그들 부부, 그리고 그들의 아들 앙리, 딸 잔과 그녀의 남편인 위르뱅 폴주, 폴주 부부 사이에서 난 아이들은 카뮈 부부 및 두 아이들과 급속도로 가까워졌고 그 친밀한 우정은 오래 지속되었다.
마르틴 하이데거가 '토르의 세미나'라는 제목의 대담(《질문 IV》(갈리마르, 1976))을 한 장소가 바로 퐁텐 드 보클뤼즈를 굽어보는 마티외의 저택 '르방케'였다.

편지 225.

1. 장 그르니에는 카르팡트라 지방에서는 잘 알려진 보클뤼즈의 민중 성인을 다룬 〈성(聖) 장스의 삶 La vie de Saint Gens〉을 썼지만 출판되지는 않았다.
2. 《인간적인 것에 관하여 A propos de l'humain》(갈리마르, 1955).

편지 226.

1. 장 그르니에는 앙리 보스코의 소개로 루르마랭 마을을 알게 되었다. 그르니에는 1928년 그 마을에서 결혼식을 올렸다. 그는 1930년과 1931년 여름에는 로랑 비베르 재단의 기숙생 자격으로 루르마랭 성에서 유숙한 적도 있다.

편지 227.

1. 《르 몽드》지의 편집국장에게 보낸 편지에서 장 발은 새로운 헌법에 대한 찬반을 묻

는 1958년 9월 28일의 국민투표에서 자신이 왜 찬성표를 던질 것인지 그 이유를 설명한다.

편지 228.

1. 갈리마르에서 출판된 장 그르니에의 《섬》의 개정판에 부친 알베르 카뮈의 서문 (1959년 11월 16일 인쇄).

편지 229.

1. 아르망스, 《니체의 신성, 유럽교의 발단》(시에클, 파리, 1925).
2. 장 그르니에, 〈니체 입문〉, 《차라투스트라는 이렇게 말했다》(메이외르 리브르 클럽, 1958), 《몇몇 작가들에 대한 성찰》(편지 207의 주 4 참조).

편지 230.

1. 《1950년 이집트에서 보낸 편지》의 자필 원고(편지 112의 주 3 참조).

편지 231.

1. 편지에서 '악령'이라는 제목 앞에 붙인 "당신"이라는 말은 알베르 카뮈가 이 소설을 각색했음을 암시한다. 카뮈는 《악령》의 텍스트 및 도스토옙스키가 소설 《악령》을 집필하는 동안 기록했던 《수첩》의 텍스트를 저본으로 삼아 보리스 드 슐뢰저가 '악마들Les Démons'이라는 제목을 붙여 번역한 갈리마르의 플레이아드판 텍스트를 사용했다.

이 각색본은 카뮈 연출로 1959년 1월 30일 앙투안 극장에서 초연되었다.
2. 장 클로드 브리스빌, 《카뮈》(갈리마르, 1959).
3. 미술 비평 분야의 경력을 말한다. 장 그르니에가 처음으로 쓴 미술 관련 글은 〈현대 회화에 대한 두 권의 책〉으로, 1944년 9월 27일자 《콩바》에 발표되었다.
4. 마스콜로와 슈스테르가 1958년 5월 13일 '쿠데타'와 그 결과에 반대하며 창간한 정치 분야의 정기간행물로, 그 첫 호가 1958년 7월 14일에 나왔다. 이 정간물은 1959년 4월 10일에 실시한 앙케트를 통해서 "사상은 권력에 대한 이의 제기로서 존립한다"는 사실을 강조했다.

편지 232.

1. 〈레바논에서의 여름 한 철〉이 함께 수록된 《1950년 이집트에서 보낸 편지》를 말한다. 편지 112의 주 3을 참조할 것.

편지 234.

1. 루르마랭. 알베르 카뮈는 1959년에 세 번 그곳에 체류했다.
2. 잡지 《프뢰브》는 1957년부터 1963년까지 현대회화 작가들에 대한 장 그르니에의 미술 시평을 정기적으로 실었다.
3. 당시 문화부 장관이었던 앙드레 말로는 알베르 카뮈에게 실험극단의 감독 자리를 제안했고, 동시에 그 목적을 위하여 그의 내각의 일원인 조르주 엘고지로 하여금 1천2백만 프랑(구화폐)의 기금을 확보하도록 했다.

편지 235.

1. 편지 207의 주 5를 참조할 것.

2. 장 그르니에, 《현대회화에 관한 시론》(갈리마르, 1959).
3. 알베르 카뮈의 서문이 붙은 장 그르니에의 《섬》(갈리마르, 1959). 루르마랭으로 보낸 이 책은 알베르 카뮈가 사망한 뒤에 배달되었다. 이 책에는 다음과 같은 말이 쓰여 있다. "이제 이 책은 내 것이라기보다는 당신의 것이라고 해야겠어요. 건강하시오. 1960년 1월 1일, 장 그르니에."

부록 I

알베르 카뮈가 장 그르니에에게 보내는
편지의 단편斷片

'혹평'을 하고 싶었는데 그만 원고에서 균형 있는 배분이 제대로 되지 못했습니다(그저 빨리 해야 한다고 여긴 것이 화근이었지요). 그 결과 그에게만 약간 유리하게 된 것 같습니다. 작자가 보낸 어리둥절한 내용의 편지를 받고야 그걸 깨달았습니다.

아마도 이번 주 안으로 카프카에 대한 제 논문을 보내드릴 것 같습니다. 그와 동시에 그 논문이 지금 제가 규칙적으로 쓰고 있는 '부조리에 관한 에세이'에서 어떤 자리를 차지하는지 말씀드리겠습니다. 제 작업에 도움이 될 수 있도록 선생님께서 솔직하게 말씀해주실 것을 단단히 기대하고 있습니다.

제가 연극을 다시 시작했다고 말씀드렸던가요? 우리는 아일랜드 극작가 신지Synge의 〈서양세계의 어릿광대〉를 공연하고 있습니다. 내년에는 셰익스피어의 작품을 공연하고 싶습니다. 지금 플레이아드 판으로 나온 그의 전집을 읽고 있는데 정말이지 감탄하지 않을 수 없습니다. 주브의 《로미오와 줄리엣》, 그리고 레리스의 《리어왕》을 읽어보셨습니까? 그 위대함은 실로 헤아릴 길이 없습니다.

지금 이곳의 날씨는 최악입니다. 비가 오는 알제가 얼마나 음산한지 선생님은 잘 알고 계시지요. 사라질 줄 모르는 습기에 지칠 대로 지친 저는 지금 작년 여름 피렌체에서 보냈던 일주일을 슬픈 마음으로 생각합니다. 그곳에서 저는 행복해진다는 것이 얼마나 간단한 것인가를 깨달았지요.

카프카에 대한 원고를 받으시면 편지 주시기 바랍니다. 제 에세이를 헌정할 수 있도록 허락해주셔서 감사합니다.

언제나 변함없는.

A. 카뮈

시작부분이 없어진 이 편지는 1939년 부활절에 쓴 것으로 추정된다. 에키프 극단의 〈서양세계의 어릿광대〉는 카뮈의 연출로 1939년 부활절 바캉스가 끝나갈 무렵 알제에서 공연되었다.

카뮈는 실제로 1937년 9월에 피렌체 지방에 체류한 바 있다.

편지 21에는 이미 두 편의 에세이, 즉 부조리에 관한 글(《시지프 신화》)과 《결혼》의 마지막에 실린 글로 알베르 카뮈가 장 그르니에에게 헌정한, 피렌체에 관한 글(〈사막〉)이 언급되어 있다.

부록 II

장 그르니에

장 그르니에와 같은 작가를 이야기하는 데 삼 분이라는 시간은 너무나 부족합니다. 그렇지만 삼 분이라는 시간은 어쩌면 장 그르니에가 우리 문학의 자랑으로 삼을 수 있는 서너 명의 작가 가운데 한 사람이라는, 이미 몇몇은 알고 있고 많은 이들은 이제 곧 알게 될 사실을 말하기에 충분할 것입니다. 오늘 떠들썩하게 울려퍼지는 명성들은 언젠가 메아리도 없이 사라질 것입니다. 그러나 제가, 시간이 흐르면서 그의 작품은 끊임없이 발전하여 최고의 작품들 대열 속에 그 진정한 자리를 차지할 것이라고 말한다고 해도, 그것이 그르니에에 대한 개인적인 감정으로 인하여 제 눈이 어두워진 탓이라고는 생각하지 않습니다. 감사와 애정의 감정 때문에 잠깐 동안의 판단이 기울 수는 있습니다. 그러나 제가 선생님의 작품을 읽으면서 그 속에서 성찰하고 감탄할 이유들을 끊임없이 발견하게 된 지는 벌써 십오 년(십오 년이면 단어들이 갖는 무게를 저울질할 줄 알게 되지요)이 넘습니다. 그르니에가 쓴 첫 번째 대작인《섬》이 저와 같은 수많은 젊은이들에게 얼마나 비밀스러우면서도 결정적인 영향을 끼쳤는지를 사람들은 충분히 알지 못합니다. 그런 영향은 오랫동안 알려지지 않은 채 파묻혀 있던 작품들을 끝내 유명하게 만들고 맙니다.《지상의 양식》이 큰 명성을 얻는 데는 삼십 년이 걸렸습니다. 그런데《섬》이 나온 지는 이제 겨우 십 년 남짓합니다. 장차 사람들은 이 조그만 책의 군더더기 없는 광휘가 어떻게 좀더 일찍 인정받고 애호받지 못했던 것일까 하고 놀랄 것입니다. 그렇지만 그 책은 독자들의 정신과 마음속에서 보다 지속적인 공인을 받아온 것이 사실입니다. 그리고《섬》은 제가 말씀드리는 몇몇 작품들에 비하여 보다 큰 수월성을 지니고 있기 때문에, 이 책의 미래는 탄탄한 것입니다. 즉 성년이 되어《섬》을 다시 읽고서 여전히 존재의 흔들림을 느끼며 어떤 소명감을 의식하거나 그 소명의 요청 속에서 자신의 존재감을 확인할 수도 있다는 말입니다.

사람들은 섬세하다고 평하지만 저에게는 강한 분(그분은 힘으로 억누르는 법이 없는 사람 특유의 힘을 가지고 있지요)이라고 여겨지는 이 작가는, 어떤 고독에 대해서 말해야 할 경우 그 고독을 무대에 올려놓고 눈앞에 보여주는 것을 꺼립니다. 그분은 큰 인기를 끌 수 있는 연극이나 소설이 아니라 사람을 설득하는 장르인 에세이를 택했습니다. 그분은 꼭 폭력이나 외설을 동원해야 효과적이라고 생각하지 않았습니다. 그러나 그분은 우리가 읽을 수 있는 가장 순수하고 가장 수가 많고 가장 진심 어린 언어들 중의 하나인, 고독이라는 바로 그 언어를 말했습니다. 그처럼 아름다운 언어를 찾기 위해서는 샤토브리앙과 바레스까지 거슬러올라가야 합니다. 단어를 함부로 사용하는 사람들의 시대에 그것은 존중받아야 마땅한 하나의 독창성입니다.

그분에게는 인간의 고독과 절대에 대한 갈망 외의 다른 주제는 없습니다. 겉으로 보기에 그분은 단지 현재의 상황과 무관한 어떤 긴 성찰을 발전시켜온 것이 고작인 것 같습니다. 그러나 그 주제가 다른 모든 문제들을 포괄하고 있다는 것을 생각해야 합니다. 왜냐하면 우리의 작가들 중 어느 누구도 선택, 참여, 행동, 악, 정치적 정통성 같은 우리 관심의 핵심이 되고 있는 문제들에 그토록 일찍부터, 그토록 성공적으로 접근했던 분은 없으니 말입니다. 그러나 그분은 이러한 문제를 영원한 정신의 차원에서 접근함으로써 저 눈앞의 멋들어진 새것들도 이미 어떤 과거를 가지고 있다는 것을 증명하였습니다. 그러나 그분은 무지와 고통의 몫을 인정할 줄 알았기에, 다른 많은 사람들처럼 결코 이런 새것들에 대한 어떤 규칙을 세우지는 않았습니다. 그분의 작품 속으로는 어떤 힘겨운 진동이 관통하면서 깊숙이 감추어진 알 수 없는 고통을 상상하게 만듭니다. 이 간접적인 속내 이야기의 감동은 바로 거기서 오는 것입니다. 그 작품은 논리적인 추론의 힘에 열정 어린 울림을 보탭니다. 이리하여 어느 것 하나 딱 잘라 단언하지는 않으면서도 우리에게 확신을 심어주는 작품, 진리를 그저 가볍게 건드리고 지나감으로써 우리의 마음을 뒤흔들어놓을 수 있는 이 예외적인 작품을 우리는 찬미하는 동시에 사랑하게 되는 것입니다.

그렇습니다. 우리에게는 저마다 경솔하게, 혹은 지적인 결벽 때문에 성급하게 부인했던 스승들이 있습니다. 그러나 저의 경우, 예외적으로 눈이 밝으신 심사위원들께서 이제 막 수상자로 정한 이 작가를 단 한 번도 스승이 아니라고 부인해본 적이 없습니다. 저는 그 스승에게 거의 모든 은혜를 입었으며 지금도 거의 모든 것을 배워야 하는 입장입니다. 그러므로 우리 몇 사람이 마음속에 품어온 뜨거운 찬양의 마음을 생전 처음 공개적으로 표명하는 저의 심정을 부디 헤아려주셨으면 합니다. 언젠가 우리의 이런 마음이 모든 사람의 동의로 이어질 것임을 굳게 믿습니다.

알베르 카뮈

참고 : 이 축사는 장 그르니에가 포르티크 상을 받은 후 카뮈가 라디오 방송에 출연하여 읽은 글이다.

해설

알베르 카뮈와 장 그르니에
공감과 차이 사이로 난 우정의 길

파트릭 코르노

"그분과의 만남은 훗날 하나의 커다란 행복으로 기억될 것이다. 그분의 뒤를 따랐더라면 결과가 좋지 않겠지만 결코 그분을 버리지 않는 것은 좋은 일일 것이다."[1]

알베르 카뮈,《작가수첩 II》(1949)

"장 그르니에가 없었더라면 알베르 카뮈도 없었을 것이다."[2] 1954년 쥘 루아가 한 이 말은 물론 곧이곧대로 믿을 것은 못 된다. 그 말을 자신의 《수첩》에 옮겨적으면서, 그건 "카뮈를 꼼짝 못 하게 해볼 생각으로"

---

1 알베르 카뮈, 알베르 카뮈 전집 14《작가수첩 II》(책세상, 2002) 341쪽.
2 장 그르니에,《수첩 1944~1971》, 클레르 폴랑 편집과 주석(세게르스, 1991), 154쪽.

내뱉은 한낱 농담일 뿐이라고 그르니에는 덧붙인다. 그렇긴 하지만 완전히 틀린 말이라고는 할 수 없다. 카뮈 자신은 그르니에에게 입은 은혜를 공공연하게 인정하기를 주저하지 않았다. 1932년부터 카뮈가 사망할 때까지 긴 세월에 걸쳐 두 사람이 끊임없이 주고받은 편지들을 모은 이 아름다운 《카뮈-그르니에 서한집》의 존재 자체가 그에 대한 더없이 웅변적인 증거라고 할 수 있다. 한편 그르니에 쪽에서도 자신이 인도자로서 담당했던 역할을 부인하지는 않으면서도, 제자였던 카뮈에게 자신 또한 크게 빚지고 있음을 분명히 했다. 그렇지만 그들 두 사람의 관계는 세상 사람들이 흔히 생각하는 것만큼 늘 명확한 것은 아니었으며, 가끔 두 사람 중 어느 한쪽이 좀더 많은 독자성을 누리고 싶다는 의향을 은연중에 내비치곤 한 것도 사실이다. 카뮈는 자신이 쓴 거의 모든 중요한 원고들을 계속적으로 옛 스승에게 건네고 읽어보아달라고 부탁했지만 동시에 자신은 완전한 자유를 보유하고자 했다. 한편 그르니에는 자신이 쓴 저서 《카뮈를 추억하며》[3]에도 불구하고, 아니 어쩌면 부분적으로는 그 책 때문에, 자기 스스로 구축한 작품세계 역시 중요한 것임에도 늘 '알베르 카뮈의 스승'으로만 비쳐지는 것에 대한 만족감이 점점 더 흐려지는 것을 느꼈다. 이런 거북한 상황은 두 작가의 집안사람들, 비평가들, 그리고 각종 문헌의 차원에서 어느 정도는 늘 해소되지 않은 채 남아 있다. 카뮈를 사랑하는 사람들은 자기들이 보기에 카뮈의

---

3 장 그르니에, 《카뮈를 추억하며》(갈리마르, 1968). 《카뮈를 추억하며》, 이규현 옮김(민음사, 1999).

독창성에 대한 어떤 문제 제기처럼 보일 수도 있는 측면을 결코 달가워하지 않는다. 다른 한편 그르니에를 사랑하는 사람들은 대중의 시선 속에서 자신들의 저자가 그의 옛 제자와 따로 떼어놓고는 평가될 수 없을 것만 같아지는 상황을 받아들이기 어려워한다.

그렇다면 이 두 작가 사이의 관계를 어떤 방식으로 분석하는 것이 좋을까? 우리는 그들이 쓴 글 속에서 그 관계의 메아리를 발견할 수 있다. 우리는 역사적인 사실들에 대하여 이해하고 특히 당사자들이 서로 주고받은 편지들 속에서 다양한 증언들에 귀를 기울이고 끝으로 그들 자신이 쓴 글들을 읽으며 질문을 던져볼 필요가 있다. 그렇게 함으로써 우리는 그들 상호간의 의존성과 영향의 몫이 어느 정도인가를 헤아릴 수 있고, 그를 통해서 그들이 교환한 대화의 가치를 보다 적절하게 평가할 수가 있을 것이다.

이들 두 사람의 접촉은 1930년에서 카뮈의 죽음에 이르는 삼십 년간에 걸쳐 이루어진다. 이 기간은 대충 각기 십 년 단위의 세 개 시기로 구분될 수 있다. 1930년대 알제리 시대로부터 1938년 그르니에가 그곳을 떠날 때까지, 직업적 정치적 이유 때문에(그르니에가 파리, 그리고 릴에 임명받아 근무하게 되거나 전쟁, 또는 그르니에의 이집트 파견 근무에 따라) 두 사람이 서로 만날 기회가 드물어진 40년대, 그리고 끝으로 50년대가 그것이다. 우리는 특히 그 첫 번째 시기 대하여 주목해보기로 하겠다. 물론 나머지 두 시기를 아주 무시하겠다는 것은 아니다.

1930년 가을 그르니에는 다시 알제로 돌아왔다. 그곳은 그가 이미 1923~1924년에 교편 생활을 했던 곳이다. 그르니에가 그곳 그랑 리세에 교사로 임명되었을 때 알베르 카뮈는 그의 철학반(바칼로레아를 준비하는 최종 학년) 교실의 학생이었다. 그러나 카뮈는 겨우 몇 주일간 학교에 나오다가 폐결핵 발병으로 장기간 결석할 수밖에 없는 처지가 되었다. 따라서 그르니에가 카뮈의 집을 방문한 적이 있긴 하지만[4] 두 사람이 진정으로 서로를 알게 된 것은 1931년 가을이 되어서였다. 카뮈가 재수하게 된 철학반과 고등 문과반(그랑제콜 입시준비과정인 이포카뉴) 이 년 동안에 두 사람의 우정은 급속도로 발전했다. 그것은 특히 문학적인 우정 관계였다. 당시 "그르니에는 곧 알제의《N.R.F.》였다."[5] 카뮈는 필시 그르니에가 그 무렵에 쓴 다른 서정적인 산문들과 아울러 그 잡지 1931년 5월호에 실린 〈케르겔렌 군도〉를 읽었을 것이다. 그르니에는 또한 자신이 소장한 책들을 제자들에게 빌려주곤 했다. 그렇게 하여 카뮈는 1931년 앙드레 드 리쇼의《고통》이 발간되자마자 그 책을 읽었고, 그 얄팍한 책은 카뮈에게 일종의 전기충격과도 같은 영향을 끼치게 되었다. 그 이듬해 카뮈 자신도 알제에서 발간되는 잡지《쉬드》에 몇 편의 에세이들을 발표했고, 1932년 5월에는 그르니에에게 보낸 첫 편지에서 벌써부터 자신의 '첫 작품'에 대하여 언급하면서 "선생님께서 읽어보시고 소감을 말씀해주신다면 그에 따라 저는 제가 정했던 목표, 현재 저의 처지를 잊어버린 채 추구하고자

---

4 스승이 자신의 집을 방문했을 때 젊은 카뮈는 성난 사람처럼 뚱해져서 말이 없었다.
5 장 다니엘, 〈냉소적인 동의〉,《N.R.F.》'장 그르니에 특집호' 221호(1971년 5월), 19쪽.

노력하려던 목표를 그대로 간직하든가 포기하든가 할 생각입니다"[6]라고 덧붙였다. 카뮈가 그르니에에게 "자신이 과연 글을 쓸 수 있을 것 같냐"고 생각하는지 물은 것은 아마도 그 직후였을 것이다.[7]

카뮈가 처음 쓴 에세이들은 불가피하게 그르니에의 글들을 모델로 삼을 수밖에 없었다. 그는 달리 본받을 글을 알지 못하고 있었던 것이다. 아직 젊지만 명성 높은 그 교사는 철학에 대한 어떤 취향과 창조적인 문학작품의 창작을 서로 결합시키는 것이 가능함을 보여주는 산 증거였다. 그는 제자에게 자신이 가진 책들(가령 카뮈에게 니체, 톨스토이, 파스칼, 도스토옙스키에 대한 지속적인 열정을 일깨워준 레프 셰스토프의 저작들)을 빌려주고 막스 자콥 같은 저명 문인들과 접촉할 수 있게 주선하는 한편, 여러 가지 문제에 대하여 토론을 벌임으로써 카뮈의 시야를 넓혀주었다. 그러나 카뮈에게 가장 깊고 가장 지속적인 영향을 끼친 것은 그르니에가 1933년 3월에 펴낸 산문집 《섬》이었다. 그 책이야말로 어떤 철학적 개종의 기회였다고 할 수 있다. 그다음 달에 쓴 〈독서 노트〉에서 카뮈는 그 책에 통일성과 심각성을 부여하는 "죽음의 항구적인 존재"를 밝혀내게 된다.[8] 왜냐하면 카뮈는 그 에세이들이 자신에게 직접 질문을 던지고 있다고 느꼈기 때문이다. 그가 그 글들에서

---

6 《카뮈-그르니에 서한집》, 편지 1.
7 장 그르니에, 《카뮈를 추억하며》, 77쪽.
8 폴 비알라네, 〈최초의 카뮈〉, 알베르 카뮈의 《젊은 시절의 글》, '알베르 카뮈 노트 2' (갈리마르, 1973)의 204쪽.

발견한 것은 지드 식의 이국 취향과는 전혀 다른 그 무엇이었다. 카뮈는 후일 그것을 이렇게 표현했다.

> 예컨대 우리와는 다른 바닷가에서 태어났으되 그 또한 빛과 육체의 찬란함을 사랑하는 한 인간이 우리에게 찾아와서 겉으로 보이는 이 세상의 모습은 아름답지만 그것은 부서져 허물어지게 마련이니 그 아름다움을 절망적으로 사랑하지 않으면 안 된다는 사실을 그 모방 불가능한 언어로 말해줄 필요가 있었다.[9]

해변과 젊은 여자들과 햇빛의 가벼운 쾌락주의를 온몸으로 실천하고 있던 그 젊은이가 이 에세이들에서 "고독이라는 바로 그 언어"[10]를 발견했던 것이다. 그르니에에게 보낸 어떤 편지에서 그는 그 책을 읽으면서 "깨달은 것이 너무나 많다"면서 "너무나 아름다운 것이기에 되찾을 수가 없는 광경 앞에서 흘리는 무력감의 눈물"[11]을 말하고 있다. 그는 논리적으로 따지는 힘보다는 "깊숙이 감추어진 알 수 없는 고통을 상상하게 만드는" 어떤 "열정 어린 울림", 어떤 "힘겨운 진동"에 더욱 민감했다.[12] 그르니에는 장차 그의 책 《선택》에서 잃어버린 통일성에 대한 이

---

9 장 그르니에, 《섬》 중 알베르 카뮈의 〈서문〉(갈리아르, 1959). 《섬》, 김화영 옮김(민음사, 1993), 7쪽, 알베르 카뮈 전집 18 《스웨덴 연설·문학비평》, 김화영 옮김(책세상, 2007), 147쪽.
10 알베르 카뮈, 〈장 그르니에〉, 1949년 장 그르니에가 포르티크 상을 수상한 직후 라디오에 출연하여 발표한 카뮈의 오마주. 《카뮈-그르니에 서한집》에 부록 II로 수록.
11 《카뮈-그르니에 서한집》, 편지 3.
12 《카뮈-그르니에 서한집》, 부록 II, 430쪽.

같은 향수가 철학의 기초 그 자체라고 규정하게 된다.

우리는 이 세계의 것이 아니다, 라는 것이 바로 철학을 추동하는 첫 번째 생각이다. 이 세계의 것이 아니지만 이 세계 속에 살아 있고, 살아 있음을 다행으로 여기고 행동하고, 행동함을 다행으로 여기고 있는 것이다. 우리의 눈에 세계가 좋지 않은 것으로 보이기 때문이 아니라 다른 것으로 보이기 때문에 그런 것이다.[13]

카뮈도 이 느낌에 완전히 공감했고, 열아홉 살 때 《섬》에서 그 느낌을 다시 경험했다는 사실은 곧 철학뿐만 아니라 그의 문학적 소명의식을 추동하는 힘이 되었다. 그래서 카뮈는 말했다. "《섬》을 관통하고 있는 그러한 영혼의 떨림은 어쨌든 첫날부터 나의 경탄을 자아냈고 그리하여 나는 그 떨림을 모방하고 싶었다."[14] 그러나 그는 또한 구별하여 생각할 줄 알았다. 그는 "사랑할 대상"[15]을 언제까지고 찾고 있어야 할 필요에 대해서는 동의할 수 없었다. 그리고 그르니에의 경우[16]와는 달리 악의 문제는 그의 사상의 원천이 아니었다. 그러나 그는 이제 유적流

---

13 장 그르니에, 《선택》, (P.U.F., 1941), 4쪽.
14 《섬》, 알베르 카뮈의 〈서문〉.
15 《카뮈-그르니에 서한집》, 편지 3.
16 그르니에는 그의 석사학위 논문의 주제로 르누비에에 있어서의 악의 문제를 선택했다. 장 그르니에, 《존재의 불행》(갈리마르, 1957)을 참조할 것. 《존재의 불행》, 권은미 옮김(문예출판사, 2002).

謫 혹은 귀양살이라는 하나의 주제, "힘겨운 진동"[17]이라는 하나의 톤을 발견했다는 것을 확신할 수 있었다. 그리고 그는 물론 그르니에에게서 그 당시의 작품 주제를 통째로 발견했던 것이다.

그와 같은 모방 욕구는 〈사랑하는 존재의 상실〉과 〈합일 속의 예술〉(1933) 같은 에세이에 드러나고 있다. 〈케르겔렌 군도〉를 읽고 난 뒤에 쓴 〈무어인의 집〉(1933)에서 이미 그는 "깊숙이 감추어진 알 수 없는 고통을 상상하게 만드는"[18] 그르니에를 본떠서 자신의 "현재의 고통"과 "울고 싶은 마음"을 감추기로 결심했다. 그러나 그는 동시에 자신의 육체적인 삶을 아낌없이 받아들이겠다고 굳게 마음먹었다. 그르니에에게 있어서는 "절망적으로 사랑하는 것"이 필요했다면 카뮈는 "그 긍정이 결정적인 것"[19]이 되어야 한다고 요구했다. 〈가난한 동네의 목소리들〉, 《안과 겉》, 《행복한 죽음》, 그리고 《결혼》에서 그는 그르니에 못지않게 지드("최대한의 인간들을 받아들일 것"[20])와 니체에 근거하여 이 결정적인 긍정을 발전시키게 될 것이다.

카뮈가 생각할 때 그르니에가 자신을 저버린 것이라고 느끼게 된 것은 1936년과 1937년 무렵이었다. 그는 이 년 동안 활동해온 공산당에

---

17 《카뮈-그르니에 서한집》, 부록 II, 430쪽.
18 위의 책, 430쪽.
19 《카뮈-그르니에 서한집》, 편지 3.
20 알베르 카뮈, 《젊은 시절의 글》, '알베르 카뮈 노트 2', 204쪽. 알베르 카뮈 전집 19 《젊은 시절의 글》, 김화영 옮김(책세상, 2008), 105쪽.

서 탈당했다. 그 젊은이로서는 반드시 거쳐야 할 하나의 경험이라고 판단하고서 그에게 공산당에 입당할 것을 권고한 것은 바로 그르니에였다.[21] 무심함과 열정을 동시에 강조하는 그의 서정적인 에세이들을 깊이 음미할 줄 알았던 카뮈였지만, 그르니에가 여러 곳에서 행한 강연에서 모든 "정통성orthodoxie"[22]과 더불어 정치적 참여를 비판하기 시작하자 자신이 배반당했다는 느낌을 감추기 어려웠다. 석사학위 과정의 논문을 끝낸 뒤 그가 작가로서의 자신의 존재를 확고히 드러내기 시작하는 것은 바로 이 무렵이다.《행복한 죽음》과《결혼》은 그르니에의 충고와 무관하게 집필될 것이다. 그뿐만이 아니다. 새로운 라신이 탄생하듯 카뮈는 선배의 영역이었던 것을 자신의 것으로 만들어버린다. 오늘날 우리가 알제, 티파사, 제밀라 등을 생각할 때면 가장 먼저 머리에 떠오르는 것은 그르니에의 글들이 아니라 카뮈의 글들이다. 이리하여 사람들은 그르니에가 이미 1933년에 〈알제의 시와 산문〉을, 1937년에 〈티파사〉[23](그 글은 동시에 제밀라에 대해서도 언급하고 있다)를 발표했다는 사실을 잊어버리거나 아예 알지도 못하는 것이다. 글의 주제는 카뮈의 그것과 동일한 것으로 제밀라의 바람, 인간과 자연의 투쟁, 알제 생활의 밀도, 마음을 가다듬게 만드는 이탈리아 수도원들과의 대조 등이다. 그러나 당연한 일이지만 카뮈는 동시에 그르니에와 차별화하기를

---

21 《카뮈-그르니에 서한집》, 편지 11.
22 《정통성 정신에 관한 논고》, '에세 총서'(갈리마르, 1938)에 실린 여러 편의 글들은 원래 그르니에가 1935년과 1937년 사이에 행한 일련의 강연 원고였다.
23 〈알제의 시와 산문〉,《알제 에튀디앙》(1933년 3월)은 〈티파사〉 및 다른 몇몇 텍스트들과 함께 《산타크루즈와 기타 아프리카의 풍경들》, '지중해 총서'(샤를로, 1937)에 다시 수록되었다.

원했다. 그가 어떤 편지에서 스스로 느끼고 인정하는 "억지와 과장된 면"은 바로 거기에서 기인하는 것이다. 다시 말해서 그는 "결론을 내리기를" 원했던 것이다. 그러나 이후 그는 "결론을 내리는 것"을 경계하게 될 것이다.[24]

1938년 그르니에가 방브에 있는 미슐레 고등학교에 부임하게 되면서 그들의 관계에는 새로운 국면이 시작된다. 카뮈는 이제 알제에 자신이 쓴 에세이들이 어느 정도의 가치가 있는 것인지를 말해줄 사람이 아무도 없다는 것을 깨닫는다. 서로의 소식이 뜸해진 채로 이 년 가까운 시간이 지난 뒤 카뮈는 그르니에와의 우정 관계를 다시 잇고자 한다.[25] 이리하여 그들의 서신 교환은 훨씬 활발하고 중요해진다. 그 편지들 속에서 그들의 문학적 계획들뿐만 아니라 연극계에 데뷔한 카뮈의 수련 과정, 정치적 상황, 1939년 그르니에가 카뮈에게 보내주어 《시지프 신화》를 위한 어떤 생각들을 정리하는 데 도움을 주게 될 라셸 베스팔로프의 《행로와 교차로》[26] 같은 신간 서적들에 대한 이야기들이 언급된다. 카뮈는 "자기 자신에 대하여 엄격한 태도를 유지한다는 조건으로"[27] 자주성을 가진다는 그르니에의 좌우명에 대하여 깊이 생각해본다. 그가 보기에 그러한 태도야말로 1940년 5월에 특히 유효 적절한 것으로

---

24 《카뮈-그르니에 서한집》, 편지 21과 22.
25 《카뮈-그르니에 서한집》, 편지 20.
26 라셸 베스팔로프, 《행로와 교차로 : 니체와 대면한 쥘리앵 그린, 앙드레 말로, 가브리엘 마르셸, 키르케고르, 셰스토프》, '예술과 철학 에세이 총서'(브랭, 2004).
27 《카뮈-그르니에 서한집》, 편지 26.

생각된다. 1938년에 그는 이미 그르니에가 그의 저서 《정통성 정신에 관한 논고》에서 증명해 보인 바 있는 예언적 지혜를 깨닫기 시작했던 것이다.[28] 그 무렵에 겪은 자신의 힘겨운 정치적 경험에 대하여 깊이 성찰한 결과 그는 나중에 《반항하는 인간》에 유용하게 쓰일 이중의 교훈을 도출하게 되었다. 그때그때의 일시적인 참여는 특히 거짓으로부터 자신의 주위 사람들을 보호하고자 하는 욕구라는 의미에서 정당화될 수 있지만, 행복도 진실도 그런 참여를 통해서 얻을 수는 없다는 교훈이 그것이었다. 그는 계속해서 그르니에에게 자신이 쓴 원고들을 보냈고, 그가 내리는 긍정적 혹은 부정적 판단들을 참고했다. 우리가 이미 앞에서 보았듯이 그는 《선택》의 철학적 엄격성에 감탄하고 있었다. 그렇지만 《시지프 신화》와 〈반항에 대한 고찰〉 이래 카뮈의 작품이 갖는 권위는 반항을 통한 한계의 설정을 모색하는 과정에서 날로 확고해진다. 이러한 모색은 《선택》이 전제로 하는 무관심의 법칙과 절대의 탐구와는 궤를 달리하는 것이다. 위의 특기할 만한 두 작품에 뒤이어 주고받은 것이기에 의혹과 당혹감이 교차하는 그 당시 편지들은 그 속에 드러난 솔직함과 인간적인 면들로 인하여 더욱 감동적이다.[29]

전쟁이 끝나자 두 사람 사이의 서신 교환은 뜸해진다. 카뮈는 몹시 바쁘다. 우리는 그가 이제 더이상 옛 스승의 충고를 전과 같이 필요로 하

---

28 《카뮈-그르니에 서한집》, 편지 18.
29 《카뮈-그르니에 서한집》, 편지 108.

지 않게 되었다는 것을 느낄 수 있다.《페스트》는 그르니에가 사전에 그 원고를 읽어보지 않은 채 카뮈가 펴낸 최초의 작품이다. 한편 그르니에는 1945년 이집트로 떠난다.

두 사람 사이에 서신 교환이 다시 시작되긴 했지만 그것은 적어도 이들 두 사람의 지적 운명이 서로 맞물리면서 발전한다는 측면에서 볼 때는 흥미가 덜한 내용들로 채워진 서신들이다. 그렇긴 하지만 루르마랭에 자리를 잡은 제자와 먼 곳의 스승이 서로 주고받은 편지들은 〈루르마랭의 예지〉[30]라는 제목의 글을 쓴 적이 있는 그르니에가 그 장소에 대하여, 또 카뮈가 그의 "소크라테스 이전 시대로의 회귀"라고 불렀던 분위기, 즉 시와 철학이 하나로 융화된 직관적 시의 분위기에 대하여 새롭고 한결같은 관심을 나타내면서 그 내용이 풍부해진다. 1947년에 이미 그르니에는 고대 그리스 철학자들이 카뮈에게 도움이 되기를[31] 원했고, 1949년에는 카뮈에게 자신이 번역한 섹스투스 엠피리쿠스[32]를 보내준 바 있다. 그때 카뮈는 그르니에에게 답장하면서 "《섹스투스》는 며칠 전에 받았습니다. 5월 1일부터 보클뤼즈 지방에 가 머물 예정인데 이 책을 가지고 갈까 합니다"라고 말한다.[33] 보클뤼즈로 가지고 온 섹스투스, 그것은 곧 "하늘과 땅과 물이 조합된 그 무엇······"[34]의 상징이요, 삼십

---

30 〈루르마랭의 예지〉,《레 카이에 뒤 쉬드》(1936).
31 《카뮈-그르니에 서한집》, 편지 111.
32 《섹스투스 엠피리쿠스 선집》(오비에, 1948).
33 《카뮈-그르니에 서한집》, 편지 143.
34 장 그르니에,《지중해에서 얻은 영감》'에세 총서'제10권, (갈리마르, 1941).

년 동안 그 두 사람 사이의 대화에 자양분을 제공해온 철학의 상징이다.

카뮈의 말에 따르면 장 그르니에와 그의 관계는 예속도 복종도 아닌 대화요 교환이요 상호대조였으며, 영적인 의미에서의 '모방'이었다. 이 우정의 지속성을 여실히 보여주는 것으로는 카뮈가 그의 저서《안과 겉》, 그리고《반항하는 인간》의 머리에 부쳐 그의 옛 스승에게 바친 헌사만큼 웅변적인 것은 없을 것이다. 교통사고로 세상을 떠나기 얼마 전 이 노벨문학상 수상자는 스승과 제자 사이의 상호영향에 대하여 말하는 가운데 그의 언제나 변함없는, 그리고 모범적인 겸양의 미덕을 마지막으로 한 번 더 되살려 보였다. "끝에 가서 제자가 스승을 떠나 자신의 독자적이고 다른 세계를 완성하게 될 때—실제에 있어서 제자는 언제나 자신이 모든 것을 얻어 가지기만 할 뿐 그 어느 것 하나 보답할 수 없음을 잘 알고 있던 그 시절에 대하여 변함없는 향수를 지니게 될 것이면서도—스승은 흐뭇해한다."[35]

---

35 장 그르니에,《섬》, 알베르 카뮈의 〈서문〉.

알베르 카뮈 연보

1913년 11월 7일 알제리의 몽도비에서 알베르 카뮈 출생. 아버지 뤼시앙 카뮈와 어머니 카트린 생테스(결혼 전 이름).

1914년 8월 3일 독일이 프랑스에 선전포고(1차 세계대전). 뤼시앙 카뮈는 알제리 원주민 보병으로 징집되고, 어머니는 두 아들과 함께 알제의 동쪽 리옹 가(오늘날의 벨루이즈다드 가) 17번지 친정으로 이주. 프랑스 본토 마른 전투에서 부상당한 아버지 뤼시앙 카뮈가 생브리외 군인 병원에서 사망.

1921년 카트린 카뮈와 그의 가족은 리옹 가 17번지에서 93번지로 이사.

1923년 동네의 공립학교(오므라 가)에서 2학년 담임인 교사 루이 제르맹의 눈에 들어 무료 개인 교습을 받으며 중고등부 장학생 시험을 준비.

1930년 알제 고등학교 수학. 바칼로레아 시험 제1부에 합격. 가을 학기에 철학반으로 진급하여 철학교사 장 그르니에와 만남. 알제의 대학 레이싱 주니어 축구팀의 골키퍼로 활약. 12월, 폐결핵 발병. 스승 장 그르니에가 그의 집을 방문.

1931년 치료를 위하여 아코 이모부 집으로 거처를 옮기다. 10월, 철학반 수업에 복귀, 스승 장 그르니에를 다시 만남.

1932년 바칼로레아 제2부 합격. 10월, 그랑제콜 입시 준비반 1학년(이포카뉴)에 들어감. 5월, 장 그르니에의 에세이집 《섬》 출간. 건강상의 이유로 고등사범학교 입시 준비 포기.

1934년 6월 16일 20세의 시몬 이에와 결혼.

1935년 6월 철학 학사학위 취득. 8월 혹은 9월, 프레맹빌과 장 그르니에의 설득에 따라 공산당에 입당. 9월 초, 아내와 함께 스페인 발레아레스 제도로 여행.

1936년 5월 논문 〈기독교적 형이상학과 신플라톤 철학: 플로티노스와 성 아우구스티누스〉로 철학 석사학위(DES) 취득.

7월 17일, 스페인 내전 시작. 아내와 친구 이브 부르주아와 더불어 중부유럽 여행 중 아내 시몬의 마약중독과 불륜 사실을 알게 되어 그녀와 헤어지기로 결심. 9월 9일, 알제로 돌아옴. 시몬과의 이혼은 1940년 2월에 법적으로 확정.

1937년 8~9월 파리, 마르세유, 루르마랭, 앙브렁, 이탈리아의 피사, 피렌체, 제노바, 피에솔레 등지를 여행. 공산당 탈당.

가을, 두 번째 아내가 될 오랑 출신의 프랑신 포르를 처음 만남.

1938년 9월 30일 뮌헨 조약 체결. 10월, 신체검사 결과 철학교수 자격시험에 응시하려던 계획 좌절. 일간지 《알제 레퓌블리캥》을 창간한 파스칼 피아를 만나 편집기자로 활동 시작.

1939년 5월 《결혼》 출간. 6월 5~15일, 《알제 레퓌블리캥》에 르포기사 〈카빌리의 비참〉 발표. 9월 3일, 《알제 레퓌블리캥》이 발행을 중지하고 15일자로《수아르 레퓌블리캥》로 개제하여 창간.

1940년 1월《수아르 레퓌블리캥》지 발행 금지 처분. 2월 말 오랑 체류. 3월 14일 알제리를 떠나 파리로. 파스칼 피아의 추천으로《파리 수아르》지 편집부 취직. 6월 초 독일군의 파리 점령이 임박하자《파리 수아르》편집부를 따라 클레르몽페랑, 보르도, 다시 클레르몽페랑으로 피난. 12월 3일 리옹에서 프랑신 포르와 결혼. 12월《파리 수아르》의 감원으로 해고됨. 젊은 부부는 다시 오랑으로.

1941년 오랑의 아르제우 가에 있는 포르 집안 아파트에서 낭인 생활. 2월 21일,《시지프 신화》탈고. 11월, 갈리마르 출판사 편집위원회가《이방인》출판 결정.

1942년 2월, 폐결핵 재발. 5월,《이방인》이 갈리마르 출판사에서 출간. 8월 중순, 아내와 함께 샹봉 쉬르 리뇽 근처의 르 파늘리에 농장에서 휴양. 희곡〈오해〉수정 및 소설《페스트》를 위한 메모. 10월, 프랑신이 개학에 즈음하여 알제리로 돌아감. 갈리마르 출판사에서《시지프 신화》출간. 11월 8일, 연합군이 모로코와 알제리에 상륙. 이후 이 지역과 알제리 사이의 연락 두절. 12월, 치료차 생테티엔과 리옹 사이를 왕래하며 시인이자 기자이며 레지스탕스로 활동한 르네 레노와 알게 됨.

1943년 1월 파리에서 보름 동안 체류. 6월〈파리 떼〉의 리허설 때 장 폴 사르트르와 시몬 드 보부아르와 만남. 플레이아드 상 심사위원. 11월 갈리마르 출판사의 출판편집위원에 임명. 12월 전국 레지스탕스위원회 책임자 클로드 부르데를 만나 비밀 지하 신문《콩바》의 활동에 가담, 이듬해 초 파스칼 피아를 대신하여 신문 편집국의 주된 책임을 담당.

1944년 3월 지하 신문《콩바》에 'C'라는 필명으로 사설 집필. 5월《오해》와《칼리굴라》출간. 6월 6일 연합군이 노르망디에 상륙. 6월 23일〈오해〉초연. 8월 25일 파리 해방. 이날《콩바》에 사설〈진실의 밤〉발표.

1945년 8월 6일 히로시마에 첫 원폭 투하. 9월 5일, 알베르와 프랑신 카뮈 사이에서 쌍둥이 남매인 카트린과 장 출생. 10월, 갈리마르의 '희망 총서' 기획 책임을 맡음.《독일 친구에게 보내는 편지》출간.

1946년 《콩바》지의 내분으로 신문사를 떠남. 3월 10일, 미국 여행.

1947년 3월 17일, 파스칼 피아의《콩바》지 사임 후 카뮈가 신문의 운영을 맡음. 6월 3일《콩바》에서 물러나고 신문은 클로드 부르데의 책임하에 계속 발간. 6월 10일《페스트》출간.

1948년 7~8월 르네 샤르가 살고 있는 보클뤼즈의 릴 쉬르 라 소르그에서 가족과 합류.

1949년 6월 30일 남아메리카로 출발. 8월 31일, 귀국. 신체적 고통. 9월, 르 파늘리에에 체류하며 요양. 12월 15일,〈정의의 사람들〉초연.

1950년 1월 고산 치료차 카브리스 체류. 갈리마르 출판사에서《정의의 사람들》출간. 4월, 시골집 구입차 릴 쉬르 라 소르그에 체류. 6월 르네 샤르에게 헌정하는《시사평론, 1944~1948년 연대기》출간. 12월 파리 제6구 마담 가 29번지에 구입한 아파트에 입주.

1952년 카뮈-사르트르 논쟁.《레 탕 모데른》지에 카뮈의《반항하는 인간》에 대한 프랑시스 장송의 공격적인 서평 발표. 8월《레 탕 모데른》지에 '발행인' 장 폴 사르트르 앞으로 보내는 카뮈의 반론 편지와 사르트르의 회답 발표.

1953년 6월 14일 앙제 연극제에서 〈십자가에 바치는 경배〉와 〈유령들〉 상연. 《시사평론 II, 1948~1953년 연대기》 출간. 10월, 프랑신 카뮈가 심각한 우울증에 시달린다.

1954년 봄, '에세 총서'로 《여름》 출간. 11월 1일, 알제리 민족주의 폭동 시작.

1955년 4월 26일 그리스 여행.

1956년 1월 22일 알제의 대중 집회에서 '민간인 휴전'을 위한 호소문 낭독. 5월, 《전락》 출간. 9월 20일 〈어떤 수녀를 위한 진혼곡〉 상연 성공.

1957년 가을, 칼만 레비 출판사에서 《사형에 대한 성찰》 출간. 10월 16일, "오늘날 인간의 의식에 제기되고 있는 제반 문제들에 빛을 던지는 작품들 전체"에 대하여 노벨문학상 수상 결정. 12월 14일, 스웨덴 웁살라 대학교 강당에서 '예술가와 그의 시대'라는 제목의 강연. 12월, 카뮈는 연말과 그 이듬해 초에 걸쳐 심각한 불안 증세를 보인다.

1958년 1월, 1957년 12월 10일의 연설과 14일의 강연을 한데 모은 《스웨덴 연설》 출간. 6월, 《시사평론 III, 알제리 연대기, 1939~1958년》 출간. 6월 9일, 마리아 카자레스, 미셸 및 자닌 갈리마르 등과 함께 거의 한 달간에 걸친 그리스 여행. 9월, 보클뤼즈 지방에 체류. 루르마랭의 시골집 매입. 10월 18~27일, 다시 보클뤼즈 지방 체류.

1959년 1월 30일 도스토옙스키 원작, 카뮈 각색의 〈악령〉 상연. 3월 23~29일, 어머니가 수술을 받게 되어 알제로 가다. 《최초의 인간》 집필을 위해 4월 28일~5월 말, 8월 말~9월 초 루르마랭 체류. 10월, 〈악령〉의 프랑스 국내 및 국외 순회공연 시작. 11월 15일, 소설 집필을 위하여 다시 루르마랭 체류.

1960년 1월 3일, 미셸 갈리마르가 운전하는 자동차에 편승하여 파리로 출발. 1월 4일 욘 지방 몽트로 근처의 빌블르뱅에서 자동차 사고로 카뮈 즉사. 9월 어머니 카트린 카뮈, 알제 벨쿠르의 자택에서 사망. 알베르 카뮈는 루르마랭 마을묘지에 묻혔다.

장 그르니에 연보

1898년 2월 6일 카미유 장 샤를 그르니에(Camille-Jean-Charles Grenier), 파리에서 출생.

1900년경 부모의 이혼. 어머니는 브르타뉴로 돌아갔다가 나중에 재혼.

1904~1915년 브르타뉴의 생브리외에 있는 생 샤를 학교를 다니다.

1917년 문학학사(파리). 생브리외에서 루이 기유를 만남.

1918~1922년 파리에서 수학. 루이 르그랑 고등학교. 소르본 대학교. 이탈리아 여행.

1922년 생브리외에서 에드몽 랑베르를, 파리에서 막스 자콥을 만남. 계부 사망. 철학분야 대학교수 자격증 획득.

1923년 아비뇽에서 첫 교사직을 얻음. 오스트리아, 이탈리아 여행. 처음으로 몇몇 잡지에 글을 발표.

1923~1924년 《필로조피 Philosophies》지 창간에 가담.

1924~1926년 나폴리 프랑스 학교 Institut français 교사로 임명됨. 그곳에서 같은 교사직을 맡고 있는 작가 앙리 보스코를 만남. 7월, 런던 방문.

1925년 쇼펜하우어, 쥘 르키에, 막스 자콥, 마르탱 쇼피에에 대한 글들을 발표.

〈브르타뉴 출신의 철학자 쥘 르키에〉를 《브르타뉴 투리스티크》 지에 발표.

1926~1928년 몇 개월간 가스통 갈리마르의 출판사에서 사무원으로 일하다. 그리스 여행(1926년). 파견 근무를 맡아 네덜란드, 독일, 폴란드, 체코슬로바키아, 터키, 그리스에서 강연. 동물들에 대한 총서를 창간하려고 노력.

《N.R.F.》 지에 장 폴랑에 대한 첫 비평문들을 발표. 〈인테리오리아 레룸〉 발표(1927).

1928~1929년 마리 그르니에와 결혼. 루이 기유와 함께 다니엘 알레비가 여는 '토요회'에 출입하다. 앙드레 말로, 장 게에노, 샹송을 만남.

1929~1930년 스페인 여행. 루르마랭의 로랑 비베르 재단에 기숙생으로 선발됨. 〈물루의 초상〉(1929) 발표.

1930~1931년 알제로 떠남(그곳에서 1938년까지 체류). 철학반에서 학생 알베르 카뮈를 만나다.

〈쿰 아파루에리트〉, 〈인도에 대하여〉, 〈차일드 해럴드〉 발표(1930년).

1931~1932년 《쉬드》 지 창간에 가담.

1932~1933년 고등 문과반에서 알베르 카뮈를 가르치다.

《섬》 발표.

1934~1935년 '퐁티니에서의 10일'(폴 데자르댕이 1910년에 12세기의 유서 깊은 퐁티니 수도원에서 매년 10일간 개최하기 시작한 문학 철학 종교에 관한 저명 지식인들의 토론회)에 참가.

1935~1936년 지중해 아카데미의 국제회의에서 발표(1935년 11월). 쥘 르키에
에 관한 박사학위논문 발표.
〈루르마랭의 예지〉(1936) 발표.
1936~1937년 에드몽 샤를로의 출판사 개업을 격려. 제9차 국제 철학대회, 제2차 미학발표회 참가.
《산타크루즈, 기타 아프리카 풍경들》(1937) 출간.
1937~1938년 '퐁티니에서의 10일' 참가. 알제를 떠나다.
《정통성 정신에 대한 논고》(1938) 출간.
1938~1940년 리세 미슐레(방브 소재) 근무. 군 위생병으로 소집당함. 드라기냥 근무. 마노스크 체류 중 장 지오노와 만남.
〈코르넬리우스에게 보내는 편지 혹은 변신〉 발표.
1940~1941년 몽펠리에로 가다. 그곳에서 고등 문과반 교사인 가브리엘 마르셀을 만남.
《선택》(1941),《지중해의 영감》(1941) 출간.
1941~1942년 시스트롱 체류.
1944~1945년 릴 대학교 정교수 임명.
《코메디아》,《에그지스탕스》등의 잡지에 기고. 카뮈가 주관하는《콩바》지에 예술평론 발표.
1945~1950년 이집트의 알렉산드리아에 있는 카이로 대학에 파견근무.
에티앙블이 주관하는《발뢰르》에 글을 발표. 폴랑이 주관하는《레 카이에 드 라 플레이아드》에 기고.
《자유의 선용에 대한 대화》(1948), 첫《어휘집》(1949)출간.

1950~1951년 릴로 돌아오다.

《우리시대 회화의 정신》(1951) 출간.

《막스 자콥, 어떤 친구에게 보내는 편지》 출간.

《모래톱》의 첫 단상들 집필 시작.

1952년 《쥘 르키에 작품 전집》 출간.

1953년 《N.N.R.F.》지에 몇몇 원고들 발표.

1954년 '클럽 프랑세 뒤 리브르 총서'《뒤마》편을 위한 첫 서문 기고.

1955년 《인간적인 것에 대하여》,《어휘집》출간.

《뢰유 L'Oeil》지에 기고. 장 다니엘 시대의《엑스프레스》지에 정기적으로 기고.

1956년 《도스토옙스키》서문,《톨스토이》서문 집필.《뢰유》,《렉스프레스》지에 기고.

1957년 《도(道)의 정신》, 자전적 소설《모래톱》,《불행한 실존》,《어느 개의 죽음》출간.

1958년 《니체》서문,《루소》서문 집필.《프뢰브》지에 정기적으로 기고.

1959년 RTF 방송에 출연하여 수차에 걸쳐 강연.

《우리 시대의 회화에 대한 논고》출간.

《섬》의 새로운 판본 출간(알베르 카뮈의 서문).

1960~1961년 《20세기》지에 기고.

《앙드레 란스코이》,《절대와 선택》(개정 3판) 출간.

1962년 소르본 대학교에 미학 및 예술학 강좌 담당 교수로 임명됨.

《보레스》출간,《카뮈》서문 집필(플레이아드 판).

1963년 《17명의 비구상 화가들과의 대담》 출간.

1964년 《일상적인 삶》을 위한 첫 에세이들을 집필.

1965년 《거울 예찬》,《기도》 출간, 〈창조〉에 대한 세 번째이자 마지막 논문 발표 (N.R.F.)

1966~1967년 스낭쿠르에 대한 두 편의 논문 발표. 전시회 카탈로그 텍스트 집필.

1968년 은퇴. 국가 문학 대상 수상.《일상적인 삶》,《스낭쿠르》,《알베르 카뮈를 추억하며》 출간.

《라비슈》 서문,《르키에》 서문 집필.

1969년 《루이 푸셰와의 대담》,《신 어휘집》 출간.

1970년 《예술과 그 문제들》,《음악》,《네 가지 기도》 출간.

1971년 3월 5일 장 그르니에 사망.

《X의 내면 회고록》 출간.

1973년 《나폴리를 보다》,《몇몇 작가들에 대한 성찰》 출간.

1979년 《자크》,《장 지오노의 초상》 출간.

1980년 《장 그르니에 - 조르주 페로스 서한집, 1950~1971》 출간.

1981년 《카뮈-그르니에 서한집, 1932~1960》 출간.

1982년 《어휘집》 최종판,《글쓰기와 출판》 출간.

1983년 《성 장스의 삶, 부록 : 앙드레 드 리쇼의 〈성 장스의 이미지들〉》,《사랑 도둑의 노래》(장 그르니에 옮김),《기도》(오리지널 에디션),《쥘 르키에의 철학》 출간.

1984년 《장 그르니에-장 폴랑 서한집, 1925~1968》,《정적주의에 관한 글들》 출간.

1985년 《X의 내면 회고록》(개정판).

1986년 《첫 이탈리아 여행》,《루르마랭의 예지, 쿰 아파루에리트》(개정판) 《빛과 어둠》(오리지널 에디션).

1987년 《나의 소르본 지원》,《대강》 출간.

1988년 《마지막 페이지》,《에티앙블-장 그르니에 서한집 1945년 9월 13일 ~1971년 3월》 출간.

1990년 자크 앙드레가 주관하는 《카이에》지 '장 그르니에 특집호'. 《17명의 비구상 화가들과의 대담》(개정판).

1991년 《수첩 1944~1971》 출간.

1992년 자크 앙드레가 주관하여 스리지에서 장 그르니에 연구 발표회. 《특별한 순간들》(발표 논문집).

1994년 《인도에 대하여》 출간.

1997년 《점령 시대》(클레르 폴랑 편집) 출간.

2003년 《알베르 카뮈, 장 그르니에, 루이 기유 : 자전적 글쓰기와 작가수첩》 (2001년 10월 5일과 6일. 루르마랭 성에서 개최된 '지중해의 만남' 논문집) 출간.

알베르 카뮈
1913년 알제 몽도비 출생. 알제 대학교 철학과에 진학했으나 결핵으로 학업을 그만두고 《알제 레퓌블리캥》에서 기자 생활을 시작했다. 1942년 《이방인》으로 문단의 총아로 떠오른다. 이후 《페스트》, 《전락》과 같은 소설과 《칼리굴라》, 《오해》 등의 희곡, 《결혼·여름》, 《안과 겉》 등을 발표했다. 1957년 노벨문학상을 수상했다. 1960년 불의의 교통사고로 사망했다.

장 그르니에
1898년 프랑스 파리 출생. 소르본 대학교에서 수학한 후 철학분야 대학교수 자격증을 획득했다. 1930년 알제로 떠나 그랑 리세의 철학반에서 알베르 카뮈를 만나 지대한 영향을 미친다. 《섬》, 《모래톱》, 《지중해에서 얻은 영감》, 《불행한 실존》 등 철학서 및 시적 서정과 명상으로 가득한 산문집들을 남겼다. 1971년 3월 5일 사망했다.

옮긴이 김화영
서울대학교 불문과를 졸업하고 동 대학원에서 석사과정을 마쳤다. 프랑스 엑상프로방스 대학교에서 알베르 카뮈론으로 문학박사 학위를 받고 30여 년 동안 고려대학교 불문과 교수로 재직했다. 현재 고려대학교 명예교수로 재직 중이다.

카뮈-그르니에 서한집

펴낸날 초판 1쇄 2012년 10월 30일
　　　　 초판 5쇄 2025년 9월 15일

지은이 알베르 카뮈, 장 그르니에
옮긴이 김화영

펴낸이 김준성
펴낸곳 책세상
주소 서울시 마포구 월드컵로23길 38, 2층(04011)
전화 02-704-1251(영업부), 02-3273-1333(편집부)
팩스 02-719-1258
이메일 editor@chaeksesang.com
광고·제휴 문의 creator@chaeksesang.com

홈페이지 chaeksesang.com
페이스북 /chaeksesang **트위터** @chaeksesang
인스타그램 @chaeksesang **네이버포스트** bkworldpub
등록 1975. 5. 21. 제2017-000226호.

ISBN 978-89-7013-823-7 03860

* 잘못된 책은 바꾸어드립니다.
* 책값은 뒤표지에 있습니다.